在時潮的
浪頭上

臺灣新詩百年國際學術研討會論文集

國立中央大學

2022臺灣新詩百年
國際學術研討會

第一展櫃

介紹

展桌

開幕

第一場

第二場

第三場

第四場

第五場

第六場

第七場

第八場

閉幕

在時潮的浪頭上

臺灣新詩百年
國際學術研討會論文集

對話世界詩潮，對應臺灣現實

國立中央大學
National Central University

| 序 |

李瑞騰

　　1920年《臺灣青年》在日本東京創刊，臺灣知識青年面對自我處境，宣告以新的聲音呼喚民眾覺醒的決心，推動新文化運動；1921年，臺灣文化協會成立，凝聚全島力量推動社會啟蒙；1923年，謝春木（追風）以日文寫成〈詩的模仿〉四首新詩；1924年，張我軍在北京開始創作中文新詩，最早二首〈沉寂〉、〈對月狂歌〉，以筆名「一郎」發表於《臺灣民報》二卷八號（5月11日）；1925年，楊雲萍和江夢筆合辦了臺灣第一本白話刊物《人人》；同一年，張我軍出版臺灣第一本新詩集《亂都之戀》。

　　百年臺灣歷史，新詩一直在時潮的浪頭上，在文學內部，它對話傳統舊體，帶動文藝思潮；對外，它挑戰封建思維，對應社會現實。從日治中期，經戰後初期、國府渡臺，以迄漫長曲折的政經變動過程，臺灣的新詩，融裁古今、匯通東西，蔚映數代，形成其獨特豐美的傳統。

　　本次會議安排了座談和論文發表。座談會邀請逢甲大學中文系鄭慧如教授、國北教大語創系孟樊（陳俊榮）教授引言。鄭教授於2019年出版《臺灣現代詩史》，陳教授和同系的楊宗翰教授合著的《臺灣新詩史》則剛問世，二書皆臺灣新詩百年史，它們有何異同？史觀、史事、分期和詩人之定位等，各有什麼樣的特色？他們將現身說法，並和讀者相互討論。

　　論文共有19篇，分成2天報告，有四大主題：新詩百年詩史議題探索、新詩類別特徵與社會思潮、新詩社群及傳播研究和新詩的跨域流動，分別由美國、馬來西亞、日本、香港和臺灣的學者發表論文。

　　場外則有國北教大語創系楊宗翰教授整理了一份〈臺灣新詩百年編年

初稿〉的展牆；同時也舉辦臺灣詩刊的展覽，從1934年風車詩社第三期《風車》封面的影本、1950年代三大詩社（現代詩、藍星、創世紀）所辦詩刊，一直到2020年的《子午線詩刊》，都是非常珍貴的詩刊資料。詩刊雖是文藝小傳媒，卻具有推動詩運的大作用，以「詩刊」為主題辦理小型特展，旨在喚起人們注意詩刊，宜視其為詩人詩作活動的第一現場。另外，主辦單位之一的臺灣詩學季刊社本身出版兩份詩刊：《吹鼓吹》、《臺灣詩學學刊》，出於對詩刊的高度認同，由白靈規畫與設計了臺灣詩學季刊社的專櫃。今年是臺灣詩學季刊社三十週年，通過這個專櫃，可以具體了解這個詩人群體的內在能量，及其挖深織廣臺灣詩學的用心。

本次會議由中央大學中國文學系、臺灣詩學季刊社、國家圖書館、臺灣文學館聯合主辦，獲得科技部、中大學術基金會的經費補助，中央大學人文藝術中心和文學院亦給予行政和實務方面的協助，國北教大學生團隊的支援，讓會議得以順利完成，一併致謝。

研討會規畫伊始，我們就決定出版論文集，幸蒙國立臺灣文學館同意資助經費，在研討會結束之後，經發函徵求論文是否同意收錄、送審及作者修改、回應等程序，計得11篇，我將王潤華教授以自身為例的論文和日本池上貞子的臺詩日譯之觀察，以特稿刊載，另十篇論文略依時間、屬性等為序，附以本書作者簡介及會議資料，至於未能收入的篇章，我們相信能在相關學術期刊和它們相遇。

目次

大陸遷臺詩人的主流匯成與長遠潤澤

陳政彥　國立嘉義大學中國文學系副教授

摘要

　　以往對大陸遷臺詩人的討論，多聚焦詩史上少數代表性詩人的行動，忽略了大陸遷臺詩人作為一個特殊社會社群的全面性，也較難呈現大陸遷臺詩人群的創作成就，及跟其他詩人群體的互動。本文嘗試歸納整理出大陸遷臺詩人群的範圍與成員性質，以社群的性質來審視大陸遷臺詩人對臺灣詩史的意義為何。其次，本文嘗試透過臺灣詩壇場域上疊加的概念，來說明大陸遷臺詩人在風格上，突出了抒情詩與現代主義詩的表現，這兩種風格在日治時代臺灣新詩領域雖已有發展，但受限於環境較不突出。最後想討論大陸遷臺詩人群與同時代跨語詩人的互動，以及對日後青年詩人的提攜。本文希望為大陸遷臺詩人社群研究留下初步的整理與觀察報告，提供未來研究者持續研究的參考資料。

關鍵字：大陸遷臺詩人、現代主義、詩史、詩社

一、前言

　　過去對大陸遷臺詩人的研究，多集中於五、六〇年代詩社彼此之間權力競爭，諸如現代詩與藍星詩社之間的現代詩論戰，或者五〇年代末創世紀的崛起都有相當多篇幅著墨。另一個常見的討論方向是試圖評價大陸遷臺詩人

所帶起的超現實主義詩風，早期如葉石濤批評五六〇年代現代詩運動蒼白晦澀，[1]近期如奚密則指出大陸遷臺詩人這種逸離現實的夢囈詩風，雖然不足以完成文學改革達成社會改革的企圖，但是「臺灣超現實的最大意義即在它建立這個基礎的努力，在這過程中凸顯前衛文學作為批判性話語的潛能」，[2]應該視為對政治的另一種抵抗。近期以蔡明諺博士論文精彩的論述，解釋這種逸離現實的詩風，可能只是與政治體制達成平衡，本質上仍然是與當時的政治體制趨同，並非真的抵抗。[3]從目前的研究成果來看，我們可以發現對大陸遷臺詩人的研究日轉精細，但多集中在個別評價的焦點上，相關論述難以看到大陸遷臺詩人的全貌，仍缺乏一次較全面的整理研究。

　　首先值得關注的是，大陸遷臺詩人的範圍界線尚未有專文分析。位居詩壇領導地位的紀弦、覃子豪、余光中、洛夫、瘂弦等人的相關研究已經非常豐富，是過去臺灣現代詩研究反覆出現的熱門題目。但是反過來說，除了這些重要詩人之外，其他大陸遷臺詩人的位置與面貌就顯得相對模糊，至今並未有論文為大陸遷臺詩人給予明確定義，劃出確定範圍？若將過去專注在大陸遷臺詩人個別表現的研究精力，轉向思考如何把大陸遷臺詩人視為一個群體，進一步仔細爬梳其歷史脈絡，分析其組成結構，相信能幫助我們看到更全面的樣貌。

　　正值臺灣現代詩發展百年的當下，今日重新審視大陸遷臺詩人社群的功過，可能正是適當的時候。若臺灣現代詩已有百年歷史，可切分成大陸階段、日治臺灣階段，接著在五六〇年代是大陸遷臺詩人與跨語世代詩人活躍的時期，[4]到六〇年代末期乃至七〇年代，反映出更強的現實關懷的戰後第一世代詩人登場。之後臺灣經濟起飛，轉變成工商業社會，世紀末後現代風

1　葉石濤《臺灣文學史綱》（高雄：文學界，1993年），頁104。
2　奚密《現當代詩文錄》（臺北：聯合文學，1998年），頁163。
3　蔡明諺《一九五〇年代臺灣現代詩的淵源與發展》（新竹：國立清華大學中國文學系博士論文，2008年），頁12-13。
4　王慈憶《戰後臺灣現代詩中的文化認同研究——以「跨語詩人」及「渡臺詩人」為觀察比較》（嘉義：國立中正大學臺灣文學研究所碩士論文，2007年）。是目前首見將「跨

尚伴隨著資訊科技崛起，政黨輪替大大的扭轉了臺灣的文化環境，不同世代詩人都發展出獨特風貌與豐富論述。隨著臺灣詩史內容逐漸豐富，大陸遷臺詩人的貢獻也就不再被過度褒揚或貶抑，可用更宏觀也更持平的視角加以審視。

因此本文採取的立場是，臺灣新詩百年發展是曾經在臺灣這片土地上生活過、奮鬥過的詩人們一層一層疊加上去的成果。雖然大陸遷臺詩人並非出生在臺灣，但是他們確實為臺灣新詩百年歷史增添了不可磨滅的一筆。本文希望討論大陸遷臺詩人在五、六〇年代，幫當時的臺灣詩壇加上哪些詩作風格、推廣活動，這些要素可能是更早之前，日治臺灣的詩壇受限於當時政經環境無法充分發展的部分，透過大陸遷臺詩人的創作、論述、行動，補充豐富了日後臺灣現代詩發展的內涵。以這個觀點來看，大陸遷臺詩人在抒情風格及現代主義風格上，帶來了新的氣象。

文學史的篇幅有限，為了說明當時現代詩發展的大架構，往往強調詩人詩社之間的差異，或者忽略了沒有特殊文學主張或行動的詩人詩社，但是當我們更仔細爬梳當時的相關文獻資料就會發現，詩人與詩人之間、詩社與詩社之間，除了競爭關係，還有許多相互支援的地方，以往我們不曾重視的詩人也可能是串起詩壇運作的重要樞紐。當我們把大陸遷臺詩人視為一個群體加以審視，就會注意到大陸遷臺詩人與跨語詩人群之間的合作互動多於競爭關係，而大陸遷臺詩人對青年詩人也多有引導啟蒙的作用。

因此本文希望將大陸遷臺詩人作為一個群體，如何去界定其範圍，其組成有甚麼特徵值得注意，做一次宏觀整理。其次本文將討論大陸遷臺詩人的創作成果，在抒情詩與現代主義詩兩方面，為日治臺灣以降的詩壇注入了新的元素。最後本文將討論大陸遷臺詩人與跨語詩人群之間及大陸遷臺詩人對青年詩人之間的互動。

語」及「渡臺兩批詩人對比論述的研究，架構頗能反映當時的文學風貌，可惜全文僅討論「跨語詩人」29人及「渡臺詩人」49人，針對遷臺詩人的範圍與整體風貌都還有值得進一步確認的研究空間。

二、大陸遷臺詩人作為群體的思考與回顧

　　大陸遷臺人士，主要是指1945年8月日本投降之後，中國大陸人士陸續來臺。到1949年國共內戰，國民黨戰敗全面撤退，大陸來臺人數達高峰，其後開始銳減。大陸來臺人數，據學者估計：「公務人員及一般民眾與軍隊人數，到1953年大約各六十萬人，合計約一百二十餘萬，1953年臺灣人口總數八百餘萬人，外省人佔當時的人口七分之一左右，大約百分之14.89。」[5]而大陸遷臺詩人，則是指在這一批大陸遷臺人士中，有詩作投稿發表的詩人。根據張默《臺灣現代詩編目》及臺灣作家作品目錄資料庫比對，扣除香港東南亞僑生及並非外省散文家、小說家之後，可得到135人的名單，參見本文附錄表格。

　　更準確地說，本文所指的大陸遷臺詩人的定義是指，1908年到1940年間出生於中國大陸，於1945年以後，隨著國民黨政權撤退來臺灣，或者從外國回到臺灣生活，以新詩創作與論述為主，活躍在五、六〇年代的詩人。1940年後在大陸出生來臺的詩人，基本上都隨著父母來臺，其成長過程、所受教育、所經歷的歷史事件，基本上出生於臺灣的本土詩人相去不遠，基本上可劃分到臺灣戰後第一世代詩人當中，其屬性與本文所指大陸遷臺詩人已有明顯不同。因此不包含在本文討論範圍當中。

　　余光中曾指出五六十年代的文學發展，軍人、女性、本省籍、學者等四種作家的大量出現，乃是五四以來所史無前例的。[6]詩人也是作家，因此要說五、六〇年代當中軍旅詩人、女性詩人、本省籍詩人、學者詩人出現的比例多過大陸階段詩壇，也完全沒問題。如果排除本省籍詩人，那麼其他三項顯然就指大陸遷臺詩人的特殊風貌。

　　五四運動以來，的確很罕見軍旅詩人，但學者成為詩人實為尋常，五四以來女性詩人也並非完全沒有，那麼為甚麼余光中還是會舉出軍旅、女性、

5　林桶法《1949大撤退》（新北：聯經，2009年），頁336。

6　余光中〈總序〉《中國現代文學大系・第一輯詩》（臺北：巨人，1972年），頁5-7。

學者三項來談？這就要回到當時的大陸遷臺詩人的職業身分組成才能夠理解。如果以職業來分類，主要可以區分為公教詩人與軍旅詩人兩大類。以下分別分析：

（一）公教詩人

首先是公職人員。國民黨撤退來臺，為了維持來臺之後政府能夠維持運作，因此第一要務就是將政府官員，黨政高層人員及各部門的公務人員運送來臺，以維持後續政府行政效能，也才能進一步發號施令。這些人普遍年齡較長，來臺時約在40歲上下。在大陸時期多半受過良好教育，也不乏留學歸國的菁英人士，他們在三、四〇年代開始擔任政府單位人員，多半經歷過抗戰因此往往也短暫配有軍銜。作為政府運行的主要成員，受過充足教育，因此曾經參與相關藝文活動或者有詩集出版，作品刊登報刊者大有人在。他們當中許多人較貼近政府反共文學的號召，在五〇年代初期寫朗誦詩聞名如葛賢寧、上官予。但是也不乏嘗試透過政府的資源，開展現代詩方向的詩人。例如重要性長期受到忽略的鍾鼎文。

1951年11月5日，《新詩週刊》假借《自立晚報》版面創刊，鍾鼎文、葛賢寧、紀弦等三人共同發起，這是戰後臺灣詩壇第一次大集結，先後擔任主編的紀弦與覃子豪因為日後現代詩社與藍星詩社而留名詩史。但是從實際情況來看，鍾鼎文才是《新詩週刊》最重要的推手。當時的鍾鼎文擔任《自立晚報》總主筆，規劃副刊內容屬於工作範圍。葛賢寧與紀弦分別是鍾鼎文的舊識，從第二期起刊頭由立法院長張道藩題字「新詩」，葛賢寧也為中華文藝獎金委員會工作。這些安排完全不是紀弦、覃子豪二人能夠插手，他們更像是接受了鍾鼎文邀請，來擔任主編的工作。另外，向來自負的紀弦在其自傳當中，草草帶過這段經歷，反而大書特書自己主導的《詩誌》、《現代詩》，說明紀弦自己不覺得《新詩週刊》屬於他的成就。回到當時的時空來看，應該是鍾鼎文一手打造了《新詩週刊》的出現，他嘗試從政治領域中汲取資源，努力爭取打造詩的環境。而後紀、覃兩位通過《新詩週刊》結識了自己的班底，方得推進現代詩運動的新局面。

覃子豪在臺灣重拾詩筆也是透過鍾鼎文的鼓勵，大陸時期的覃子豪是充滿浪漫主義的左派詩人，留日期間曾參與「左聯」東京分部《詩歌》的編務，來臺之後唯恐遭禍，不敢寫作。[7]麥穗回憶這段往事：「覃子豪說他已經不寫了，怕出紕漏，不敢寫。鍾鼎文嚴正地說，我知道你又不是共產黨，怕什麼？」[8]話裡可見覃子豪中間偏左立場，但也不失鍾鼎文作為國民黨重要人物可為之擔保的保證。

　　詩史很少記載鍾鼎文加入藍星詩社之後的行動。其實應該說他的行動並非包含在藍星詩社當中。1967年的他忙著邀集現代詩、藍星以及其餘未加入詩社的公教詩人，如黨政地位極高的左曙萍等共同籌組「中華民國新詩學會」。象徵現代詩與國府黨國體制的平衡，鍾鼎文本身的文學觀較為中立，不傾向反共文學朗誦詩，但也並未激進到推動現代主義，折衷而成融合傳統的抒情風格，是他將政治資源轉化為純文學發展，並抵抗反共文學為現代詩出發提供的起跑點，但是當現代主義發展過激時，他則是抱持制衡的看法，相對來說保守堅定，與擺盪在二者間的余光中成對比。

　　另一位出身公職而被時常忽略的詩人是原名李仰弼的李莎，曾經出版過兩本詩集的李莎在當時是活躍於各種文藝雜誌如《野風》《寶島文藝》頗受歡迎的詩人，他曾在覃子豪因公赴南部視察期間，暫代《新詩週刊》編務83期到87期（1953年6月22日-1953年7月27日），當時任職於最高法院書記官的李莎，在當時挖掘新人，聯繫詩壇極其投入。彭邦楨談到李莎：「人是清瘦一點，但活力充沛，熱情感人，每天四處跑，不是紀弦那裡，就是覃子豪、楊念慈、王聿均那裡，而後他又找出方思和楊喚來，他每天簡直在

7　李敏勇：「我在白色恐怖列管名單的口卡中，看到覃子豪的檔案，也看到張茲闓（後來曾任臺灣銀行董事長）的檔案，一些從中國隨國民黨政府流亡來臺的文化人，被懷疑通匪，都在監控之列。覃子豪和雷石榆一樣有左派活動經驗，雖然覃子豪不像雷石榆那樣激進，但抗日不盡反共，抗日不盡附和中國國民黨，都在一些文化人心中烙下恐怖印痕。」李敏勇《戰後臺灣現代詩風景：雙重構造的精神史》（臺北：九歌，2019年），頁24。

8　麥穗《詩空的雲煙──臺灣新詩備忘錄》（新北：詩藝文，1998年），頁122。

詩壇裡團團轉了。……當時李莎對詩壇貢獻，可說並不在紀弦與覃子豪之下。」[9] 李莎之後仍然在《現代詩》非常活躍，是臺灣戰後現代詩壇初期的重要組成。

　　還有一位被低估的詩人是原名盛志澄的夏菁，浙江大學畢業的他外語能力優越，專長是水土保持，而後被中美合作的農村復興委員會網羅到聯合國服務。藍星詩社的成立，主要為了呼應當時的時代發展，同時回應紀弦成立現代詩社而起。余光中回憶：「那時正值紀弦初組現代詩社，口號很響，從者甚眾，幾乎三分詩壇有其二。一時子豪沉不住氣，便和鼎文去廈門街看我，透露另組詩社之意。」[10] 這是藍星詩社成立的主因。但是，藍星詩社之所以成立還有另一個值得思考的面向。根據麥穗的紀錄，夏菁為了反對流行的口號詩和八股詩，與鄧禹平聯名邀請了余光中、覃子豪、鍾鼎文、蓉子到夏菁鄭州街的住處聚餐。[11] 除了蓉子不敢貿然參加外，那場聚會便促成了藍星詩社的成立。藍星詩社成立的動機，或可以區分成夏菁、鄧禹平的反八股及余光中、覃子豪的制衡現代詩社兩個目標。這兩個目標之間並不牴觸，更凸顯了藍星詩社折衷溫和現代主義的立場。也就是一方面希望提出抵抗反共八股的詩作，同時也有意制衡紀弦過於激進的現代主義。

　　除了政府人員與公務員，國民黨政府在當時也特別用心規劃知識分子遷臺事宜。高級知識分子的去留實則影響到兩個政黨之間正統性的競爭，因

9　麥穗《詩空的雲煙──臺灣新詩備忘錄》（新北：詩藝文，1998年），頁40。

10　余光中〈藍星詩社發展史〉，《藍星詩學季刊》創刊號，（1999年3月31日），頁5-19。關於藍星詩社的組成，還可參考夏菁〈愁雲滿天──悼鄧禹平〉、〈早年的藍星──重刊〈藍星談往〉〉、余光中〈第十七個誕辰〉及覃子豪《藍星週刊》創刊號刊前語。

11　麥穗：「夏菁先生的動機純粹是為了反對當時氣焰高漲猖獗一時的口號詩和八股詩。認為自由創作應該多予鼓勵，同時因為有人對鄧禹平的抒情詩集《藍色小夜曲》，批判為「浪費感情」，而且勸他應多寫些反映時代的詩，甚為不平」。麥穗《詩空的雲煙──臺灣新詩備忘錄》（新北：詩藝文，1998年），頁67。鄧禹平本身已是大眾抒情詩的代表人物，因此可知文中所謂口號八股詩應當是指反共朗誦詩，而非抒情詩。文中勸夏菁多寫反映時代的詩云云，也不可能是指涉現實批判政府的詩，從前後文脈看起來，夏菁之所以想組織詩社，可能起源於他個人有意抵抗反共八股詩的個人傾向。

此國共兩黨都有積極爭取，扣除接受共產黨慰留及交通安排不濟無法成行之外，仍然有許多知名學者跟隨政府遷臺，隨即擔任在臺復學的大學教授職務。總體來說：「1949年臺灣受高中以上教育程度者突然增加甚多，1948年高中以上者為十三萬人二千九百八十四人，1949年為二十二萬七千五百〇五人，增加近一倍，此與大陸學生遷入及大量公務人員的遷臺有關」。[12] 這些學生如果是隨著父母來臺後復學者，多半有較好家世背景，搭配過人天賦者，即在弱冠之年以學生之姿登場詩壇，最著名的詩人如鄭愁予、林泠、余光中、黃用、吳望堯等當時少壯派的詩人，如果是流亡學生隻身來臺者，許多人就被併入軍隊，成為少年軍人，往往接著以軍人身分完成後續進修。

從上述描述，我們就可以理解，為甚麼學者詩人比例較高的原因。著名的學者作家，在當時原本就是政府拉攏的目標，來臺人數比常態更多。其次政府官員、公務員，多半也就是高級知識分子居多，公務之餘，有文藝興趣者，學養見識可能不遜於大學教授，例如影響臺壇詩壇深遠的方思，當時也是在臺灣國立中央圖書館任職。

大陸遷臺人士有相當高比例是公教人士，也為女作家進入詩壇提供了較好的途徑。推測原因，大概公務員與教育領域的工作非體力重勞動，女性擔任的比例較高。其次政府也有意推動，1955年蘇雪林等人發起的「臺灣省婦女寫作協會」也顯示鼓勵婦女寫作的官方立場。也因此在當時，女性創作風氣極盛。以文類來區分，多集中在散文項目，女詩人較少。統計大陸遷臺詩人中的女詩人共計十一位，有王文漪、張秀亞、彭捷、蓉子、沉思、晶晶、陳敏華、林泠、張香華、羅英、胡品清。在這十一位當中，可以看到張秀亞、胡品清來臺擔任教授，其餘王文漪、彭捷、蓉子、沉思、晶晶、陳敏華為女性公務員詩人身分，林泠、張香華、羅英算眷屬身分隨父母來臺的學生詩人。另外，張秀亞、胡品清身為教授，原本就受到文化界重視，蓉子、林泠的詩藝則受到詩人與廣大讀者的認同愛戴。女詩人的人數雖然無法與男詩人相比，但是向二十世紀前期大陸與臺灣日治詩壇相比，數量已經多出不

---

12 林桶法《1949大撤退》（新北：聯經，2009年），頁348。

少，受到的重視也非同日而語。

（二）軍旅詩人

　　國軍撤退來臺的人數，據考據約有60萬人，當時臺灣的人口數大約是七百萬，這種清一色都是青壯年男性的大量人口移入，這對當時臺灣既有的人口結構造成相當大的衝擊。軍旅詩人，在本文中是指以軍人身分來臺，1908年到1940年出生，曾經發表詩作或者有詩集傳世者稱之。以人數來說，軍旅詩人也是大陸遷臺詩人當中人數最多的一群。軍旅詩人的軍階分布極廣，有位居將軍的詩人如金劍、公孫嬿等，也有不得已投軍的逃難學生如瘂弦、周夢蝶，或者被拉伕的受害者如商禽等底層士兵。

　　軍旅詩人的大量出現，可能算是文學史上的特例，但並非無跡可尋。就當時的社會環境來說，政府就是鼓勵軍人創作的主要推手。國民黨政府在國共鬥爭中失利，失去民心支持，歸因於沒有好的文藝政策（以今天角度來說，應該正名為沒有好的行銷推廣策略），因此從1950年「中華文藝獎金委員會」獎助反共文學，1954年張道藩根據〈民生主義育樂兩篇補述〉撰寫了〈三民主義文藝論〉，同年中國文藝協會發起「文化清潔運動」，1955年蔣介石提出「戰鬥文藝」運動，這一連串文藝動員，最直接鼓勵了大量軍人投身寫作。以政府的立場來看，軍人如能透過寫作達成愛國意識的培養，無疑是在意識形態層面完成改造。但消極的說，就算不寫作反共主題，只要不直接碰觸官方底線，挑戰執政禁忌，那麼寫作作為軍人一種良好的興趣嗜好，方便管理也是樂見其成。這或許可以解釋，六〇年代超現實主義狂飆時期，國民黨政府的包容態度。

　　但寫作對於軍人來說有自我實現的心理動機，奚密曾經談過五六〇年代現代詩壇的繆思崇拜，無論貴賤貧富，只要用心寫詩，那麼藝術女神繆思一定給予回饋，這點對低階公教人員如紀弦、覃子豪來說沒有錯。對於離家千里，流落異鄉的青年軍旅詩人來說更是如此。更有甚者，在戰爭尚未遠去，砲火與死亡的脅迫近在眼前之時，以詩成名，讓自己被人懷念、銘記，這或許是年輕軍人們大量投入創作更根本的原因。

如果我們把創世紀詩社標舉超現實主義，創世紀又多為軍旅詩人組成，來推論大陸遷臺軍旅詩人多為現代主義擁護者的話，可能產生以偏概全的謬誤。軍旅詩人不一定綁定超現實主義，所寫作的風格與主題往往隨著時代而遞變。在五〇年代初期，擁護戰鬥文學號召，以反共主題為主寫作並獲得獎勵，當然是政府最期望看到的軍旅詩人寫作的成果。例如從二等兵一路做到參謀長、旅長的詩人鍾雷，曾與張道藩、陳紀瀅合力創立中國文藝協會，曾以〈豆漿車旁〉〈黃河戀〉〈女學生與大兵哥〉屢獲中華文藝獎金，詩集《生命的火花》被譽為朗誦詩的開國元勳，在當時聲譽卓著。

　　向明回憶當時盛況：「當時最為人熟悉的詩作有葛賢寧的〈常住峰的青春〉、鍾雷的〈偉大的舵手〉，上官予的〈祖國在呼喚〉，墨人的〈哀祖國〉，紀弦的〈在飛揚的時代〉等長詩。朗誦詩亦非常當行，鍾雷的〈豆漿車旁〉和〈勃朗林，俺的好朋友〉兩首詩，常在各電臺及戰鬥晚會朗誦。其他如李莎、彭邦楨、鍾鼎文等都有此類反共作品。」[13] 像這樣在五〇年代初期獲得官方肯定的軍旅詩人還有孫陵、墨人、張自英、沙軍、明秋水等等。

　　但是，是否所有的軍旅詩人都一定欣賞反共朗誦詩呢？與夏菁不滿當時朗誦詩盛行一樣，軍旅詩人也同樣反感沒有技巧的戰鬥詩。《創世紀》第三期刊登疾夫〈討伐——致某「戰鬥詩人」〉；張揚〈椰樹自歌——兼致某「戰鬥詩人」〉，兩首詩直言對浪得虛名的戰鬥詩人之憤懣，第四期的張默回應道：「邱平遠自花蓮來函，盛讚本刊致某戰鬥詩人兩稿，對，這些詩壇的渣滓，敗類，我們還能不群起鳴鼓而攻之。」[14] 雖然並未直接點名，但可以看軍旅詩人對好詩仍然有自己的看法與堅持，很坦率表現對這類藝術水平不夠高的反共朗誦詩卻獲得官方獎勵的氣憤。

　　既然軍中提倡寫作，但年輕軍人們又不甘於只創作反共朗誦詩，於是眾多軍旅詩人或者在自己崗位上默默筆耕，或者呼朋引伴彼此串聯相互學習，形成軍旅詩人的龐大系統，逐漸發展出特殊的風貌。

　　有時軍旅詩人的連結是透過地緣關係，例如作為臺海戰事最前線的金

13　向明《詩中天地寬》（臺北：臺灣商務，2006年），頁283-284。

門，曾有多位軍旅詩人駐紮。例如1941年就出版詩集，從砲兵基層連長一路做到將軍詩人公孫嬿曾主持金門防務，洛夫享負盛名的《石室之死亡》也是在金門碉堡中完成。張默說：「那時節，在金門有一大票詩人，辛鬱、大荒、菩提、丁文智、常青樹、沙牧、阮囊，他們經常小聚，特別喜歡管管的那座碉堡，有時煮一大盆螃蟹、半鍋海蚵，喝高粱酒。」[15] 1955年管管調金門擔任排長與菩提拜阮囊為師，開始練習寫詩三、四年，到1959年〈放星的人〉首次刊登於《藍星》，才算正式登場詩壇，從此不衰。金門除了是戰場，更儼然是軍旅詩人聚會連結的聖地。

又如1954年創辦《創世紀》詩刊，當年洛夫和瘂弦服務於海軍的左營軍中廣播電臺，左營廣播電臺臺長正是詩人彭邦楨，詩人彼此惺惺相惜，跨越軍階的限制。加上在陸戰隊軍報社擔任記者的張默，電臺所在地「左營明德新村四十號」便成了《創世紀》的社址。另一位不能忽視的遷臺詩人是羊令野，本名黃仲琮的他1950年來臺時約27歲，相較於其他遷臺軍旅詩人當時年少，羊令野的學養及能力在當時都是佼佼者，例如他在1956年與葉泥、鄭愁予、羅行創辦《南北笛》，跨越南北，連結跨臺與跨語詩人，在1968年國民黨軍隊成立詩歌隊擔任隊長，於《青年戰士報》創辦「詩隊伍」（1968-1983年），同時在1969年與洛夫等人成立「詩宗社」。到了1982年還出任《現代詩》復刊首任社長，帶起了一時風潮，可說一生都奉獻給詩壇，同時也立下赫赫詩業，不應當被輕視遺忘。

大陸遷臺詩人年齡跨幅上下二十餘歲，年齡相去甚遠，認知代溝難免。也因此年輕軍旅詩人與學生詩人由於年齡相近，有更多共鳴的連結，現代詩運動很大一部分是他們合力完成的。相對的，較年長的軍旅詩人，族群特徵傾向都與公教詩人較相近。對政府的認同高，對詩的偏好保守傳統。

另一方面，到了六〇年代許多軍人退伍之後，各憑本事在臺灣這片陌生的土地上求生，許多軍人轉考公務員，繼續在公家機關工作，也有許多因

---

14 張默〈詩人俱樂部〉，《創世紀》第4期（1955年10月）。頁2。

15 張默《夢從樺樹上跌下來》（臺北：爾雅，1998年），頁28。

為文學造詣高，轉而擔任教職工作，從事相關報紙記者、編輯、導演等也不少。這就形成軍旅詩人與公教詩人合流，甚至進而合作。例如《葡萄園》就是軍旅詩人與公教詩人合作的例子。

1961年10月中國文藝協會主辦「新詩研究班」，當時班主任為鍾鼎文，副主任為覃子豪、上官予。學員結業後認為應該辦一份詩刊，最後推選出軍人退伍，時任臺灣新生報記者的王在軍為發行人、李佩徵為社長、廣播電臺主持人陳敏華任副社長、文曉村總編輯、古丁、藍雲、史義仁為副總編輯。到1962年七月《葡萄園》出版發行。

但文曉村接任總編輯沒多久就離職了，這與他的特殊身份背景有關。出身河南偃師的他，年少因熱血參加共產黨抗日游擊隊，從八路軍到解放軍，1951年參加抗美援朝戰爭志願軍，不幸兵敗被美軍俘虜。1954年3月被美軍押送臺灣。曾經身為解放軍，在臺灣自然不會好過，被送到新店和綠島反覆管訓，數次生死一線，最終領到「軍人證」，階級是「暫支准尉薪」，在臺灣展開新生活。但往後人生當中，不時受人告發就又要被管訓，即使擔任葡萄園總編輯的時候，也因舉報「軍人不得參加民間團體」而被迫放棄編務。[16]

但是退伍後，在師範大學進修，轉當國中老師的文曉村，持續在葡萄園耕耘，後來不但當回總編輯，甚至當上「中華民國新詩學會」理事。最初《葡萄園》在1962年創刊班底就是受教於鍾鼎文、覃子豪。創刊初期的邀稿函，也副署覃子豪、上官予增加號召力，他們三人都是「中華民國新詩學會」的成員。《葡萄園》的創刊詞提出希望：「一切游離社會與脫離讀者的詩人，能夠及早覺醒，勇敢的拋棄虛無、晦澀與怪誕，而回歸真實，回歸明朗，創造有血有淚的詩章。」[17]在美學觀點上也更傾向鍾鼎文對詩的看法，如果我們比對《葡萄園》的成員，可以發現他們後來很高比例都加入了「中華民國新詩學會」。因此我們可以看到在詩史反覆談論的現代詩、藍星、創

16　文曉村《文曉村自傳：從河洛到臺灣》（新北：詩藝文，2000年），頁76-179。
17　文曉村《文曉村自傳：從河洛到臺灣》（新北：詩藝文，2000年），頁151。

世紀、笠詩社之外，還有新詩周刊、中華民國新詩學會、葡萄園、秋水此一脈絡，作為數量眾多大陸遷臺詩人參與詩社的詩壇伏流。

因為國民黨政府在國共內戰中戰敗，大舉撤退來臺的特殊時空背景下，形成了大陸遷臺詩人以公教詩人、軍旅詩人、學生詩人為主的組成基礎，這種特殊的文化傾向型塑了其特定文學風貌，進而影響了戰後臺灣詩壇的發展。

三、主流匯成：大陸遷臺詩人的創作成果

臺灣在日本殖民統治之下，新文學的發展顯得曲折且複雜。由於官方語言是日語日文，因此留學日本能夠透過日文接受到西方文學思潮的臺灣詩人多半精通日文，在語言敏感度與文字凝鍊度上，使用日文都比使用中文得心應手，以至於日文詩的成就也比中文詩高，實屬情理之中。有意書寫中文詩的詩人，其目的多在教育民眾，啟發民智，藉以推動對抗日本殖民統治的群眾運動，這樣的特殊歷史背景，導致我手寫我口的主張在大陸階段得以順利推展，但在臺灣則演變成臺灣話文論戰。也因此我們今日可見日治時期臺灣新詩語言淺白易懂，主題批判現實為主。

在日治時期的臺灣並非完全無法接觸大陸時期新文學發展，巫永福回憶：「當時販賣中文書籍的書店寥寥無幾，而且販賣的都是線裝書，新文學以後出版的書刊幾乎沒有，而中央書局與蔣渭水所經營的文化書局在困難中能為臺灣讀者服務，尤其把五四以後的中國新潮導入，接受新思潮、新文化的意義上是有其不可抹滅的功績與貢獻。」[18] 可見仍然有志之士將中國新思潮書籍引入臺灣，當時中國與隸屬於日本的臺灣仍然是國家對等關係，進出口貿易並未受到限制，因此有經濟能力的臺人向中國郵購書籍也不是問題，詩人王詩琅也曾說，透過這個管道：「舉凡小說研究會派、創造社派，新月

---

18 巫永福〈臺灣文學與中央書局〉《巫永福評論集 II 》（臺北：傳神福音，1995年），頁19。

派的每位名家的作品集，幾乎全部讀過。」[19]因此新月派對格律體形式的討論，或者優秀的抒情主題詩作，在當時的臺灣並非完全看不到。

但是即使如此，我們可以看到在當時發表詩作的主流，仍然以反映現實為主。一來雖然有管道看到中國新文學書籍，但是在當時有經濟實力與文學愛好的人有限，可以推測這些中國新文學書籍大概是在小部份文人圈中流傳。或許正是推測看過的人不多，當時楊華才會在改寫中國新詩作品並剽竊發表在報刊上，最終被少岳揭穿。[20]且當時引入中國新文學書籍種類眾多，文學僅為其中一項，文學當中又有眾多小說、散文選擇，新詩不見得是主要選項。其次，即使有詩人熟讀中國新文學格律派詩作者，也不見得會發表格律抒情詩作。

之所以會有反應現實為主的詩作為主流，是因為當時日本政府看待臺灣民眾，仍然是以殖民母國看待殖民地的上層視角，諸多此起彼落的抗議事件，例如賴和〈流離曲〉記錄了「退職官拂下無斷開墾地」事件，〈南國哀歌〉記錄了「霧社事件」斑斑可考。在當時的社會條件之下，臺灣本土詩人有志創作多以批判政府的寫實詩作為主，期待能針砭時弊為民喉舌。陳芳明指出：「自賴和、王白淵以降，一直到鹽分地帶文學集團的形成，都帶著左翼批判的精神……然而在殖民地臺灣，現代主義只是以伏流的姿態出現。真正的文學主流仍是以左翼作家所堅持的寫實路線為中心。」[21]雖然楊熾昌所創「風車詩社」是日治臺灣超現實主義的先驅，但是他們也遭受眾多惡魔詩派、耽美的批判。可見在當時被殖民的社會環境下，為民喉舌的寫實詩還是最常見。而現代主義詩作的伏流一直要到五〇年代由大陸遷臺詩人與本土詩人共同帶起，一躍成為五六〇年代的主流。

在二、三〇年代的中國大陸，提倡現代格律詩的新月派在詩壇影響力大，由李金髮所帶起的前期象徵派，強調詩的暗示性與象徵性，後期象徵派

---

20 詳見許舜傑〈同文下的剽竊：中國新文學與楊華詩歌〉，《中外文學》44（1）（2015年3月），頁63-104。

21 陳芳明《臺灣新文學史上》（新北：聯經，2011年），頁131。

的戴望舒、卞之琳等人開始轉向現代派，1932年施蟄存受現代書局委託，在上海創辦《現代》雜誌，其中也有紀弦（筆名路易士）活動的身影。另一方面是左翼文學潮流，尤其在1927、28年國民黨清黨，激起文人對共產黨的同情，轉變成許多文人左傾。其中以郭沫若的創造社最為代表，創造社早期偏浪漫主義，有抒情唯美風格，但後期轉向左翼文學，郭沫若被國民黨通緝逃往日本十年。當時在日本也有很多中國左翼知識青年活動，覃子豪也是其中之一，臺灣左翼知識分子則有吳坤煌等人。大陸遷臺詩人在大陸期間，較年長者曾經參與從新月派象徵派到現代派的發展過程，例如鍾鼎文還曾經邀請艾青擔任副刊主編，而青年軍旅詩人及公教學生詩人則是或多或少讀過徐志摩、林徽音、卞之琳、朱湘，李金髮、戴望舒，艾青、穆旦等人的詩作。

　　戰後的臺灣詩壇雖然有兩個球根的養分，但其實也可以視為兩個文學傳統的斷裂，查禁左翼思想導致日治時期臺灣詩壇長期發展關注現實的民眾詩主流斷絕。大陸時期左翼詩人不見容於國府。因此大陸遷臺詩人的創作不應該視為大陸時期現代詩發展的延續，而是來到臺灣的突破創新。

　　大陸遷臺詩人能夠開創出新的創作成果，首先依靠觀摩大量的詩作翻譯，方思所翻譯的里爾克，余光中所翻譯的艾略特，覃子豪翻譯的法國象徵派詩家、葉泥所翻譯的日本詩家，奇特的詩想搭配譯者本身的詩才，讓遷臺詩人們獲得創作的養分，激盪出屬於自己的新想法。當然更重要的是詩人自己的天分與靈感，難以辨識其養分的來源就憑空寫出傳世詩句。而傑出詩作一旦被創出，詩人們又會彼此觀摩彼此學習，用自己的口吻來演練看到的新句式新情感，楊牧提到：「瘂弦的詩甚至成為一種風尚，一種傳說；抄襲模仿的人蜂湧而起，把創造的詩人逼得走投無路。」[22] 在這種左翼寫實詩風無法發展的社會背景之下，大陸遷臺詩人帶起了日治臺灣詩壇尚未大力發展的兩種創作風格，分別是抒情詩以及現代主義詩作：

22　楊牧〈瘂弦的《深淵》〉，《傳統的與現代的》（臺北：志文出版社，1974年），頁160。

（一）抒情可否成為傳統？

　　過往文學史描述五〇年代詩史，往往先談前期的反共詩歌，後半關注紀弦、覃子豪之間現代詩運動的爭執，形成反共詩轉向現代主義詩的脈絡，而忽略了許多大陸遷臺詩人在五、六〇年代有大量浪漫主義抒情詩寫作。例如任職臺糖公司的金文、師範、魯鈍、辛魚、黃揚，在1950年就集資創辦純文藝的《野風》雜誌，當時時常在《野風》上發表詩作的詩人有鄭愁予、夏菁、方思、楚卿、郭楓、鄧禹平、余光中等，在當時頗受歡迎。此時登場的詩作就是以抒情詩為主。

　　另外，或許抒情詩與反共詩之間的距離並沒我們想的遙遠。仔細想想，反共詩只是一種以抒情作為手法，以反共作為主題的特定抒情詩。政治宣傳也需要有打動人心的力量，因此許多反共詩，多屬情感激揚的獨白。加上反共詩由於主題侷限，又為了朗誦需求，要有音樂性表現的設計，因此以往格律詩的講究，透過安排句式韻腳等藝術手法，都可以在此處派上用場。

　　回顧大陸遷臺詩人創立的三大詩社，都可以發現抒情詩創作風氣在當時未曾斷絕。紀弦自己雖然主張現代主義詩，但是其創作一直都是直抒胸臆的抒情詩。鄭愁予作為紀弦最忠實的追隨者之一，也是開創臺灣現代詩抒情風格的先驅者之一，創世紀《六十年代詩選》給他的評語：「他那飄逸而又矜持的韻緻，夢幻而又明麗的詩想，溫柔的旋律，纏綿節奏，與夫貴族的、東方風的、淡淡的哀愁的調子，這一切造成一種魅力，一種雲一般的魅力。」[23] 其實，大陸階段的鄭愁予詩中更多對中下階層的關懷，但是來到臺灣之後：「我抒情的層次逐漸地增加了，但和一般寫作的人相反的是，我不是從個人走向公眾，而是從公眾走向自己。後來都收在《草鞋與筏子》詩集裡，帶到臺灣之後燒掉了。那些紙頁燒掉了，卻在寫詩的歷程上得到某種新生，重寫之後，復活了的面貌就是所謂的愛情詩」。[24] 需要注意的是創世紀

23　張默、洛夫、瘂弦編《六十年代詩選》（高雄：大業書店，1961年），頁200。
24　張曦娜〈「達達的馬蹄」響遍半世紀──訪臺灣詩人鄭愁予〉，《聯合早報》（新加

《六十年代詩選》已經是洛夫、瘂弦、張默諸君為了樹立現代主義典律而集結的詩選，但是林泠與鄭愁予上乘的抒情詩仍然不致被遺漏。

創世紀軍旅詩人在五〇年代早期的詩作也不例外，洛夫的第一本詩集《靈河》，我們今天看出可以大量新月派的影子，其他人當時的少作今日看來多有臨摹新月派、象徵派作品的影子。一直到六〇年代葡萄園詩人群，喊出「拋棄虛無、晦澀與怪誕，回歸真實，回歸明朗」[25]，明顯就針對創世紀的超現實主義主張而來，當然葡萄園詩人的創作也以抒情詩為主軸。如此說來，整個五、六〇年代抒情詩其實在詩壇佔的比例不低，只是不如現代主義詩作受到矚目。

過去被認為是傾向古典抒情傳統藍星詩社，很能夠凸顯抒情詩在當時的延伸與變化。早在新詩周刊時期就已經為人所知的蓉子，重視格律輕柔優美的詩作一直深受讀者喜愛，但是在現代主義最盛行的那段時間裡，蓉子卻暫停創作，想來是對於超現實主義詩風的不適應，思考自己的創作模式與詩壇潮流之間的落差，但是她最終找到了平衡點，以揉合了現代主義風格的方式，創作自己的抒情詩。另一個經典的例子是周夢蝶，雖然世人多以詩僧目之，將其詩作視為參透迷悟的文字公案。殊不知，早在當時葉嘉瑩就精準拈出「雪中取火，且鑄火為雪」為其註腳，指詩人外冷內熱的特質。同為河南老鄉，相知相惜一輩子的瘂弦說：「他一直在寫情詩，不過都是抽象的、柏拉圖式的，影影綽綽地通過藝術的形象寫下來……他的詩受佛學、禪宗影響，但在意象經營上，遣詞用句上，卻是非常富有創意的，也是大膽的。他的詩有他的現代性。」[26]也就是說，即使旁人不解，但周夢蝶寫的仍然是抒情詩，只是抒情的手法現代化，具突破性而已。這點其實很值得思考，經歷過五六〇年代，詩還是抒情，只是手法翻新，成為現代主義的抒情詩。

這個方向上，當然余光中最具代表性，他早期作品格律詩的風格非常明

坡），2008年4月11日。

25　文曉村《文曉村自傳：從河洛到臺灣》（新北：詩藝文，2000年），頁151。

26　瘂弦口述、辛上邪紀錄《瘂弦回憶錄》（臺北：洪範，2022年），頁275-276。

顯，符合學院派如《自由中國》與《文學雜誌》的傳統看法。長年西方文學研究的浸淫，加上兩次前往美國的文化衝擊，帶來的體會，使他在創作風格上轉向現代主義自由體，甚至在新詩論戰中站在紀弦的對立面，以折衷現代主義立場批判紀弦激進而空泛的現代主義。他的《天狼星》在敘事上描述自己喪母的苦痛並描述同樣從事現代主義的詩人們。而又在與洛夫戲劇性地展開「天狼星論戰」之後轉向新古典主義。余光中向上銜接了五〇年代初期的鄭愁予、林泠、蓉子的成就，往後也影響了一代代臺灣詩人延續此一脈絡的創作。

其實抒情詩一直都是具有群眾基礎廣受歡迎的風格，孟樊在他的〈臺灣的大眾詩學——席慕蓉詩集暢銷現象初探〉中就曾指出臺灣詩集暢銷排行榜上，在席慕蓉之前最重要的兩位詩人就是鄭愁予跟余光中，只是他們詩壇地位高，因此暢銷不構成罪過。由大陸遷臺詩人在五六〇年代所打造出來眾多抒情經典，長期影響了日後臺灣詩人的模仿學習，由此可見大陸遷臺詩人的抒情詩成就。

（二）「我們」的現代主義

大陸遷臺詩人為臺灣詩壇在創作面向上作出的第二個貢獻，就是提出大陸遷臺詩人的現代主義詩作。相對應的與跨語詩人的現代主義詩作，共同構成五六〇年代臺灣詩壇當中的重要成就，並且長久地影響日後臺灣詩壇發展。

1932年施蟄存、戴望舒等人在上海創辦《現代》，1933年水蔭萍也在臺南發行《風車》詩刊，但是在那個世界局勢動盪不安，左翼思潮充斥文壇的環境底下，兩邊的現代主義文學提倡運動，最終都被時代所吞沒。也因此紀弦與林亨泰在現代詩的集合，有其更深刻的意義，象徵了大陸與臺灣兩個球根的現代主義匯集，以及即將開展的現代主義詩運。

五、六〇年代跨語詩人群與遷臺詩人群不約而同致力推動現代主義詩都跟他們特別崎嶇的生命歷程有關。他們都出生成長在戰爭的時代，跨語詩人經歷二次大戰，皇民化運動禁止透過使用漢語，或者被強徵上戰場，或者眼

見故鄉轟炸，國民黨政府接收臺灣之後，又迎來禁用日文日語及二二八事件等一連串創痛的生命經驗，對他們來說，存在主義式的荒誕是最契合的文學表現形式。越來越多研究已經指出跨語詩人群在五〇年代當中已經積極參與現代主義詩運動，日後六〇年代笠詩社的大方向仍然是以推動現代主義詩為主，要到七〇年代笠詩社才有更明確的本土寫實轉向。

同樣的，大陸遷臺詩人歷經八年抗戰、國共內戰渡海逃難來臺，親身經歷戰爭與死亡的陰影，非常人所能經歷，離開父母家庭，遠離故鄉來到異地的陌生感，無法融入臺灣社會的隔閡感，這些特殊的生命經驗，也驅使他們的創作趨近現代主義。洛夫更明確地給出他們所主張的現代主義詩的定義：「我們不妨說存在主義、超現實主義乃是構成現代文學藝術真貌之兩大基本因素，只是前者偏於精神之啟發，後者著重技巧之創新」[27]詭異怪誕費解的詩作，實則與大陸遷臺詩人的生命歷程息息相關。

詩史上討論臺灣現代主義詩取得場域的主導地位多在1958到1959年間，創世紀詩人眼見現代詩停刊，藍星主力之一的余光中赴美，詩壇氣象停滯。於是改革意圖自第10期（1958年4月）悄然開始，至第11期（1959年4月）始正式改版，高舉超現實主義旗幟，遂取代《現代詩》位置，得以與《藍星》分庭抗禮。因此創世紀詩人群似乎成為軍旅詩人提倡超現實主義的代表。但在現代詩、藍星詩人群當中也有許多軍旅詩人，如果我們比對軍旅詩人的全貌，我們可以發現，加入葡萄園、秋水的軍旅詩人也不少，這樣看來，軍旅詩人無法直接跟現代主義詩畫上等號。

之所以會有軍旅詩人等同創世紀的印象，一來是因為創世紀詩人以超現實主義這種色彩鮮明的論述，搭配質量俱佳的詩作，在五〇年代末成為詩壇矚目的亮點。二來《現代詩》停刊之後，原本時常在現代詩投稿的軍旅詩人，多被邀請加入創世紀的關係，後人談起時他們，會忽略他之前在「現代詩社」的經歷。如果從商禽等人在《現代詩》上發表詩作來看。早在1953現代詩創立開始，現代主義、超現實主義創作實驗就已經悄悄進行。

27　洛夫《詩人之鏡》（高雄：大業書店，1969年），頁49。

如果說，現代主義的特色是創新，是主知，反抒情，那麼林亨泰便指出：「我認為最重要就是方思和黃荷生等人的詩作品，因為紀弦、楊喚、鄭愁予、林泠等人的作品中仍能找出或多或少的所謂『三十年代文學』來，但他們的作品（能夠的話，包括我所寫的那些所謂「符號詩」）卻已無法找出前代的任何影子，一篇作品的重要與否，應該以它的獨創性亦即與前代的關連少，來作為衡量的標準。」[28] 方思是大陸遷臺詩人，其詩作冷靜知性，林亨泰透過立體主義突破了語言隔閡，發表的符號詩，當然也符合標準，黃荷生是紀弦的學生，以奇特的想像與語法的扭曲，寫出了令人刮目相看的詩作。又或者商禽也是早在現代詩時期就已經有很成熟的現代主義作品。戰亂的時代，被軍閥與國軍拉伕的商禽，即使身在軍隊，卻很難說他對當時的國府與政局毫無批判。我們可以從他解嚴之後發表的〈木棉花──悼陳文成〉，以及描述從軍的理由從自願參軍還原為拉伕，都可看到大陸遷臺詩人對政局的忌憚與批判。

　　從商禽的例子我們可以看到，大陸遷臺詩人當中的軍旅詩人在時局動盪中，經歷過的折磨可說超出常人，對生命毫無意義的荒謬感受尤其深刻。洛夫闡述他們那一輩人的心境說：「而當時的現實環境卻極其惡劣，精神之苦悶，難以言宣，一則因個人在戰爭中被迫遠離大陸母體，以一種飄萍的心情去面對一個陌生的環境，因而內心不時激起被遺棄的放逐感，再則由於當時海峽兩岸的政局不穩，個人與國家的前景不明，致由大陸來臺的詩人普遍呈現游疑不定、焦慮不安的精神狀態，於是探索內心苦悶之源、追求精神壓力的抒發，希望通過創作來建立存在的信心，便成為大多數詩人的創作動力。」[29] 軍旅詩人寫作是為了證明自己的存在，今天更多紀錄顯示，即使身為軍人，也不一定能夠逃離政府的監控與審查，例如大荒：「不滿現實，更不願入黨，致使仕途不順，二十五歲那年曾遭軍中管訓三個月，每天被折騰得七葷八素，身心俱疲。」[30] 瘂弦也談過創世紀的成員曾經被當局盯上，而

28　康原〈詩人的回憶──林亨泰訪問記之一〉，見於《林亨泰全集》冊8，頁80。
29　侯吉諒《洛夫石室之死亡及相關重要評論》（臺北：漢光出版社，1988年），頁193。

長官彭邦楨幫忙說情才得免。僅因為軍旅詩人與國民黨政府同樣是渡海來臺的外省人，就一視同仁將他們與國民黨政府劃上等號，是否也難免會有以偏概全的謬誤？

就藍星詩社來看，其實也是主張折衷的現代主義，[31]余光中與黃用、吳望堯等青年詩人年紀、學識相當，從屬性上來看，更接近青年軍人詩人。1960年余光中及藍星詩人群跟言曦的論戰，顯然就是詩壇外部對現代詩的方向有所質疑，藍星詩人群也分別有深入闡發。

余光中曾說：「方思先生之介紹里爾克，夏菁先生之翻譯佛洛斯特，瘂弦先生及洛夫先生之發揚超現實主義，吳望堯、鄭愁予、林泠、敻虹、葉珊等先生之常識在新詩中保存中國古典的神韻，以及筆者之譯介英美詩，凡此皆說明今日的新詩運動是廣闊的現代文藝運動的一環。」[32]日後現代主義詩的流行，除了創世紀詩社諸君之外，實則余光中為首的藍星年輕詩人也有不可忽視的助力。

現代主義詩作一方面透過與西方文藝思潮連接，以現代化全球化為號召，在五〇年代末、六〇年代初期獲得了最多關注。同時也是銜接日治時期詩人詩作的一種可能性。現代主義詩作，與政治場域若即若離的曖昧，雖然招致日後本土派的批判，但不失為一種詩人立身的可能性，成為日後臺灣詩壇不可或缺的一種文化定位。

四、長遠潤澤：大陸遷臺詩人的橫向聯繫與縱向滋養

1949年10月中華人民共和國建國，國民黨潰敗來臺，戰爭的威脅立即而

---

30 張默《夢從樺樹上跌下來》（臺北：爾雅，1998年），頁154。

31 紀弦也知道自己跟覃子豪之間非全然對立：「他也認為過了時的浪漫主義不足為訓，但對最新銳的現代主義大肆攻擊，那就恕我稱他為一個『折衷派』的人物吧。」紀弦《紀弦回憶錄第二部——在頂點與高潮》（臺北：聯合文學，2001年），頁82。

32 余光中〈文化沙漠中多刺的仙人掌〉，《掌上雨》（臺北：時報文化，1980年），頁116-117。

直接，驚魂未定的國民黨政府透過中華文藝獎金委員會來推動反共文學，跨語詩人無法使用擅長的日文或者不願創作反共詩作，固然不得不重新學習國語而沉潛十年，但是大陸遷臺詩人也同樣面對發表管道與發表主題受限的困境，但即使如此，大陸遷臺詩人仍然盡量收集政治上的資源，並轉換為創作上相對自由的空間，不但為同時代的跨語世代詩人提供登場的舞臺，所留下的教學推廣活動，也成為同時代的青年詩人及戰後第一世代詩人提供了成長的養分。值得注意的是，大陸遷臺詩人並不侷限於紀弦、覃子豪、余光中、洛夫等重要詩人，在這些詩壇領袖看似突破性的創舉，並非橫空出世，往往得力於眾多今日已被人淡忘的詩人們彼此配合，相互呼應才得以完成。在當時，現代詩人在文文壇相對邊緣，但詩人之間有細密人際關係聯繫，大陸遷臺詩人與本土跨語詩人交流詩作，學習彼此長處，激發出自己更好的作品與主張，才能打造出五六〇年現代詩名家輩出的盛況。

（一）大陸遷臺詩人與跨語詩人的橫向聯繫

如果我們對詩史懷抱僵化的看法，將分屬不同族群不同屬性的詩人看成壁壘分明不相往來的文學集團，就會無法理解現代詩發展脈絡中那些重要轉折。今日回頭看過往所謂的詩壇三老鍾鼎文、紀弦、覃子豪，之所以在當時能夠引領現代詩運動，並不完全是因為過往所認為的國民黨政府支持。相反的，正是由於他們都曾經留學日本，有日文讀寫能力，也因此能夠跟當時精通日文學習中文當中的本土跨語詩人群有良好的交流與互助。鍾鼎文在1933年到1936年間赴日留學，京都帝國大學社會學科畢業，畢業回國，擔任南京中央軍校教官。覃子豪1935年進入日本中央大學，1937年返國抗日，參與過「左聯」東京分部主辦的《詩歌》編務。紀弦留學日本的時間最短，1936年4月抵達東京，6月返國。之所以這麼倉促，學者陳允元推測可能跟當時日本與左翼之間的緊張情勢所導致。但是也可以證明紀弦基本上已有基礎日語讀寫能力。

1951年11月5日鍾鼎文、葛賢寧、紀弦假《自立晚報》副刊創立《新詩周刊》。這除了是戰後首創的新詩重要發表園地之外，也是臺灣跨語詩人主

要發表的刊物，根據蔡明諺的統計在當時《新詩周刊》發表的臺籍詩人如騰輝、瑩星、陳保郁、李政乃、林亨泰等人，刊登期數皆多過於其它大陸遷臺詩人。[33] 就現有的現象來推論，或許是因為鍾鼎文、紀弦、覃子豪除了能夠使用日語日文之外，他們都具有日本文學根柢，才更能欣賞跨語詩人詩中受到日本文學薰陶的妙處。例如覃子豪高度肯定黃騰輝的詩：「他的詩受日本詩的影響，在《慈惠集》的幾篇詩就是日本和歌的格調，這幾篇詩卻也寫得最優美，像幾幅古老的圖畫。」[34] 覃的點評是將中文新詩與日本和歌對比所得。黃騰輝詩作主要刊登的期數多在第31期之後，多屬覃子豪主編的期數，可知深受覃子豪的賞識，日後黃騰輝也參加藍星詩社。

覃子豪還曾介紹陳保郁：「她的譯筆之美是譯詩中所罕見。她的詩也和她的譯筆一樣，柔和、清新。」[35] 此處就同時肯定了陳保郁的翻譯及個人創作，如果沒有日文基礎，勢難做到。陳保郁主要翻譯林亨泰的日文詩，如果將陳保郁的譯詩算在林亨泰的創作的話，林亨泰等場期數多達25期已，與林泠相當。雖然林亨泰在日後《現代詩》與紀弦並肩論戰的形象深入人心，但實際上《新詩周刊》才是林亨泰重返詩壇的第一步。綜合以上，我們可以看到，紀弦、覃子豪、鍾鼎文剛好都有留日背景，對本土跨語詩人的詩作能夠有更直接的認識與肯定，恐怕也是過去詩史較少著墨的面向。

在《新詩周刊》時期，紀弦與覃子豪基於日文背景，已經初步與本土跨語詩人建立聯繫。等到二人各自開創詩刊之後，《現代詩》與《藍星》各自發展出與本土跨語詩人的連結。紀弦說現代詩的火種是自己帶來臺灣，雖然是詩人自我感受良好的誇大發言，但是他以成功高中教員的微薄薪水操辦《現代詩》，確實也作到燃燒自我照亮他人。雖然沒有團體的支援，使得《現代詩》的經營跌跌撞撞，但好處卻是不必為了集團利益而有所偏頗，

33　蔡明諺《一九五〇年代臺灣現代詩的淵源與發展》（新竹：國立清華大學中國文學系博士論文，2008年），頁81。
34　麥穗《詩空的雲煙──臺灣新詩備忘錄》（新北：詩藝文，1998年），頁33。
35　麥穗《詩空的雲煙──臺灣新詩備忘錄》（新北：詩藝文，1998年），頁33。

也因此《現代詩》能夠兼容並包不同語言、不同地域、不同年齡的現代詩人們，林亨泰表示：「方思、楊喚、葉泥、鄭愁予、林亨泰、林泠、壬癸（商禽）、季紅、吹黑明、楊允達、錦連、黃荷生、薛伯谷等夥友之所以聚集於《現代詩》，並非由於他們的作品相類似，而是由於作品的顯然相異，這正意味著他的重視獨創性（originality）更甚於熟練性（discipline）」[36]。這份名單已經可以看到大陸遷臺詩人與本土跨語詩人在當時同處於文壇邊緣地帶共同努力開創現代主義詩潮的概況。

在這一份名單中，葉泥也是目前被學界長期忽視的重要詩人，他是促成當時跨語詩人及遷臺詩人交流重要推手。葉泥幼時因為日本軍人的善意，教導了他日文，而後參軍輾轉來臺，當時的他在總統府國防會議（日後的國家安全會議）擔任文書工作，因為書法造詣高，呈給總統的公文都由他繕寫，工作職責包含了閱讀日本《每日新聞》並剪報收集日本輿情。在五〇年代初期，葉泥是日本文學理論翻譯的重要提供者，三大詩刊都可以看到他的譯文。當時楊喚是他的直屬下屬，兩人還夢想著未來能一起辦詩刊。1956年紀弦與葉泥南下拜訪林亨泰、錦連，並夜宿林亨泰八卦山住處，林亨泰回憶那晚：「就現代主義思潮的有關看法和理想，我們痛快地聊了一個晚上」；林曾寫信致葉泥：「與你相識，至感欣慰。而且，我們早就應認識的，至今，我尚時在作如是想」。[37]可見交情之好。

此外葉泥更將這種合作具體落實在《南北笛》當中，葉泥與羊令野在1956年4月創刊《南北笛》旬刊，借嘉義《商工日報》第六版，每周半個版面。由葉泥在臺北集稿，羊令野在嘉義編輯，南北呼應，常見作者有林亨泰、紀弦、洛夫、瘂弦、張默、林泠、德星、鄭愁予、錦連、楊允達。葉泥有時也用筆名穆熹提供稿件。檢視《南北笛》詩作發表最多詩人，依次是羊

---

36 林亨泰〈笠下影：紀弦〉，收入呂興昌編訂《林亨泰全集六·文學論述卷3／文學生活回論》（彰化：彰化縣立文化中心，1998年），頁119-120。

37 林亨泰〈走過現代，定位鄉土——我的文學生活〉，收入呂興昌編訂，《林亨泰全集六·文學論述卷3／文學生活回顧》（彰化：彰化縣立文化中心，1998年），頁20。林亨泰，〈林亨泰致葉泥〉，收入呂興昌編訂，《林亨泰全集七·文學論述卷4／文學短論》（彰

令野、錦連、林泠、白萩四人。[38]可見《南北笛》不僅是南部北部詩人的串聯，也是大陸遷臺詩人跟跨語詩人的合作。也因此僅出刊十六期的《南北笛》始終被詩人們念念不忘。

除了現代詩，日文根柢勝過紀弦的覃子豪，對本土跨語詩人更是青睞有加。曾進豐教授統計《藍星週刊》（1954年6月17日-1958年8月29日）本土跨語詩人的刊登狀況，騰輝從第1期到143期，共21次；白萩第27期到203期，共58次。數量之多，足以得見覃子豪對本土跨語詩人的愛才之心。

覃子豪主編早期的《藍星週刊》常見的本土跨語詩人有騰輝、塋星、蔡淇津、吳瀛濤、白萩、何瑞雄、黃荷生、趙天儀，林宗源、陳千武等人。蔡明諺指出吳瀛濤的重要性：「他倡議開闢評論欄，親自翻譯介紹日本詩壇現況，發表了大量而且形式多變的實驗詩作，並在此兩次連載了他的『原子詩論』。」[39]此處可見跨語詩人的見識，也可見覃子豪的眼光。相對之下，《創世紀》對本土跨語詩人的接受程度的確低於紀弦、覃子豪。藍星詩社當中，余光中為代表的學生詩人群多走英美路線，對日文陌生，也較少關注本土跨語詩人。這些因素都促成了六〇年代笠詩社的成立。

但今日回顧這段歷史，紀弦、覃子豪與本土跨語詩人之間的合作仍然是臺灣詩史上令人嚮往的一頁。大陸遷臺詩人及跨語詩人協力推動現代詩運動之所以能成功，除了文學理念相近、語言相通之外，彼此都沒有隔閡芥蒂的心胸，相信才是更重要的原因。

（二）大陸遷臺詩人與青年詩人的縱向滋養

大陸遷臺詩人透過教學給予青年詩人創作指導，最具代表性的詩人應該是覃子豪，他在1953年結束《新詩周刊》編務後沒多久，就受邀擔任李辰冬創辦的中華文藝函授學校詩歌班的教師，後來接替侯佩尹擔任詩歌班主任，

化：彰化縣立文化中心，1998年），頁5。

38 張素貞〈一體三相的詩雜誌《南北笛》〉《文訊》第401期（2019年3月），頁138-143。

39 蔡明諺《一九五〇年代臺灣現代詩的淵源與發展》（新竹：國立清華大學中國文學系博士論文，2008年），頁179。

曾經也報名成為學員的麥穗，回憶當時大家參與的原因：「仍有許多受日本教育者，對中文的使用並不自如，所以報名參加函授學校的本省籍人士就有138人……當然那時因戰亂離鄉背井，隨著政府或部隊來臺北失學青年和流亡學生為數也很多。」[40] 根據麥穗的紀錄，中華文藝函授學校第一期學生共901人，小說班336人、詩歌班92人、國文進修班473人。依此計算，曾經接受覃子豪指導的學員至少有幾百位，此外覃子豪還接受鍾鼎文邀請，擔任中國文藝協會主辦「新詩研究班」教師，而後有葡萄園詩刊成立的契機。孤身在臺的覃子豪晚年因胰臟癌住院，瘂弦、向明等一干學生都自願排班住院照顧，瘂弦回憶道：「住院時，我們這些學生輪流去照顧，守夜。彌留之際，他掛念的也是這些學生，一個個名字問是否來了，知道都來了，才斷氣。」[41] 以覃子豪來臺十幾年來說，在新詩教育上奉獻心力之巨大，指導出來的詩人數量之多，放在整個臺灣新詩百年來看都是名列前茅的。

無獨有偶，古丁在擔任中國文藝函授學校批改老師時，發現涂靜怡的詩才，將她的詩作轉投《葡萄園》36期發表，結下亦師亦友的緣分，後來1974年古丁因故離開《葡萄園》，自己連同好友綠蒂創辦《秋水》詩刊，邀請涂靜怡任主編，成為古丁的得力助手，直到1981古丁因車禍猝然辭世，涂靜怡不但收集整理恩師稿件，出版三大冊《古丁全集》，並且一肩擔起《秋水》詩刊編務，一直到2014年因身體狀況不佳宣布停刊，四十年來的堅持值得銘記。

除了覃子豪之外，大陸遷臺詩人當中原本相當高比例就是公教人員，例如張秀亞、胡品清、余光中、楊牧等教授詩人長年在國內外大學教書，又如紀弦就是成功高中的國文老師，他引以為傲的「路門五傑」有金耀基、羅行、楊允達、黃荷生、薛柏谷，除了金耀基日後走向社會學、哲學研究道路之外，其餘四位都是在當時相當活躍的詩人。尤其黃荷生曾擔任過《現代詩》第22、23期主編，後來也是笠詩社創社成員之一，在當時出版的詩集

---

40 麥穗《詩空的雲煙——臺灣新詩備忘錄》（新北：詩藝文，1998年），頁80。

41 瘂弦口述、辛上邪紀錄《瘂弦回憶錄》（臺北：洪範，2022年），頁166-167。

《觸覺生活》大膽前衛，今日受到學界相當大的肯定。

　　同樣是高中老師的胡楚卿，中日戰爭期間，當戰地記者，來臺以後落腳花蓮，擔任花蓮中學的國文老師，兼擅詩與小說的他，帶起了花蓮中學的寫作風潮，包含小說家王禎和與詩人楊牧。1955年初，以胡楚卿為核心的一群學生，陳錦標、王靖獻、陳東陽、黃金明等人編印了一期卅二開的《海鷗詩刊》，之後在《東臺日報》總編輯曾紀堂先生贊助下，以海鷗詩社為名，固定於周一出刊，自1955年12月5日起，共發行百餘期。1962年，陳錦標調回花蓮服務，與軍旅詩人秦嶽、李春生等人，又出版了15期《海鷗詩頁》，直到1965年3月才告解散，是花蓮區域文學史上重要的一頁。

　　胡楚卿與《海鷗詩刊》還啟發了敻虹的創作之旅。當時就讀臺東女中的敻虹向海鷗詩刊投稿，進而結識了當時也是高中生的葉珊，經由葉珊告知開始投稿藍星詩頁，獲得余光中的大力讚賞稱之「繆思最鍾愛的女兒」，並將她的詩刊登在自己負責《文星》、《筆匯》詩專欄上，並獲瘂弦編入《六十年代詩選》，成為當時炙手可熱的女詩人。[42] 也是遷臺詩人提攜臺灣女詩人的鮮明例子。

　　其實除了課堂上文字上的教學指導，大陸遷臺詩人對日後青年詩人的影響，可能更多的建立在詩史上紀錄不到的聚會與聯繫，例如白萩曾經跟張默表示一段往事：「葉泥於1954年前後在臺北漳州街倡議的『獵人集』的詩人小聚，每周五晚上集會一次，參加的大都是青年好友，大約包括葉泥、鄭愁予、林泠、羅馬、秀陶、黃荷生、羅行、薛柏谷、白萩、瘂弦⋯⋯等人。由他發起的這一『獵人集』，的確為當年臺灣現代詩的『現代化』與『年輕化』起了主導前衛的作用。」[43] 這些文學沙龍般的聚會，除了是文學理念的交流，同時也是青年詩人認識世界詩潮的重要依據。

42　張默《夢從樺樹上跌下來》（臺北：爾雅，1998年），頁266。

43　張默《夢從樺樹上跌下來》（臺北：爾雅，1998年），頁64。瘂弦在回憶錄也多次談到：「我認識葉泥是在名為『二月獵人』的現代詩人聚會上。那時的風氣就是文藝氛圍濃得化不開，定期聚會都有名字。」瘂弦口述、辛上邪紀錄《瘂弦回憶錄》（臺北：洪範，2022年），頁282。

五〇年代末、六〇年代初間現代詩運動飛快進行，詩社之間的論戰看似間拔弩張，但詩人之間的相處，往往跳脫詩社的隔閡，黃用回憶：「前後幾年認識了向明，周夢蝶，張健，袁德星（楚戈），羅門，蓉子，瘂弦，張默，商禽，辛鬱等各方豪傑。記得有一次到紀弦家買現代詩刊，他堅持免費送我這論戰的對手一冊。值得一提的是還結交了比我年少，尚就讀高二的葉珊（楊牧），以及敻虹。有一陣子我們三人在臺北會一起喝咖啡吃刨冰。」[44] 在那個艱難困頓的環境裡，一起從事詩壇革命的夥伴，即使意見相左，也不妨礙彼此的認同。

　　又例如為人好爽，交友廣闊的瘂弦，在他傳記裡，可以看到他與軍中前輩詩人，同袍，乃至於藍星、笠詩社詩人都有深厚交情，而聯副主編的身分，瘂弦透過推薦、刊登的方式，提攜了許多年輕詩人。例如吳望堯創辦的現代詩獎，瘂弦說：「第二屆獲獎的是吳晟，他的獲獎和我關係更密切……吳晟是農村代表詩人，我一直是他的支持者……我自稱能聞到天才的香味，花了很多時間和精神幫助過很多剛寫詩的年輕人，吳晟是其中的一位。」[45] 同時我們也可以在吳晟的文字裡，一直看到他對瘂弦視作恩師的惦記與尊重。

　　如果只是將省籍、語言、認同、文學主張的差異，看作詩人們之間壁壘分明的界線的話，可能就無法看到詩人之間更細膩的聯繫。本文嘗試透過目前能找到相關傳記與訪談資料來還原當時詩人相處的原貌，大陸遷臺詩人不論與跨語詩人或者與日後的新進詩人，都有千絲萬縷的聯繫，值得我們去挖掘。

五、結論

　　當距離詩史現場太近時，因為評論者自身在場域中的位置，以及詩人

---

44 黃用〈寫在書後〉《黃用詩選：無果花及其他》（臺北：洪範，2013年），頁8。
45 瘂弦口述、辛上邪紀錄《瘂弦回憶錄》（臺北：洪範，2022年），頁293。

與評論家彼此間的利益衝突，使得給予較公允的評價十分困難。過去詩史對大陸遷臺詩人的評價往往不是過度讚揚，就是過度貶抑。但是時至今日，臺灣現代詩發展已有百年歷史。今日我們與戰後五六〇年代已有一個適當的距離，可以嘗試給予大陸遷臺詩人較為客觀理性的評價，幫助我們更好地認識那段新詩的狂飆時期。本文整理出135人的大陸遷臺詩人名單，透過其職業身分，分析社群特質。點出抒情詩與現代主義詩，是大陸遷臺詩人為臺灣詩史添加上不可或缺的色彩，而大陸遷臺詩人在與本土跨語詩人以及戰後第一代詩人之間，都有許多我們以往忽略的連結。希望以上述三個面向的討論，為大陸遷臺詩人的研究，勾勒初步藍圖。如此龐大的題目，受限於時間不足，疏漏謬誤必然眾多，但願以此文作為討論的起點，還請博雅方家不吝賜教。

┃參考書目┃

1. 專書

文曉村《文曉村自傳：從河洛到臺灣》，新北：詩藝文，2000年。

向　明《詩中天地寬》，臺北：臺灣商務，2006年。

余光中《中國現代文學大系・第一輯詩》，臺北：巨人，1972年。

余光中《掌上雨》，臺北：時報文化，1980年。

巫永福《巫永福評論集 II》，臺北：傳神福音，1995年。

李敏勇《戰後臺灣現代詩風景：雙重構造的精神史》，臺北：九歌，2019年。

呂興昌編訂《林亨泰全集六・文學論述卷3／文學生活回顧》，彰化：彰化縣立文化中心，1998年。

呂興昌編訂《林亨泰全集七・文學論述卷4／文學短論》，彰化：彰化縣立文化中心，1998年。

呂興昌編訂《林亨泰全集八・文學論述卷5／受訪錄》，彰化：彰化縣立文

化中心，1998年。

林桶法《1949大撤退》，新北：聯經，2009年。

侯吉諒《洛夫石室之死亡及相關重要評論》，臺北：漢光出版社，1988年。

洛　夫《詩人之鏡》，高雄：大業書店，1969年。

紀　弦《紀弦回憶錄第二部——在頂點與高潮》，臺北：聯合文學，2001年。

奚　密《現當代詩文錄》，臺北：聯合文學，1998年。

張　默、洛　夫、瘂　弦編《六十年代詩選》，高雄：大業書店，1961年。

張　默《夢從樺樹上跌下來》，臺北：爾雅，1998年。

張　默《臺灣現代詩編目》，臺北：爾雅，1992年。

張炎憲、翁佳音編《陋巷清士：王詩朗選集》，臺北：弘文館，1996年。

陳芳明《臺灣新文學史上》，新北：聯經，2011年。

麥　穗《詩空的雲煙——臺灣新詩備忘錄》，新北：詩藝文，1998年。

黃　用《黃用詩選：無果花及其他》，臺北：洪範，2013年。

楊　牧《傳統的與現代的》，臺北：志文出版社，1974年。

瘂　弦口述、辛上邪紀錄《瘂弦回憶錄》，臺北：洪範，2022年。

葉石濤《臺灣文學史綱》，高雄：文學界，1993年。

2. 期刊論文、新聞報導

余光中〈文化沙漠中多刺的仙人掌〉，《文學雜誌》7卷4期，1959年12月。

余光中〈藍星詩社發展史〉，《藍星詩學季刊》創刊號，1999年3月。

林亨泰〈笠下影：紀弦〉，《笠》6期，1965年6月。

張　默〈詩人俱樂部〉，《創世紀》4期，1955年10月。

張素貞〈一體三相的詩雜誌《南北笛》〉，《文訊》第401期，2019年3月。

張曦娜〈「達達的馬蹄」響遍半世紀——訪臺灣詩人鄭愁予〉，《聯合早報》（新加坡），2008年4月。

許舜傑〈同文下的剽竊：中國新文學與楊華詩歌〉，《中外文學》44（1），2015年3月。

3. 碩博士論文

王慈憶《戰後臺灣現代詩中的文化認同研究——以「跨語詩人」及「渡臺詩人」為觀察比較》，嘉義：國立中正大學臺灣文學研究所碩士論文，2007年。

蔡明諺《一九五〇年代臺灣現代詩的淵源與發展》，新竹：國立清華大學中國文學系博士論文，2008年。

出生年份	筆名（本名）	籍貫	生平簡述	詩社	備註
1908	左曙萍（左紹傳）	湖南湘陰	軍人出身，歷任軍職、黨職、公職。		曾獲中國文藝協會新詩獎章，籌組中華民國新詩學會。
	葛賢寧	江蘇沭陽	曾任政治部主任、臺灣省政府秘書、報社社長。		中華文藝獎金委員會委員。
1910	金軍（劉鼎漢）	湖南酃縣	美國陸軍參大特一期畢業。歷任排、連、營、團、師、軍長、副司令等職。		人稱將軍詩人。
1912	覃子豪	四川廣漢	任臺灣省政府糧食局督導。	藍星	中國青年寫作協會理事長、詩歌研究委員會主任委員、中國文藝協會文藝創作委員會副主委、中國詩人聯誼會常務委員等職。1963逝世。
	李升如	山東泰安	山東省政府秘書、編譯，來臺後擔任教職。		臺灣省文藝作家協會理事長。

---

46 以張默《臺灣現代詩編目》「第九編臺灣現代詩作者籍貫、出生年表」為基礎，比對臺灣作家作品目錄資料庫，查無資料者不收錄。香港僑生及非49年前後來臺者不收錄。比對後共得134人。許多詩人僅存筆名，但因無法查證其真實姓名與資料，只得排除。本表格為首次嘗試將大陸遷臺詩人整理列表，疏漏甚多，尚祈博雅方家後續指教補充。

1913	紀弦	陝西扶風	來臺任成功高中教師	現代詩	
1914	史紫忱	河南開封	年少從軍統局戴雨農從事諜報工作，來臺後退下軍旅，從事教職。		來臺後任職國防部總政戰部、中國文化大學中文系教授，1993逝世。
	鍾鼎文（鍾國藩）	安徽舒城	復旦大學教授、國民大會代表。來臺後，歷任《自立晚報》及《聯合報》主筆。	藍星	1967年籌組「中華民國新詩學會」，1969年發起組建「世界詩人大會」等等。
	符節合（符滌泉）	湖南益陽	行政院副秘書長、行政院顧問、《中央日報》及《中華日報》主筆。		
	王文漪	江蘇江都	曾任報社副刊主編。國民黨婦工會總幹事等職。		
1916	張自英	浙江浦江	軍旅出身。		中華文藝新詩獎。
1917	沙軍（沙銳軍）	吉林磐石	曾任職業軍人，智慧雜誌主編。	葡萄園	國軍第一屆文藝金像獎。
	吳楚（吳國樑）	江西瑞昌	陸軍官校、中央警官學校業訓班及中央訓練團黨政班畢業。		
1919	張秀亞	河北	來臺後任教靜宜輔仁，曾任國大代表。		中國文藝協會終身成就榮譽獎章。
	彭邦楨	湖北黃陂	黃埔陸軍官校畢業，1969年自軍中退役，1975年赴		研究現代格律詩。

出生年份	筆名（本名）	籍貫	生平簡述	詩社	備註
			美，與美國女詩人赴美結婚。		
	彭捷	廣州	廣州女高畢業。任公職。	藍星	中華文藝函授學校第一期。
	明秋水	湖北黃州	中央軍校。曾任第六戰區黨政工作總隊少校秘書。		中華文藝獎金委員會詩歌獎、國軍新文藝金像獎等獎項。
1920	王岩（劉永讓）	山東	臺中清水高中國文教師。	創世紀	一說1916生。
	王在軍	湖北自忠	成都陸軍官校第二十一期步科畢業。曾任排長、連長、作戰參謀、記者、編輯等職。	葡萄園	
	李佩徵	河南信陽	開大證券公司董事長。	葡萄園	首任社長，籌措經費。
	鍾雷（翟君石）	河南孟縣	曾任團、旅、師政治部主任、參謀長等職，退伍後歷任各種公職。		文建會顧問，中視顧問，中國文藝協會、中華民國新詩學會、中華民國編劇學會、青溪新文藝學會常務理事。
	墨人（張萬熙）	江西九江	陸軍官校十六期軍教曾任報社主筆、總編輯、總經理，海軍總部秘書。退休後任教授。		中華文藝獎金委員會獎金。紅樓夢研究十分知名。
	周夢蝶（周起述）	河南淅川	1948年參軍，1955年退伍。	藍星	

1921	胡品清	浙江紹興	浙江大學英文系畢業，法國巴黎大學現代文學研究。		1962年10月，返臺任教於中國文化大學法文研究所所長兼法文系系主任、政治作戰學校外文系等。
1923	羊令野（黃仲琮）	安徽涇縣	政戰學校畢業。曾主持軍中《前進報》，上校退休	現代詩	1968年創「詩隊伍」週刊。
	李冰（李志權）	山東招遠	歷任軍校教官、圖書館館長、記者、中學教師。	山水	1969年任《高縣青年》主編。
	藍善仁	江西龍南	海軍上校退役		
1924	上官予（王志健）	山西五寨	曾任國民黨中央委員會編審委員，行政院文建會專門委員。		反共詩代表。
	王映湘	雲南河西	曾任科員、工程官、課長、雜誌主編、總編輯、教師等職。		報導文學。
	余興漢	河南平江	歷任部隊軍職、軍事院校政治教官。		
	亞汀（汪珩生）	安徽黟縣	歷任中、小學教師，報社特約撰述臺，灣銀行業務部副經理等職。	葡萄園	
	葉泥（戴蘭村）	河北滄縣	國家安全會秘書處科長、專委。	現代詩	主編《復興文藝》月刊、《南北笛》詩刊。
	趙滋蕃	湖南益陽	《中央日報》主筆，政工幹校、淡		1953《半下流社會》寫流落香港

出生年份	筆名（本名）	籍貫	生平簡述	詩社	備註
			江文理學院、東海大學中文系主任、中國文化學院教授。		奮鬥，國府禮遇來臺。
1925	公孫嬿（查顯琳）	安徽懷寧	軍軍官學校、參謀指揮大學畢業砲兵指揮官。		少見的將軍詩人，金門文學的開創者之一。
	方思（黃時樞）	湖南長沙	復旦大學畢業。來臺後，曾任教於淡江文理學院、任職中央圖書館、去美任逖謹遜大學圖書館館長。	現代詩	1957年與余光中等人組「中國詩人聯誼會」，1958去美。
	古之紅（秦家洪）	浙江吳興	省立江蘇學院中文系畢業。曾任省立虎尾女中、省立臺中女中教師		中華文藝獎委會新詩獎。
	李莎（李仰弼）	山西垣曲	曾任最高法院書記官、主任。	現代詩	1993逝世。
	鄧禹平	四川三臺	東北大學中文系畢業。早年曾主編多種刊物，並曾任影劇編導、繪畫設計、詩詞創作、建築等，後任教文化大學。	藍星	全國文藝獎、文復會詩詞榮譽獎、中國時報作詞大賽獎、行政院新聞局作詞金鼎獎、國家文藝詩歌獎，1985逝世。
	夏菁（盛志澄）	浙江嘉興	浙江大學畢業，美國科羅拉多州立大學碩士1968年應聯合國聘請前往牙買加服務，為聯合國	藍星	曾主編《藍星》詩頁、《文學雜誌》及《自由青年》之新詩。《六十年代詩

			糧農組織水土保持專家聯合國。退休後,曾任美國科羅拉多州立大學教授。		選》稱「具有新古典主義傾向的詩人」。
	薛林 (龔建軍)	四川萬縣	陸軍官校畢業。曾任排長、連長、參謀、臺糖新營總廠秘書。		曾與舒蘭、林煥彰合辦《布穀鳥》兒童詩學季刊。
1926	田湜 (陳文尚)	福建仙遊	臺灣大學歷史學系畢業。曾任職僑委會,主編《野風》文藝半月刊。		
	蜀弓 (張效愚)	四川重慶	1970年退役,任職南投農田水利會。	藍星	楚風、彭捷、鄭林、向明合著《五弦琴》。
	楚卿 (胡楚卿)	河南長沙	湖北師範學院教育學系畢業。曾任大專、中學教師三十年,高雄《民眾日報》副刊主編。	海鷗	野風出道,也曾到臺中任教。
	王幻 (王家文)	山東蓬萊	東北大學中文系畢業。曾任新聞通訊社社長、總主筆,並曾為臺北證券商業同業公會總幹事。	葡萄園	
	彩羽 (張恍)	湖南長沙	軍中服役多年,退伍任《現代文藝》編委、《自由日報》晨鐘副刊編輯。	現代詩 創世紀	
1927	何方 (趙泉)	安徽涇縣	上海中國實驗劇專編導科畢業。曾任	現代詩 創世紀	《野風》、《創世紀》及《現代

出生年份	筆名（本名）	籍貫	生平簡述	詩社	備註
			電影工作室編導及負責人臺視、中視、華視編導。		詩》等詩刊，後致力劇本與導演工作。
	季紅（齊道旁）	河南方城	臺灣海軍機械學校41年班造船系畢業，海軍，後留美攻讀語言學。	創世紀	
	孫家駿	河南商邱	曾任空軍中校、教師。	現代詩創世紀	
1928	一夫（趙玉明）	湖南湘陰	服務軍職二十餘年後，轉入新聞界服務，歷任報社記者、聯合報總編輯。現任泰國世界日報顧問兼總主筆。	創世紀	
	丁穎（丁載臣）	安徽阜陽	安徽大學中文系畢業。來臺後，先後擔任中學教員、記者、創辦多種報紙，藍燈文化事業公司董事長。	現代詩	1977年與高準、郭楓、吳宏一、王津平、李利國等人創辦詩潮詩社，發行《詩潮》詩刊。
	文曉村	河南偃師	解放軍，韓戰被俘，遣送來臺，退伍後進修國文成為教師。	葡萄園	中華民國新詩學會、中國文藝協會。
	古丁（鄧滋章）	湖南瀏陽	中央防空學校通訊隊畢業，歷任軍職。退伍後任雜誌編輯。	葡萄園秋水	
	向明（董平）	湖南長沙	空軍通信電子學校畢業，軍中任電子	藍星	《藍星》詩刊主編。

			工程師。		
	沙牧 （呂松林）	山東海陽	少年從軍，退伍歷任編輯、從商皆不如意。	創世紀	
	張拓蕪 （張時雄）	安徽涇縣	軍旅生涯共31年，退伍後專事寫作，婚後一年即中風，奮鬥求生寫成散文大受好評。	創世紀	第一屆中華文藝函授。
	沉思 （沈允錫）	江蘇江寧	曾在粵漢鐵路、川湘公路局和重慶電信局服務。來臺後任職於臺北空軍總部通信處。		
	汪洋萍	安徽岳西	少尉軍醫官，因罹肺結核退伍，後任退輔會公職。	秋水	加入中華民國新詩學會、中國文藝協會、中國詩歌藝術學會、中國作家協會、中華民國青溪新文藝學會、三月詩會等。
	余光中	福建永春	臺大外文畢業，歷任臺大、港大、中山大學教授，赴美講學四年。	藍星	
	阮囊 （阮慶濂）	山東濟寧	1959陸軍上尉退役，考試轉任警察電訊所公職。	藍星	一生未集結成冊，去世後向明為之奔走成書。
	金筑 （謝炯）	貴州貴陽	曾任軍職，退伍後轉任教職多年。	葡萄園	新詩學會理事、中國詩歌藝術學會秘書長。
	洛夫	湖南衡陽	政工幹部學校第一期畢業。後淡江大	創世紀	1954年與張默、瘂弦創辦《創世

出生年份	筆名（本名）	籍貫	生平簡述	詩社	備註
			學英文系進修，曾任海軍編譯官。		紀》，1969年發起「詩宗社」。
	梁雲坡（梁在正）	河北	曾任中國美術設計學會常務理事、《臺灣省通志》藝術篇編纂，本省美術史三十萬言。	藍星	最早發表新詩周刊，後多投藍星。
	蓉子（王蓉芷）	江蘇漣水	考入南京國際電臺，來臺任職於交通部國際電信管理局。	藍星	中國青年寫作協會、中國婦女寫作協會、中華民國新詩學會常務理事。
	舒暢	湖北漢口	為職業軍人，退伍後專事寫作。		2007年過世後，友人在其遺物中發現新詩遺作32首，再集結為詩集《焚詩祭路》，於2008年出版。
	管管（管運龍）	山東膠縣	曾任排長、參謀，左營軍中電臺記者。退伍後任演藝工作、寫作及繪畫。	創世紀	
	謝青（謝天樂）	江西南城	曾任《中國時報》記者多年，後赴美求學工作定居。		現任紐約中美詩人作家協會會長，並主編《無根草》新詩月刊。
	羅門（韓仁存）	海南文昌	筧橋空軍官校飛行兩年，歷任民航局高級技術員、民航	藍星	國際詩人協會榮譽會員，曾任中國文藝協會詩歌

			業務發展研究員。		創作班主任、中國新詩學會常務監事、中國青年寫作協會監事、世界華文詩人協會會長,藍星詩社社長、國家文藝獎評審委員。
1929	瘦雲王牌（王志濂）	湖北廣濟	歷任排、連長、作戰參謀、教官等軍職,亦曾任雜誌社發行人、經理、編輯等職。		金門期間有公孫嬿為上司,詩人商禽、辛鬱、管管等同僚。
	王霓（王發槐）	貴州龍溪	曾在軍中服務多年,退伍後任公職。	大海洋	作品見野風、現代詩。
	秦嶽（秦貴修）	河南修武	曾任臺中女中、明道中學等教師。	海鷗	曾參與創立臺灣師大噴泉詩社,且為大地詩社成員、海鷗詩社社長。
	丁尼（劉建化）	山東黃縣	曾任連指導員、政戰參謀、師副主任。	葡萄園	中國新詩學會理事、中國詩歌藝術學會常務監事。
1930	夢雷（丁文智）	山東諸城	基層士官。	創世紀乾坤	早年曾參加紀弦的「現代派」,現為「乾坤」詩社同仁,「創世紀」詩社社長。
	大荒（伍鳴皋）	安徽無為	曾任陸軍士兵、中尉軍官、國中教師。	創世紀	1972加入創世紀長篇詩劇《雷峰塔》。

出生年份	筆名（本名）	籍貫	生平簡述	詩社	備註
	宋穎豪（宋廣仁）	河南襄城	軍旅三十多年，曾任步兵學校教官，東吳大學英文系專任副教授。		投稿公論報藍星詩頁。受覃子豪鼓勵開始寫詩。
	疾夫（俞允平）	浙江	從16歲從軍，由二等兵到少校新聞官退役。長期主編《文藝月刊》。		
	黃雍廉	湖南湘陰	政工幹校政治系、淡江大學公共行政學系畢業。曾任國防部新中國出版社編輯。		
	楊喚（楊森）	遼寧興城	陸軍文書上士，葉泥下屬，在國安會工作。	現代詩	
	楊濤	安徽亳州	警校第二十三期畢業，國家乙等特考及格。曾任警佐、美術教師。		現為高雄市文藝協會理事長。
	張朗（張領義）	湖北孝感	曾任職軍官、大同高中教師。	葡萄園秋水	
	商禽（羅顯烆）	四川珙縣	1946年從軍，1968年退役後從事多種工作，賣過牛肉麵，1980年進入《時報週刊》擔任編輯1992年退休。	現代詩創世紀	
	麥穗（楊華康）	浙江餘姚	曾任臺灣省林務局烏來臺車站長。	秋水	《秋水詩刊》、《新詩學報》、《布穀鳥》兒童詩刊編輯委員中

					華民國新詩學會理事，中華文藝函授學校詩歌班。
	曹介直	湖北大冶	特種部隊，後臺大主任上校教官退休。	藍星	詩集《第五季》。
	魯松（孫宗良）	山東即墨	在軍中三十餘年，歷任醫院醫師、主任、副院長、院長等職。	葡萄園	世界華文詩人協會理事、中華民國新詩學會會員、中國詩歌藝術學會會員，《葡萄園》詩刊社副社長、名譽社長。
	魯蛟（張騰蛟）	山東高密	軍伍出身，退伍後轉任公職，曾任行政院新聞局主任秘書等職。	現代派	散文多篇先後入選兩岸三地11種版本的各級國文教科書。
1931	李春生	山西垣曲	師大碩士，小學、國中、高中教師及大學講師。	海鷗、山水	《屏東青年》主編。
	金劍（崔焰焜）	河南光山	陸軍少校政戰官、教員、臺灣合作金庫總務室專員、副科長。		評論為主。
	周鼎（周去往）	河南岳陽	1946年從軍，1961年退役，做過許多種勞動的工作。	創世紀	
	賀志堅	江西蓮花	香港美江大學大眾傳播系畢業，臺灣師範大學進修班結業，中國文化大學新聞系碩士。曾任		曾發表於葡萄園。

出生年份	筆名（本名）	籍貫	生平簡述	詩社	備註
			中學教師、報社記者、編輯及主編。		
	張默	安徽無為	陸軍官校24期畢業，曾任連指導員、記者、民事官、編輯、新聞官。	創世紀	對新詩選集，史料整理多所貢獻。
	張航（劉賢明）	江西南昌	畢業於軍校。曾任教於屏東中學、高雄高工、高雄師範大學。退休後錄節目任旅遊社。	現代派	曾獲教育部獎章、國防部金像獎、中國新文藝創作獎。
	菩提（提曰品）	河北青縣	來臺後在軍中服役多年。		曾獲國軍新文藝金像獎，在金門與管管拜阮囊為師。
	舒蘭（戴書訓）	江蘇邳縣	曾任軍職、編輯、記者、中小學教師。		《布穀鳥》主編。編《中國新詩史話》。
	謝輝煌	江西安福	曾於金門服役任軍職、軍報記者。		經文曉村介紹，入中國文藝協會和中國新詩學會。
1932	王璞（王傳璞）	山東鄒平	政治作戰學校新聞系畢業。，曾任《新文藝》月刊主編、新中國出版社總編輯、副社長。		作家錄影傳記創始人、製作人、發行人，一人藝文影庫創始人、製作人、發行人。
	吳望堯（巴雷）	浙江東陽	淡江英專肄業。後曾旅居越南經商，1975年因越南政治	藍星	越南經商致富1973年創辦「中國現代詩獎」。

			變色，1977年返臺，1980年舉家赴中美洲退隱詩壇，晚年寓居宏都拉斯。		
林間（張子梅）	浙江	曾在梧棲軍醫院任職。	現代詩創世紀	
朱學恕	江蘇泰興	三軍大學將官班畢業，曾任海軍上校艦長，高雄海洋科技大學電訊系主任。	大海洋	創辦《大海洋》詩刊
閔垠（閔振華	山東濟寧	政治作戰學校政治研究班畢業。曾任東吳大學、政治大學軍訓教官。	葡萄園	曾任《葡萄園》詩刊社副社長，一說1934生。
楚戈（袁德星）	河南湘陰	臺灣藝術專科學校美術系畢業。1967年被聘至中國文化學院授課。1968年，進入故宮博物院古物鑑定工作25年。		
童佑華	安徽巢縣	幼年兵身分隨軍來臺，軍校畢業後，於嘉義等地。駐防服勤，退役後考取公職。	秋水	中華民國新詩學會。
晶晶（劉自亮）	河南羅山	杭州女中畢業。服務軍職三十餘年，曾為葡萄園詩社編委，三月詩會同仁。	葡萄園三月	

出生年份	筆名（本名）	籍貫	生平簡述	詩社	備註
	碧果（姜海洲）	河北永清	官至陸軍中校。	創世紀	歷任《創世紀》詩雜誌編委、社務委員、副社長、社長等職。
	瘂弦（王慶麟）	河南南陽	退伍後歷任幼獅文藝、聯合報副刊等編務。	創世紀	
	曠中玉	湖南衡山	軍職二十年，後任職於華欣文化中心。	藍星	
1933	一信（徐榮慶）	湖北漢口	曾任軍官、教員、記者、編輯、主編，省公營事業單位專員、課長、副經理。曾先後擔任中國文藝協會、中國青年寫作協會、中華民國新詩學會、中國詩歌藝術學會理事、常務理事、副總幹事、副秘書長。		與綠蒂創立「中國青年詩人聯誼會」。
	王祿松	海南文昌	曾任政治作戰輔導長、國防部新聞官，《忠誠》月刊主編、《中央月刊》副總編輯。		有「鐵血詩人」的稱號，曾獲國軍新文藝金像獎，中山文藝新詩獎。
	朱沉冬（朱辰東）	江蘇南通	江蘇省教育學院社教系肄業。來臺後曾任軍職。退休後歷任編務教職。	現代詩山水	並曾為中國文藝協會南部分會理事，並致力臺灣南部文壇的推展工作。

	辛鬱 （宓世森）	浙江慈谿	自幼參軍，曾參與八二三砲戰，1969年退伍後，任《科學月刊》等職務至社長。	現代派 創世紀	推廣科普叢書長達35年。
	周伯乃	廣東五華	空軍通信電子學校機務科畢業。，曾任行政院文建會秘書，中國作家協會秘書長，《中央月刊》、《中央日報》副刊編輯。		知名散文家、詩評家，詩集僅一。
	莊因	北平	臺大中文碩士。1964年應聘澳洲，在墨爾本大學，翌年轉赴美國史丹福大學亞洲語文系任教。		
	路衛 （周廷奎）	山東郯城	屏東師範學院語文系畢業。小學老師。	海鷗	1964至1969年主編《臺東青年》，1980年參與發起成立布穀鳥兒童詩學社，1981年起主編《屏東青年》。
	楊允達	北平漢口	臺灣大學歷史系畢業，政治大學新聞系碩士。曾任中央通訊社外勤記者，外文部主任。現旅居法國，為世界詩人大會秘書長。	現代詩 南北笛	路門五傑之一。
	郭楓 （郭少鳴）	江蘇徐州	臺南師範學校畢業，曉鐘大學教		

出生年份	筆名（本名）	籍貫	生平簡述	詩社	備註
			職，國際貿易公司董事長、私立高級中學董事長。曾參與《筆匯》、《文季》等刊物，與葉笛共同創辦《新地文學》月刊並成立新地出版社。		
	鄭愁予	河北	中興大學畢業，任職港務局，後1968年赴美攻讀美國愛荷華大學藝術碩士。曾任美國愛荷華大學東方語文系講師、耶魯大學東亞語文學系教授、《聯合文學》月刊社社長、美國耶魯大學終身駐校詩人及榮休教授、中國青年寫作協會總幹事。	現代詩	現任金門技術學院閩南文化研究所兼任教授及香港大學文學院名譽教授。
	劉菲（劉文福）	湖南藍山	曾任國防部電訊發展室組員、科長、副主任、駐外主事。	秋水	中國文藝協會副秘書長、中華民國新詩學會常務理事、世界華文詩人協會理事等。
	藍雲（劉炳彝	湖北監利	花蓮師專畢業，小學教師。	葡萄園乾坤	《乾坤》詩刊創辦人之一。中國文藝協會會員、中華民國新詩學

					會理事、中國詩歌藝術學會理事。
1934	方艮（劉善鎮	山東沂水	師大畢業，曾任教員、歷任公職後從事商業、漢東文化公司董事長。		中華民國新詩學會理事。曾獲中國文藝協會文藝獎章、警總文藝創作獎新詩創作獎等。
	史作檉	山東	臺灣大學哲學系碩士。曾任臺灣大學、中國文化大學講師，省立新竹中學教師。		推動哲學美學。
	秀陶（鄭秀陶）	湖北鄂城	臺灣大學商學系畢業。六〇年代赴越南，現定居美國。	現代派	後專攻散文詩。
	陳敏華	山東黃縣	靜宜文理學院肄業。曾主持教育電臺及臺視文藝節目多年。	葡萄園	葡萄園創辦人之一。
	楊雨河	河南寶平	政戰學校畢業。歷任軍報記者《臺灣新聞報》、《更生日報》、《商工日報》記者，中廣、正東電臺特約記者。		擅長書法及喜好佛學。
1935	梅新（章益新	浙江縉雲	中國文化大學新聞系畢業。曾任教於中國文化大學，歷任《聯合報》編輯、《臺灣時報》副刊主編、正中書	現代派	創辦《國文天地》、促成《聯合文學》的創刊，倡議主導《現代詩》的復刊。

出生 年份	筆名 （本名）	籍貫	生平簡述	詩社	備註
			局副總編輯、《國文天地》月刊社社長、《中央日報》副總編輯兼副刊主編。		
	羅行	福建上杭	臺灣大學法律系畢業，高考及格。現為執業律師。	現代詩 南北笛	路門五傑之一，詩人們有法律糾紛往往找他諮詢。
	李向榮	湖南長沙	屏東師範學院畢業，任教於小學、國中、高中，曾任高雄市文藝協會總幹事、理事。	大海洋	《大海洋詩雜誌》總編輯。
1936	司馬青山 （沈治平）	天津	國防管理學院畢業。曾擔任演員、編輯、教師，現已退休。	葡萄園	中華民國新詩學會監事。
	沈臨彬	蘇州	政治作戰學校藝術系畢業。曾在海軍服務多年，退伍後任雜誌編輯。	創世紀	1975年與林煥彰等人成立「詩人畫會」。
	黃用	福建海澄	臺灣大學經濟系畢業，1960年赴美國南伊州大學攻讀化學碩士、博士，任職於美國馬里蘭州化學研究機構。	藍星	1960赴美。
	洪荒 （洪守箴）	浙江溫州	高師大學學士、碩士。臺東臺南等地擔任教職。	海鷗、 葡萄園	中國詩歌藝術學會會員、葡萄園編委。

1938	江聰平	廣東寶安	高師大學國文博士。曾任基隆三中、蘭陽女中、北一女中等校教師。高雄師範大學國文系教授兼系主任。		
	林泠（胡雲裳）	廣東開平	臺大化學系畢業，美國維吉尼亞大學博士。曾任職美國化學界資深研發主管，主持藥物合成研究。	現代詩	中國文藝協會詩人節獎。
	高準	江蘇金山	中國文化大學碩士，美國堪薩斯大學及哥倫比亞大學研究。曾任澳洲雪梨大學副教授、中國文化大學教授美國柏克萊加州大學研究員、政治大學特約研究員。		《詩潮》詩刊主編。60年代赴美留學。
1939	方莘（方新）	山西五臺	淡江大學外文系畢業，加拿大蒙特利爾大學英國文學系博士。曾任教於輔仁大學。	藍星	曾任《現代文學》、《劇場》編委，《藍星》詩刊主編。
	張健	浙江嘉善	師大學士、臺大中文碩士，曾任教於臺灣大學、中山大學、香港新亞研究所、彰化師範大學、中國文化大學。	藍星	曾任《藍星》詩頁、詩刊和《海洋詩刊》主編、《現代文學》編委，並與羅門合編《藍星詩選》。中國青年寫作協會、中華

出生年份	筆名（本名）	籍貫	生平簡述	詩社	備註
					民國比較文學會理、監事。
	張香華	福建龍岩	臺灣師大國文系畢業，美國加州柏克萊大學高級英語中心結業。曾任教於北一女中、世界新專、致理商專、建國中學。		1985年參加美國愛荷華大學國際寫作計畫，翌年辭去教職，協助柏楊專事寫作。致力於臺灣新詩國際交流。
1940	羅英	湖北蒲縣	臺北市立女子師範專科學校畢業。曾主持幼稚園。	現代詩創世紀	商禽前妻。

台灣現代詩與俄羅斯想像：
以瘂弦與楊牧為例

奚密　加州大學戴維斯分校東亞語言文化系傑出教授

摘要

　　台灣現代詩中的俄羅斯迄今為止沒有得到許多關注。雖然透過翻譯，俄國文學自日據時代即見於台灣，但是由於種種地緣政治原因，其選擇與接受皆有若干侷限，迥異於中國大陸的情況。本文首先對二十世紀台灣的俄國文學翻譯作一綜論，然後聚焦於瘂弦和楊牧兩位詩人作品中的俄羅斯想像，分析前者的〈鹽〉和後者的「俄羅斯三部曲」（成於1994年的三首詩），探討俄羅斯如何在這些詩作中發揮語義、結構以及聲音上的作用。

關鍵字：俄羅斯、退斯妥也夫斯基、伯力、聖彼得堡、托爾斯泰

　　現代中國文學裡，俄羅斯佔著重要的地位。最早的中文翻譯是1872年8月美國傳教士丁韙良翻譯的俄國寓言。不過，除了零星的作品，我們要等到五四時代才目睹了大量俄國文學的譯介。作為五四時期白話文學的先行者，當時許多重要作家——從魯迅（1881-1936）和周作人（1885-1967）到茅盾（1896-1981）和鄭振鐸（1898-1958）——也是多產的譯者。[1]世界文學不僅

1　陳建華與劉文飛的訪談〈俄羅斯：我們的文學鄰居〉，《中國社會科學報》（2015年12月17日），http://www.zg-xbwh.com/html/2015/shxg_1219/8478.html（2022年1月20日

在現代中國文學的誕生，甚至在輸入歐美日本新思想的啟蒙運動的雙方面都擔任了重要的角色。在當時引入中國的多種文學傳統中，俄國受到最大的關注。根據查明建的疏理，1920年至1927年間中國出版了一百九十種個別作家的專著，這還不包括文學選集；其中六十九種是俄國作家，遠超過其他任何國家。[2] 這個史實讓我們想到1932年魯迅在〈祝中俄文字之交〉一文中的名言：「俄國文學是我們的導師和朋友」。[3]

上世紀三十至四十年代，許多十九世紀社會寫實主義作品被譯成中文。這個趨勢持續至一九四九年以後以蘇聯模式為主導的中華人民共和國。根據陳建華的統計，1949年10月到1958年12月之間，共出版了3,526種中譯本（不包括報章雜誌上的刊載），冊數高達八百二十萬，佔同時期所有世界文學翻譯作品的三分之二。[4] 這個情況到五十年代末隨著中蘇交惡戛然而止，並延續到文革時期（1966-1976）。

七十年代末，鄧小平開啟了「改革開放」的「新時期」，除了力圖通過「四個現代化」讓落後的中國重入世界舞台，同時思想界的「解凍」也成就了八十年代的「文化熱」和新啟蒙時代。俄國文學的中譯在此時達到新的高峰。不光是知識分子，廣大的一般讀者對世界文學，尤其是文革時期被禁的或接觸不到的作品，表現了巨大的飢渴。例如，過去被忽略的俄國象徵主義和現代主義，以「白銀時代」的詩人為代表，透過中譯，深刻地影響了中國

下載）。在陳氏提出的新證據之前，一般認為最早的俄國文學翻譯是克雷洛夫（Ivan Krylov，1769-1844）的三則寓言，發表於1900年，參考：戈寶權《中外文學因緣：戈寶權比較文學論文集》，第一章《俄國文學與中國》（上海：華東師大出版社，2013年），頁3。

2　參考：查明建《20世紀俄蘇文學的翻譯》，未發表文稿。長達九十頁的論文概述1917到2000年之間的俄國文學中文翻譯，包括小說，詩，戲劇，散文等主要文類；李明濱《中國俄蘇文化交流志》（上海：人民出版社，1998年）；查明建，謝天振《中國20世紀外國文學翻譯史》兩冊（武漢：湖北教育出版社，2007年）。

3　魯迅〈祝中俄文字之交〉，原發表於《文學月報》，第一卷5-6期（1932年12月15日），《魯迅全集》16冊（北京：人民文學，1981年），第四卷，頁473。

4　陳建華《20世紀中俄文學關係》（上海：學林出版社，1998年），頁184。

年輕一代的詩人。[5] 當然，這個現象並沒有持續很久。根據陳相因的論述，整體而言，進入二十一世紀，俄國文學在中國的接受度已遠遠不及八十年代。[6]

歷史變遷與意識形態造成海峽兩岸對俄國文學的接受截然不同。日據時代，俄國文學的引介主要來自中國大陸和日本，前者如魯迅和瞿秋白（1899-1935）的中譯本。同時，日譯的俄國文學自然也相當普遍。[7] 除了日譯本，台灣本地也出現了一些譯者。[8] 因此，俄國文學對早期台灣作家也有某種程度的影響。如巫永福不僅涉獵多位俄羅斯小說家，並曾受到契訶夫（Anton Chekhov, 1860-1904）小說技巧的啟發。[9]

從二十世紀五十年代到八十年代後葉，國民黨的反共抗俄政策全面禁止了1949年以前的中國文學以及中共與蘇聯統治下的文學。此期間台灣能出

5　尤其是茨維塔耶娃（Marina Tsvetaeva, 1892-1941）和曼德爾施塔姆（Osip Mandelstam, 1891-1938），他們的詩和悲劇人生——茨維塔耶娃在走投無路的絕望中自盡，曼德爾施塔姆死於放逐地西伯利亞——深深啟發了大陸七八十年代的地下詩人。他們的影響延續至今。相關討論，參考：Michelle Yeh（奚密）"The 'Cult of Poetry' in Contemporary China"（當代中國的「詩歌崇拜」），*Journal of Asian Studies* 55.1 (February 1996)，51-80；曾思藝《俄國白銀時代現代主義詩歌研究》（長沙：湖南人民出版社，2004年）；王家新〈披上你的光輝：翻譯茨維塔耶娃〉，《詩苑譯林》195期（2014年8月），頁117-121。相對來說，台灣對白銀時代詩人的譯介少很多，陳黎、張芬齡為例外。他們合譯了茨維塔耶娃、阿赫瑪托娃、曼德爾施塔姆、馬雅可夫斯基等詩，見：兩位合譯的《我想和你生活在一起：世界經典情詩選》（北京：聯合出版社，2018年），頁164-184。

6　陳相因〈俄蘇文學在中國〉，《中國現代文學》34期（2018年12月），頁85-120，論文也提供寶貴的統計數字和市場份額。

7　陳相因〈瘋狂的前奏曲—初探果戈里與魯迅作品的「黑暗世界」〉，《中國文哲研究通訊》，22卷第一期（2012年），頁151-175；Hsiang-yin Sasha Chen（陳相因），"Symbolizing and Dramatizing the Self: "Superfluous Man" and "Superfluous Words" in the Prose of Qu Qiubai"（自我的符碼與戲碼：論瞿秋白筆下「多餘的人」與〈多餘的話〉），《中國文哲研究集刊》44期（2014年3月），頁79-142。

8　戰後台灣譯者如龍瑛宗 (1911-95)、葉石濤（1925-2008）、鄭清文（1932-2017）等作家。

9　參見：莫渝〈散發靜光的銀杏——懷思巫永福先生的「文學之路」〉，《台灣文學館通訊》21期（2008年11月）；收入《台灣詩人側顏》（台北：要有光，2013年）第一章；許俊雅〈與契訶夫的生命對話：巫永福〈眠ぃ春杏〉文本詮釋與比較〉，《東吳中文學報》22期（2011年11月），頁313-343。

版的俄國文學大多來自十九世紀到二十世紀初，僅存的三個例外是：帕斯特納克（Boris Pasternak, 1890-1960）、[10] 納博科夫（Vladimir Nabokov, 1899-1977）和索忍尼辛（Aleksandr Solzhenitsyn, 1918-2008)。 納博科夫1919年就離開俄國，後來一直居住在歐洲和美國。帕斯特納克的作品在史達林時期被禁；1958年他獲得諾貝爾文學獎，卻被迫拒絕領獎。索忍尼辛因私下批評史達林被發放到古拉格勞改營，度過八年，後來又遭到內部流亡。1974年他被驅逐到西德，後流亡美國，直到1990年才得重返故國。帕斯特納克和索忍尼辛兩位作家在台灣享負盛名不只因為他們都是諾貝爾文學獎得主，他們的「反共」立場也是一個重要因素。[11]

　　有鑒於以上的特殊政治語境，台灣戰後到八十年代後期這段時間裡絕大部分的俄國文學翻譯並非出自本地譯者之手，它們更多來自香港或1949年以前的中國大陸。例如帕斯特納克的《齊瓦哥醫生》的中譯本1965年由五洲出版社出版；封面上的譯者是「洪兆芳教授」。根據賴慈雲的「翻譯偵探事務社」的調查結果，其實該書的譯者是1959年香港自由出版社版本的齊桓和許冠三。[12] 像這種張冠李戴的例子很多。[13] 不過，國民黨政府的審查制度並不一貫；偶而，某些大陸譯者成了落網之魚，例如戈寶權（1913-2000）、草嬰（1923-2015）、高莽（1926-2017）等。以上都是直接從俄文譯成中文的例子，而台灣本地的譯者多半依賴英文或日文譯本，與原文隔了兩層。這種情況直到九十年代蘇聯解體以後才有了比較明顯的轉變。

10　當時所有1949年以後留在大陸的作家都被貼上「左」和「共匪」的標籤。一般來說，只有1949年以前去世的作家或隨國民黨來台的作家才可合法發行。前者如徐志摩（1897-1931）和朱自清（1898-1948），後者如胡適（1891-1962）和梁實秋（1903-1987）。

11　例如五十到八十年代台灣有五種《齊瓦哥醫生》譯本。官方對帕斯特納克作為一位「反共作家」的強調甚至造成反彈。參考：查明建〈台灣的俄蘇文學翻譯與研究〉，未發表文稿。1982年10月，索忍尼辛受邀訪台，轟動一時，他的許多作品都有譯本。

12　賴慈芸《翻譯偵探事務所：台灣戒嚴時期翻譯怪象大公開》（台北：蔚藍文化，2017年）及其部落格：http://tysharon.blogspot.tw/2013/10/blog-post_29.html。

13　徐裕軒《俄國文學在台灣的翻譯史初探》，2017年11月11-12日政治大學《第七屆斯拉夫語言，文學與文化》國際會議上的論文。

上述情況其實也反映了意識形態和資源分配之間的必然關聯。由於台灣的反共親美政策，俄國文學在世界文學裡是被忽略的一支，因此它得到的文化資源——包括教育和翻譯——非常有限。台灣第一個俄文組1957年在政大成立，直到1991年才升級為系，2007年改名為「斯拉夫語言文學系」。台灣的第二個俄文組成立於1963年的中國文化學院（中國文化大學前身），它隸屬於「東方語言系」，1994年升級為系。

戰後的四十餘年間台灣的俄文學者和譯者屈指可數。最具代表性的是政大俄文組的首任主任孟十還教授（1908年生），1958到2001年任教於該組（系）的王兆徽教授（1922年生），和歐茵西教授（1931年生）。歐教授是台灣第一位俄國文學博士，也是著作等身的俄國文學研究者和譯者。她1964年自政大畢業，後在維也納大學取得斯拉夫語言文學博士。她接受台大外文系主任顏元叔的邀請，曾長期在該系教授俄文課程，退休後又回到母校擔任兼任教授。

1991年蘇聯解體後，俄國文學在台灣得到較多的教育資源和文化聲望。1993年，淡江大學成立俄文系。不過，迄今為止，政大、文化和淡江仍是台灣僅有的三個俄文系。從量的角度，專業人才似乎增加的不多，但是學生和學者終於能赴俄讀書進修，親身體驗俄羅斯文化，如此台灣培育了新一代的譯者。[14]

當我們了解了俄國文學在台灣的譯介史之後，台灣現代詩裡俄羅斯出現的頻率極小，就不令人感到意外。本文將聚焦於兩個特殊的案例。第一是瘂弦（1932年生）寫於1957年的〈鹽〉：

> 二嬤嬤壓根兒也沒見過退斯妥也夫斯基。春天她只叫著一句話：鹽呀，鹽呀，給我一把鹽呀！天使們就在榆樹上歌唱。那年豌豆差不多完全沒有開花。

14　徐裕軒《俄國文學在台灣的翻譯史初探》，同註13。

鹽務大臣的駱隊在七百里以外的海湄走著。二孃孃的盲瞳裡一束藻草也沒有過。她只叫著一句話：鹽呀，鹽呀，給我一把鹽呀！天使們嬉笑著把雪搖給她。

一九一一年黨人們到了武昌。而二孃孃卻從吊在榆樹上的裹腳帶上，走進了野狗的呼吸之中，禿鷹的翅膀裡；且很多聲音傷逝在風中：鹽呀，鹽呀，給我一把鹽呀！

那年豌豆差不多完全開了白花。退斯妥也夫斯基壓根兒也沒見過二孃孃。[15]

詩中指涉的年份1911點明了這首散文詩的歷史背景：清末的辛亥革命。詩中人物二孃孃窮的連一把鹽都買不起，長期缺鹽造成她雙目失明。在如此困頓無助的生存狀況下，最終她上吊自縊。

　　鹽不僅是維生的必需品和一種主要的食品防腐劑，同時在傳統中國也是一項重要的稅收來源，甚至是軍事戰略物資。因此，和鐵一樣，鹽的生產和貿易都被政府嚴格控制，從西元前七世紀的春秋時代到二十世紀初，一直如此。[16] 由於公家的壟斷和生產技術的侷限，長久以來鹽價居高不下。這段鹽史反映在詩的情節和「鹽務大臣的駝隊」等意象裡。

　　葉維廉先生曾精闢的指出，詩中的二孃孃「的受難——或中國人的受難——在時間激流裡消逝……因為它沒有書寫的印記。」因此，瘂弦「把自己比況退氏，以退氏的大任看作自己的大任：用記憶的書寫來挽回歷史文化的流失。」[17] 而我要強調的不是詩人的寫作動機而是此詩的風格。我認為風格是這首詩最突出的特色，也是它最顯著的成就。

15　瘂弦《瘂弦詩集》（台北：洪範書店，1981年），頁63-64。

16　參考：郭正忠編《中國鹽業史》（北京：人民出版社，1997年）。

17　葉維廉〈在記憶離散的文化空間裡歌唱——論瘂弦記憶塑像的藝術〉，《詩探索》第1期（1994年），頁72-73。葉氏從詩作為文化記憶之印記的角度來解讀瘂弦的作品。

二孃孃和退斯妥也夫斯基的並置所表達的反諷有兩個層面：意義指涉和聲音性質。雖然此詩描述的是社會底層人物，但是詩人選擇不用寫實主義手法。面對二孃孃的巨大苦難，他也不直接表達同情與不平。相反的，這首散文詩結合了多種手法來製造冷漠或疏遠的效果，包括複沓、並置、超現實意象、黑色幽默和克制而低調的語氣。

　　在〈鹽〉的開頭和結尾，詩人兩次將二孃孃與退斯妥也夫斯基並置。讀者不禁要問：這位知名俄國作家和中國鄉村的老婦之間有什麼關係呢？多年來在台灣最受歡迎的兩位俄國作家是托爾斯泰（Leo Tolstoy，1828-1910）和退斯妥也夫斯基（一般譯為「杜斯妥也夫斯基」（Fyodor Dostoevsky，1821-1881）。[18] 後者的代表作，諸如《罪與罰》、《卡拉馬佐兄弟》、《地下手記》等譯本膾炙人口。退斯妥也夫斯基擅於描寫社會底層小人物的苦難，並肯定人道主義價值和基督教「愛」的信念。因此，二孃孃和退斯妥也夫斯基的並置暗含著對比和反諷：無論這位俄國作家多麼偉大，我們周遭有太多不為人知的苦難。

　　對比和反諷還來自二孃孃與「天使們」的並置。基督教裡的天使是神的使者，是真善美的象徵，祂們在西方的文學和藝術裡一向是正面而神聖的形象。然而，這首詩用突兀而詭異的超現實意象描寫祂們對二孃孃的冷漠與嘲弄：祂們彷彿一群愛惡作劇和欺負弱者的孩子，將榆樹上的雪花搖下來，讓二孃孃錯以為她的祈求終於得到回應了。（詩裡白色的「碗豆花」也呼應鹽和雪花兩個意象，增加了反諷的意味。）二孃孃和天使的並置凸顯了老婦人的淒慘命運和「天地不仁」之間的戲劇性對比。

　　在以上提到的一對並置裡，俄國作家和中國老婦人的並置不僅表達了表意層面上的反諷，它在聲音層面上也具有強烈的對比。七音節的俄國名字「退・斯・妥・也・夫・斯・基」聽起來是那麼的誇張陌生；相對於中國民間的稱呼「二孃孃」，它也充滿了異國情調。透過陌生化的手法，詩人也用聲音強化了意義層面上的反諷效果。

18　查明建〈俄蘇文學翻譯與研究在台灣〉，同註11。

我以為瘂弦選擇退斯妥也夫斯基還有另外一個原因。在一次俄國文學座談會上，詩人兼譯者李敏勇（1947年生）提到日據時代台灣作家對俄國文學的知識多半來自日本。他接著指出俄國文學的特色有二：一是「北方大地的性格」——「深刻，濃厚，充滿土地深度」；二是「近代意義的氛圍」。[19]如果退斯妥也夫斯基來自橫跨歐亞的北國，那麼瘂弦來自中國北方的中原。生長在河南南陽，詩人1949年隨國民黨撤退到台灣。從溫帶移居到亞熱帶，從大陸到島嶼，我們可以想見其間他在生活、心理、精神各方面必須做出的適應。如同許多戰後的新移民作家，他們將對故鄉的思念寄託在文學寫作裡，瘂弦則透過對中國北方和童年記憶的重塑紓解那份濃濃的鄉愁。

這點在瘂弦作品，尤其是他詩集八部裡的頭兩部（1957-1962年）裡，我們特別感受到。詩人用歌謠的形式和充滿音樂性與鄉土味的語言書寫北方。[20]雖然〈鹽〉的歷史背景是1911年，雪景的描述暗示故事場景也是北方。早在1967年，葉珊（1940-2020）就曾指出，瘂弦作品的一個關鍵元素是他的北方家園。[21]

1972年，葉珊改名楊牧。在長達六十餘年的創作生涯中，俄羅斯作為一個母題或意象，極少出現在他的詩裡，尤其相對於其它西方國家。[22]目前為止，與俄羅斯相關的討論多半圍繞著楊牧的《失落的指環——為車臣而

---

19 「台灣文人眼中的俄國文學」，政治大學主辦圓桌會議，2006年11月12日，上午10:00-11:40，https://russia.nmtl.gov.tw/archive?uid=12。

20 例如：《戰時——1942.洛陽》，《乞丐》中來自中原的酸棗樹，《山神》（頁47）中用源於西伯利亞和日本的烏拉草編織的草鞋，《土地祠》整首詩的場景，以及最膾炙人口的《紅玉米》：「宣統那年的風吹著／吹著那串紅玉米／它就在屋簷下／掛著／好像整個北方／整個北方的憂鬱／都掛在那兒」。參考：蕭蕭〈歷史文化裡的空間詩學——論《瘂弦詩集》聚焦的鏡頭運用與散置的舞台效應〉，《空間新詩學——三重奏之一》（台北：萬卷樓，2017年），頁37-67。

21 葉珊〈《深淵》後記〉，《瘂弦詩集》，頁321。

22 除了本文討論的三首詩，楊牧作品中和俄羅斯有關的詩還有：〈近端午讀Eisenstein〉中的Sergei Eisenstein（1898-1948）是著名的俄國導演和電影理論家，這首詩和〈失落的指環〉皆成於2000年；〈契柯夫〉寫於2014年，收入《微塵》（台北：洪範書店，2021年）。

作》。這首分為三十二節的一百二十八行敘事詩寫於2000年2月，次月在台灣發表。它的場景是俄國和車臣第一次軍事衝突中的車臣首都格羅茲尼。學者聚焦於此詩的政治意涵。[23] 例如，黃麗明詳述了2000年3月台灣總統大選前後中國和台灣之間的緊張局勢，包括北京在那年2月21日發表的白皮書《一個中國的原則與台灣問題》指出，中國可以用「任何必要的手段」達到統一的目標。[24] 利文祺也指出，中國和俄國1998年發表的《中俄聯合聲明》表明兩國將互相支持對「恐怖分裂勢力」的打擊。兩位學者都用車臣來類比台灣，利文祺更直接稱兩者為「被壓迫國家聯盟」。[25]

如果詩人透過《失落的指環》表達了對弱者的關懷和對強權的批判，那麼楊牧稍早以俄國作為背景的三首詩——〈伯力（Khabarovsk, 1994）〉、〈聖彼得堡〉、〈孤寂‧1910〉——迥然不同。三首中的兩首都以革命為背景，但是政治訴求並非其主旨之所託或隱喻之載體。楊牧視文學創作為他「涉事」的方式，但是涉事並不意味著政治，也和詩人一生對美對愛對生命本質的冥思與追求並無矛盾。下面我要討論的這三首和俄羅斯相關的詩就屬於後者。我稱之為「俄羅斯三部曲」，雖然詩人本人從未如此命名。之所以這麼稱呼這三首詩不僅僅是因為它們都作於1994年，更重要的考量是三首詩的主題關聯性和互文性。下面，按照三首詩第一次出現在楊牧詩集《時光命題》裡的排列順序，我從〈伯力〉開始討論楊牧的「俄羅斯三部曲」：

> 那一天我順流而下，雁子
> 閃過水面向南以人字形飛

23　一個例外的詮釋角度是鄭慧如的〈敘述的抽象化：論楊牧的詩〉，《台灣文學學報》37期（2020年12月），頁37-68。

24　Lisa Lai-ming Wong（黃麗明），*Rays of the Searching Sun: The Transcultural Poetics of Yang Mu*《探索的陽光：楊牧的跨文化詩學》(Brussels: P.I.E. Peter Lang, 2009)，頁101-102。

25　Wen-chi Li（利文祺），2021年蘇黎世大學博士論文 *Poetics of Rebellion: Hybridity, Minor Narrative, Yang Mu*《反抗詩學：雜糅，小敘述，楊牧》，第五章〈反對作為權力的大歷史：小歷史的再現〉。

我頷首，將右舷帆纜整好
眯起眼睛測視前方水漫漫處
發光的大堤是卡巴若夫斯克

風從西北，從東南方向吹來
在我頭頂上交擊
大雪原大碎冰是弱勢遭遇
融解，化入迷失的雨意
我感覺後腦的微汗點點乾了

但這其中有些訊息，我想
陌生的葉脈與球莖當我減速
慢行就已不覺得好奇。季風
在空中分手，在卡巴若夫斯克
兩條大江矜持地，默默會合

我對著粼粼的水光靠北邊靠好
尋潮濕的石梯上岸，記憶裏
好像來過，空氣飄著熟悉的
花香和羊酪酥餅的味道，或許
前生走避紅軍緝捕曾經來過

岸上的大鐘噹噹敲了兩下
人們掏出袋錶對時，一匹馬
拉著滿載麥稈的大車去碼頭
我沿浩蕩的烏蘇里江往南
看到教堂的石牆將腳步放慢

卡巴若夫斯克，如今我不再
倉惶，穿過磨坊旁邊那一排
喧嘩的黃楊樹林，從枯水
傾斜的小溪往山岡走，抬頭
看見她背向太陽在高處站著

一個金髮戴花的小女孩
在強烈的光暈裏站著，金箔
刺繡的衣裳輕輕，輕輕飄著
我想我認識她，水渦一樣的
笑臉曾經對我顯示，承諾

那一天我順流而下，雁子
閃過水面向南以人字形飛
我領首，將右舷帆纜整好
眯起眼睛測視前方水漫漫處
發光的大堤是卡巴若夫斯克[26]

　　卡巴若夫斯克（Khabarovsk）位於俄國東南黑龍江（Amur River）和烏蘇里江（Ussuri River）交會處，離中俄邊界僅十九英里。從八世紀初到十九世紀中葉，黑龍江中下流區域乃中國領土。722年唐玄宗在此設立黑水都護府，以伯力為首府，由原住民靺鞨族自治，靺鞨族後稱女真，是滿族的先祖。1858年清朝和俄國簽訂不平等條約《璦琿條約》，將這塊土地割讓給俄國，建立了卡巴若夫斯卡（Khabarovka）軍事前哨站，1880年發展為城鎮，1893年改名卡巴若夫斯克。

　　〈伯力〉由八節五行詩組成，共四十行。第一人稱敘述者「我」描述

26　楊牧《時光命題》（台北：洪範書店，1997年），頁80-83。

的是一段黑龍江之旅。在渡江的同時，他回想1917年11月俄國「二次革命」在卡巴若夫斯克逃避紅軍的情景。雖然有具體的歷史背景，詩的主題與此並沒有重要的連結。首先，〈伯力〉採用回環式結構，即以同樣的意象和語言開頭和結尾。[27]回環式結構暗示循環不已，這個概念也隱含在詩第一節的候鳥，第二、三節的季節（季節風、融雪、雨意），和第五節的時間（「懷錶」）等意象裡。自然界的客觀循環對應無可避免的人生情境：合與分，得與失，盛與衰。這些意象群同時烘托航行的母題，如河水、船纜、岸邊、碼頭等，讓人聯想到兩個熟悉的象徵：人生如旅和時光的河流。

作為生命的旅客，敘述者對外在內在的循環變化十分敏感，他的感受既是認知也是感官上的。反射在水面上的陽光讓他瞇眼，他後頸微微的出汗，他聞到花香和羊酪酥餅，他慢行、倉惶、回憶。在人世間的起伏動盪中，總有些什麼是超越其上的。詩人提供了兩個細節，為超越的主題埋下兩個伏筆。首先是第一節的大雁。大雁作為書信的隱喻來自西漢蘇武牧羊的典故（西元前140-60），飛行中大雁排列的「人」字形象徵對家鄉或離人的思念。第二層伏筆是第三節的第一行：「這其中有些訊息」，結合大雁的典故，這行詩導向倒數第二節：來自金髮戴花的小女孩的「顯示」和「承諾」。

從畫面的構圖來看，小女孩居高臨下，背對著陽光。我們可以想像，「我」應該是瞇著眼睛仰望她的。陽光彷彿給了女孩戴了一圈光環，她的金髮和繡著金線的衣裳進一步強化了光芒四射的意涵。我認為這個構圖明白表達了敘述者對女孩的愛慕。回到詩的第二節，詩人曾用「髣髴依稀」來形容季風的匯合。它來自《詩經・蒹葭》，詩的第一節如下：

蒹葭蒼蒼，白露為霜。

---

27 Michelle Yeh（奚密），*Modern Chinese Poetry: Theory and Practice since 1917*《現代漢詩：1917年以來的理論與實踐》，第四章〈循環：一個形式實驗〉（紐黑文：耶魯大學出版社，1991年），頁89-113。

所謂伊人，在水一方。

溯洄從之，道阻且長。

溯游從之，宛在水中央。

此詩描述詩人對河水彼方的美人的愛慕；雖然遙遠艱難，他也毫不畏縮；縱然求而不得，仍心嚮往之。從河水的中心意象到楊牧熟悉的《詩經》典故，[28]我們可以推斷，追求己所愛慕之目標應是〈伯力〉的主題。

　　如果〈蒹葭〉裡的美人代表詩人的追求對象，〈伯力〉中的金髮女孩的象徵意義為何？她的「承諾」又是什麼呢？葉珊時期的楊牧最推崇的楷模是英國浪漫主義詩人濟慈（John Keats，1795-1821），並引述他的名句：「美的事物是永恆的歡愉」（"A thing of beauty is a joy for ever," 來自《恩荻米昂》Endymion）和「美即是真，真即是美—這是／所有世人皆知，所有世人必知。」（"Beauty is truth, truth beauty,—that is all／Ye know on earth, and all ye need to know," 引自〈希臘甕之頌〉"Ode on a Grecian Urn"）。自始至終，楊牧自稱是一位追求美的浪漫主義者。在其文論，尤其是《一首詩的完成》和《疑神》兩部書裡，他不厭其煩地闡述美是詩人努力的終極目標，也是詩人唯一的信仰。[29]根據以上諸點，我認為〈伯力〉裡的小女孩象徵美的理想，它存在於現實世界同時又超越其上。身為凡人，我們逃不出悲歡離合成敗得失的模式，但是美會對仰慕她追求她的詩人展示其光輝燦爛的面容。

　　1917年俄國的「二次革命」也是楊牧「俄羅斯三部曲」第二首〈聖彼得堡〉的背景：

---

28 楊牧以本名王靖獻（Ching-hsien Wang）發表的博士論文，*The Bell and the Drum: Shih Ching as Formulaic Poetry in an Oral Tradition*，1974年由加州大學出版社出版；中文譯本《鐘與鼓：詩經的套語及其創作方式》，謝謙譯（四川人民出版社，1990年）。

29 參考：Lisa Lai-ming Wong，*Rays of the Searching Sun*，第五章 "On Transcultural Poetics"（論跨文化詩學），頁192-239；吳冠宏〈人神之際：楊牧《疑神》的探問〉，《向具象與抽象航行——楊牧文學論輯》，許又方編（台北：學生書局，2021年），頁87-124。

那是第二次革命前夕
我送行一些友人於暴風雨的舊驛
站在暗微的月臺走廊看他們上車坐好
雨水斜飛著將我們隔離在
戲劇情節的兩端，憂鬱地堅忍
和即將馳向未知（包括死亡）
的速度。我單獨留下

於是我就緬然想起如何於
燥熱的園子裏這之前曾經與你遭遇
六葉樹的濃蔭有金甲蟲睡眠沉沉
多刺的果實在膨脹，陽光忽上
忽下交響著喜悅與悲傷，馬蹄敲過
那邊廣場，鴿子的翅膀拍動空氣
我看到你回頭看我在藤蔓的顏色裏看你

時間像淚一樣燦爛發光
在我們驚懼的對望裏停止不前，啊時間
那未及表達的挫折了的愛曾經如何
悽惋地預卜十二年之後，當人們已經
重複了許多大而無當的事件，我們悄悄
靠近在議場裏並且細聲交談，斷線的珠子
在手心組合，關於別後，從前

那是時代已經晚到我們的城市即將
陷落的時代，失望的兵士隨不同的
旗幟和鼓樂在我胸臆裏進行了一場

小規模戰爭。晚上我輪流夢見騎士紋章
正教的經書，仕女們的髮飾，和農奴一個一個
黑暗的死魂靈。那個秋天你不告而別
將我單獨留下[30]

　　這首詩由四節七行詩構成，共二十八行。如同〈伯力〉，〈聖彼得堡〉從第一人稱敘述者的角度回憶往昔。離別的主題呈現在兩個情境中：第一節裡，敘述者在暴風雨中與友人告別，他們匆匆乘火車避開即將到來的紅軍；接下來的三節詩寫敘述者和「妳」之間的情緣，而最後他單獨留下。

　　第二節建立回憶的框架，情節主要涉及「我」和「妳」之間的關係：他們如何在夏季相愛，她如何在秋天離去。他們相逢的那刻，時間彷彿在兩人的對視中停止。「我看到你回頭看我在藤蔓的顏色裏看你」（II-7）：這行關鍵句寫兩人在夏天的果園裡相逢，「膨脹」的「多刺的果實」指涉成熟，暗示兩人之間關係的成型。第二節充滿了各種感官意象，不論是顏色和聲音還是溫度和觸覺。然而，從一開始，這段愛情就混合著「喜悅與悲傷」。詩人並沒有告訴我們為什麼她不告而別，也許是革命恐怖的陰影，也許是個人的因素。他們的愛情——那「未及表達的挫折了的愛」——從一開始就注定無法長久。敘述者預見十二年之後他們再度偶遇。然而，如同一串斷線的珠子，他們已無法回到過去。當他們在某個公共場合再見到對方，相對於當年夏日果園裡的邂逅和對視，他們只能「悄悄靠近」對方，在偷得的片刻裡低聲交談。

　　為什麼是十二年後的偶遇？這是個隨意的數字呢，還是含有某種意義？中國天文曆法裡十二是一個關鍵數字：一天有十二時辰，一年有十二個月。同時，農曆的十二地支與十個天干組成六十年循環的甲子。[31]因此，十二可說是中國古代衡量時間的基本單位，構成一天，一月，一年，一甲子。〈聖

30　楊牧《時光命題》，頁84-86。

31　楊牧1970年的〈十二星象練習曲〉結合十二地支和西方星象作為此組詩的結構模式。

彼得堡〉的敘述者想像中的重逢是十二年以後的事，似乎在暗示光陰的無止盡。

〈聖彼德堡〉用翻天覆地的俄國革命為大背景來烘托私己愛情的小主題。在城市陷落的前夕，詩人更關注的卻是「胸臆裡……一場小規模戰爭」。一個時代的終結和一段羅曼史的消逝，一個帝國的傾頹和一對戀人的分離，既是強烈對比又是相互呼應的關係。一座城市和一個人的戲劇性並置讓我們聯想到張愛玲（1920-1995）1943年的作品〈傾城之戀〉。小說以1941年年底淪陷前的香港為背景，寫男女主角之間從交易算計到相濡以沫的反轉。當然，小說和詩之間的差異巨大而明顯，但是〈聖彼德堡〉透過「騎士紋章」、「正教的經書」、「仕女們的髮飾」和「農奴」等意象建構了一個古老文明之傾頹的史詩背景。農奴的「死靈魂」的典故來自俄國作家果戈理（Nikolai Gogol，1809-1852）的小說《死魂靈》，揭露貪官污吏和地主豪紳對農奴的剝削。在敘述者的友人奔向未知——甚至是死亡——的那一刻，敘述者也揮手告別他的羅曼史。

如果〈聖彼得堡〉寫的是愛情的悲傷，那麼「俄羅斯三部曲」的最後一首〈孤寂·1910〉就是愛情的悼歌：

是什麼樣一種灼熱的意志在寒夜裡
反覆點燃著我衰朽的瞳人，而終於
就在火車長鳴而逝那一刻當我徬徨站在
蒸氣和水霧快速散去的鐵道上方
嘆息吧絲昂雅，啊絲昂雅我的情人
我的愛已經熄滅，斷絕
以及我的恨

我已經失去設想音容與神智的
堅毅之力，設想你開始老去以後
那淺淺髮色底下優遊的關注和冷淡，自在

而平滑的前額甚麼都不顯示，然而
即使此刻當我已幾乎
失落自你溫存的笑與責備
自你習慣的慍怒和畏懼

唯獨在你的日記裏
我冗離地存在，活著——
我依舊可以為昔日的一杯茶
感動，低迴不已，當黃昏的天色沉沉
向我枯坐的窗滲透，包圍
我記得如何悲哀地從一些哲學理念中
悠悠醒轉，手撫著胸口
紙張散了一地

然而別的我都不太記得了，或許
大草原上搖曳發光的黃花像星星點綴
在小站屋簷一角，我們曾經遭遇的
無限蔓延的黃花在路邊的草原上
發光——在簷角照著現在這裏
而且我惦念一些類似的名字
一些聲調，筆劃，痕跡
完全的孤寂[32]

　　前面曾提到，在二十世紀後半的台灣，俄國作家作品翻譯最多的是托爾斯泰，包括他的小說和散文。相對於名列第二的退斯妥也夫斯基，托爾斯泰的暢銷和其代表作被改編為經典電影是息息相關的，例如1956年奧黛莉赫本

32　楊牧《時光命題》，頁88-90。

（Audrey Hepburn）主演的《戰爭與和平》（*War and Peace*, 1869年小說）和1948年費雯麗（Vivien Leigh）主演的《安娜》（*Anna Karenina*, 1877年小說）。兩位主角都是紅遍全球的大明星、女神，影片也讓原著贏得更多的知名度。

楊牧對托爾斯泰是熟悉的。在2014年的一次訪談裡，當曾珍珍問及《失落的指環》時，詩人提到「人道主義作家托爾斯泰」年青時曾在車臣擔任炮兵軍官的任務，日後並根據此經驗寫了一本小說（即中篇小說*Hadji Murati*）。楊牧還表示：「我對鄰近裏海和黑海這一帶本就存有浪漫的想像。在柏克萊拿到博士學位後，一度想進哈佛攻讀考古，想到土耳其和這一帶從事考古，寫信告訴住在哈佛附近的於梨華，她回信罵我說我瘋了。」[33] 足見詩人對托爾斯泰的生平所知甚深。

1910年10月28日，托爾斯泰半夜悄悄離開他的亞絲娜亞莊園（Yasnaya Polyana），離開和他共度了四十八年的妻子蘇菲亞（Sofia Tolstoy, 1844-1919）。乘火車往南行了一天後，他病倒了，不得不在鄉間的阿斯塔坡佛（Astapovo）小站下車，幸得站長對他照顧有加。1910年11月7日，托爾斯泰因肺炎辭世，享年八十二歲。

如同三部曲的頭兩首，〈孤寂‧1910〉也採取戲劇獨白的形式：托爾斯泰在「最後的車站」[34] 回想他和妻子（暱稱「絲昂雅」, Sonya）之間多年來的感情。詩開頭描寫這位俄國作家用他「燃燒的意志」在支撐著「瞳子」，雖然他的身心已疲乏不堪。第二、三節充滿了托爾斯泰對絲昂雅的回憶，一方面是她的關注和溫存，一方面是冷漠和慍怒。

在他的解讀裡，利文祺認為詩中的絲昂雅和真實的絲昂雅之間有很大的落差。[35] 我卻以為，楊牧對托爾斯泰和絲昂雅的描寫充滿了洞察力和敏感

---

33 曾珍珍〈英雄回家——冬日在東華訪談楊牧〉，《同樣的心：楊牧生態詩學、翻譯研究》（桃園：逗點文創，2021年），頁260。

34 《最後的車站》（*The Last Train Station*）是1990年托爾斯泰傳記的書名，作者帕日尼（Jay Parini）記述了托翁生命最後的月餘。這本暢銷書於2009被改編為電影，獲得不少獎項。

度。的確，這對夫妻的背景經歷和對婚姻的期待有所不同。他們結婚時，托爾斯泰已三十四歲，而絲昂雅才十八歲。托翁晚年，夫妻的衝突主要來自絲昂雅反對他信奉苦行主義及將其遺產和著作版權都留給窮人的決定。然而，從絲昂雅的日記和傳記裡我們可以看到夫妻對彼此的熱情和忠誠。多年來，絲昂雅是托爾斯泰的秘書、編輯、經紀人、公關，更遑論她作為妻子和母親的角色。夫妻兩人終生都有寫日記的習慣。早在他們婚禮的晚上，托爾斯泰就將他的日記交給新娘，讓她了解他的過去，包括記載詳細的種種不羈行徑。[36]

當〈孤寂‧1910〉這首詩首次收入1997年的《時光命題》時，它有一個副標題：（Leo Tolstoy: from Astapovo, with..., to Sonya）。但是在《楊牧詩集III》里，副標題被簡化為（Leo Tolstoy）。[37] 為何如此修改？正題裡的1910明示這首戲劇獨白的場景，因此可以理解沒有必要標明車站的名字。同樣的，也沒有必要標明妻子的名字，因為在詩的第一節裡它就出現了兩次。在排除了這兩個細節後，值得我們注意的是兩個簡單的英文字和省略號："with…, to"。根據英文的習慣用法，我們可以合理推論詩人刪去的是一句題詞："with love, to Sonya"。

當然，更重要的證據來自文本。這首詩描寫的是托爾斯泰在臨終之際遙想他一生的摯愛。第三節「手撫著胸口」的意象脫胎自一年前寫的〈時光命題〉裡的句子：「我說，撫著胸口想你。」[38] 此外，詩的最後一節裡，托爾斯泰回憶他們兩人曾經經過的草原，草原上星星般閃爍的黃花。回憶中的

---

35 利文祺〈每天為你讀一首詩〉，2017年1月2日，https://cendalirit.blogspot.com/2017/01/20170102.html。

36 例如：*The Diaries of Sofia Tolstoy*《蘇菲亞‧托爾斯泰日記》，Cathey Porter譯（紐約：Harper Perennial, 2009）；Leah Bendavid-Val, *Song Without Words: The Photographs & Diaries of Countess Sophia Tolstoy*《無言歌：蘇菲亞‧托爾斯泰的照片和日記》（華盛頓：國家地理，2007年）；Alexandra Popoff, *Sophia Tolstoy: A Biography*《蘇菲亞‧托爾斯泰傳》（紐約：Simon & Shuster，2011年）。

37 楊牧《楊牧詩集III》（台北：洪範書店，2010年），頁260。

38 楊牧《時光命題》，頁46。

意象與此刻所在的車站重疊，在生命的最後時刻，他不能忘懷的是美麗的往昔，是他對絲昂雅的愛。

　　楊牧的「俄羅斯三部曲」隱含著某種內在的發展秩序：從詩人對超越的美的愛慕與追求（〈伯力〉），到一對戀人的相逢與分離（〈聖彼得堡〉），到死亡來臨前對愛的回憶與執著（〈孤寂‧1910〉）。在氛圍和語調上，這種內在結構也呈現在緩緩向下的趨勢裡：從喜悅到悲傷，從追求到回憶，從希望到死亡。我認為，楊牧對這三首詩的排列順序可能自有深意，並不見得是根據創作時間的先後。這種不嚴格按照時間排序的現象在《時光命題》或其它楊牧的詩集裡比比皆是。根據以上種種考量，「俄羅斯三部曲」的提法應該有其合理性。

　　目前為止，台灣現代詩裡的俄羅斯想像得到的學術討論甚少。其中一個原因可能和歷史及地理政治有關。長期以來，尤其是1949年到九十年代初，蘇聯被視為「邪惡帝國」，被國民黨政府有意迴避忽視。另一個原因是，誠然，少數俄國作家——尤其是十九世紀最偉大的小說家——在台灣一直頗具盛名，但相較於英美與西歐文學，俄國文學對台灣作家的影響還是相當有限。本文指出，雖然俄羅斯作為一個意象或母題在現代詩中出現的頻率很低，但是瘂弦的〈鹽〉和楊牧的「俄羅斯三部曲」以卓越的藝術手法賦予俄羅斯以深刻的文學意義，稱它們為台灣現代詩中俄羅斯想像的鳳毛麟角，也當之無愧。

| 參考書目 |

1. 專書

Bendavid-Val，Leah。*Song Without Words: The Photographs & Diaries of Countess Sophia Tolstoy*《無言歌：蘇菲亞‧托爾斯泰的照片和日記》，華盛頓：國家地理，2007年。

Ching-hsien Wang（王靖獻）。*The Bell and the Drum: Shih Ching as Formulaic*

Poetry in an Oral Tradition《鐘與鼓：詩經的套語及其創作方式》，柏克萊：加州大學出版社，1974年。

Parini，Jay。*The Last Train Station: A Novel of Tolstoy's Last Year*，紐約：Holt Paperbacks, 1990。

Popoff，Alexandra。*Sophia Tolstoy: A Biography*《蘇菲亞‧托爾斯泰傳》，紐約：Simon & Shuster，2011。

Tolstoy，Sofia。*The Diaries of Sofia Tolstoy*《蘇菲亞‧托爾斯泰日記》，Cathey Porter譯，紐約：Harper Perennial, 2009。

利文祺《每天為你讀一首詩》，2017年1月2日，https://cendalirit.blogspot.com/2017/01/20170102.html，2022年1月20日下載。

查明建、謝天振《中國20世紀外國文學翻譯史》，兩冊，武漢：湖北教育出版社，2007年。

郭正忠編《中國鹽業史》，北京：人民出版社，1997年。

陳　黎、張芬齡譯《我想和你一起生活：世界經典情詩選》，北京：聯合出版社，2018年。

陳建華《20世紀中俄文學關係》，上海：學林出版社，1998年。

曾思藝《俄國白銀時代現代主義詩歌研究》，長沙：湖南人民出版社，2004年。

楊　牧《時光命題》，台北：洪範書店，1997年。

楊　牧《楊牧詩集III》，台北：洪範書店，2010年。

楊　牧《微塵》，台北：洪範書店，2021年。

瘂　弦《瘂弦詩集》，台北：洪範書店，1981年。

賴慈芸《翻譯偵探事務所：台灣戒嚴時期翻譯怪象大公開》，台北：蔚藍文化，2017年及其部落格： http://tysharon.blogspot.tw/2013/10/blog-post_29.html。

2. 期刊論文

Hsiang-yin Sasha Chen （陳相因）。"Symbolizing and Dramatizing the Self:

"Superfluous Man" and "Superfluous Words" in the Prose of Qu Qiubai"〈自我的符碼與戲碼：論瞿秋白筆下「多餘的人」與《多餘的話》〉，《中國文哲研究集刊》44期，2014年3月，頁79-142。

Lisa Lai-ming Wong（黃麗明），"*On Transcultural Poetics*"〈論跨文化詩學〉，Rays of the Searching Sun: The Transcultural Poetics of Yang Mu《探索的陽光：楊牧的跨文化詩學》，布魯塞爾：P.I.E. Peter Lang, 2009，第五章，頁192-239。

Michelle Yeh（奚密），"The 'Cult of Poetry' in Contemporary China"〈當代中國的「詩歌崇拜」〉，Journal of Asian Studies v. 55, no. 1，February 1996，頁51-80。

Michelle Yeh（奚密）。"Circularity: An Experiment in Form"〈回環：一個形式的實驗〉*Modern Chinese Poetry: Theory and Practice since 1917*《現代漢詩：1917年以來的理論與實踐》，紐黑文：耶魯大學出版社，1991年，第四章，頁89-113。

戈寶權《中外文學因緣：戈寶權比較文學論文集》，第一章《俄國文學與中國》，上海：華東師大出版社，2013年，頁3。

王家新〈披上你的光輝：翻譯茨維塔耶娃〉，《詩苑譯林》195期，2014年8月，頁117-121。

吳冠宏〈人神之際：楊牧《疑神》的探問〉，收入《向具象與抽象航行——楊牧文學論輯》，許又方編，台北：學生書局，2021年，頁87-124。

張婉瑜〈俄國文學在台灣的翻譯和研究情況〉，《國外文學》第1期，2003年，頁34-38。

莫　渝〈散發靜光的銀杏——懷思巫永福先生的「文學之路」〉，《台灣文學館通訊》21期，2008年11月；收入《台灣詩人側顏》，台北：要有光，2013年，第一章。

許俊雅〈與契訶夫的生命對話，巫永福〈眠い春杏〉文本詮釋與比較〉，《東吳中文學報》22期，2011年11月，頁313-343。

陳建華〈俄羅斯：我們的文學鄰居〉，《中國社會科學報》，2015年12月17

日，http://www.zg-xbwh.com/html/2015/shxg_1219/8478.html ，2022年1
月20日下載。

陳相因〈瘋狂的前奏曲——初探果戈里與魯迅作品的「黑暗世界」〉，《中
國文哲研究通訊》22卷第1期，2012年，頁151-175。

陳相因〈俄蘇文學在中國〉，《中國現代文學》34期，2018年12月，頁85-
120。

曾珍珍〈英雄回家——冬日在東華訪談楊牧〉，《同樣的心：楊牧生態詩
學、翻譯研究》桃園：逗點文創，2021，頁236-266。

葉維廉〈在記憶離散的文化空間裡歌唱——論瘂弦記憶塑像的藝術〉，《詩
探索》第1期，1994年，頁71-95。

鄭慧如〈敘述的抽象化：論楊牧的詩〉，《台灣文學學報》37期，2020年12
月，頁37-68。

魯　迅〈祝中俄文字之交〉，原發表於《文學月報》，第一卷5-6期，1932
年12月15日，《魯迅全集》16冊，北京：人民文學，1981年，第四卷，
473頁。

蕭　蕭〈歷史文化裡的空間詩學——論《瘂弦詩集》聚焦的鏡頭運用與散置
的舞台效應〉，《空間新詩學——三重奏之一》，台北：萬卷樓，2017
年，頁37-67。

3. 碩博士論文

Wen-chi Li（利文祺）。*Poetics of Rebellion: Hybridity, Minor Narrative, Yang
Mu*《反抗詩學：雜糅，小敘述，楊牧》，2021年蘇黎世大學博士論
文。

4. 其他

李敏勇、尉天驄、鄭清文、吳福成，政大主辦圓桌會議「台灣文人眼中的俄
國文學」，2006年11月12日，上午10:00-11:40， https://russia.nmtl.gov.
tw/archive?uid=12。

査明建〈20世紀俄蘇文學的翻譯〉，未發表文稿，頁1-90。

査明建〈台灣的俄蘇文學翻譯與研究〉，未發表文稿，頁1-45。

徐裕軒〈俄國文學在台灣的翻譯史初探〉，2017年11月11-12日政大《第七屆斯拉夫語言，文學與文化》國際會議論文。

《六十年代詩選》、《七十年代詩選》與五、六〇年代臺港現代詩

陳智德　前香港教育大學文學及文化學系副教授

摘要

　　1961年由張默、瘂弦主編的《六十年代詩選》出版，主要收錄1950年代中後期的臺灣詩人，包括林泠、瘂弦、洛夫、商禽等人的詩作，也收錄了香港詩人馬朗、葉維廉和崑南的作品。1967年，張默、洛夫和瘂弦再主編出版《七十年代詩選》[1]，體例及編選方向與《六十年代詩選》大略相近，香港部份則收錄更多，包括葉維廉、蔡炎培、馬覺、翱翱（張錯）、戴天的詩。這兩部詩選的意義遠不止於作品選錄，更可以反映五六十年代臺灣、香港現代詩交流中的問題，一方面透過兩本詩選本身的作者簡介和簡評文字，可透見臺灣編者視野中，香港作者在現代詩整體中之位置；另一方面《六十年代詩選》與《七十年代詩選》出版後在臺、港兩地詩壇引發討論，延伸出臺、港現代詩的論述、詩學以至意識形態的形構問題，尤其古蒼梧在《盤古》發表的〈請走出文字的迷宮——評「七十年代詩選」〉一文，除了針對《七十年代詩選》而提出詩歌語言的調整以外，更是一種意識形態的形構和調整。本論文擬先理清《六十年代詩選》對「六十年代」分別在舊式算法和觀念上的兩種的界定，再及《六十年代詩選》的影響、接受，以及《七十年代詩選》引申的反思及其延伸意義。

關鍵詞：六十年代、《六十年代詩選》、《七十年代詩選》、臺港現代詩

1　張默、洛夫和瘂弦主編的《七十年代詩選》1967年初版後，1971年修訂再版。

一、引言

> 香港大會堂在一九六二年成立，我從圖書館裡借到英美艾略特、康明斯等人的詩集，也借到一本《六十年代詩選》，從裡面開始認識臺灣詩人，也同時發現，原來香港也有馬朗、葉維廉、崑南這樣的詩人，寫過這樣的詩。
>
> ——也斯〈臺灣與香港現代詩的關係——從個人的體驗說起〉[2]

> 《文學季刊》非常有意識走一條跟《現代文學》不同的路線，即不要再走現代主義的路線，所以古蒼梧先生在香港《盤古》批判臺灣現代詩的文章，收到後連忙送尉先生看，因為感到《文學季刊》的看法並不那麼孤單。
>
> ——鄭樹森《結緣兩地：台港文壇瑣憶》[3]

一九六二年，一位十四歲的少年在香港大會堂圖書館借閱了一本由張默、瘂弦主編的《六十年代詩選》，開始接觸臺灣現代詩，同時讀到他前此從未知悉的香港詩人馬朗、葉維廉、崑南的作品，這位少年是後來成為香港著名詩人和比較文學研究學者的梁秉鈞（也斯），許多年後，他在國立彰化師範大學國文學系主辦的「第二屆現代詩學會議」發表〈臺灣與香港現代詩的關係——從個人的體驗說起〉一文，憶述他借閱《六十年代詩選》的過程，文中使用「發現」、「原來」等字詞，形容他從該書所感受到的、超越他當時知識層面的震撼。[4]

2　梁秉鈞《香港文化空間與文學》（香港：青文書屋，1996年），頁21。
3　鄭樹森《結緣兩地：台港文壇瑣憶》（臺北：洪範書店，2013年），頁38。
4　該文經補充修訂後，收入梁秉鈞《香港文化空間與文學》（香港：青文書屋，1996年），頁21-33。

一九六一年一月出版的《六十年代詩選》，對臺灣和香港來說，都是一本劃時代的選集，它承接一九五〇年代中期以後，《文學雜誌》、《現代詩》、《文藝新潮》、《創世紀》、《中國學生周報》等刊物在臺港現代派詩歌承傳開新上的合流，《六十年代詩選》透過書中的〈緒言〉和作品選取及詩人短介，為這合流奠立一個具典律化的位置，凸顯臺港現代詩在藝術語言和現代文化意識上的共同探索，以及對時代壓抑的共同抵抗，並透過翻譯和引入技巧於自身創作，趨向西方現代主義文藝的高度和對話、吸收、轉化。

　　《六十年代詩選》的〈緒言〉以詩人如何回應現代主義，作為文章的開篇，談到外在世界的「衝突」和人們感到的「困惑」，但沒有強調離散、遷臺等現實經驗轉折：

> 就在這種困惑與矛盾中廿世紀六十年代的中國詩人，不僅對歐美一系列的現代主義各流派的影響作全面性的接受，且隱隱顯示出他們具有更大的野心以期衝破種種障礙去開拓新的領域。[5]

作者以此「開拓新的領域」的憧憬，呼應文末對「六十年代」的觀念解釋：「所謂『六十年代』，並非完全意味著一種紀年式的時間觀念，而是表示一種新的、革命的、超傳統的現代意義。」[6]文中可說是以新的、抽象的時間觀，對「六十年代」賦予了一種詩性的想像，特別是抗衡時代壓抑的可能性，某程度上為苦悶的、同感時代壓抑的臺港詩人覓得出路。《六十年代詩選》提供新的時間觀，它的出版，標誌著一種「臺港新想像」，或可稱為臺港現代詩共同體的雛形。

　　本論文擬先理清《六十年代詩選》對「六十年代」分別在舊式算法和觀念上的兩種的界定，再及《六十年代詩選》的影響、接受，以及《七十年代

5　張默、瘂弦編《六十年代詩選》（高雄：大業書店，1961年），頁I。
6　張默、瘂弦編《六十年代詩選》，頁VI。

詩選》引申的反思及其延伸意義，最後再展開臺港現代詩共同體的討論。

二、「六十年代」的兩種界定之一：紀年

　　《六十年代詩選》編輯的第一個關鍵在於時間觀，編者在〈緒言〉中簡述西方現代主義藝術的特質及其與現代詩的關係，在文章的尾段再申述編選原則：

> 本詩選所採納的廿六家，絕大部份是中國現代詩發展過程中後半期的代表作，至少包括由象徵主義躍進到現代主義各階段的創作。所謂「六十年代」，並非完全意味著一種紀年式的時間觀念，而是表示一種新的、革命的、超傳統的現代意義。[7]

文中指的「六十年代」，一方面是年代的標示，另方面是觀念的標示，尤其強調「新的、革命的、超傳統的」時間觀，該〈緒言〉無署名，據張默編的《臺灣現代詩編目》一書對《六十年代詩選》的「內容提要」資料，該〈緒言〉由「洛夫代筆」[8]，相信亦代表《六十年代詩選》編者們的整體意見。

　　書名中的「六十年代」作為年代標示，曾引起不同的疑惑，[9]因為該書在一九六一年一月出版，實際收錄一九五一至一九六〇年間的詩作，與現在一般習慣理解的「六十年代」不同，及後相繼出版的《七十年代詩選》（高雄：大業書店，1967年）、《八十年代詩選》（臺北：濂美出版社，1976年），亦可能延伸相關的對年代命名的疑惑，本文在正式展開討論之前，擬

7　張默、瘂弦編《六十年代詩選》，頁VI。

8　張默編《臺灣現代詩編目》（臺北：爾雅，1995年），頁97。

9　解昆樺和陳瀅州都曾提出對《六十年代詩選》命名的疑惑，參見解昆樺《臺灣現代詩典律與知識地層的推移：以創世紀、笠詩社為觀察核心》（臺北：秀威資訊科技股份有限公司，2013年），頁337-338；陳瀅州《戰後臺灣詩史「反抗敘事」的建構》（臺南：臺南市政府文化局，2016年），頁141。

先理清標示年代的問題。

今天對「六十年代」的普遍理解是一九六〇年至一九六九年，亦即「一九六〇年代」（Sixties／1960s），但觀諸一九五〇年代和一九六〇年代臺灣和香港的中文文獻，有部份是以一九五一年至一九六〇年為「六十年代」，一九六一年至一九七〇年為「七十年代」，這是一種舊有的標示年代方法，如香港一九五二年創刊的《六十年代週刊》，由「六十年代社」發行（約出版至一九五四年），刊名中的「六十年代」，是指一九五一年及其後的十年；又如楊牧為《現代文學》第四十六期「現代詩回顧專號」而寫的〈寫在「回顧」專號的前面〉提到：「在七十年代中期的時候，現代詩其實已經取得了近乎『正統』的文學地位」[10]，該文寫於一九七二年，文中的「七十年代」實際是指一九六一年至一九七〇年間的現代詩。又如一九六三年發表於《好望角》的李英豪〈變調的鳥──論商禽的詩〉一文提到：「在七十年代中國詩壇中，商禽誠是一個絕無僅有的『鬼才』」[11]，文中的「七十年代」也不是今天普遍理解的「一九七〇年代」。但正如上文所說，這是一部份作者持守的標示年代方式，與同時代許多作者的標示年代方式不一致，例如覃子豪發表於一九六一年的〈中國現代詩的分析〉提到：「中國現代詩作者很了解一個事實，就是在二十世紀六十年代的今天」[12]，文中的「六十年代」則是今天普遍理解的「一九六〇年代」（Sixties／1960s）含義。

因應舊有的標示年代方法可能與當時不同作者以至今天的理解做成歧異，梁秉鈞編《香港短篇小說選：六十年代》時，在序文中提出「六十年代」與「六〇年代」的分別：

---

10 葉珊（楊牧）〈寫在「回顧」專號的前面〉，《現代文學》第四十六期（1972年3月），頁8。

11 李英豪〈變調的鳥──論商禽的詩〉原刊《好望角》第七期，後來收錄在李英豪《批評的視覺》（臺北：文星書店，1966年），頁190。

12 覃子豪〈中國現代詩的分析〉，《覃子豪全集II》（臺北：覃子豪全集出版委員會，1968年），頁488。

至於六〇年代的範圍，是指由一九六〇年至一九六九年。舊說有以一九五一至一九六〇年為六十年代、一九六一年至一九七〇年為七十年代的說法，為免混淆，我在序文中皆用「六〇年代」而不用「六十年代」以求清晰，但出版社為了統一，書名仍用「六十年代」。[13]

梁秉鈞使用「六〇年代」、「七〇年代」而不寫「六十年代」、「七十年代」，是他一貫的行文習慣，目的是避免與舊有的標示年代方法混淆，這是他出於一九六〇年代以還多年寫作經驗的嚴謹細心；而在今天而言，「六〇年代」、「七〇年代」和「六十年代」、「七十年代」大概不會再有混淆，是以不須區分，但當處理和理解昔日文獻資料時，仍須留意其標示年代的方式。由是而看，《六十年代詩選》在一九六一年出版，實際收錄一九五一至一九六〇年間的詩作，而《七十年代詩選》在一九六七年出版卻標示「七十年代」，只是與現在一般習慣的理解不同。

三、「六十年代」的兩種界定之二：觀念

　　理清標示年代的問題後，更關鍵的議題是《六十年代詩選》的觀念標示，即其強調「新的、革命的、超傳統的」時間觀，如何透過所選作品呈現，又如何影響詩壇，並其與《七十年代詩選》的關係。
　　《六十年代詩選》對「六十年代」的另一種界定在於觀念上，同時也是更關鍵的界定，〈緒言〉提出「所謂『六十年代』，並非完全意味著一種紀年式的時間觀念，而是表示一種新的、革命的、超傳統的現代意義」，可見他們有意在「紀年」的一般層面以外，透過這詩選本另行賦予「六十年代」一種詩性的想像。〈緒言〉的開篇提到：

　　　　就在這種困惑與矛盾中廿世紀六十年代的中國詩人，不僅對歐美一系

13　梁秉鈞《香港短篇小說選：六十年代》（香港：天地圖書，1998年），頁14。

列的現代主義各流派的影響作全面性的接受，且隱隱顯示出他們具有更大的野心以期衝破種種障礙去開拓新的領域。[14]

洛夫對「六十年代」的想像式回溯，強調對現代主義藝術的轉化，「以期衝破種種障礙去開拓新的領域」，當中的「障礙」是什麼，他沒有明言，但於文章的下一段，對「開拓新的領域」有以下的補充：

> 現代詩所賴以表的雖不是抽象的概念，但在力求純粹以及實現主觀意象經驗的重現中，卻一直在表達出一個「內在的無聲、無色、無形，朦朧如夢」的心理變化過程，詩人往往在這種玄秘的感覺世界中迷戀忘返。[15]

《六十年代詩選》的〈緒言〉把一九五〇年以來的現代詩放在現代主義藝術的脈絡中，提出現代主義的本質以及形式、技巧諸問題「正是我們數年來現代詩面對的極大困惑」，而既有的選本無法回應詩壇的問題：「在自由中國也曾出現過好幾冊詩選，姑不論其藝術價值如何，但在現代精神的表現上不夠純粹該是事實」，可見其編選的動機，在於回應當時現代詩壇的不足，針對「現代精神的表現上不夠純粹」，這是編者透過詩選而對「六十年代」在紀年以外，尋求觀念上的抗衡，即「新的、革命的、超傳統的現代意義」的前設動機。

〈緒言〉另一段提出「在現代主義實驗階段已漸趨尾聲的今天，作為一個前衛藝術家的職責並非僅在消極的反傳統，而是要創造更新的現代精神與秩序」[16]，這是編者在文末提出「六十年代」的關鍵在於「新的、革命的、超傳統的」時間觀的伏筆，亦見編者一方面以「前衛藝術家」自居，另方面

---

14 張默、瘂弦編《六十年代詩選》，頁I。
15 張默、瘂弦編《六十年代詩選》，頁II。
16 張默、瘂弦編《六十年代詩選》，頁III。

亦要求現代詩作者有「前衛藝術家」的前瞻視野。

　　基於此理念，《六十年代詩選》挑選的作品大都具有前衛、創新語言的傾向，正如解昆樺所指，「最能反映他們現代主義標準的，便是他們在選錄覃子豪的作品中，不著重其早期呈現古典抒情之作，而多取其後期已經展現現代主義技巧與精神的詩作」[17]，除了選錄洛夫、瘂弦、張默等《創世紀》同人，也選錄白萩、林亨泰、黃荷生、錦連等後來加入笠詩社的作品。此外，也選錄了香港詩人馬朗、葉維廉、崑南寫於一九五〇年代中後期的代表作，並透過作者簡介，強調他們與臺灣詩壇的連繫，特別是對現代主義文學的共同觀念，使其「新的、革命的、超傳統的」時間觀，達致臺、港結連的作用。

　　《六十年代詩選》選錄26位詩人的作品，次序編排是按筆劃序，在每位詩人的作品前都有一段五百至八百字的作者介紹，除了生平資料，也有一些論述性文字。在馬朗作品的部份，編者介紹馬朗在上海已參與文學刊物的編輯工作，到香港後創辦了《文藝新潮》，「於海外掀起了現代主義文學和美術的巨浪」[18]，如此便將馬朗的詩作與香港現代主義文學及美術的發展連繫，作為臺、港現代詩的一種共通點。

　　在崑南作品部份，選錄了一首長詩〈喪鐘〉，編者指「崑南的文學經驗與教育在『淨化之爐』香港的焚燒之下是相當痛苦而深長的」「我們底廿五歲的青年詩人遠在學生時代即以背叛性見重於香港文壇。五年以前，他曾與抽象畫家王無邪、詩人葉維廉三人合編『詩朵』雜誌，企圖以一顆文化炸彈炸死醉生夢死的白華生活。」「馬朗主編之《文藝新潮》發刊不久，崑南以『賣夢的人』、『悲愴交響樂』諸作震驚一時……去年，詩人再與無邪、葉維廉等在香港創辦『現代文學美術協會』並出版『新思潮』月刊。」[19]編者強調崑南詩作針對香港環境的掙扎性和叛逆性，並與馬朗一樣，將之與

17　解昆樺《臺灣現代詩典律與知識地層的推移：以創世紀、笠詩社為觀察核心》，頁338。
18　張默、瘂弦編《六十年代詩選》，頁86。
19　張默、瘂弦編《六十年代詩選》，頁110。

其在香港辦文學雜誌的經驗結合。在葉維廉作品部份，選錄了〈賦格〉和〈逸〉，編者也強調葉維廉的香港背景：「這位來自香港現正就讀師大的青年詩人……十七歲時即與詩人崑南畫家無邪合創『詩朵』詩刊。」[20]

《六十年代詩選》選錄馬朗、崑南、葉維廉三人詩作的同時，也標示三人在香港的文學經驗，1955年的《詩朵》、1956年的《文藝新潮》和1959年的《新思潮》三份刊物成了串連起三人文學經驗的路線，這當然只是五〇年代香港詩壇面貌發展的其中一端，而馬朗、崑南、葉維廉三人在《六十年代詩選》很清楚的被標示出，更重要的意義是編者認為三人的詩藝和風格可與臺灣的現代詩壇匯合，共同構建如編者在〈緒言〉所說的，「中國現代詩」的「新的、革命的、超傳統的現代意義」。

《六十年代詩選》出版後獲得不少好評，趙天儀在〈現代詩的轉機與展望〉認為「由張默與瘂弦合編的『六十年代詩選』，可以說是一部最具代表性的現代詩選。」[21] 楊牧則在《現代文學》第四十六期的「現代詩回顧專號」提到：「『創世紀』同人對此一現代詩運動最大的貢獻之一，或可以說是該社劃時代謹慎嚴肅的編選『六十年代詩選』，總結一九五零至一九六零年間各家各派的名作，為中國新文學立下一個模範性的里程碑。」[22] 香港方面有張學玄的〈「六十年代詩選」評介〉指出它在現代詩論戰的背景中出版的意義。[23] 此外，解昆樺亦透過引錄杜國清、楊牧、杜十三的訪談或文字，指出《六十年代詩選》對他們的影響，以及「創世紀的詩典律」在當時及往後詩壇發揮的影響。[24] 值得再補充的，是本文前面提及的臺、港現代詩合流的意義，如梁秉鈞在〈臺灣與香港現代詩的關係——從個人的體驗說起〉一文提及：

---

20 張默、瘂弦編《六十年代詩選》，頁152。
21 趙天儀〈現代詩的轉機與展望〉，《大學生活》（1966年3月）。
22 葉珊（楊牧）〈寫在「回顧」專號的前面〉，《現代文學》第四十六期（1972年3月），頁8。
23 張學玄〈「六十年代詩選」評介〉，《大學生活》（1961年6月），頁33-40。
24 解昆樺《臺灣現代詩典律與知識地層的推移：以創世紀、笠詩社為觀察核心》，頁341。

香港大會堂在一九六二年成立，我從圖書館裡借到英美艾略特、康明斯等人的詩集，也借到一本《六十年代詩選》，從裡面開始認識臺灣詩人，也同時發現，原來香港也有馬朗、葉維廉、崑南這樣的詩人，寫過這樣的詩。[25]

《六十年代詩選》對梁秉鈞來說，一方面是臺灣現代詩的發現，另方面更是對一種斷裂不彰的香港現代詩風格的發現：「原來香港也有馬朗、葉維廉、崑南這樣的詩人，寫過這樣的詩」，馬朗一九五六年在香港創辦過《文藝新潮》，葉維廉、崑南既是《文藝新潮》的作者，也在一九五九年《文藝新潮》停刊之年，另行創辦《新思潮》，出版至一九六〇年停刊，而在六〇年代初，除了曾維持一年左右、由劉以鬯主編的《香港時報》副刊「淺水灣」，可供發表具前衛現代詩風格作品的刊物不多，一九六二年，年方十四歲的梁秉鈞，[26] 在香港大會堂圖書館讀到《六十年代詩選》中的臺灣現代詩以及香港的馬朗、葉維廉、崑南等人的現代詩，既是發現，也是啟蒙和震撼，[27] 因為《六十年代詩選》所選錄的馬朗、葉維廉、崑南等人作品當中，馬朗〈焚琴的浪子〉原刊《文藝新潮》一九五六年出版的創刊號，葉維廉〈賦格〉原刊一九六〇年出版的《新思潮》第三期，加以編者在馬朗、葉維廉、崑南三人的簡介中強調他們創辦《文藝新潮》和《新思潮》的工作，正讓由於市場和閱讀口味而無法延續的香港現代主義文學，透過《六十年代詩選》以及「創世紀的詩典律」，進入初步典律化的文學史觀念中，其在當時及往後的影響，其實已超乎編者對「新的、革命的、超傳統的」現代詩想像。

在一九六二年的可稱為梁秉鈞的「《六十年代詩選》發現事件」後，一九六三年葉維廉、崑南、王無邪成立的「現代文學美術協會」創辦了《好

25　梁秉鈞《香港文化空間與文學》，頁21。

26　據劉以鬯主編的《香港文學作家傳略》，梁秉鈞生年是一九四八年。

27　相關論述可參考陳智德〈香港文學的遺忘史：以馬朗為焦點的思考〉，《根著我城：戰後至2000年代的香港文學》（新北：聯經出版，2019年），頁579-605。

望角》,主要由崑南和李英豪主編,除了香港的文學創作和藝術評論,更加強了自《文藝新潮》開始的與臺灣現代詩壇的交流,差不多每期都刊登臺灣現代詩作品,包括洛夫、張默、葉珊、鄭愁予、白萩、商禽、辛鬱、大荒、管管等人的作品。《好望角》停刊後,「現代文學美術協會」主辦的「《好望角》文學獎金」得獎結果一九六四年七月公佈,詩創作獎由瘂弦、管管獲得,[28] 同年創世紀詩社主辦「創世紀發刊十週年詩創作獎」,國內組由張默、季紅、洛夫、商禽、瘂弦評選,海外組由李英豪、葉維廉和崑南評選,並於《創世紀》第二十期公佈結果,得獎人為葉維廉(國內組)和金炳興(海外組),由此可見《好望角》與《創世紀》交流合作之密切。

　　風氣所及,一九六〇年代中期,香港的《中國學生周報》、《華僑文藝》都刊登不少臺灣現代詩作品和詩論,香港讀者對臺灣現代詩加深了認識,因此當一九六七年《七十年代詩選》出版後,其所延伸的意義有別於《六十年代詩選》的典律化、現代詩的發現、啟蒙和震撼,而是對臺、港現代詩語言的反思、批評和調整。

四、《七十年代詩選》引申的反思

　　《六十年代詩選》出版六年後,張默、洛夫和瘂弦於一九六七年九月再主編出版《七十年代詩選》,在時間上,「七十年代」即一九六一至一九七〇年尚未終結,編者在該書〈後記〉特別說明這點:

> 就時距而言,現即出版『七十年代詩選』,似嫌過早……此一詩選其
> 基本立場亦如『六十年代詩選』緒言所示:並非完全意味著一種紀年
> 式之時間觀念,而尤著重於一種革命性與創造性之現代意義。[29]

28　參考鄭樹森、黃繼持、盧瑋鑾編《香港新文學年表(一九五〇———一九六九年)》(香港:天地圖書有限公司,2000年),頁251。

29　張默、洛夫、瘂弦編《七十年代詩選》(高雄:大業書店,1967年),頁349。

在《七十年代詩選》出版前，一九六七年二月，張默和瘂弦主編另一詩選《中國現代詩選》，同由大業書店出版，編者在〈編選小記〉說：「原擬原達五百餘頁的皇皇巨秩，不得不因一部份詩友未按照約定交納出版費而予不得已的分割……我們已與『大業書店』約定，凡未列入本詩選的詩人作品，當予編入『七十年代詩選』……這兩部詩選可以是一對孿生的姊妹。」[30]該書似乎是《七十年代詩選》的前身，當《七十年代詩選》編定後，編者自信地認為該書是「中國現代詩的一塊里程碑，是中國詩史主要證人」[31]，認為該書才能真正代表他們的想法，在〈後記〉再指出「我們不久前所編印的『中國現代詩選』，僅為本詩選的一個旁支。」[32]《中國現代詩選》的編選體例與《七十年代詩選》相若，所選詩人有同亦有異，《中國現代詩選》的出版雖在《七十年代詩選》之前，因應其重要性和代表性的考慮，本論文的討論仍以一九六七年九月出版的《七十年代詩選》為依歸。

　　《七十年代詩選》選錄了四十六家詩人的作品，具香港背景的詩人包括葉維廉、蔡炎培、馬覺、翱翱（張錯）和戴天這五位。《七十年代詩選》的體例沿襲自《六十年代詩選》，每位詩人作品前有一段評介，而《七十年代詩選》對葉維廉、蔡炎培等作者，大部份只簡單說明其「現旅居香港」的背景，並無如《六十年代詩選》般強調各人的香港文學經驗，除了蔡炎培的部份。蔡炎培部份選錄了〈亞當之頭——送無邪〉和〈扶夢〉二詩，編者在評介中說：

　　　　蔡炎培是僑居香港的青年知識份子。在離亂中成長的一代，總不能在
　　　　自己嘔心瀝血的創作中，抹殺時代的面影；蔡炎培的詩中有他所感
　　　　悟的時代面影，即使不十分透明，但我們仍能看出，仍能嚐受那悲
　　　　感。[33]

30　張默、瘂弦編《中國現代詩選》（高雄：大業書店，1967年），頁130。
31　張默、洛夫、瘂弦編《七十年代詩選》，頁350。
32　同前註。
33　張默、洛夫、瘂弦編《七十年代詩選》，頁237。

這段評介有如《六十年代詩選》對崑南的評介,提出香港環境的掙扎性,以至「離亂」背景中的時代反映。至於另外幾位香港詩人的評介則主要從詩語言角度而論。透過幾位香港作者的簡介和簡評,多少可見臺灣編者視野中,香港作者被作為「同路人」而選錄,一方面是五六十年代臺、港現代詩交流以至臺、港文壇交往的結果,另方面值得探討的,是臺灣詩界(主要是創世紀詩社同人)所主催的現代詩運動記錄和經典化過程中所看重的因素。

《六十年代詩選》及《七十年代詩選》二書只是五六〇年代臺灣、香港兩地現代詩交流的其中一端,其他交流現象還可見於臺灣的《現代文學》、《創世紀》、《文學季刊》;香港的《盤古》、《純文學》、《文藝季刊》、《香港時報・淺水灣》、《中國學生周報・詩之頁》、《明報月刊》等刊物,它們都共同刊登臺、港兩地的現代詩作品及相關評論;而《六十年代詩選》及《七十年代詩選》二書選錄香港詩作一事之文學意義或值得研究之處,在於《六十年代詩選》及《七十年代詩選》二書所標示的現代詩角色、編輯方法及其與五六〇年代的臺灣和香港兩地現代詩論戰的關係。

《七十年代詩選》出版後,在臺、港文壇都引來反響,臺灣方面有紀弦〈詩壇一年——兩部詩選的出版〉、尉天聰〈青澀的菓實——評「七十年代詩選」〉、高準〈《七十年代詩選》批判〉等文,對《七十年代詩選》有不少批評的聲音,例如葉珊(楊牧)指《七十年代詩選》「諸家雜陳,良莠乃不齊,竟不能繼承十年前出書的『六十年代詩選』,不啻是詩發展史上的疑案」[34];此外《七十年代詩選》於一九七一年再版時,增訂了一篇由洛夫、張默和瘂弦署名的〈現代藝術的證人——「七十年代詩選」再版的話〉一文,提到臺、港兩地的評論,總結並回應了各家的批評,三位編者意識到各家對《七十年代詩選》的評論是「譽毀參半」,並引述了各家批評總結為五點,包括「過份追求繽紛的意象、或者為意象而意象」「某些作品犯了無主題、無內容、虛無晦澀」。[35]又,一九七二年出版的《中國現代文學大系・

---

34 葉珊(楊牧)〈寫在「回顧」專號的前面〉,《現代文學》第46期(1972年3月),頁7。
35 洛夫、張默、瘂弦〈現代藝術的證人——「七十年代詩選」再版的話〉,張默、洛夫、瘂弦編《七十年代詩選》(再版)(高雄:大業書店,1971年),頁1-3。

詩》，由洛夫撰寫的〈序〉中，也提及《七十年代詩選》的批評。

　　香港方面，最主要有古蒼梧〈請走出文字的迷宮──評「七十年代詩選」〉及盤古社主辦的「近年港臺現代詩的回顧」座談會記錄。古蒼梧的評論文章及座談會記錄同時刊於一九六八年二月出版的《盤古》第十一期，該期另闢「詩論專訪」，訪問了徐訏、程兆熊、潘重規及蕭輝楷四位在大專任教的作家、學者談論對新詩發展的意見。[36]

　　相應於《六十年代詩選》和《七十年代詩選》的臺、港現代詩視角，古蒼梧〈請走出文字的迷宮──評「七十年代詩選」〉及盤古社主辦的「近年港臺現代詩的回顧」座談會的回應也同時針對臺、港兩地的現代詩，視其為一個整體。「近年港臺現代詩的回顧」座談會的議題包括「詩的交通問題（詩人的傳達與讀者接受的問題）」和「詩的歷史任務」，後者再劃分為「A.對西洋現代詩觀念（內容意識）的模仿是否有影響？B.對古典詩傳統追溯不得其法是否有影響？C.對三十及四十年代新詩傳統的中斷是否有影響？」，參與討論者有顧耳（古蒼梧）、馬覺、溫健騮、李縱橫（李天命）、胡菊人、金炳興、岑逸飛、吳萱人等。該座談會的出發點，可以顧耳（古蒼梧）的發言來概括：

> 本來，我們也承認，十多年來，現代詩在港臺的發展，在語言的藝術上確是有很大的進步，用字是精練了，意象是濃郁了，音樂性是更響亮悅耳了，但另一方面，這種太著重語言和傾向，又做成一種隔膜，使詩人讀者間難於交通。[37]

　　其他討論主要圍繞過去現代詩討論中反覆出現的「難懂」、「形式化」、「民族性」等問題。該期《盤古》的現代詩討論雖由《七十年代詩

36　古蒼梧〈請走出文字的迷宮──評「七十年代詩選」〉一文原刊《盤古》第11期（1968年2月），後來收入古蒼梧，《一木一石》（香港：三聯書店，1988年），頁85-98。盤古社主辦的「近年港臺現代詩的回顧」座談會由陸離記錄，分兩期連載於《盤古》。

37　陸離記錄〈近年港臺現代詩的回顧〉，《盤古》第11期（1968年2月），頁17。

選》的出版而起，但整體上，實是回應五六〇年代以來現代詩運動在香港文藝界掀起的波瀾。

古蒼梧〈請走出文字的迷宮——評「七十年代詩選」〉一文提出臺、港現代詩的共同點在於語言的鍛鍊，他說：「港臺詩壇自從開始了『現代詩運動』之後，最大的進步，似乎就在語言的鍛鍊方面，然而問題卻首先出在這裡。」[38] 他批評現代詩人「沉溺於文學的遊戲」「他們自封為文學的貴族，而高傲地切斷了與讀者的交通，沈溺於玩弄文字的魔術而忽略了詩應該有更豐富、更深遠的內涵，忽略了詩除了現代主義的技法以外，還有更多樣的表現方法，這樣便造成了近年來港臺詩風的沈溺。」而問題的癥結是「偏安的局面」和「三四十年代文藝傳統的中斷」：

> 也許這偏安的局面，使我們的詩人無法不沉溺於形式與技巧的試驗，而怯於對現實的接觸，也許港臺這兩個小島無法培育豐厚的人格與磅礡的詩情吧。此外還有一個原因，那就是三四十年代文藝傳統的中斷。三四十年代詩人底努力的成果，實在有許多值得我們參考的，就可惜由於政治環境的變遷，使我們年青一代的詩人無法接觸到這一份寶貴的遺產，因此有許多創造的橋樑和道路，還得重新建造。[39]

古蒼梧的文章針對現代詩的語言問題，該文主要篇幅在於舉引《七十年代詩選》中的不同詩例，批評當中的語言晦澀、形式主義、意象混亂、缺乏社會現實的反映。這本是六〇年代對現代詩評批的常見論點，也許也是當時現代詩的流弊，但該文更重要的意義，是實際上觸及五六〇年代臺、港兩地共同面對的冷戰局面、政治阻隔和文化斷裂。

因應現代詩的發展，《七十年代詩選》的出版，在編者自信地認為該書是「中國現代詩的一塊里程碑，是中國詩史主要證人」之外，也許更重要的

---

38 古蒼梧〈請走出文字的迷宮——評「七十年代詩選」〉，《一木一石》，頁86。
39 古蒼梧〈請走出文字的迷宮——評「七十年代詩選」〉，《一木一石》，頁93-94。

作用，是激發詩壇的反思和調整。追本溯源，古蒼梧的文章不只針對《七十年代詩選》一書，實乃源自六〇年代中後期以來陳映真等作家對臺灣現代主義文學的反思，古蒼梧在一次訪談中指出：

> 《筆匯》停刊，《現代文學》繼續出版。我讀大學的時候，每期都看。《文學季刊》在六十年代後期出版，陳映真以「許南村」為筆名撰寫了一系列的文章，對臺灣現代主義文學進行了反思和批評，我們也深受啟發。[40]

另方面則建基於古蒼梧一九六七年開始與張曼儀、黃繼持、黃俊東等合編《現代中國詩選：1917-1949》，有感於中國三四〇年代現代主義詩歌傳統的斷裂：

> 那時我正與黃繼持、張曼儀、黃俊東等編輯《現代中國詩選》，在回顧一九一七至一九四五新詩發展歷程中，對港臺六十年代倡議的「現代詩」有頗保留的態度。我認為比起三、四十年代的新詩，六十年代港臺詩壇對西方現代主義詩藝的吸納比較偏狹（以英美詩為主要參考對象，少接觸歐陸、南美詩壇），而且每每有為文造情，惡性西化的現象。[41]

因此，當一九六八年古蒼梧與戴天主持創建實驗學院舉辦的詩作坊時，便向學員推介中國三四〇年代新詩，並鼓勵一種「傾向於明朗的」詩風，他認為「在港臺之間，應該是一種新詩風」[42]。然而，經歷一九六一年「天狼星論戰」之後的余光中，以及一九六二年的《葡萄園》，都已有提倡「明

---

40 杜家祁、古蒼梧〈回首雲飛風起——談六七十年代的香港文學〉，《香港文學》總第229期（2004年1月），頁28。
41 古蒼梧〈話說創建書院與詩作坊〉，《讀書人》第27期（1997年5月），頁82。
42 古蒼梧〈話說創建書院與詩作坊〉，《讀書人》，頁82。

朗」的說法，古蒼梧在詩作坊提倡明朗詩風的意義，應在於針對《七十年代詩選》反映出三四〇年代中國現代派詩歌傳統斷裂的現象。

從張默、洛夫、瘂弦編的《七十年代詩選》開始，到古蒼梧〈請走出文字的迷宮——評「七十年代詩選」〉一文，以至古蒼梧與戴天主持的創建實驗學院詩作坊，其間既是臺港現代詩界的交流、創世紀詩社同人所主催的現代詩運動記錄和經典化過程，也見出臺港現代詩的觀念反思，以至創作上的調整；在後者來說，古蒼梧針對《七十年代詩選》所提出的明朗詩風主張，在詩歌語言的調整以外，更是一種意識形態的形構和調整（針對臺港詩人「偏安的局面」）。

五、結論

《六十年代詩選》及《七十年代詩選》二書只是五六〇年代臺灣、香港兩地現代詩交流的其中一端，其他交流現象還可見於臺灣的《現代文學》、《創世紀》、《文學季刊》；香港的《盤古》、《純文學》、《文藝季刊》、《香港時報・淺水灣》、《中國學生周報・詩之頁》、《明報月刊》等刊物；《六十年代詩選》和《七十年代詩選》二書的特殊性，在於二書引發的臺港現代詩典律化，包括對現代詩的發現、啟蒙和震撼，以至對臺、港現代詩語言的反思、批評和調整，更進一步為臺港詩人提供新的時間觀、帶動新想像。

《六十年代詩選》和《七十年代詩選》透過臺、港兩地現代詩作品的編選，強調兩地對現代主義文學的共同觀念，連繫兩地的現代詩運動，亦反映五、六〇年代由創世紀詩社同人所主催的現代詩運動記錄和經典化過程中所看重的因素；二書的編選動機、目標和體例相類，但其出版後的具體影響和評價有顯著分別，在《六十年代詩選》而言，出版後在臺、港兩地都帶有一點典律化的啟導作用，而在一九六二年可稱為梁秉鈞的「《六十年代詩選》發現事件」中，既具有臺灣現代詩的啟蒙作用，更在香港本土產生「原來香港也有馬朗、葉維廉、崑南這樣的詩人，寫過這樣的詩」的本土現代派文學

傳承發現，其文學史意義超乎《六十年代詩選》編者對「新的、革命的、超傳統的」現代詩想像。

至於《七十年代詩選》，出版後在臺、港兩地引發不同的爭議和批評，某程度上意味著現代詩語言和觀念的分途、歧異和調整，尋索另一方向，而對香港詩壇來說，《盤古》發表的古蒼梧〈請走出文字的迷宮——評「七十年代詩選」〉一文，不單強化了香港詩壇對現代詩語言的反省和調整，更作為六〇年代末的另一種意識形態形構的媒介，同樣超乎《七十年代詩選》編者對該書作為「中國現代詩的一塊里程碑，是中國詩史主要證人」的預期。

《六十年代詩選》提出「六十年代」在紀年以外的、新的時間觀的意義，《七十年代詩選》亦沿襲之，承接其時間觀，二書的出版，作為臺港現代詩形構共同體的媒介、載體，亦有如安德森（Benedict Anderson）在《想像的共同體：民族主義的起源與散布》一書把十八世紀在歐洲興起的小說與報紙，帶動出新的時間觀的理解，作為推動歐洲民族的想像共同體的誕生；[43] 安德森借用菲律賓現代小說家黎剎（Jose Rizal）的《社會之癌》，提出小說的開場畫面如何引發新的召喚：

> 從一開頭就是這樣的意像——數以百計未被指名、互不相識的人，在馬尼拉的不同地區，在某特定年代的某特定月份，正在討論一場晚宴。這個（對菲律賓文學而言全新的）意像立即在我們心中召喚出一個想像的共同體。[44]

《六十年代詩選》和《七十年代詩選》為臺港詩人提供新時間觀帶動的新想像，儘管他們在臺港兩地不同的刊物發表詩作，成長於不同的城市，然而現代主義文藝的憧憬把他們連繫起來，共同作出如洛夫所言具有「新的、革命

---

43 班納迪克·安德森著、吳叡人譯《想像的共同體：民族主義的起源與散布》（臺北：時報文化，1999年），頁26-28。
44 班納迪克·安德森著、吳叡人譯《想像的共同體：民族主義的起源與散布》，頁30-31。

的、超傳統的現代意義」的新想像，二書的出版，特別是抗衡時代壓抑的可能性，某程度上為苦悶的、同感政治壓抑的臺港詩人覓得出路。

再者，安德森以二十世紀初的《紐約時報》為例子，提出報紙頭版並列各地時事的編排，如何有助新想像的誕生：

> 然而明顯的他們大多是獨立發生的事件，而事件中的行動者並不知道彼此的存在，也不知道別人在幹什麼。這些事件被如此任意地挑選和並列在一起（晚一點版本可能就會用一場棒球賽的勝利來取代密特朗的演講了）顯示他們彼此之間的關連是被想像出來的。[45]

也許，臺港現代詩的關連也是被想像出來的，這說法是基於中國三四〇年代現代派詩歌傳統中斷，臺港詩人互相發現彼此身上殘留三四〇年代現代派傳統，同時，中國大陸書刊在臺被禁，而香港流通的五〇年代中國當代文學作品，深具社會主義文藝的工農兵色彩，除了左派陣營外，香港文藝界讀者對其缺乏共鳴，由此，臺港兩地本身的文藝出版物成了一種便於共同交流的媒介，更有利於臺港現代詩共同體的形成。有如安德森指「印刷資本主義賦予了語言一種新的固定性格」[46]、「資本主義、印刷科技與人類語言宿命的多樣性這三者的重合，使得一個新形的想像共同體成為可能」[47]；《六十年代詩選》和《七十年代詩選》透過臺港共同的閱讀、認可的文化場域，共同分享的經典化過程，交換彼此類近的現代詩意象，藉以抗衡政治和時代壓抑，召喚出一種新想像。

在此共同體當中，臺港現代詩語言美學的追求一致，但彼此具體上針對、對應的背景不同，臺灣是白色恐怖局面和隱藏具體內在想法的需要，正如瘂弦所指：

46　班納迪克・安德森著、吳叡人譯《想像的共同體：民族主義的起源與散布》，頁54。
47　班納迪克・安德森著、吳叡人譯《想像的共同體：民族主義的起源與散布》，頁55。

那時候的詩人不能把話說得太明白，才把真正想說的話隱藏在意象的枝葉背後。像商禽的「逢單日的夜歌」、洛夫的「石室之死亡」，社會的現實性很強，但是能不能像今天這樣用明朗的語言把它寫出來？不能。必須用象徵的手法，把自己對社會的抗議、人生的批判帶出來。[48]

臺灣現代詩更著重抗衡政治、以象徵和暗示手法轉化內心，尋求純粹文藝和內化的抗衡，香港現代詩則是針對殖民地統治做成的無根、割裂及其間青年的迷惘、以及文化身份矛盾，所以，本文提出臺港現代詩作為想像的共同體，並不是表示臺港現代詩的簡化混同，臺港在現代派詩歌承傳開新上合流，視野指向臺港共同的現代文藝理念意識傾向，當中有共同的關懷和抵抗，亦有各自的懷抱和針對點。

　　本文所指的臺港現代詩作為想像的共同體，是提出一種觀念、一種集體的共同性，是由想像衍生，又或基於想像而成，而五、六〇年代的臺港現代派詩歌，可說是這共同體，一種超越官方主流政治語言的臺港新想像的催生者，或載體。《六十年代詩選》塑造臺港現代詩共同體和新想像，是指該書把臺港一群現代詩人置於「新的、革命的、超傳統的」時間觀中，超越了冷戰意識形態對峙或官方政治語言的收編和壓制，從中突破出自己的語言，由此成就了一種民間的、超越了冷戰意識形態對峙或官方政治語言的收編和壓制的，一種共同。而從更宏觀的角度，臺港現代詩作為想像的共同體，以詩性的提煉參與同一文學共名，以抽象而不惜晦澀的詩語言建構年代理念，參與當時西方現代思潮中的現代主義文藝文化，因此，臺港現代詩的實現建構，某程度上也是臺港現代文學在世界性和世界主義層面上的實現建構。

48　瘂弦〈現代詩之省思〉，《中國新詩研究》（臺北：洪範書店，1987年），頁29。

| 參考書目 |

1. 專書

古蒼梧《一木一石》，香港：三聯書店，1988年。

李英豪《批評的視覺》，臺北：文星書店，1966年。

班納迪克・安德森著、吳叡人譯《想像的共同體：民族主義的起源與散布》，臺北：時報文化，1999年。

張　默、洛　夫、瘂　弦《七十年代詩選》（再版），高雄：大業書店，1971年。

張　默、洛　夫、瘂　弦《七十年代詩選》，高雄：大業書店，1967年。

張　默、瘂　弦《中國現代詩選》，高雄：大業書店，1967年。

張　默、瘂　弦《六十年代詩選》，高雄：大業書店，1961年。

張　默《臺灣現代詩編目》，臺北：爾雅，1995年。

梁秉鈞《香港文化空間與文學》，香港：青文書屋，1996年。

梁秉鈞《香港短篇小說選：六十年代》，香港：天地圖書，1998年。

陳瀅州《戰後臺灣詩史「反抗敘事」的建構》，臺南：臺南市政府文化局，2016年。

覃子豪《覃子豪全集II》，臺北：覃子豪全集出版委員會，1968年。

瘂　弦《中國新詩研究》，臺北：洪範書店，1987年。

解昆樺《臺灣現代詩典律與知識地層的推移：以創世紀、笠詩社為觀察核心》，臺北：秀威資訊科技股份有限公司，2013年。

鄭樹森、黃繼持、盧瑋鑾編《香港新文學年表（一九五〇──一九六九年）》，香港：天地圖書有限公司，2000年。

鄭樹森《結緣兩地：台港文壇瑣憶》，臺北：洪範書店，2013年。

2. 期刊論文

古蒼梧〈話說創建書院與詩作坊〉，《讀書人》第27期，1997年5月，頁80-82。

杜家祁、古蒼梧〈回首雲飛風起──談六七十年代的香港文學〉，《香港文學》總第229期，2004年1月，頁27-33。

張學玄〈「六十年代詩選」評介〉，《大學生活》，1961年6月，頁33-40。

陸離記錄〈近年港臺現代詩的回顧〉，《盤古》第11期，1968年2月，頁16-22。

葉　珊（楊　牧）〈寫在「回顧」專號的前面〉，《現代文學》第46期，1972年3月，頁5-10。

趙天儀〈現代詩的轉機與展望〉，《大學生活》，1966年3月。

從鄉土到本土、從本土到台灣：鄉土文學論戰對台灣新詩風潮的影響[1]

向陽　國立臺北教育大學名譽教授

摘要

　　鄉土文學論戰對台灣文學的影響乃是全面且長遠的，對於其後台灣新詩的書寫與走向，也帶來衝擊與刺激。接續於現代詩論戰之後的鄉土文學論戰，啟發了當時戰後世代詩人的省思，回歸本土、關懷社會的現實主義詩風因而更加確定。本文探討鄉土文學論戰的歷史脈絡，論述該論戰發生前後新詩思潮的變化，探討戰後世代的改變，藉以論證鄉土文學論戰對台灣新詩發展轉向具有台灣主體性的本土寫實的關鍵因素和影響層面。

關鍵詞：鄉土文學論戰、現代詩論戰、戰後世代、現實主義、台灣意識

一、前言：在回歸本土的風潮中

　　1970年代台灣文壇最大的風暴，無疑是發生於1977年的鄉土文學論戰。這場論戰首發於當年4月《仙人掌》雜誌推出「鄉土與現實專輯」[2]，其後從雜誌到報紙副刊、從海外到國內、從左翼作家到右翼作家，各方主張和論辯延續不斷，相互攻伐，直到次年（1978年）元月「國軍文藝大會」王昇發表談話，強調鄉土文學「要擴大鄉土之愛，成為國家之愛、民族之愛」之後，

1　本文承蒙兩位匿名審查委員提供寶貴意見，受益良多，特此致謝。
2　《仙人掌》2期（1977年4月）。該刊係由王健壯主編，專輯收入王拓、銀正雄、朱西甯與尉天驄等多人文章。

才暫告一個段落。

王昇當時的身分是國防部總政戰部主任，他的談話冠冕堂皇，實則是宣告黨國機器打壓鄉土文學風潮的敗北，此後的台灣文學也逐漸走上由「鄉土文學」而「本土文學」到正名為「台灣文學」的道路。[3] 在此一轉折過程中，台灣新詩的書寫與走向，也受到相當程度的衝擊與刺激，接續於現代詩論戰之後的鄉土文學論戰，啟發了當時的戰後世代詩人的省思，回歸本土、關懷社會的現實主義詩風在進入1980年代之後因而更加確定。

不過，鄉土文學論戰發生階段，主要的議題和焦點多半集中在鄉土小說，以作家身分參與論戰者，也多半是小說家、評論家，具有詩人身分參與或介入其中者，只有余光中與高準兩位。[4] 鄉土文學論戰的爆發是否對當時和其後的現代詩壇發生作用？產生影響？歷來論者不多，重新考察鄉土文學論戰對台灣新詩風潮的影響是否存在？若有影響，其影響程度如何？影響所及何在？──或許是值得探討的詩史課題。本文將以這些問題作為切入點，重新省視從1970年代開始崛起的鄉土文學及其引爆的論戰，以及先於鄉土文學論戰的現代詩論戰，考究先後兩論戰的論點，釐清鄉土文學論戰與1980年代新詩風潮湧起的關聯性。

此外，1970年代也是台灣戰後世代作家開始浮現台灣文壇的年代。這批新秀作家出生於1945年前後十年間，都受過完整的國民黨黨國教育，初習寫作階段也都受過現代主義（含超現實主義）文學風潮的薰陶。1970年代先後爆發的現代詩論戰和鄉土文學論戰，是否對這批戰後世代作家產生影響？他們從現代主義的追隨轉向本土寫實主義，是否也與兩個論戰有關？或者反過來說，是戰後世代作家因為兩次論戰的參與或啟發，從現代主義的追隨轉向本土寫實主義？並因此壯大了1980年代之後的本土文學主張和陣營？──本文也將聚焦於此，探討戰後世代詩人與新詩風潮的關聯性。

3　關於鄉土文學論戰的政治經濟背景、成因，及其與臺灣本土論的關係，可參考游勝冠《臺灣文學本土論的興起與發展》（臺北：勤學，2009年）與蕭阿勤《回歸現實：臺灣1970年代的戰後世代與文化政治變遷》二版（臺北：中央研究院社會所，2010年）。

4　余光中與高準論述詳本文後節。

二、反省與批判：鄉土文學論戰之前

要討論發生於1977年的鄉土文學論戰對台灣新詩風潮是否產生影響，得先檢視發生於鄉土文學論戰之前的現代詩論戰；要討論發生於1972至1974年間的現代詩論戰，得先檢視戰後世代詩人創辦於1971至1972年的《龍族》、《主流》與《大地》三本詩刊的台灣新詩走向的反省和主張。

《龍族》、《主流》與《大地》三詩刊（詩社）均由戰後世代詩人所組成。《龍族》創刊於1971年3月3日，〈創刊宣言〉強調「我們敲我們自己的鑼，打我們自己的鼓，舞我們自己的龍」[5]；《主流》創刊於1971年7月，在次年推出第3期時強調「我們否定／我們以前／所擁有的」[6]；《大地》創刊於1972年9月，在創刊〈發刊詞〉強調「希望能推波助瀾漸漸形成一股運動，以期二十年來在橫的移植中生長起來的現代詩，在重新正視中國傳統文化以及現實生活中獲得必要的滋潤和再生」[7]。

從《龍族》、《主流》與《大地》三詩社的主張，已經清楚地展現這一批戰後世代詩人對席捲於1950-1960年代的現代主義詩風的高度不滿。《龍族》以「龍」的符號象徵指向反歸中國傳統、反對西化的道路；《主流》同樣以「我們否定／我們以前／所擁有的」現代主義路線；《大地》則自許要推波助瀾，將現代詩從「橫的移植」扭轉向「正視中國傳統文化及現實生活」的縱的繼承之路。相對於前行代詩人，他們很明確地提出了「中國的」、「傳統的」以及「現實的」三大路線主張。此一主張，明顯地早於其後發生的現代詩論戰，也早於1977年的鄉土文學論戰。

5　宣言多見於《龍族》封面裡，第6-8期見封面。《龍族》主要同仁有林佛兒、林煥彰、辛牧、喬林、施善繼、陳芳明、高上秦、蕭蕭、蘇紹連、景翔、黃榮村等。
6　見《主流》第3期封面內頁。《主流》主要同仁有黃進蓮（後改名為黃勁連）、羊子喬、龔顯宗、凱若、杜皓暉、德亮、林南（後廢棄，使用本名黃樹根）、莊金國、陳寧貴等。
7　見《大地》〈發刊辭〉。《大地》主要同仁有王浩（後易筆名為王灝）、王潤華、古添洪、李弦、余中生、林鋒雄、林明德、翁國恩、秦嶽、淡瑩、陳慧樺、陳黎、翔翎、翱翱、鍾義明等。

接著是「關唐事件」引燃的現代論戰。1972年執教於新加坡大學的關傑明首先對當時現代詩壇的西化風潮提出批判。他在《龍族》同仁高信疆主編的「人間副刊」連續發表〈中國現代詩人的困境〉及〈中國現代詩的幻境〉兩文，指責當時的現代詩是「生吞活剝地將由歐美各地進口的新東西拼湊一番而已」，批判超現實主義詩人以「世界性」、「國際性」掩護西化，忽略了「民族特點」[8]。關文立刻引發當時《創世紀》的回應與反擊。1972年9月，《創世紀》推出復刊號30期，回應：「對以往的某些創作觀將有所修正、將努力於一種新的民族風格之塑造，唱出屬於這一代的聲音」[9]。

　　接下來，1973年7月7日，《龍族》推出由高信疆主編的《龍族評論專號》，指責1950-1960年代的西化詩風「遠離了他所來自的那個傳統與社會」、「忘記了他仍生活在群眾中，也忘記了他的作品最終仍要回到廣大的群眾裡去」，「失去根植的泥土」[10]。這是戰後世代詩人的再一次出擊。除了前述「中國的」、「傳統的」、「現實的」三大路線，具體地增加了「群眾的」和「土地的」兩個路線。

　　唐文標的批判就在此時出現。他分別在《龍族評論專號》發表〈什麼時候什麼地方什麼人──論傳統詩與現代詩〉；在《文季》發表〈詩的沒落──臺港新詩的歷史批判〉；在《中外文學》發表〈僵斃的現代詩〉等三篇論述，指責超現實主義詩人「逃避現實」、現代詩「散布著麻醉劑，迷幻藥」[11]。

　　關傑明和唐文標的抨擊，引發詩壇強烈的反響。1973年10月，《中外

8　關傑明〈中國現代詩人的困境〉，《中國時報‧人間副刊》（1972年2月28-29日）；關傑明〈中國現代詩的幻境〉，《中國時報‧人間副刊》（1972年9月10-11日）。

9　〈一顆不死的麥子〉，《創世紀》，第30期（1972年9月），頁4。

10　高上秦〈探索與回顧〉，龍族詩社主編《中國現代詩評論──龍族評論專號》（臺北：林白出版社，1976年），頁4。

11　唐文標〈什麼時候什麼地方什麼人──論傳統詩與現代詩〉，龍族詩社主編《中國現代詩評論─龍族評論專號》（臺北：林白出版社，1976年），頁217-231；唐文標〈詩的沒落──台港新詩的歷史批判〉，《文季》第1期（1973年8月），頁69-88；唐文標〈僵斃的現代詩〉，《中外文學》2卷3期（1973年8月），頁18-20。

文學》刊出顏元叔的〈唐文標事件〉，指唐「以偏概全」[12]，其後又刊出余光中〈詩人何罪〉為詩人答辯[13]。關唐事件至此，已轉為「現代詩論戰」。這裡不詳述論戰的詳情[14]，必須指出的是，論戰中《創世紀》指稱關唐兩人「言論過分偏激武斷」、「以偏概全」、「服役於社會」、「居心險毒」等話語，在1977年的鄉土文學論戰中也是常被拿來指控鄉土文學的套語。

我們可以清楚發現：早於鄉土文學論戰的戰後世代三詩刊《龍族》、《主流》、《大地》，以及關傑明、唐文標兩人，在1970年代初期就反對現代詩的西化，主張詩應該走向「中國的」、「傳統的」、「現實的」、「群眾的」和「土地的」道路。這說明了早在鄉土文學論戰爆發前，台灣詩壇內部和外部已經展開了對過度西化的現代主義（特別是超現實主義）的批判，並已為1970-1980年代的寫實主義鋪好了論述和書寫的基石。反過來看，在1977年鄉土文學論戰中出現的「工農兵文藝」的紅帽子，早在現代詩論戰中也已是黨國機器慣用的伎倆。

這場現代詩論戰對於1950-1960年代過度西化的現代主義詩壇也有驚醒之功。1974年8月，《中外文學》和《創世紀》同時推出詩專號，余光中在《中外文學》發表〈詩運小卜〉，指1960年代的現代詩「一方面自絕於古典，另一方面又無力真正了解西方」，肯定龍族詩社所代表的戰後代詩人「批評的突破和思想的獨立」[15]；洛夫則在《創世紀》發表〈請為中國詩壇保留一分純淨〉，反擊關傑明、唐文標，強調現代詩的「精神上的虛無、風格上的晦澀……是時代使然、當代文風使然，而且中國古已有之」[16]。

現代詩論戰之後，1975年5月4日創刊的《草根》詩刊更具體而積極地

---

12 顏元叔〈唐文標事件〉，《中外文學》2卷5期（1973年10月），頁4-8。

13 余光中〈詩人何罪？〉，《中外文學》2卷6期（1973年11月），頁4-7。

14 可參考李癸雲〈詩和現實的理想距離──一九七二至一九七三年臺灣現代詩論戰的再檢討〉，《臺灣文學學報》7期（2005年12月），頁43-66。

15 余光中〈詩運小卜〉，《中外文學》3卷1期（1974年6月），頁2-5。

16 洛夫〈請為中國詩壇保留一分純淨〉，《創世紀》37期（1974年4月），頁4。原文為「社論」，洛夫〈詩壇春秋三十年〉稱此文係他撰寫。

提出了戰後世代詩人迥異於前行代的主張，〈草根宣言〉這樣說：

一、處在這樣一個國家分裂的時代，我們對民族的前途命運不能不表
　　示關注且深切其實的反映。

二、詩是多方面的，人生也是。我們不認為詩非批評人生不可，但是
　　認為詩必真切的反映人生，進而真切地反映民族。

三、我們體察到詩之大眾化與專業化是一而二，二而一的。其中的分
　　野，要視題材的處理與藝術手法的傾向而定。我們願見二者各有
　　各的表現，互相平衡而不偏於一方。

四、對過去，我們尊敬不迷戀，對未來，我們謹慎而有信心。我們擁
　　抱傳統，但不排斥西方。……我們願把這份（專一狂熱的）精神
　　獻給我們現在所能擁抱的土地：台灣。[17]

〈草根宣言〉整合了以《龍族》為代表的戰後世代詩人群追求的「民族詩
風」、「現實關懷」、「尊重世俗」、「正視本土」與「多元並進」的詩
觀，也就是我在早年發表的〈七十年代現代詩風潮試論〉中所稱，相對於前
行代主張的「世界性」、「超現實性」、「獨創性」和「純粹性」，而走向
「民族性」、「社會性」、「本土性」、「開放性」和「世俗性」[18]——從
積極的意義以論，這樣的主張也都早於1977年的鄉土文學論戰，特別是〈宣
言〉第四條強調的「獻給我們現在所能擁抱的土地：台灣」宣示。

　　就文學史來看，討論鄉土文學論戰而略過戰後世代詩人群的主張，忽視
現代詩論戰的影響，就無法正確反映鄉土文學論戰的歷史脈絡，也就無法解
釋1977年何以會發生那場無疾而終的鄉土文學論戰。

17　〈草根宣言〉，《草根》1卷1期（1975年5月），頁1-9。《草根》主要同仁有羅青、李
　　男、詹澈、邱豐松、張香華等。
18　向陽〈七十年代現代詩風潮試論〉，《文訊》12期（1984年6月），頁47-76。

三、書寫與實踐：鄉土文學論戰之後

　　戰後世代集結及現代詩論戰爆發的同一時段，台灣的鄉土文學其實也已整裝待發，只是默而不言。

　　「鄉土文學」這個關鍵詞並非始自1977年的論戰，早在1930年就有因為「台灣話文」的提倡而出現的第一次鄉土文學論戰，其後1947年又有《新生報・橋副刊》引發的第二次鄉土文學論戰，「鄉土文學」在不同的時期擁有不一樣的符旨，不一樣的意涵。戰後又有1957-1958年鍾肇政發起的《文友通訊》、1964年吳濁流創刊的《台灣文藝》、林亨泰、陳千武等創刊的《笠》詩刊，以及眾多台籍作家的書寫文本，鄉土文學早已具有實質內涵。[19] 而葉石濤在1965年於《文星》雜誌發表〈台灣的鄉土文學〉[20]，則為鄉土文學建構了厚實的理論基礎。

　　此外，在1960年代末葉期出發的《文學季刊》、《文季》雜誌，也扮演了催生的角色，培養了從現代主義出發而回歸寫實主義的小說家如陳映真、黃春明、王禎和，壯大了1970年代前期鄉土文學的力量。及至1970年代日治時期台灣作家的復出，陳映真、黃春明、王禎和等人的小說在出版市場上的叫好叫座……等等，都形成了一股新的寫實主義風潮，既影響此一年代出現文壇的戰後世代作家，也對國民黨黨國機器構成了莫大的威脅。

　　正是前述多重共構的脈絡，導致了1977年鄉土文學論戰的爆發。最早是1977年4月，《仙人掌》雜誌第2期推出「鄉土與現實專輯」，發表王拓〈是現實主義文學，不是鄉土文學〉、銀正雄〈墳地裡哪來的鐘聲？〉、朱西甯〈回歸何處？如何回歸？〉與尉天驄〈什麼人唱什麼歌〉四篇論述。[21] 王拓

19　關於「鄉土文學」與「鄉土」概念變化，以及三次鄉土文學論戰的內涵，可參考林巾力〈「鄉土」的尋索：臺灣文場域中的「鄉土」論述研究〉（臺南：成功大學台文所博士論文，2008年）。

20　葉石濤〈臺灣的鄉土文學〉，《文星》97期（1965年11月），頁70-73。

21　王拓〈是「現實主義」文學，不是「鄉土文學」〉，《仙人掌》第2期（1977年4月）頁53-73；銀正雄〈墳地裡哪來的鐘聲？：從王拓的一篇小說談起，兼為「鄉土文學」

與尉天驄強調寫實主義文學的正當性、鄉土小說的必要性；銀正雄與朱西甯則質疑鄉土小說「有變成表達仇恨、憎惡等意識的工具的危機」、「鄉土文學變質，和三〇年代中國的普羅文學無異」。

山雨欲來風滿樓，銀正雄與朱西甯對鄉土文學的質疑，引起了鄉土文學社群的恐慌，也預告了軍方與黨國機器亟欲整肅鄉土文學的訊息。1977年5月，葉石濤應《夏潮》雜誌之邀，在該刊發表〈台灣鄉土文學史導論〉，強調台灣鄉土文學的特殊歷史脈絡和特性，主張鄉土文學「應該是站在台灣的立場上透視整個世界的作品」，而非流亡文學、回憶大陸經驗或西化等沒有「台灣經驗」的作品。他主張鄉土文學要有「台灣意識」，強調：

> 鄉土文學是反帝、反封建的共通經驗，以及篳路藍縷以啟山林的，跟大自然搏鬥的共通記錄，而絕不是站在統治者意識上所寫出的、背叛廣大人民意願的任何作品。[22]

此文發表後，首先回應的，不是軍方或黨國機器，而是同屬鄉土文學陣營的陳映真。在〈鄉土文學的盲點〉一文中，陳映真強調台灣鄉土文學：

> 受影響於和中國五四啟蒙運動有密切關聯的白話文學運動，並且在整個發展過程中，和中國反帝、反封建的文學運動，有著綿密的關聯；也是以中國為民族歸屬之取向的政治、文化、社會運動的一環。[23]

很明顯的，國民黨眼中釘的葉石濤、陳映真雖然都主張鄉土文學是「反帝、反封建」的文學，但對鄉土文學的歸屬性則有「台灣v.s.中國」的根本

把脈〉，《仙人掌雜誌》第2期（1977年4月），頁131-140；朱西甯〈回歸何處？如何回歸？〉，《仙人掌雜誌》第2期（1977年4月），頁151-171；尉天驄〈什麼人唱什麼歌——由戰事聯想起〉，《仙人掌雜誌》第2期（1977年4月），頁97-106。

22 葉石濤〈臺灣鄉土文學史導論〉，《夏潮雜誌》2卷5期（1977年5月），頁68-75。

23 許南村〈「鄉土文學」的盲點〉，《臺灣文藝》革新2期（1977年6月），頁93-99。

分歧，葉強調台灣的特殊歷史經驗與台灣意識，陳則強調中國的民族主義。在鄉土文學論戰中，1980年代台灣政治上的統獨問題已先燃起。

就在葉石濤發表〈台灣鄉土文學史導論〉的同時，1977年5月，詩人高準創辦的詩刊《詩潮》也在台北問世。《詩潮》創刊號〈詩潮的方向〉雖然標榜「三民主義革命文學的總旨趣」，但也強調該刊：「要求顯現比較雄健的風格，並且對於有關工人與農人的詩篇各闢專欄，對鄉土民歌風格的作品及對國家民族作整體歌頌的作品也都各予以專屬而相應的篇幅」。[24] 這句話中出現的「工人」、「農人」，和詩刊中出現的「號角的召喚」專輯與軍人有關，連串起來，被聯想成「工農兵文藝」再現，因而引起現代詩壇的驚駭與黨國機器的側目。[25]

三個月後，鄉土文學論戰的腥風血雨來到。1977年8月17日，黨報《中央日報》總主筆彭歌在《聯合報》副刊「三三草」專欄發表連續三天的〈不談人性，何有文學？〉[26]，針對王拓、尉天驄、陳映真的文章，質疑他們的政治立場，要求鄉土文學作家要有「民族主義和愛國主義」；接著，8月20日，人在香港的詩人余光中也在《聯合報》副刊發表〈狼來了〉一文，指稱台北已經出現「工農兵文藝」，認為鄉土文學已受中共利用，有特定的政治用心。[27] 余光中所指的「工農兵文藝」對象，陳芳明在《台灣新文學史》中認為「是在批判陳映真的親共觀點」[28]，實際上余光中針對的乃是同為詩人

---

24 高準〈為《詩潮》答辯流言〉，《文學與社會改造》（臺北：德華出版社，1978年），頁255。

25 高準自述：「自去（一九七七）年七、八月以來，臺灣即有一種流言，說有人提倡『工農兵文學』，是『狼來了』。並且有人對我說，那指的就是『詩潮』。我問心無愧，繼而有人指名批評『詩潮』，其中刊於『聯合報副刊』的文字（按，待查證），我已……有所答覆。本年一月三十日及三十一日『中華日報副刊』刊出彭品光先生的『文學不容劃分階級——我們反對所謂工農兵文學的觀點』一文，更可代表對『詩潮』的流言……」。引高準，〈為《詩潮》答辯流言〉，《文學與社會改造》（臺北：德華出版社，1978年），頁256-257。

26 彭歌〈不談人性，何有文學〉分上、中、下三篇，連載於《聯合報‧聯合副刊》（1977年8月17日至19日）。

27 余光中〈狼來了〉，《聯合報‧聯合副刊》（1977年8月20日）。

28 陳芳明《臺灣新文學史》（臺北：聯經，2021年），頁558。

的高準創辦的《詩潮》。何以言之？請看余光中該文第二段所示：「社會百業何以獨舉工農兵而排其他？何以排列的次序是工農兵而不是農工兵或兵農工？條條大路皆為報國之途，何以獨要突出這三個『階級』？」這個質問中的「排列次序」，指的正是《詩潮》詩刊刊登詩作的排列次序。

鄉土文學論戰發展到這裡，已經圖窮匕見，可以看到黨國機器朝向意識形態指控和檢肅的方向發展。彭、余兩人文章發表之後，鄉土文學作家為之禁聲，軍方則發動媒體討伐鄉土文學。其後這些文章均收入由《中華日報》總主筆彭品光主編的《當前文學問題總批判》一書，於1977年11月由具有軍方背景的青溪新文藝學會出版。[29]

1978年元月，國防部總政戰部主任王昇在「國軍文藝大會」上發表談話，強調鄉土文學「要擴大鄉土之愛，成為國家之愛、民族之愛」。這個談話冠冕堂皇，實際上是鑑於鄉土文學風潮已開，無法打壓，因此以宣告國民黨政府文藝政策底線〔國家之愛、民族之愛〕做為下臺之階，鄉土文學論戰因此到此告一個段落。

反諷的是，就在王昇談話後不久，1978年1月30日、31日兩天，黨營的《中華日報》副刊登出了一篇對鄉土文學充滿殺氣的文章〈文學不容劃分階級──我們反對所謂「工農兵文學」的觀點〉[30]，撰論者就是鄉土文學論戰主戰者的彭品光。光是題目就已清楚暴露黨國機器早已將鄉土文學定調為「工農兵文學」，只是在伺機而罷了。

彭品光之文，直接以《詩潮》為標靶。文章一開頭就說他主編的《當前文學問題總批判》「乃是針對去年若干異端分子，無視政府的反共國策，公然倡導所謂『工農兵文學』的統戰陰謀」所編，接著點名《詩潮》「把工、農、兵編在一起」，「很明顯地在倡導著『工農兵文學』」[31]。這裡，我有

---

29 彭品光《當前文學問題總批判》（臺北：青溪新文藝學會，1977年）。與彭編立場相反的論戰選集是尉天驄《鄉土文學討論集》（臺北：自印，1978年）。
30 彭品光〈文學不容劃分階級──我們反對所謂「工農兵文學」的觀點〉，《中華日報》副刊（1978年1月30-31日）。該文寫於《當前文學問題總批判》出版後，因此並未被編入所有有關鄉土文學論戰的選集，研究者多半忽略此文對鄉土文學的定調。

必要強調這篇論述的重要性：首先，此文的指控，印證了余光中〈狼來了〉一文所指對象乃是《詩潮》，而非陳映真；其次，此文也直接顯證，軍方和黨國機器之所以發動鄉土文學論戰，並將其等同於工農兵文藝，也與《詩潮》「把工、農、兵編在一起」有關，因此直接刺激國民黨官方立場的，還是《詩潮》，而非陳映真。[32]目前仍無法得解的是，軍方總政戰部主任王昇既已不再追究鄉土文學問題，此文何以仍然見報？──其中轉折仍有待深入追索。

透過以上的論證，我們可以發現（或者說重寫）文學史的某些定論──如「鄉土文學論戰主要針對鄉土小說或陳映真」，如「鄉土文學論戰與台灣新詩發展關聯不大」──應屬無稽之談。戰後世代詩人的主張、現代詩論戰的議題，均早於鄉土文學論戰，此為事實一；鄉土文學論戰的引爆點厥為8月彭歌與余光中之文，而余文則針對5月出版的詩刊《詩潮》，也顯見台灣新詩發展對鄉土文學論戰的激化，影響至深且鉅。

鄉土文學論戰雖然塵埃落定，然則論戰中呈現的意識形態鬥爭則一直延續至今。簡略以言，論戰中鄉土文學陣營的主張，既是針對現代主義文學「西化」論述的鬥爭，也是針對官方「三民主義」論述的反抗；軍方和黨國機器之所以打壓鄉土文學，則是認定其為附和毛澤東「工農兵文藝」的主張，挑戰了「三民主義文學」的國策；而在鄉土文學陣營內部，則又有以葉石濤為代表的「台灣意識」，以陳映真為代表的「中國意識」的對壘──這張隱藏在鄉土文學論戰中相當弔詭而複雜的意識形態地圖，[33]到了1980年代轉為政治和文學上的統獨論爭，因此也就有跡可尋了。

那麼，接下來我們要問：鄉土文學論戰後，對於台灣新詩的走向和發展

---

31 彭品光〈文學不容劃分階級──我們反對所謂「工農兵文學」的觀點〉，《中華日報》副刊（1978年1月30-31日）。

32 陳芳明認為：「最早刺激國民黨官方立場的作者，當推陳映真無疑。」詳陳芳明《臺灣新文學史》（臺北：聯經，2021年），頁554。

33 林淇瀁〈打開意識形態地圖〉，《書寫與拼圖：臺灣文學傳播現象研究》（臺北：麥田，2001年），頁153-177。

又有甚麼影響呢？

　　首先，鄉土文學論戰結束半年後，1978年8月，《笠》詩刊曾針對台灣新詩發展舉辦「鄉土與自由」座談會，該社詩人曾就《笠》詩刊在鄉土文學中扮演的角色如此回應：

> 趙天儀：過去，詩壇有很多作品是不落實的，笠在鄉土文學論戰以前早就一再予以嚴厲的批判。
>
> 李魁賢：笠本來就走現實主義路線，關心生活，凝視現實。鄉土文學論戰以前，笠就是走著這種路。
>
> 李敏勇：十幾年前，對於鄉土精神的強調，笠可以說是先覺者。當時的鄉土精神，可以說是對應虛偽，仍是文學性的，在理論上不若現在那麼具有政治、社會性。[34]

　　趙天儀、李魁賢和李敏勇的回應，基本上說明了《笠》主要詩人對於鄉土文學論戰的態度：一、鄉土文學和現實主義是《笠》本有的路線；二、鄉土文學論戰的政治性和社會性非《笠》所長；三、以鄉土精神作為一種批判、一種抵抗，乃是《笠》本土論述的骨幹。

　　不過，《笠》在鄉土文學論戰中的缺席，卻也是個事實。鄉土文學論戰後，《笠》開始強化本來就有的本土論述，1979年12月美麗島事件的這一年，《笠》詩社出版了《美麗島詩集》。詩人趙天儀在該書〈序〉中強調：

> 站在我們的島上，立在我們鄉土的大地上，我們擁有個人內在澄明的內心世界，也體驗群體生活中令人辛酸與感動的歷史的偉大形象，我們歌唱著我們最熱烈最真摯的情淚心聲。[35]

34　鄭炯明《臺灣精神的崛起：「笠」詩論選集》（高雄：文學界，1989年），頁207-216。

35　趙天儀〈序〉，鄭炯明編《臺灣精神的崛起：「笠」詩論選集》（高雄：文學界，1989年），頁462。

《笠》作為台灣本土詩社的標竿，雖在鄉土文學論戰發聲，論戰後的走向則更清楚地走向「美麗島」、「台灣」的本土論述。一如陳明台的詮釋：「意味著對本土精神、台灣人共同體之主體性與歸屬、認同意識的界定、肯定與再發現」[36]。《笠》的強化台灣主體論，顯然是受到鄉土文學論戰的刺激與影響。

　　其次，受到鄉土文學論戰（連同現代詩論戰）影響的，則是比《龍族》、《主流》、《大地》、《草根》稍年輕的戰後世代詩人。鄉土文學論戰次年（1978年），《綠地》詩刊推出《中國當代青年詩人大展專號》，計收入戰後世代詩人97家創作，全面展示戰後代詩人的創作成果，作品多為本土、寫實之作；[37] 1979年12月美麗島事件發生後，整合戰後代《暴風雨》、《綠地》、《詩脈》、《北極星》同仁的《陽光小集》在高雄創刊，初期以同仁合集為主，迄1981年3月改版為「詩雜誌」之後，又納入來自《草根》、《創世紀》、《藍星》、《主流》、《大地》等社的同仁，可說是銜接並延續了《龍族》以降戰後世代詩人的聚合體；[38] 在詩學主張上，更加深化了戰後世代「民族性」、「社會性」、「本土性」、「開放性」和「世俗性」的實踐。

　　與《笠》在鄉土文學論戰後更加強化台灣本土論述一樣，《陽光小集》創刊不久，就從「中國」論述走向「台灣」論述。1982年10月，該刊發表社論〈在陽光下挺進——詩壇需要「不純」的詩雜誌〉，強調要站在台灣土地與人民的立場，結合各種藝術媒體，走向社會與大眾：

　　　我們寧可踏實地站在台灣這塊土地上，與人群共呼吸、共苦樂；寧可

---

36 陳明台〈鄉愁論：臺灣現代詩人的故鄉憧憬與歷史意識後記〉，鄭炯明編《臺灣精神的崛起：「笠」詩論選集》（高雄：文學界，1989年），頁66-67。

37 《綠地》11期（1978年6月）。

38 《陽光小集》創刊時係同仁作品合集，收向陽、張弓、陳煌、李昌憲、莊錫釗、陌上塵、林野、沙穗等八家詩作；1980年7月第3期改為詩刊，接受投稿；1981年3月第5期後革新為「詩雜誌」，除詩作、詩論之外，也含納雜文、漫畫、策畫議題。

磊落地站在詩的開放的陽光下，種植各種花草、欣賞各種風景——我們不強調信條、主義，不立門派，不結詩社，不主張某種來自某時或某空的「繼承」或「移植」……在這種理由下，我們——一群仍在努力，摸索、同樣以詩為最高信仰，卻各自擁有各自的詩的信條、主義的年輕詩人、畫家、歌手——結合在一起辦「陽光小集」詩雜誌，在台灣現代詩壇卅年來擾攘不停的環境中，在社會已趨向多元化的時代裡，我們不求「純粹」辦一份專門為詩人辦的詩刊，但願……為關心詩的大眾提供一份精神口糧。以詩為中心，嘗試各種藝術媒體與詩結合的可能。[39]

　　這個類似宣言的社論，標誌了鄉土文學論戰和美麗島事件發生後，進入1980年代台灣新詩風潮的新頁：通過鄉土文學論戰的啟發，以《陽光小集》為代表的戰後代詩人開始衝撞1970年代的詩壇主流，爭取「文化領導權」（Cultural Hegemony），[40]介入社會、介入政治，企圖建立具有台灣主體性的本土詩學。

　　《陽光小集》活躍的階段，起於1981改版「詩雜誌」，迄1984推出「政治詩」專輯而解散為止。此一期間也正是黨外運動勃興、衝撞國民黨統治正當性之時，《陽光小集》衝撞的是舊有詩壇前行代詩人的權威，表現在該刊策畫的各種專輯（如「每季新詩評介」、「詩人的成績單」、「誰是大詩人」等）；也表現在對洛夫〈詩壇春秋三十年〉的論戰處理方式上；最後則表現在最後一集「政治詩專輯」對執政當局的挑戰上。[41] 相較於1977年發生

39　社論〈在陽光下挺進——詩壇需要「不純」的詩雜誌〉，《陽光小集》10期（1982年10月），頁6-8。

40　文化領導權（Cultural Hegemony），或譯為「文化霸權」，係葛蘭西（Antonio Gramsci）創建的理論，與傳統馬克思主義者認為馬克思主義的運用主要在於經濟及其行動的解釋不同。葛蘭西強調政治力的運作，往往透過社會主要團體（或機器）的積極同意（或臣服）而取得「道德和哲學的領導權」。參見Gramsci, A.（1971）"Critical Notes on an Attempt at Popular Sociology", in Selections from the Prison Notebooks（pp.419-472），London: Lawrence & Wishart.

的鄉土文學論戰，《陽光小集》對詩壇、對政權的權威挑戰儼然是更加生猛的。

　　第三、鄉土文學論戰之後，對台灣新詩發展的另一個影響，也表現在黨外雜誌大量接受抗議詩作的現象上，以詩介入政治在進入1980年代後形成一股風潮。1983年，本土文學雜誌《台灣文藝》推出本土詩人18家23首政治詩，是這股風潮的文壇效應；1984年創刊的《春風》（同樣是戰後世代詩人主持）強調要「繼承新詩發展以降的平民性、運動性，批判不義，擁抱台灣，參與改革」，也要「使詩成為全面的進步運動的一環」[42]；而黨外政論雜誌如《八十年代》、《關懷》、《暖流》、《夏潮論壇》等，更在政治評論與報導之外，闢出專頁刊登詩人寫的抗議詩。這是台灣新詩史上空前絕後的現象，台灣新詩從來未曾像這樣與台灣政治改革密切接縫。1980年代台灣新詩的風潮，不可忽視政治詩的湧現。

　　最後，鄉土文學論戰對台灣新詩發展的影響，還表現在1980年代後「台語詩」詩人與詩作的上場。1930年代黃石輝、郭秋生曾推動「台灣話文」運動，點燃第一次鄉土文學論戰，但徒有主張、創作未繼；1970年代，有林宗源和向陽開始台語詩創作，但勢單力薄；進入1980年代之後，台語詩再次崛起，「延續了這個曾被斷裂的歷史，又一次生猛地顯印台灣主體性的意識型態再建構」[43]。

　　第一份成績單出現在語言學家鄭良偉編選的第一本台語詩選《台語詩六家選》[44]之中，充分展現了台語詩作為1980年代新詩主要風潮的氣象。

---

41 關於《陽光小集》較詳細的研究，可參考林貞吟〈現代詩的街頭運動──《陽光小集》研究〉（新竹：玄奘人文社會學院中國語文研究所碩士論文，2003年）；《文訊》雜誌378期（2017年4月）曾製作專題「用陽光寫一首詩──風起雲湧的七〇年代：臺灣現代詩社與詩刊IV」詳盡報導。

42 發刊詞〈以「詩史」自許，寫出「詩史」〉，《春風》創刊號（1984年4月）。該刊主要創辦人為楊渡、李疾、林華洲等人。

43 林淇瀁〈台語文學傳播的意識形態建構〉，《書寫與拼圖：臺灣文學傳播現象研究》（臺北：麥田，2001年），頁123-149。

44 鄭良偉《台語詩六家選》（臺北：前衛，1990年）。

《台語詩六家選》選錄了林宗源、向陽、黃勁連、黃樹根、宋澤萊、林央敏等六位台語詩人詩作。編選者鄭良偉強調這本詩選是「台語文學發展過程中意義重大的文學作品集」，其意義在於「向台灣的知識分子示範、母語寫作的文學有親切深刻效果及廣闊的發揮空間」[45]。就鄉土文學論戰的影響來看，台語詩人的班底已在1980年代形成，顯現了台灣新詩發展的另一條道路的出現，基本上可說是一種無聲的文學革命，且與台灣認同互為作用，並對詩壇與文壇形成壓力。[46]其後則有客語詩人及詩作的上場，都顯現了台灣新詩中的語言版圖也在轉移之中。進入1990年代之後，台語詩又增生「台語歌詩」，黃勁連、林央敏、路寒袖、向陽等的歌詩經由作曲家譜曲，開始以歌聲進入台灣解嚴後的政治場域和流行歌壇，發揚光大了《陽光小集》推動的政治詩的社會實踐，以及現代詩歌的大眾路線。

四、結語：從鄉土到台灣

本文寫到這裡，終於可以畫下句點了。發生於1977年的鄉土文學論戰，在台灣文學史上是一個重要的轉捩點：在此之前，1950年代的反共文學、1960年代的現代主義文學都佔有主流的話語權，來自台灣人民與土地的聲音並不被聽見；鄉土文學論戰發生時，儘管鄉土文學陣營居於被黨國機器宰制的劣勢，但透過論述，既向現代主義說不，也向「三民主義文學」說不，而影響了其後出現的具有「台灣意識」的本土文學的壯大。

本文主要探究鄉土文學論戰對台灣新詩發展的影響，並不討論鄉土文學

---

45 鄭良偉《台語詩六家選》（臺北：前衛，1990年），頁9-13。鄭良偉強調的意義，除了「向臺灣的知識分子示範、母語寫作的文學有親切深刻效果及廣闊的發揮空間」之外，尚有「向世界宣佈臺灣人beh4疼惜、維護、發揚母語的意願」與「向臺灣的台語群眾表示臺灣的知識分子beh4努力及認同的心態及誠意」等。

46 如詩人、學者廖咸浩就認為台語文學「過時的言文合一觀、粗糙的寫實再現觀、天真的普羅文學觀，以及排他的純化正統觀，或不足信、或不足取，突然暴露了整個運動過濃的泛政治色彩。」詳廖咸浩〈「台語文學」的商榷〉，《愛與解構：當代臺灣文學評論與文化觀察》（臺北：聯合文學，1995年），頁84。

論戰如何受到台灣政治經濟脈絡的影響，僅聚焦於鄉土文學論戰發生前後與新詩的論述互動與對話；也不及於小說、散文（包括報導文學）等文類如何受到鄉土文學論戰影響，理由在於，新詩一向是對於社會、經濟和政治變遷最為敏感的文類，也是最具有以世代或班底進行「結社」傳統，習慣於以論述和論戰切磋詩學、相互論辯，並試圖引發文學風潮的文類。

因此，本文雖聚焦於鄉土文學論戰對新詩風潮的影響，但仍反溯具有同質性的新世代詩刊、現代詩論戰以及相關宣言，藉以追本溯源，審其經緯，書其脈絡，探究鄉土文學論戰與台灣新詩風潮的關聯性。本文發現，鄉土文學論戰的主要論述，早在1970年代初戰後世代的詩刊論述及現代詩論戰中就已經浮現，且更具體地以相對於現代主義詩人主張的「世界性」、「超現實性」、「獨創性」和「純粹性」，走向「民族性」、「社會性」、「本土性」、「開放性」和「世俗性」。稍有不同者，是現代詩論戰並未觸及鄉土文學論戰的主要爭議——到底是鄉土文學？還是工農兵文藝？這個爭議顯現了政治介入文學的痕跡。

其次，本文也對鄉土文學論戰後，台灣新詩的走向和發展進行了討論，發現鄉土文學中有關鄉土、大眾、台灣意識等概念，的確對其後出現的新詩思潮產生深化和廣延的影響。這個影響具體呈現在以下四個現象之上：

一、強化台灣本土詩社《笠》台灣主體論述和集團風格。
二、深化戰後世代詩社《陽光小集》介入社會的行動詩學。
三、引燃抗議詩人在黨外政論雜誌發表政治詩的風潮。
四、促生銜接日治時期台灣話文主張的台語詩書寫班底。

這四個現象，如再與鄉土文學論戰發生前戰後世代的主張、現代詩論戰的論述相較，更能顯示1980年代的台灣新詩風潮，已與1970年代的寫實主義主張有了更形集團化、行動化、政治化和台灣化的大幅差異；相對於鄉土文學論戰中黨國機器以政治介入文學的外部干預，進入1980年代的本土文學和本土詩壇，則是反過來試圖透過以文學介入政治，進而以台灣本土論述與黨

國機器爭奪話語權。這是從鄉土到本土、從本土到台灣的漫長路途！

｜參考書目｜

1. 專書

林淇瀁〈台語文學傳播的意識形態建構〉，《書寫與拼圖：台灣文學傳播現象研究》，臺北：麥田，2001年，頁123-149。

林淇瀁〈打開意識形態地圖〉，《書寫與拼圖：台灣文學傳播現象研究》，臺北：麥田，2001年，頁153-177。

唐文標〈什麼時候什麼地方什麼人——論傳統詩與現代詩〉，龍族詩社主編《中國現代詩評論——龍族評論專號》，臺北：林白出版社，1976年，頁217-231。

高　準〈為《詩潮》答辯流言〉，《文學與社會改造》，臺北：德華出版社，1978年，頁255。

高上秦〈探索與回顧〉，龍族詩社主編《中國現代詩評論——龍族評論專號》，臺北：林白出版社，1976年，頁4。

尉天驄《鄉土文學討論集》，臺北：自印，1978年。

陳明台〈鄉愁論：台灣現代詩人的故鄉憧憬與歷史意識後記〉，鄭烱明編《台灣精神的崛起：「笠」詩論選集》，高雄：文學界，1989年，頁66-67。

陳芳明《台灣新文學史》，臺北：聯經，2021年，頁558。

彭品光《當前文學問題總批判》，臺北：青溪新文藝學會，1977年。

游勝冠《臺灣文學本土論的興起與發展》，臺北：勤學，2009年。

廖咸浩〈「台語文學」的商榷〉，《愛與解構：當代台灣文學評論與文化觀察》，臺北：聯合文學，1995年，頁84。

趙天儀〈序〉，鄭烱明編《台灣精神的崛起：「笠」詩論選集》，高雄：文學界，1989年，頁462。

鄭良偉《台語詩六家選》，臺北：前衛，1990年。

鄭烱明《台灣精神的崛起：「笠」詩論選集》，高雄：文學界，1989年，頁207- 216。

蕭阿勤《回歸現實：台灣1970年代的戰後世代與文化政治變遷》二版，臺北：中央研究院社會所，2010年。

2. 期刊論文

Gramsci, A. (1971) "Critical Notes on an Attempt at Popular Sociology", in Selections from the Prison Notebooks, pp.419-472, London: Lawrence & Wishart.

〈一顆不死的麥子〉，《創世紀》，第30期，1972年9月，頁4。

〈草根宣言〉，《草根》1卷1期，1975年5月，頁1-9。

《中國當代青年詩人大展專號》，《綠地》第11期，高雄：德馨室，1978年6月。

「用陽光寫一首詩——風起雲湧的七〇年代：臺灣現代詩社與詩刊Ⅳ」，《文訊》雜誌378期，2017年4月。

王　拓〈是「現實主義」文學，不是「鄉土文學」〉，《仙人掌雜誌》第2期，1977年4月，頁53-73。

向　陽〈七十年代現代詩風潮試論〉，《文訊》12期，1984年6月，頁47-76。

朱西甯〈回歸何處？如何回歸？〉，《仙人掌雜誌》第2期，1977年4月，頁151-171。

余光中〈詩人何罪？〉，《中外文學》2卷6期，1973年11月，頁4-7。

余光中〈詩運小卜〉，《中外文學》3卷1期，1974年6月，頁2-5。

李癸雲〈詩和現實的理想距離——一九七二至一九七三年台灣現代詩論戰的再檢　討〉，《台灣文學學報》7期，2005年12月，頁43-66。

社論〈在陽光下挺進——詩壇需要「不純」的詩雜誌〉，《陽光小集》10期，1982年10月，頁6-8。

洛　夫〈請為中國詩壇保留一分純淨〉，《創世紀》37期，1974年4月，頁4。

唐文標〈詩的沒落──台港新詩的歷史批判〉，《文季》第1期，1973年8月，頁69-88。

唐文標〈僵斃的現代詩〉，《中外文學》2卷3期，1973年8月，頁18-20。

尉天驄〈什麼人唱什麼歌──由戰事聯想起〉，《仙人掌雜誌》第2期，1977年4月，頁97-106。

許南村〈「鄉土文學」的盲點〉，《台灣文藝》革新2期，1977年6月，頁93-99。

發刊詞〈以「詩史」自許，寫出「詩史」〉，《春風》創刊號，1984年4月。

葉石濤〈台灣的鄉土文學〉，《文星》97期，1965年11月，頁70-73。

葉石濤〈台灣鄉土文學史導論〉，《夏潮雜誌》2卷5期，1977年5月，頁68-75。

銀正雄〈墳地裡哪來的鐘聲？：從王拓的一篇小說談起，兼為「鄉土文學」把脈〉，《仙人掌雜誌》第2期，1977年4月，頁131-140。

顏元叔〈唐文標事件〉，《中外文學》2卷5期，1973年10月，頁4-8。

3. 碩博士論文

林巾力《「鄉土」的尋索：台灣文場域中的「鄉土」論述研究》，台南：成功大學台文所博士論文，2008年。

林貞吟《現代詩的街頭運動──《陽光小集》研究》，新竹：玄奘人文社會學院中國語文研究所碩士論文，2003年。

4. 報紙

余光中〈狼來了〉，《聯合報・聯合副刊》，1977年8月20日。

彭　歌〈不談人性，何有文學〉分上、中、下三篇，連載於《聯合報・聯合副刊》，1977年8月17日至19日。

彭品光〈文學不容劃分階級──我們反對所謂「工農兵文學」的觀點〉，《中華日報》副刊，1978年1月30-31日。

關傑明〈中國現代詩人的困境〉，《中國時報・人間副刊》，1972年2月28-29日。

關傑明〈中國現代詩的幻境〉，《中國時報・人間副刊》，1972年9月10-11日。

詮釋的再生
論台灣女詩人互文文本中的愛情與女性意識

李翠瑛 元智大學中國語文學系副教授

摘要

　　本論文的研究對象是以台灣女性詩人的互文文本為範疇。女性詩人透過閱讀經驗，對於文本的理解與詮釋之後，將閱讀轉化詮釋為新的創作起點，然後在此創作起點進一步書寫個人的思想與情感。本論文針對此再詮釋的過程中，以後設的立場觀察女性的閱讀詮釋與再創作的作品中的女性意識與愛情觀。本論文首先論述女性主義在台灣的背景，第二部分以互文理論說明本論文的研究基礎，第三部分則以女詩人的互文作品中展現的女性觀點為主，討論女詩人在作品中呈現的女性意識。第四部份為結論。

關鍵詞：女性意識、女性主義、愛情、台灣女詩人、互文性

一、前言──女詩人與女性主義

　　台灣女性詩人的研究成果斐然，女詩人的詩學研究中，不免包含女性性別意識。然而，從女性意識中是否能有新的發現，或是另闢蹊徑，這是本文想要探求的角度。西方女性主義的風潮在1980年代以後傳入台灣，無論是理論上的女性主義，如西蒙‧波娃（Simon de Beuuvoir）在1949年出版了《第二性》（Le Deuxième Sexe），或1970年代的女性主義理論家，如法國的露

西・伊瑞葛來（Luce Irigaray），愛蓮・西蘇（Hèlène Cixous），茱莉亞・克里斯蒂娃（Julia Kristeva），美國的伊蓮・休華特（Elaine Showalter）等，或主張女人要「有自己的房間」（1929）的維金尼亞・吳爾芙（Virginia Woolf），這些女性／女權的提倡與主張曾經在台灣社會引起許多回響。

　　鍾玲對1980年代的女詩人研究，提到1971年以後的台灣女性主權運動：「到了1990年代末，多位女詩人於1998年成立了『女鯨詩社』，由江文瑜發起，社員包括杜潘芳格、沈花末、陳玉玲、李元貞、劉毓秀、顏艾琳等。女鯨詩社的立場是以女性主義為綱領，要佔有自己一片領地，要為自我定位。」[1] 同時，台灣女詩人在此類作品中也將女性訴求發揮到一定的程度，包括台灣女詩人作品中呈現的女性主義議題，顛覆父權社會的意識形態，女性的家庭主婦角色、以及種種父權社會下加諸女性的價值觀等。[2]

　　林于弘觀察80-90年代女性書寫的特色，將此一時期的女性書寫，以突破語言障礙、塑造獨立人格、解放生理迷思、追求性愛自由等四項論點，分論女性詩人對於語言，以及在身體上如何以女性主義的展現，力求突破在男性凝視下的女性角色。[3] 楊宗翰在〈從女性沉默主體，到以詩自我定位〉一文中提出當「男性凝視」（male gaze）下的女性角色，戰後台灣新詩史上，覃子豪、余光中、白萩等人從男性的立場所寫的女性，到女詩人們以詩出發，寫出自我的定位，沈花末、顏艾琳、江文瑜、羅任玲等人則是試圖從女性的角度遠離男性秩序規範下的書寫視角，試圖建立「女性主體」的自我定位。[4]

　　女性主義的詩學演變，從1970年代以女性作為讀者的批評（the feminist

1　鍾玲〈當代臺灣女詩人作品的顛覆風格〉，《文本深層：跨文化融合與性別探索》（台北：國立臺灣大學出版中心，2018年），頁368。

2　鍾玲〈當代臺灣女詩人作品的顛覆風格〉，《文本深層：跨文化融合與性別探索》，頁369。

3　林于弘〈八、九〇年代台灣女性主義詩的寫作特色〉，《文學新鑰》創刊號（2003年7月），頁29-49。

4　楊宗翰〈從女性沉默主體，到以詩自我定位——以四位台灣當代女詩人為例〉，《台灣文學研究學報》第27期（2018年10月），頁213-247。

as reader），從文本中考察的女性形象，作為初期對於女性的刻板印象的認同，到以女性的寫作文本作為女性文學經典的重構或傳統，孟樊從蕭華特的女性批評中提到蕭華特的觀點以及鍾玲的女性詩史的建構，以探究女性文學的演變與規律，將女性的作品作為女性批評的主體，此將女性的角色從文本裡面的形象，轉變為以女性為書寫者角色的研究。[5]換言之，以讀者角度觀看女性的形象到以女性為寫作者角度的探究，說明女性從接受教育之後，知識分子的社會地位的變更產生的研究角色變化，所以鍾玲研究的台灣女詩人，承襲古典傳統的「才女的形象」[6]，乃在社會環境變遷下，女性受教育的程度提升下產生的現象。

一般研究女性詩人主要圍繞「陰性書寫」[7]（Ecriture feminine）的範疇，而陰性書寫的女性主義氣味濃厚，大都圍繞以身體為書寫中心，將自己寫進文本，透過文本的自我角色並以對抗父權主義下的男性，或是突顯女性角色的重要性，而在此一過程中，以自我為書寫中心所產生的延異（différance），試圖達到對兩性二元的模糊，試圖消解女性的特色，而主要尋求一個真正的雙性（bisexuality），寫出「他者」的歷史（herstory）。[8]女性主義突顯的目的，不在造成兩性之間對立，而是相互尊重的彼此，模糊消解性別之間的差異，試圖達到以中性看待彼此的可能。

然而，女性詩人除了以身體為自我書寫之外，是否也可以透過知識與精神的層面書寫，女性詩人在經過教育與學識的提升下，不再是以「他者」的

5　孟樊〈鍾玲的女性主義詩學〉，《台灣詩學學刊》31期（2018年5月），頁59-60。

6　鍾玲《現代中國謬司──台灣女詩人作品析論》（台北：聯經，1989年），頁52。

7　廖炳惠編《關鍵詞200》（台北：麥田，2006年4月，初版4刷），頁91-93。「陰性書寫」（Ecriture feminine）主要是1970年代後由茱莉亞‧克里斯蒂娃（Julia Kristeva）、愛蓮‧西蘇（Hèlène Cixous）與露西‧伊瑞葛來（Luce Irigaray）等三位法國女性主義者提出。此詞首先由西蘇所用，認為女性必須書寫自我，在克莉絲蒂娃的論述中，此陰性書寫乃以符號學的身分出現以書寫女性。陰性書寫以女性角度試圖突破男性的唯一聲音，具有策略的顛覆性。

8　陳雀倩〈女性書寫的延異與衍異──以羅英、夏宇、顏艾琳詩作為例〉，《問學集》第9期（1999年6月），頁119。

歷史存在，而在消解的關係中，達到所謂的中性人，或多元性，或是雙重性別的可能。換言之，以「人」的觀念，以所謂雙性人格（androgyny），打破女人既定陰性而非陽性的概念，創造女性仍有陽剛書寫的機會，例如淡瑩或零雨的某些詩作，或以關懷弱勢、環保議題等的「中性書寫」。[9]李元貞對於台灣女詩人的主體認同，她認為：

> 一個女人的主體認同中，其實包括了族群、階級、性傾向等等的位置交織的認同，都會在書寫中有意無意中流露，因此「女性主義」解讀文學的觀點，除了「性別」、「女性」的觀點至為重要外，與其他觀點的交叉討論，已是未來女性批評的新疆域，是本論文力有未逮之處。[10]

李元貞在她的研究中，注意到女性在受教育及社會地位提升後，女性詩作的關注焦點，不僅在於身體情慾的女性意識，轉變到關注知識環境等其他領域，雖然早期台灣女詩人的社會階層屬於中產階級，符合西蒙·波娃的「第二性」觀點，但她也認為，經過時代的變化，90年代之後，女性詩人在語言體系、文學傳統、社會地位改變下，性別問題及其他問題的交織將成為女性書寫的風潮。[11]

以女性為主體的書寫，從身體的中心轉移到更多的關注焦點，女性的身分與社會地位也使得關注的範疇不僅僅執著於自我的部分。其中，閱讀與寫作之間的關係就成為另一個可能切入了解女性角色或內心世界的角度，作者在閱讀之餘，將之所閱讀的對象或題材、或內容，藉以轉化成內心所要表達的情思，也就是李贄所說：「借他人之酒杯，以澆自己之塊壘」的書寫方式，輾轉看出女性詩人的閱讀經驗中，如何書寫自我。若此，則女性詩人在

---

10 李元貞《女性詩學——台灣現代女詩人集體研究1951-2000》，頁430。
11 李元貞《女性詩學——台灣現代女詩人集體研究1951-2000》，頁417。頁433附錄中，台灣現代女詩人的社會階層，指出女詩人的中庸／中產階級特色，是一般印象。

精神的領域中，除了性別特徵的身體為主要書寫對象之外，是否也可以與男性站在平等的立場上，以中性的角色定位自我？

以台灣的文學獎來看，「葉紅女性文學獎」還保留以女性為參賽者的規定，但得獎的作品中，仍有以女性身體特徵為書寫意象，做為突顯女性角色的題材。然而，是否能看出女性突破性別角色的限制，開展其他的寫作範疇與意識，走向中性的「人」的性別，不再受限於女性角色的刻板印象？

時至今日，女權運動的成果已然顯現在兩性平等的社會形態中，甚至多元化的婚姻議題，早已取代女性主義的重要性，對於女詩人的女性角度是否有新的體會與認識？

從女性主義的道路上發展至今，女詩人的作品中是否漸漸脫離女性主義的道路，而有岔出分歧的可能？本文以互文性文本為選擇的研究對象，以具有閱讀經驗並將文本引入互文的作品中，所選的觀察視角具有中產階級或高學歷的特色。透過閱讀經驗的轉化與再創造，試圖釐清這些女詩人角色的關注或是認同，亦以閱讀經驗中，見出女詩人的另一種特性與面貌。

二、互文性的理解──從讀者的角度詮釋文本

互文的特色出現在閱讀經驗，以及閱讀之後的創作結果。互文性（intertextuality），本原為紡織與線的交織與混合，互文性用於文本而言，指的就是文本與文本間的相互指涉，互相映射的特質。互文性（intertextuality），由法國著名文學理論家，茱莉亞·克里斯蒂娃（Julia Kristeva）於1960年所提出，主要的內容是在說明文學詞語是文本界面的交匯，文本本身具有多重的對話，是作者的話語、讀者的話語、作品中人物的話語以及當代和過去的文本的總和，認為看似新創的文本不是絕對的原創，而是對其他文本的吸收與轉化。這使得讀者在面對文本，不在以文本獨大的立場，而將詩學的語言帶入了雙聲的閱讀。[12]

---

12 李玉平〈互文性新論〉，《南開學報》第3期（2006年），頁111。

克里斯蒂娃的互文理論，源自羅蘭‧巴特與巴赫金的對話理論。對於巴赫金而言，對話主義是他的學術思想核心和哲學基礎，從這個理念出發，他對於互文的啟發，在於他認為文本是人文思維與學科的相互指涉，從文本中，表述的主人透過語言表現出的不同觀點，以及由讀者閱讀時產生對文本的理解，相互構成語言的對話。可以說：「互文性所描述的也是自我與他人的關係──『我的文本』與『他人文本』相互指涉、相互映射」[13]。

而克里斯蒂娃對於文本的互文性，更進一步說明，在《界線文本》一文中，她提出了文本是對已有文本的重新建構，作者創造的文本並非都是來自原創者，而是對已有的文本的整合與改造。[14] 換言之，從文本可以進行衍生，再造，克里斯蒂娃稱文本為「一種生產力」，他提出文學的「正文」概念，正文中，語言不再是靜態的現象，而是實踐，具有不斷穿越與演變的可能，且有不斷運作的能力，在于治中的文章中，他說：

> 這個概念指出「正文」不再是某種靜態、被創造出來的「產品」（product），而是一個「生產過程」（production），一個作家、作品、讀者融匯轉變（trans-former）的場所。[15]

依照克里斯蒂娃的說法，傳統文學批評中將作品視為客觀產品之存在的定義，已經轉變為以「正文」，視為具有「生產特性」的存在，此時，文本不停流轉中，將不斷進行新的方向，在語言的意義上並非平面的語言結構，而是經過繁衍（engendrement）的過程。所有文本都是其他文本的文本，文本之間的互為文本，形成互文性的概念，因而，提出作者的文本都是舊有文本的重新排列與置換。而引用的文本更直接說明，以讀者的角度將舊有文本

---

13 沈立岩主編《當代西方文學理論名著精讀》（天津：南開大學，2005年），頁339。

14 沈立岩主編《當代西方文學理論名著精讀》，頁343。

15 于治中〈正文、性別、意識形態──克麗絲特娃的解析符號學〉，呂正惠主編：《文學的後設思考──當代文學理論家》（台北：正中書局，1993年），頁213。註：此文中的「正文」指的就是「文本」，所以本文中除了引用原文之外，都用「文本」一詞。

作為重新創作的題材，藉此發揮詩人新的意圖。

　　在語言的思路中，語言的主體性並非專屬於作者，我們在閱讀文學作品時，縱使看到語言的層面，但作品中的「我」也非等同於作者真正的「我」，在此意義上，克里斯蒂娃認為，每個詞都是雙重主體性，每個文本也具有二個主體，一個是文本本身的主體，一個是文本之外的主體。換言之，我們所使用的語言都留著前人的痕跡，雖然表面上看起來是自己的表達，一方面是在社會歷史文化的傳承中逐漸定位的意義，另一面則隱含著當下時空中的語言意涵。於是，創作主體在使用語言的同時，就如同巴赫金所說的「複調」，或克里斯蒂娃稱之為「過程中的主體」（subject in process）。[16]

　　克里斯蒂娃所論的是單一文本內在的現象與生成，從個別文本中提出二重的文本可能解析度，讓文本從二種可能的方向發展出自己獨有的生命意義。所以她將文本分為現象文本（phenotext）與生成文本（genotext），現象文本存在語言表象，而生成文本則在語言表象中分歧出不同道路的解讀文本。因而，從拉康的理論中，將鏡像理論，轉而為表徵（the symiotic）與象徵（the symbolic）。從而在文本的論述上，分為現象文本的討論，或是進一步以心理分析的角度深論文本及作者間的心理困境或是潛藏的內在心理。[17]

　　在修辭學上，有引用修辭格，是引用舊有典故，用以說明目前所要表達的意旨。引用的方式有明引，或暗用，無論明引或暗用，都是試圖以舊有的故事或語詞簡化或取代當下過多的語言陳述，或是透過引用增強語言的力度，證明所書有所依據，而非隨意論之。[18]而在創作上，引用則和創作的宗旨相違，引用前人之舊事，在創作上的目的絕非上述所論，而是將舊事創新或轉彎為作者的新意圖，舊事乃在為新的創作動機或目的而服務。因此，從

16　沈立岩主編《當代西方文學理論名著精讀》，頁325-346。
17　此條發展路徑，涉及心理學的理論，在本文的研究中，只先釐清文本的現象，內在文本的心理闡釋，則非本論文論述的目的及範疇。
18　黃慶萱《修辭學》（台北：三民，2002年10月），頁125-160。

閱讀經驗中,將舊的故事或事件,重新再論,加以包裝,其目的都在於創造新的方向。

將語言的本身分歧出兩種的可能性,趨向作者再現的目的,以他人文本與自我文本相互交纏指涉以推展出新的意圖,換言之,從第一文本透過作者閱讀之後,轉而為創作題材再加以詮釋之後,重新出發的第二文本,相互指涉彼此的意義則展現出文本的互文性。

任何文本都是對另一個文本的吸收或改編,也是對另一個文本的引用,或引語的拼湊而來,所以,任何一個文本都是其他文本的參照物,也就是透過如同鏡子一樣的反射,新的文本對於其他文本的吸收轉化,當兩者或兩者以上的文本相互作用、牽連、影響,形成一個開放的文本結構,也構成一個過去未來文本開放的符號的演變過程。[19]

克里斯蒂娃的互文理論也來自羅蘭‧巴特的觀點,羅蘭‧巴特認為作者已死的思維進路,引向讀者閱讀時再創造的可能性,也提供文本開放解讀的思考路徑。從這一思考的邏輯延伸,當文本以開放的身分面對讀者時,讀者在解析的路上就出現多種可能,包括誤讀、解構等各種多義性的解讀,而展開如同輻射狀的解讀路徑,這對於讀者而言,無疑是拋開權威式解讀,而走向個人化解讀的可能,在讀者的自行解讀中,如果讀者翻轉身分成為作者時,此文本的解讀與再造就會呈現各種紛陳的結果。

三、再現的文本──愛情觀與女性意識的交纏

女性詩人在閱讀典籍或是歷史,其引申出的知識層面或見解,雖不能以索緒爾(Ferdinand de Saussure)的與語言學中的音素(phoneme)概念論之,亦非德希達在二元對立,但以「符徵(signifier)的自由活動」以達成「延異」的效果,以非語言學的角度視思想的延展,或說是後設的可能性,

---

19 梁曉萍〈互文性理論的形成與變異〉,《山西師範大學報》第36卷4期(2009年7月),頁39。

除去語言本身的延展特色之外，思想的延伸也是互文所可能產生解讀上的思想歧路，從誤讀的可行性中演繹出其他的可能，在女詩人的作品中，透過互文文本，對舊文本的解讀詮釋，或是傾慕、讚嘆、感懷等，並進而衍生出新的作品，一方面是對舊文本的解讀視野，一方面是借舊文本的人物或內容，組合成新的書寫題材，借用來書寫個人的想法或情感。

　　女詩人在性別的意識中，透過閱讀與知識，社會地位的提升，女性的角色趨向於中性，並在詩作中重現其女性的知性與感性。女詩人從他人的文本中，引用或是提升出新的意涵，並從文本中延展出個人的理解進路，再經由創作體現出個人的情感意識。從這樣後設的角度，試著觀察女詩人的互文文本中的情感及女性意識。以幾個視角觀察。

（一）愛情的視角

　　愛情的追求是每個時代詩歌的必要題材。《詩經》〈邶風〉中的「執子之手，與子偕老」以白頭偕老作為愛情與婚姻美好的期待。鍾玲說「愛情大概是台灣女詩人作品中出現最頻繁的題材」[20]。早期席慕蓉的〈一棵開花的樹〉以輪迴及歲月漫長而愛情始終不渝，專一的祈求與等待為愛情寫下女性詩人心中深刻的企望。而馮青、方娥真等女詩人在超越時空、緣定三生的生死纏綿愛情觀中寫出他們的內心渴望。[21] 鍾玲所書寫的女詩人，在1945年之後，到80年代之間，這些女詩人的內心世界，雖然台灣婦女的地位有所提昇，但仍有傳統男主外女主內，真心的愛情導向的婚姻生活，愛情在女性心中的地位與追求是很重要的。[22]

　　然而，隨著女性地位提升，台灣社會不再侷限於女主內的生活型態，婚姻與愛情社會複雜，甚至多元婚姻的社會價值觀等，婚姻與愛情專一的型態隨著逐漸改變，女詩人對於愛情觀逐漸有所變化。

20　鍾玲《現代中國謬司》，頁107。
21　鍾玲《現代中國謬司》，頁115-120。
22　鍾玲《現代中國謬司》，頁108-109。

江文瑜的詩集《佛陀在貓瞳裡種下玫瑰》，於2016年出版，其詩集創作起源於他在網路上看到日本的貓與佛經的淵源，他在詩中說：「傳說在日本奈良時代，貓隨佛經引進日本，幫忙看管保存佛經典籍，防止老鼠咬壞那些從中國傳來的珍貴佛經。」[23] 從日本的貓與佛經的因緣源起，貓是負責看管佛經的使命，貓與佛經的關係既然如此密切，那麼，佛陀是否可藉由貓進行一場愛情的試煉？

　　江文瑜〈佛陀在貓瞳裡種下玫瑰〉一詩中，詩以四段的貓與玫瑰的對話與轉變，寫出四種情狀，第一段：

> 佛陀在貓左瞳裡種下玫瑰
>
> 當貓看見自己的戀人
>
> 瞳孔會因喜悅而擴開

　　所以，「玫瑰跟著長大／伸展他的世界／向眼神所觸及的／最遙遠的戀人住所」。貓見到戀人，所以玫瑰長大，代表愛情的開放。第二段以貓右瞳中的玫瑰寫貓在黑暗中的恐懼：

> 佛陀在貓右瞳裡種下玫瑰
>
> 貓會壓下瞳孔的拱門
>
> 玫瑰的痛楚深藏在彎曲的背脊裡
>
> 他的刺戳穿自己的根莖和枝葉
>
> 深紅花瓣上到處殘留深長刮痕

　　當黑暗與恐懼來到，貓的自我傷害與玫瑰的痛楚形成一體共生的局面，貓刺傷自己，而玫瑰也殘留傷痕。第三段佛陀在貓「左瞳」裡種下玫瑰後，

23　江文瑜〈佛、貓、與玫瑰的時空交會〉，《佛陀在貓瞳裡種下玫瑰》（台北：遠景出版，2016年3月），頁9。

詩中：

> 隨時澆灌滿盈的淚水，因喜悅悲傷的，
> 昨日努力修剪眾多小花的誘惑干擾
> 今日便能欣賞更大主花的繁茂

因為昇華，修剪，所以有更大的收穫，「貓瞳裡將又開出嶄新的花朵」，愛情是需要經過痛苦的誘惑試煉，進而才有修整並昇華的可能。第四段佛陀在貓「右瞳」裡種下玫瑰後，貓在夜裡闔眼，進入夢境，「玫瑰以為進入自由飛翔的夢境」，於是：

> 夢裡互相凝望時
> 彼此的瞳孔裡，出現一對
> 走過秋冬春夏的玫瑰

佛陀種下的玫瑰與貓成為一體，並主導貓的生命或愛情，在演變的四種過程中，貓見愛情而喜悅，因黑暗而恐懼，因愛情的背叛或失去而受傷，而佛陀澆灌的淚水說的是因為愛情喜悅或是悲傷而流下的淚水，也或許是期待愛情的彼此磨合中，如同剪去殘枝，修剪不必要的雜質，才能期待更多的花朵。最後一段以夢境拉開現實，貓閉上眼後，拒絕現實世界，進入夢境，玫瑰才終於獲得自由，在夢境的相互凝望中，原來走過春夏秋冬的玫瑰，才是一對真正的玫瑰。

這首詩的四段中，從碰撞、擔憂、試煉、完成的四個階段，寫出愛情的轉變與戀人的心路歷程。佛陀種下玫瑰開始進行愛情考題，而愛情經過發酵而起伏，傷害而擔憂，最後在試煉後進入完成，然而，詩中把美好的相互凝望設計在夢境中完成。這也說明詩人創造的愛情的最終美好並非存在現實中，是否也是詩人暗示著愛情在現實中無法開出一對相知相契的玫瑰？

玫瑰是愛情的象徵，在《小王子》一書中，小王子與玫瑰的對話是許多

人對於愛情的哲學思索。《小王子》的童話是由法國貴族、作家、詩人及飛行員安托萬‧德‧聖修伯里創作的一部中篇小說。玫瑰是小王子在B612星球上獨一無二的存在，但小王子來到地球後卻發現玫瑰花園竟然開放了五千朵花，危機與認知上的挑戰，小王子開始展開想法上的扭轉，轉變的過程中，是對於愛情的探索與思考，感知外在世界並非如過去所知，舊有的概念如何在新的衝擊下轉變或提升？愛情的獨一無二或是經歷種種的起伏變化後，又是什麼樣貌？

　　貓因為看守佛經而成為時空交會的主角，玫瑰是佛對人們愛情的試煉，所以，佛陀在貓的眼瞳中種下的玫瑰一方面是貓的經歷，也是象徵愛情的玫瑰的經歷。是貓，也是玫瑰，是貓的悲喜，也是愛情的悲喜。而佛陀則是負責將這個生命的課題放入人間，讓愛情自動流轉，體會生命的春夏秋冬、悲歡離合，沉陷或是昇華，最後總結於，佛陀在貓的眼瞳中種下玫瑰的終結是回到原點，而流轉了四段是生命的體悟，也是愛情的體悟。

　　這首詩融合多種的象徵，玫瑰、愛情與宗教。江文瑜此詩的背景，來自作者本身的宗教信仰，她在詩集〈序〉中提到在2014年，她參加一個由仁波切，閉關三年後的出關西藏喇嘛們及熱愛探索心靈的朋友們組成的旅行隊伍，走過佛陀當初行腳的足跡，之後，詩人彷如打開雙眼，開始寫詩。[24] 似乎在宗教的感悟中，作者重新省視愛情的意義與內涵。

　　作者將這些舊有的經典，結合融化為她的創作的起點。從語言學專家的立場，從宗教的信仰，從典故的起源，她把舊有的意象與象徵，轉為新的起點。從玫瑰、佛經、貓的交錯中，鎔鑄新的詮釋，佛陀的高遠被貓與佛經拉到現實人間的場域，貓是看守佛經的專責，玫瑰仍是愛情的訴說，在原有的文本中，提煉出語言轉化的方向，互文文本的建立，產生新的方向，透過語言的解構與分析，語言將可能奔向許多假設性的不同方向。從舊文本衍生出新的互文文本，再從互文文本中提煉出新的思考方向。換言之，創作者透過舊文本的起點，三者的本意交會之後，衝撞出新的文本詮釋。

24　江文瑜〈佛、貓、與玫瑰的時空交會〉，《佛陀在貓瞳裡種下玫瑰》，頁11。

試煉的結果，詩人雖然仍對愛情持有的樂觀態度，卻說將夢境帶入現實，玫瑰的凝望只在夢境中實現，這似乎也是一種愛情的幻滅與昇華。在虛實之間，作者自認為「似乎以魔幻寫實的方式，冥冥中帶領我一步一步經歷了許多意想不到的旅路」[25]，愛與玫瑰是考驗的起點也是結束，源於小王子中對於玫瑰唯一存在的執念，到花園中眾多玫瑰的心理衝擊，愛情從開啟到恐懼悲傷到最後是否可以裁枝剪葉，走出新的路？從舊的文本小王子中，江文瑜的〈佛陀在貓瞳裡種下玫瑰〉的互文文本對照，從舊的狐狸與王子的建立關係提出新的看法，找到新的愛情詮釋與定位，將貓作為載體，透過宗教的洗禮，玫瑰／愛情則經歷春夏秋冬後達到心靈的提升以及智慧的昇華。

　　江文瑜早期的作品如《男人的乳頭》（1998）、《阿嬤的料理》（2001）不乏對於女性情慾的發聲，江文瑜本身參與的社會運動，是對於女性權力及地位爭取及重視，在女性主義的戰場上，女書店的發起，女性書籍，女性地位的提升有她的諸多貢獻。而經過十幾年後，女性的角色在現代社會有顯著的提升，不再需要更多的抗爭，對於詩人而言，她的關注焦點轉向生命內在的思考。這首〈佛陀在貓瞳裡種下玫瑰〉引用舊文本試圖走出新的詮釋道路。

（二）童話的視角

　　童話被當成美好的意涵，童話的意象出現在詩中時，有的詩保留原有的象徵，如曾美玲2019年出版的〈未來狂想曲〉，寫科技讓情人的距離縮短，「虛擬實境瞬間成真／秒速之內，久別的情人驚喜重逢／於千里之外」，寫美好的相逢，「也許有一天／只要跳上飛天魔毯／就能輕易穿越時空／重返最春天的過去／擁抱最遺憾的愛」，也許在未來，「在銀河系某顆發光的星球上／含淚吻醒／沉睡一百年／始終無法忘懷的童話」。[26]雖從5G，手機的現代科技入詩，但最後歸結到吻醒的童話，將童話的文本意象充分應用到詩

25　江文瑜〈佛、貓、與玫瑰的時空交會〉，《佛陀在貓瞳裡種下玫瑰》，頁9。
26　曾美玲《未來狂想曲》（台北：秀威，2019年12月），頁55-56。

中，結合現代科技讓童話夢想成真。這是從科技的時代，從眼下的情境，結合舊文本產生的互文性文本，今與昔的融會結合，形成新的思維，把本來想像中的童話，設想為透過科技能實現的現實。

　　童話的破滅與現實的殘酷形成對舊文本的挑戰或挑釁。童話的美好期待傾向於公主與王子過著幸福快樂的生活，這樣的愛情結局，出現在女詩人的詩作中，本是祈禱或盼望的追求。然而，童話的結局是快樂的，現實中卻是幻滅的，女詩人的作品中，以女性的角色面對柴米油鹽，於是見證童話的幸福想像從期望到幻滅，愛情也從雲端落入凡間。羅任玲的〈我在果菜市場遇見白雪公主〉一詩中說：

> 我在果菜市場遇見白雪公主，她看來
> 蒼老而憂鬱，並忙著和一隻青蘋果討價還價。
> 「可是，妳不是中了毒……」
> 誰說的？她扭轉臃腫的腰身。
> 「小時候童話書裡說的！」我大聲回答。
> 小時候？我早就不相信童話了。
> 她搬著粗胖的指頭，繼續和一隻桃子殺價。
> 「可是，妳被白馬王子吻醒，後來……」我仍不甘心。
> 後來？妳說白馬王子？
> 他投資股票去了，輸掉三千萬。
> 「可是，書上說你們從此過著幸福，快樂的……」我囁嚅著。
> 我說過，那只是童話。
> 不過……我確實演過白雪公主的。
> 她提著蘋果桃子，彷彿陷入。深度沈思。[27]

　　陳義芝認為這是羅任玲「最突出的表現手法」、「被王子吻醒後的白

27　羅任玲《密碼》（台北：曼陀羅創意工作室，1990年），頁84-85。

雪公主，必定要在現實中蒼老，變得腰身臃腫，在菜市場討價還價，接受白馬王子不再是王子的命運。」[28] 李癸雲說許多女性詩人透過菜市場的場域，把現實帶入原本美好的愛情中，無疑是對愛情極大的一場試煉。[29] 鍾玲則對於此詩的評論：「羅任玲採用白雪公主的童話故事做現實婚姻生活的互涉文本」、「諷刺了到現在仍然相信白雪公主童話的女人，也諷刺了白雪公主童話本身」、「這童話是父權社會建構的產品」。[30] 白雪公主的童話為曾經愛情的信仰，然而，從建構在幸福生活的開端，卻終止於現實生活中的殘忍，愛情從夢境的雲端落入殘忍的現實，在女詩人的作品中，諷刺與幻滅，從舊文本中演繹出新的文本，延伸了舊文本的長度，拉開新文本的闡釋道路。

羅任玲的另一首詩〈我堅持行過黑森林〉中：「只為找尋童話／黃昏時分我堅持行入翁鬱黑森林」，然而，經過黑森林中的無人夢境、砲聲、大蛇、屍骸、枯骨之後，詩人終於明白：

「王子公主死於不確定的年代，
……生前陽光燦爛……」

未及讀完告示
我匆匆離開他們
不小心踩斷公主或王子的一根肋骨

《聖經》創世紀上說，神造亞當之後，從他身上取下一根肋骨，創造女人，女人是男人的一根肋骨，在羅的詩中，經過黑森林時，見到兩具擁抱的枯骨，即王子與公主曾經生於陽光燦爛的時代，那個時代的人們相信童話，

28 陳義芝《現代詩人結構》（台北：聯經，2010年），頁203-204。
29 李癸雲《朦朧、清明與流動——論台灣現代女性詩作中的女性主體》（台北：萬卷樓，2002年），頁95-96。
30 鍾玲〈當代台灣女詩人作品的顛覆風格〉，《文本深層——跨文化融合與性別探索》，頁373。

也相信愛情，然而，愛情已死，成為枯骨，詩人卻在慌忙地離開時，又踩斷了一根肋骨，無論是誰的肋骨，都已經不重要。愛情既然成為枯骨，說明童話的年代遠逝，肋骨被踩斷，不再有男女之間的聯繫與糾葛。這首詩寫的「黑森林」象徵著愛情的路，而最後以死亡和消逝作結，公主與王子的童話不在，詩人也早就離相信童話的那個年代很遠了。

從舊的文本以及童話的後續發展，進而闡述詩人對於童話最後結局的反思中，時間是一個殘忍的要素，童話中的公主王子在時間的流逝中死亡，在黑森林的各種考驗中消亡。以舊文本為基礎的愛情童話，被詩人新的詮釋導向不同路線，並創造新的文本，以新的文本說明詩人對於愛情的態度與看法。終究，愛情在空間（黑森林）及時間之中磨損消亡。

洪淑苓在〈台灣女詩人的童話論述〉一文中，提到女詩人引用或書寫童話，透過童話的內容，詩中寫出詩人內心的情感與思想，她提出蓉子以青鳥的童話書寫對幸福的追尋，胡品清以公主的童話書寫對愛情的追求，夏宇對童話的解構與愛情嘲諷，洪淑苓對安徒生童話的引用，將公主與王子婚後的柴米油鹽寫入詩中，拉長公主王子童話的生命線，由此反思現實與童話碰撞後的慘烈可能。陳斐雯、羅任玲對於白雪公主、巫婆的形象重現，提出現實生活對童話中過度美麗期待的破滅。公主王子的童話，在女詩人的書寫中，不斷被挑戰、嘲諷、或是毀滅。[31]

作品中書寫童話的幻滅是在現實生活中，愛情的損耗，消融乃至於幻滅。早期如蓉子的青鳥對幸福的渴望，或是夏宇對童話的解構，種種對愛情的態度與思考，使得女詩人們越來越清晰愛情的本質，並體認到夢想與實際狀況之間的鴻溝。童話本是美好的希冀，卻也是不可能完成的夢。落實在現實中，女詩人最初對愛情美好的渴求，最終變成對務實生活的看待。愛情在現實中若能經得起考驗，愛情也就成為離夢越來越遠卻越來越接近日常的平凡生活。那些女詩人的愛情觀在童話的題材中就呈現出變形的傾向。

---

31 洪淑苓〈台灣女詩人的童話論述〉，《台灣文學研究集刊》第3期（2007年5月），頁141-161。

童話本身的文本意涵，透過女詩人們的閱讀經驗，一再傳播、演變、衍生、分歧並延異出許多新的詮解方向，而每個方向都標誌著女詩人在閱讀後的詮釋角度。所謂的延異（Differance），本是德希達的解構主義中的專有名詞，指的是字源本身具有擴散與延緩的效果。[32] 意義向外擴散或延緩，使得意義具有隨意或零散的發散方向。從讀者的角度看，閱讀的過程中汲取意義的尋找過程本就可能發生意義解讀上的歧路，使本來的意涵轉向讀者個人化的閱讀傾向，並隨著讀者個別的身分而進行屬於個別的解讀方向，從而再建構起一個新的閱讀路徑。

　　女詩人的童話閱讀，愛情幸福的解讀之後，因為現實生活的理解，讓幸福的結局搖搖欲墜，長大後的女詩人不再只偏信童話的結局，而用自己生活經驗把現實的殘忍帶入童話的反思，讓童話產生破滅的解構之可能。現實生活的體悟，無疑是女性從浪漫的想像進入實際生命的感受，閱讀者的生命體驗，也讓原始文本的童話，進入到個別的理解與詮釋的路徑，在此道路中，充滿詩人個別的詮釋空間，也在這個詮釋空間中，詩人再造了屬於她自己的童話理解。

（三）古典詩詞的視角

　　古典詞中，愛情是纏綿悱惻，令人感嘆的真人實事的歌詠，特別是女詞人李清照。北宋人李清照與夫婿趙明誠之間的愛情故事，既令人羨慕又感嘆。兩人的相知相惜讓女詩人得以發展文學的才華，但因戰亂，兩人南下避難，生活困頓，書畫被盜，夫婿身亡，在國破家亡的悲憤下，暮年飄零，詩風悽愴悲涼。這段故事成為現代女詩人同性相惜的寫作文本。陳育虹〈漱玉──致李清照〉：

　　　　這一汪泉水還湧動著你的名字

32　趙一凡、張中載、李德恩主編《西方文論關鍵詞》（北京：外語教學與研究出版社，2009年），頁755。

水面的皺紋
是你裙襬你心頭的皺紋
飄著雨的風飄著你
……
我四處搜索
直到燈火在一間間屋子死去

彷彿你說
再多的燈火也無法
照亮你數不清的夜晚

從詩中見出陳育虹對於李清照的景仰，透過文字想像清照的樣貌、遭遇、心情與夜夜獨守空閨的寂寞。那一間間屋子中死去的燈火，彷彿說著愛情如火消逝的無奈。詩的第二段，詩人運用互文的方式把古今的意象連結起來，並開展出新的意境。詩說：

你一定見過泰山，大明湖
你一定沒見過摩天樓或高速公路
你的旅店沒有電視

沒有即溶咖啡保險套
這臭氧和紫外線交織的我的世界

你的世界
有不同的街道不同的俚語
不同的兵荒水患與瘟疫
並不比我的更悠閒或更混亂

那些簡單的日子
浣衣炊飯，在泉邊梳理
在小小的書房和知心人把玩金石
在後院吟詩放紙鳶
（一個紙鳶繫著一個
必定墜落的心願）
那一切都不再屬於你，或我

你未及見到的身後
我見到了
你未及見到的，更多的
愛與失去（許多字跡已經斑駁）
我見到了

　　現代意象與古典意象的交錯，融合虛實、穿透古今的意念想像，把現代的我的愛情與古代清照的愛情放在同一個天平上，重新評量愛情與婚姻有何不同重量。時代的更迭，有些情感恆久不變，而有些卻在時代中流失了，流失的我們追不回來，不變的情愛卻是古今共同的渴望。洪淑苓也透過女詩人的意象寫她的愛情觀，〈女詩人〉：

大多數比美李清照
管它再嫁不再嫁
少數人知道蔡琰
流落西域　生下胡兒
歸漢之後　第三次出閣

女詩人的貞操不容懷疑

此詩從李清照與蔡琰的對比中，表面上似乎在強調貞操的問題，然而在強調的語言背後，重點更在於女詩人被命運所逼迫的悲涼：「誰能凌駕命運的雙翅」，詩的後段說：

> 含悲　未必含淚
> 女詩人用針一般的細筆
> 劃破愛情的謊言
> 縫補一段段破碎的歷史[33]

　　兵荒馬亂的歲月，想要與相愛的人過簡單日子的渴求變得珍貴而不可得，命運、遭遇、外在環境的逼迫，沒有經濟能力的女子被迫屈就於環境之下的無奈，雖然身為才華洋溢的女詩人，仍然在男尊女卑的時代環境下，顯得柔弱而蒼白。在命運的逼迫下，又何以能堅持她的愛情？愛情只是成為筆下縫補的過程與歷史，為五斗米折腰的豈只是陶淵明，也是這些具有才情的女性，僅能以一支筆書寫心情的現實。

　　詩人站在女子的立場，同情古代女子無法自力更生的悲涼，也反諷社會對於女子貞操的看重，在兩者交相逼迫的古代女性，命運更是無奈。透過古今的對比，現代的女詩人們能夠想得更多，看得更多，也反思得更多，從今視古，現代女詩人們顯然站在更冷靜客觀的角度看詩詞中女詩人的命運及哀嘆。

（四）後現代主義的視角

　　夏宇是一個具有獨特風格的女詩人，她作詞，也寫詩，文字的書寫往往跳脫單純女性婉約的形象，文壇上冠以後現代主義的女性詩人，她對詩的叛逆，拋開既定印象的風貌，以拼貼或是錯置的手法試圖牽起弔詭荒謬的文字世界。她在詩集《腹語術》中說：「身為女人，我發現我們沒有自己專用的

---

33 洪淑苓《預約的幸福》（台北：河童，2001年7月），頁115。

髒話，這是非常令人不滿的——當然並不只因為這樣，所以我寫詩」。[34] 透過後設的意味，以嘲弄模擬（parody）質疑舊作，並對舊有的陳腔濫調中反而提煉出創意，而夏宇認為這樣的詩好玩極了。[35] 從她的詩對應的經典或童話中，從而演繹新的思維路徑，以嘲諷父權，關注女性的獨立角色為要。她站在母系的生理角度，寫〈姜嫄〉，詩中說：

> 每逢下雨天
> 我就有一種感覺
> 想要交配　繁殖
> 子嗣　遍佈
> 於世上　各隨各的
> 方言
> 宗族
> 立國
> 像一頭獸
> 在一個隱密的洞穴
> 每逢下雨天

《詩經・生民》描述周人祖先后稷的故事，傳說后稷的出生，因母親姜嫄一日在郊外誤踩巨人的大腳印，回去之後便懷孕，生下后稷。后稷擅長農事，教民種植，後被稱為農神，五穀之神。在這樣的傳說中，歷史關注的焦點通常在后稷的貢獻，但身為女子的夏宇，看到的是女子的視角。夏宇詩中的姜嫄，以女性的身分，突顯女性生殖的重要性，母系社會中的女子才是握有讓生命延續下去的權利。女性的繁殖能力才是宗族立國，無所不在的力量，也是細雨綿綿潤澤大地的母性光輝。所以，相對於男性，女性的力量如

34　夏宇《腹語術》（台北：現代詩季刊社，1999年5月），頁110。
35　夏宇《腹語術》，頁110-114。

同大地，是屬於天地間陰性的力量，比肩於陽性的力量，而沒有男尊女卑、誰高誰低的問題。

　　她以李格弟的名字寫歌詞，貼近流行文化，融入社會群體。李癸雲在文章中以靡靡之音抵抗噪音為標題，書寫身為歌詞創作的李格弟如何在歌詞的領域中表現出另一個主體的聲音，[36]而這個主體是附屬於女性的身體之外，以男性角色出現的「非女性」意圖。姓名上的性別變更，夏宇以男性的角度變臉，也代表著變身的可能，以姓名轉換另一種面貌與性別，意味拋開女性身分的認同，從男性的角度面對不同的創作領域，找到新的諷喻戲謔的切入點。

　　游離在女性及男性的角色之間，夏宇定義自己是一個雌雄同體的中性，而不是女性身體特徵所帶來的先天性別的侷限。除了拋開女性婉約的詩風，剛性而中性的訴求，也代表著夏宇在性別上向中間靠近。如詩〈頹廢末帝國 II──給秋瑾〉：

> 我發現我以男裝出現
> 如你
> 詩末說：
> 但我不過是雌雄同體
> 在幽暗的沙龍裡
>
> 釋放著華美
> 高亢的男性[37]

　　她寫的秋瑾為革命奔走，偶以男裝出現，詩中寫秋瑾的男性角色，也

---

36 關於夏宇與李格弟的歌詞創作，可參李癸雲〈「唯一可以抵抗噪音的就是靡靡之音」：從《這隻斑馬This Zebra》談「李格弟」的身分意義〉，《台灣詩學學刊》第23期（2014年6月），頁161-185。

37 夏宇《腹語術》，頁52-53。

互文為「我」的男裝角色，沒有因為女性的身分而侷限在家庭場域，而是一種「雌雄同體」的中性氣慨。歷史上許多女性的事蹟跟性別無關，而跟她們的氣度胸懷有關，雖有女性的身體特徵，卻仍然華美而高亢的與男性不相上下。性別不是困住一個人的主要因素。夏宇對自己性別的認同，其實是站在中性的立場，叛逆的反女性，也是為了以一個「人」的視角生活，她說：有人提到她是女詩人時，說：

> 我會想，原來我是「女詩人」。其實我並不怎麼意識到自己是詩人，我只想做一個自由思考和生活的人。[38]

夏宇想的是一個「人」的生活，而非「女性」的生活，若是假設以「女詩人」這個名詞冠在她頭上，她認為：「這樣的預設實在沒甚麼意思，而且在此種預設下，相對的雄偉或陽剛也是受限的。」[39] 也因為夏宇內心對性別沒有過度的假設前提，她的語言表現也傾向陽剛與中性，當她寫出「完全不愛了的那人坐在對面看我／像空的寶特瓶不易回收消滅困難」[40]（〈秋天的哀愁〉）時，也就可以理解為何沒有悲涼的淒苦之聲或是自艾自憐的情緒，反而是氣勢不減對面那人，以寶特瓶的難以回收，不易消滅的睥睨角度看待愛情的消逝。

夏宇詩中說：「如何在一個陌生的城市裏留下記號／愛一個人還是買一雙鞋」[41] 當愛情與一雙鞋相提並論時，後現代的夏宇早就不是為了追求愛情、期望愛情，對愛情充滿遐想的女子。當愛一個人，或者與一雙鞋的份量一樣時，夏宇對於愛情的態度理性而帶著強硬的氣勢，嘲諷或叛逆的陽剛語言顯現中性的特質，夏宇的詩中以後現代的書寫風格顯現性別意識或特質，已經與強調女性詩人的婉約詩風相距甚遠。

38　夏宇《腹語術》，頁109。
39　夏宇《腹語術》，頁110。
40　夏宇〈秋天的哀愁〉，《腹語術》，頁70。
41　夏宇〈逆風混聲合唱給ㄈ〉，《腹語術》，頁75。

（五）中性的意識視角

　　新生代女詩人楊佳嫻對於女性意識的看法也是偏向中性，楊佳嫻在她的散文中提到「女作家」的身分時，她認為女作家的稱號，也許是貶義：「注重性別的書寫與詮釋，是否也會形成另一種限制？」也許身為女性，在創作上不免受到先天的影響，相對上具有較為濃厚細膩的感官體驗與情感色彩，但是，若拋開性別因素，作品風格的呈現實則是個人選擇問題以及個人的性格問題，寫得好不好才是考慮的向面，她的結論是「最好的文學，必然是『人的文學』」。[42]由此，將性別問題拋開，把寫作放在「中性」或者說是「無性別」的角度上來看，擺明了她對自我性別的意識為獨立的「人」的視角，而不是性別，也就沒有所謂女性意識的問題。

　　因此，楊佳嫻的詩作中女性意識的詩並不凸顯，甚至替換男女的角色，故意在兩種性別中轉換或變身。戴望舒有一首〈雨巷〉，楊佳嫻有一首〈雨中長巷〉寫現代的愛情：「如何在人群中辨識／愛情的蹤跡？千萬個背影裡／我們衣如常人，步伐謹慎深怕迷路」[43]，對於愛情的態度雖然還是小心翼翼，但愛情中的男女角色，卻不再是傳統的刻板印象。詩中說：

> 因此終於看清楚了
> 霧中愛人的面孔
> 我們的身體多麼富於感受，多麼沉重
> 卻終於掌握了怎樣在
> 隱形火焰中置換性別
>
> 我曾經是女人
> 如黃昏中鵜鴣涉於淺水

42　楊佳嫻〈女作家〉，《海風野火花》（台北：印刻，2004年7月），頁182-185。
43　楊佳嫻〈雨中長巷〉，《少女維特》（台北：聯合文學，2010年10月），頁58-59。

細石磊磊，精準地啄開長長的等待

在痛悔和愛悅中飽食

我也曾經是男人

行走於第二個創世紀前夕[44]

　　若在愛情中也能置換性別，是否可以體會男性或女性的情感變化？她的愛情與愛人，對於性別不再執守傳統的男女性別，而是在跳盪與置換中，遊走於兩性之間。當詩人想像自己可以是女子，也可以是男人時，性別意識又如何有比較或高下，尊或卑的問題？楊佳嫻的詩作並未特別關注性別意識，在她的文本中，引用或是轉化前人的文本，或是透過前人引起的情思而寫成的詩，從《你的聲音充滿時間》到《金烏》中常見，然而，她的詩將前人的意象及語詞融入她的意境中，轉轉摺疊變成她自有的古典風格，如同她所說的，她在意的不是性別，是作品的好壞問題。她2000年寫的〈木瓜詩〉略能見出她的想法：

　　我呢焦慮難安地徘徊此岸

　　拉扯相思樹遮掩赤裸的思維

　　感覺身體裡充滿鱗片

　　波浪向我移植骨髓

　　第二段則是單獨一行，讓前段與後段透過木瓜的擲去，切分為前後的不同反應：「木瓜已向你擲去了」，轉折接第三段：

　　此刻我神情鮮豔

　　億萬條微血管都酡了酒

　　等待你游牧著緘默而孤獨的營火

44　楊佳嫻〈雨中長巷〉，《少女維特》，頁60-61。

〈木瓜詩〉引用《詩經・衛風・木瓜》中「投我以木瓜，報之以瓊瑤。」此詩原有男女之情的解釋，彼此珍惜情意，永遠相好。楊佳嫻此詩第一段寫「我」的心情，以相思樹遮掩自己的心情，暗示著女子的情意，當擲去木瓜時，我的神情期待，以鮮豔的色度形容，並且血管振奮，等待游牧而孤獨的對方回應。陳義芝稱她的詩以「抒情姿態發出的創世紀女性的聲音」，他說楊詩：「迥異於流行文化中隨用隨拋的情愛觀，也超越了蓉子世代或林徽音世代的溫婉立場。這種情愛最迷人深刻的就是大膽吐露臨淵走險的心，且不惜形銷骨滅」[45]，對於新世代的女性，從愛情觀中看到大膽而熱烈的情感，對於過去女性溫婉的形象與含蓄內斂的情愛表達，更具有現代女性獨立的精神，敢愛敢恨的行動力量。

楊宗翰在討論女性詩學建立的階段問題中，他沿用李元貞的說法，提到早期台灣女性詩學研究的特點，他注意到女性詩人創作者的身分（1949-1964年間出生），大都屬於典型的中產階級，並多數擁有大專畢業以上的學歷，並認為這樣的背景：「在一定程度上決定日後台灣女性詩創作／詩學研究的方向與侷限。」[46]然而，這樣的背景延續，甚至許多女性詩人進入大學殿堂，成為學院詩人，包括鍾玲、席慕蓉、零雨、尹玲、翁文嫻、洪淑苓、江文瑜、雲朵、李癸雲、曾琮琇等等。[47]台灣女詩人的背景中，結合社會趨勢，女性主義的演變，越來越多的女性在社會上佔有一席之地，也展現她們的能力，性別的差異則越來越不成為阻礙，同時，身分背景也促使女詩人們以讀者或是研究者的解讀能力進行文本閱讀與創作；她們在社會的身分上，是具有工作能力的女性，一方面是讀者，也是作者，一方面是家庭主婦也是

---

45 陳義芝〈美聲抒晴女高音──讀楊佳嫻詩集《金烏》〉，楊佳嫻《金烏》（台北：木馬文化，2013年），頁10-11。

46 楊宗翰〈為什麼女性詩學？──評論轉型視野下的當代女性詩學〉，《台北教育大學語文集刊》第13期（2008年1月），頁161。

47 鄭慧如《台灣現代詩史》（台北：聯經出版，2019年），頁620。

社會人士，是女兒也是母親，是婆婆也是媳婦，既有上下的倫常，也有平行主內主外的多重角色的重疊。在多重的社會角色之間的輪轉，環境的變遷，社會地位，學識的豐富等，都成為女詩人在詩的創作與研究上，有著屬於個人獨特的性別意識。

同時，2000年後的女性詩人，社會變遷、角色多重、資訊的流通，在閱讀與創作之間，題材與內容呈現出作者的閱讀經驗，也更多出現的互文的文本特色，閱讀經驗與典籍引用在女性詩人的創作上時而可見。這也是女性主義從以文本中的女性研究，即女性主義閱讀（feminist reading），修正為對女性作家研究歷史軌跡[48]的必然發展趨勢，也就是從文本中的女性形象所探索的女性意識，逐漸轉為創作者或閱讀者本身的女性意識之建立。

執著於性別角色的創作，或是純以追求女權的女性主義創作，其色彩逐漸被中性的性別角色所模糊，能夠代表性別的反而是詩風或語言的表現，例如鍾玲提出的婉約詩風，或是柔性語言／剛性語言的區別，或如鄭慧如提出陳育虹詩中的「女性聲音」、「閨秀之風」[49]，這些似乎專屬於女性的詩風，也可以被陽剛的中性的大膽的詩風表現，體現出女性更趨向於中性意識的風貌。因而，性別的角色不在於性別所呈現的風格，更在於個人獨特的風格呈現，從關注的焦點、語言的呈現、題材的選擇上，趨向於中性，或是無性別意識的純創作路線。

從女詩人的互文文本中，從她們對愛情的態度裡看出，女性對自我的認同與女性意識的覺醒因世代改變而逐漸變動的軌跡。女性的自主性來自於社會與學識的背景，大環境的自由度等，讓她們對愛情的追求，從等待、專一、被動到自主掌控；從童話期待中的王子降臨到期待婚姻幸福的開始中建構的愛情觀轉換變化，從被動到主動，逐漸以一個中性而獨立的女性角色在愛情與婚姻面前表現出自我的價值。越年輕的女詩人在創作上的剛性語言，大膽表現女性的獨立性格等，從對愛情主動性的覺醒，與前行代詩人們的婉

---

48 孟樊〈鍾玲的女性主義詩學〉，《台灣詩學學刊》31期（2018年5月），頁59-60。
49 鄭慧如《台灣現代詩史》，頁544。

約態度比起來，更有現代女性的獨立精神，也更趨向中性的性別角色。

四、結論

互文文本是閱讀經驗後的產物，女性詩人們在閱讀經驗後所產生的文本互動，以及從舊文本中的愛情，翻化出屬於詩人的愛情觀，這些文本透顯的不只是愛情，也是女性意識。對於愛情，男女在愛情與婚姻上，不僅是扮演的角色問題，更在於男女身體與心理上最大的男女差異，從女詩人對於愛情的情感表現與需求，側面觀察女性意識在詩人心中的改變，從女詩人在愛情觀的態度與性別意識的交織裡，也見出女詩人對愛情的期待、幻滅到獨立的過程，這也顯見出女性意識從被動到主動，從傳統觀念框架下的女性意識到獨立而無所謂的自主性。

從1970年代女性主義在諸多女性知識分子的倡導下，女詩人在女性意識上的覺醒也漸漸看出軌跡，從閱讀的經驗中，透過後設的互文文本，女性的愛情觀與女性意識的表現在詩中略可見出，愛情的追求與女性的意識覺醒像是麻花一樣綑綁在一起。對於愛情的觀察，從宗教的提升、童話故事的幻夢、古典詩詞的同理視角、後現代主義的嘲諷、中性的女性意識等，從愛情觀中的女性溫婉小心翼翼的態度，到女性自主獨立的精神態度，不但看出女性對自己的信心，趨向中性的個體，不分男女皆有尋求愛情的魄力，時至今日，女性意識越趨向中性，其對愛情的掌握度與膽氣也就更強大。

女性意識的崛起，來自女性主義的追求。從女權的爭取，強調男女平等的社會權力，到女性自我覺醒，發現女性不只是女性，也可能是中性的「人」，可以具有女性的特色，無論男女，都可以有主動獨立的人格特質。女男平等的實質體現不僅僅在職場上，也應該可以表現在各種能力上。

本文從女詩人的互文文本中找到的閱讀經驗中，將原本的閱讀文本給予現代的詮釋，本文透過五種詮釋的視角作為閱讀經驗的例證，從五種視角中見出女性在閱讀前人作品後，對於同為女性的角色，在前人的環境社會下產生的文本，以及在現代社會中產生的文本之間的碰撞，女詩人能從現在女性

的觀點進行文本的詮釋，然後再創作出屬於現代女性的文本。本文從愛情的角度切入，是從男性與女性在愛情的看法與期待的不同中，特別釐清出女性詩人在愛情上的看法，在從愛情的看法中顯現出的女性意識作為研究現象的闡發，從這些文本的切片中，試圖釐清互文文本的女性意識與現象。

｜參考書目｜

1. 專書

李元貞《女性詩學——台灣現代女詩人集體研究1951-2000》，台北：女書文化，2000年。

李癸雲《朦朧、清明與流動——論台灣現代女性詩作中的女性主體》，台北：萬卷樓，2002年。

沈立岩主編《當代西方文學理論名著精讀》，天津：南開大學，2005年。

洪淑苓《預約的幸福》，台北：河童，2001年。

夏　宇《腹語術》，台北：現代詩季刊社，1999年。

陳義芝《現代詩人結構》，台北：聯經，2010年。

黃慶萱《修辭學》，台北：三民，2002年。

曾美玲《未來狂想曲》，台北：秀威，2019年。

楊佳嫻《海風野火花》，台北：印刻，2004年。

楊佳嫻《少女維特》，台北：聯合文學，2010年。

楊佳嫻《金烏》，台北：木馬文化，2013年。

趙一凡、張中載、李德恩主編《西方文論關鍵詞》，北京：外語教學與研究出版社，2009年。

廖炳惠編《關鍵詞200》，台北：麥田，2006年初版4刷。

鄭慧如《台灣現代詩史》，台北：聯經出版，2019年。

鍾　玲《現代中國謬司——台灣女詩人作品析論》，台北：聯經，1989年。

鍾　玲《文本深層：跨文化融合與性別探索》，台北：國立臺灣大學出版中

心，2018年。

羅任玲《密碼》，台北：曼陀羅創意工作室，1990年。

2. 期刊論文

于治中〈正文、性別、意識形態——克麗絲特娃的解析符號學〉，呂正惠主
　　編《文學的後設思考——當代文學理論家》，台北：正中書局，1993
　　年。

江文瑜〈佛、貓、與玫瑰的時空交會〉，《佛陀在貓瞳裡種下玫瑰》，台
　　北：遠景出版，2016年。

李玉平〈互文性新論〉，《南開學報》第3期，2006年。

李癸雲〈「唯一可以抵抗噪音的就是靡靡之音」：從《這隻斑馬This
　　Zebra》談「李格弟」的身分意義〉，《台灣詩學學刊》第23期，2014
　　年6月。

孟　樊〈鍾玲的女性主義詩學〉，《台灣詩學學刊》31期，2018年5月。

林于弘〈八、九〇年代台灣女性主義詩的寫作特色〉，《文學新鑰》創刊
　　號，2003年7月。

洪淑苓〈台灣女詩人的童話論述〉，《台灣文學研究集刊》第3期，2007年5
　　月。

梁曉萍〈互文性理論的形成與變異〉，《山西師範大學報》第36卷4期，
　　2009年7月。

陳雀倩〈女性書寫的延異與衍異——以羅英、夏宇、顏艾琳詩作為例〉，
　　《問學集》第9期，1999年6月。

陳義芝〈美聲抒晴女高音——讀楊佳嫻詩集《金烏》〉，楊佳嫻《金烏》，
　　台北：木馬文化，2013年。楊宗翰〈從女性沉默主體，到以詩自我定
　　位——以四位台灣當代女詩人為例〉，《台灣文學研究學報》第27期，
　　2018年10月。

楊宗翰〈為什麼女性詩學？——評論轉型視野下的當代女性詩學〉，《台北
　　教育大學語文集刊》第13期，2008年1月。

論莫那能、瓦歷斯‧諾幹與董恕明之首本詩集的生態書寫：以利害和變化之關係為焦點

朱天　國立政治大學文學博士，國立臺東高級中學教師

摘要

　　就「生態學」、「生態批評」等範疇而言，「生態」意指人與其它自然萬物之間的相互關係。而從莫那能、瓦歷斯‧諾幹和董恕明這三位臺灣當代原住民族詩人之中文詩作成果來看，以「利害關係」與「變化關係」為主的「生態書寫」，實有進一步梳理與深化的必要──簡言之，在「利害關係」中，依獲利或受害之不同，可再分成「共生」與「敵對」這兩大類；而所謂的「共生」，則包括了「自然助人」──例如提供空間、生成資源、改善困境與增添美好──和「人助自然」；至於「敵對」，則有「人傷自然」──像是「侵山林」、「汙河川」、「傷天地」──與「自然傷人」之別。另外，論及人與自然之間的「變化」關係，又可依照變化之程度區分為，包含了「人喻於自然」和「自然喻於人」在內的「局部變化」，以及統攝「人變為自然」與「自然變為人」的「整體變化」。進而論之，在上述看似對等的關係結構中，相較而言，莫那能等三位詩人皆更為重視「自然」而輕視「人」，並強化前者所具備之美好意涵與後者所擁有的負面性質；此外，本文除可證明臺灣當代原住民族詩人的生態書寫，確實已走出與其他漢族詩人之同類作品的殊異道路外，亦有助於臺灣原住民文學和自然書寫等研究議題的進一步深化與拓展。

關鍵字：原住民族詩人、生態書寫、利害關係、變化關係

一、前言

　　從「大地萬物之間微妙的相互關連（interrelatedness），是當代生態論述的基本前提之一（Evernden 93）」[1]，與「生態學（ecology）是十九世紀德國生物學家海克爾（Ernst Haeckel）於1866年所鑄造的一個詞彙，意指『生物體與環境之間的關係研究』」[2]等解說來看，自然萬物之間、萬物與身處空間之際所維持的各式「關係」，即是生態研究之重心；擴而觀之，當生態與文學彼此交疊而凝鑄成新的研究向度——不論是稱作生態文學批評或生態批評時，亦同樣十分注意文學文本呈現的萬物之相互聯繫：例如蔡振興便指出，「格羅費爾蒂（Cheryll Glotfelty）在第一本生態批評讀本《生態批評讀本》（The Ecocriticism Reader）」裡曾認定「生態文學批評旨在文學與文化領域之中探索有機體（包含人和非人）及其生存環境間的相互關係」[3]；而史洛維克（Scott Slovic）則是「於2000年發表的《綠色研究讀本》（The Green Studies Reader）一文中曾經定義，『生態批評是以學術的研究方法探討具有顯著環境議題的文本，審視文學文本中的生態意涵以及人與自然的關係』」[4]。

　　而因著上述對「關係」的反覆著墨，並使論述更易於聚焦，本文所謂「臺灣原住民詩人的生態書寫」之實質意義，便鎖定在臺灣當代原住民詩人作品，所蘊含的「人」與其他「自然萬物」（包含生物與無生物）之間的各式相互「關係」上——至於為何不將此種生態書寫逕稱為「生態詩」，則是因為學界對「生態詩」之定義尚未取得共識：例如，蕭蕭是從「生態學

1　奚永慧〈以神之名：早期美國文學中的神話、生態書寫和國家意識〉，《中外文學》第26卷第7期（1997年12月），頁92。
2　蔡振興〈緒論——生態文學批評〉，蔡振興主編《生態文學概論》（臺北：書林出版有限公司，2013年），頁1。
3　同前註，頁1-2。
4　史洛維克（Scott Slovic）著，倪志昇譯〈生態批評101：生態批評與環境文學導論〉，《世界文學》第4期（2012年12月），頁50。

（Ecology）」即為「一門研究生物（「生」）與環境（「態」）互動的科學」之學科本質出發，進而將「『生態詩』」釐定為既能「時時觀察大自然現象，透視人與自然環境的互動關係」，又「能警醒人類維護生態系統平衡的詩作」[5]；至於林于弘則強調，若「生態詩」作在實際「內容」上「與生物關懷或環境省思皆一無干涉」，便「不」該「列入討論」[6]的範圍；而儘管葉維廉並未直接界定生態詩之意涵，但從「詩中的山水（或山水自然景物的應用）和山水詩是有別的。我們稱某一首詩為山水詩，是因為山水解脫其襯托的次要的作用而成為詩中美學的主位對象，本樣自存」[7]應不難看出，葉氏對生態詩之判斷依據，即為詩人筆下之生態內容是否已徹底成為全詩主要美感之來源；最後，從「本文雖認同生態詩（或稱詩體的自然書寫）是一個值得關心的議題，但限於能力與對生態詩的文本尚未確切掌握，故暫不論詩」[8]的自白來看，應能確定吳明益眼中的生態詩，即等同於其長期致力之自然書寫議題的詩化表現。[9]由上可知，既然對生態詩之具體定義仍眾聲喧嘩，故不妨暫時將注意力集中在各式詩作內的生態表現——亦即人與萬物之相互關係，或許更能充分呈現臺灣當代新詩之生態風貌。

---

5 蕭蕭〈現實主義美學〉，《台灣新詩美學》（臺北：爾雅出版社，2004年），頁237-239。

6 林于弘〈生態詩的萌發與茁壯〉，《台灣新詩分類學》（臺北：鷹漢文化，2004年），頁182。

7 葉維廉〈中國古典詩和英美詩中山水美感意識的演變〉，《比較詩學》（臺北：東大圖書，2007年），頁112-113。

8 吳明益《以書寫解放自然：臺灣現代自然書寫的探索（1980-2002）》（臺北：大安出版社，2004年），頁27。

9 但須特別澄清的是，直至受到美國學者墨菲曾表明「自然文學」之具體細項「在詩的方面」即明確「包括自然詩、自然觀察、牧歌、農耕與牧地生活輓歌、與動物互動等內容」的刺激（吳明益〈創作與論述的不同步演化〉，陳明柔主編，《台灣的自然書寫》（臺中：晨星出版社，2006年），頁7），才讓吳明益對自然書寫的定義亦如墨菲般逐漸鬆綁，並提出「許多虛構作品與詩，也會表現出人對環境的態度，以及人與環境互動的情境」（見諸氏著，〈戀土、覺醒、追尋，而後棲居：臺灣生態批評與自然導向文學發展再思考〉，《自然之心——從自然書寫到生態批評：以書寫解放自然BOOK3》（新北：夏日出版，2012年），頁32-33。

其次，之所以將莫那能、瓦歷斯·諾幹與董恕明，視為本文主要研究對象，除了像「《年度詩選》有關原住民詩作的選錄情形，詳如下列：……在以上八次的選錄過程中，瓦歷斯·諾幹……一人包辦六次，其中〈關於泰雅（Atayal）〉更獲得八十一年『年度詩獎』。另外，莫那能與董恕明，則分別於八十年及九十年各入選一次」[10] 所暗示的，莫那能等三人之中文詩作，皆具備高度的詩藝價值外，他們與生態書寫有關的豐碩詩藝成果，本就值得論者細勘。

譬如，由「莫那能在〈百步蛇死了〉一詩中這麼寫：……『百步蛇』是排灣族人的祖先，在神話傳說中擁有至尊的地位，結果在煙花巷口，慾望躁動的城市，祂卻成為了『壯陽補腎』之物，這是排灣族後輩子孫自身的墮落，或是另有隱情」[11] 的詮釋中，便可看出莫那能在其詩篇中至少便蘊含了排灣族人、百步蛇與漢人族群之間複雜的互動關係；至於針對「瓦歷斯·諾幹〈回到世居的所在〉」所作的檢視——像是「這個昔日祖先曾居住的所在是如此美好而懷念，此地不僅是祖先曾居住之地，亦是雲豹棲息的森林」，此種「原住民與雲豹和平共處的美好畫面」[12]，亦可看出原住民族與動、植物深厚的關聯；而在「董恕明以詩語將自然意象『人間化』」，且「沒有被神聖化為『自然崇拜』，沒有被疏離化為『人類導師』，也並非一般所認知的『擬人化』」[13] 的相關評述中，更高度突顯了董恕明詩中人與自然意象之間更為深厚且特殊的創新關係，實有待進一步的爬梳與探究。

最後，在實際論述策略上，基於與本文研究目標完全切合的研究資源

10　林于弘〈《年度詩選》中的原住民書寫現象〉，《國立臺北師範學院學報》第16卷第2期（2003年9月），頁10-11；另，瓦歷斯·諾幹獲獎的年份分別為民國七十四、七十五、七十九、八十一、八十五與八十八年。

11　董恕明〈序言——初萌的新綠〉，《山海之內天地之外——原住民漢語文學》（臺南：臺灣文學館，2013年），頁16。

12　陸浩寧〈臺灣現代詩的雲豹書寫〉，《臺灣詩學學刊》第29期（2017年5月），頁134-135。

13　楊翠〈三個寫詩的原住民女生：論董恕明、伍聖馨、明夏的現代詩作〉，《少數說話——台灣原住民女性文學的多重視域（上）》（臺北：玉山社，2018年），頁116。

幾近於無的客觀事實，對於其他間接相關之研究成果的梳理與吸收，自有其必要性：例如，對漢族詩人的生態書寫而言，曾珍珍對楊牧詩作之生態意象所做出的系統化歸納與象徵化深究，[14] 便十分具有參考價值；而簡義明將劉克襄「《小鼯鼠的看法》這本散文詩」集視為「標誌『自然』入詩的另一種可能」——也就是憑藉著「『想像他者』的敘事手法與長期自然觀察，這兩種其他詩人較為缺乏的能力與經驗」[15]，進而跳出人類自我中心的思考陳規——的精闢闡述，亦相當有創見；此外，為使生態關係得以順利彰顯，筆者除了將本文討論的詩作範圍，暫限於莫那能等三位詩人之首本詩集——《美麗的稻穗》[16]、《泰雅孩子台灣心》[17] 和《紀念品》[18] 外，在探究議題之選擇上，亦僅先以「利害」與「變化」[19] 這兩類關係為主。

---

14 例如在曾珍珍眼中，對「鮭魚」、「年輪」和「星圖」之使用，實可視為「楊牧生態象徵系統萌芽期的翦影」（詳見曾氏著，〈生態楊牧——析論生態意象在楊牧詩歌中的運用〉，《中外文學》第31卷第8期（2003年1月），頁166）；另，所謂「生態化作修辭，自然與人文契合，對這段時期的楊牧而言，兩者之間，不必然衝突」（同前註，頁175），亦予人無限啟發。

15 簡義明〈逃向自然、荒野追尋與環境正義〉，《寂靜之聲——當代台灣自然書寫的形成與發展（1979-2013）》（臺南：臺灣文學館，2013年），頁76。另，對於「人與自然互為主體的可能性」（同前註，頁76）的相關探討，以及「從自然生態的無國界視野，來超越人類世界有形的政治禁忌與高牆」（同前註，頁77）之精采詮釋，亦值得多加留意。

16 莫那能《美麗的稻穗》（臺中：晨星出版有限公司，1989初版，2003年）。

17 瓦歷斯‧尤幹《泰雅孩子台灣心》（臺中：台灣原住民人文研究中心，1993年）。

18 董恕明《紀念品》（臺北：秀威資訊科技，2007年）；另，為使閱讀輕省，後續提到上述三本詩集時，將僅在引文後標示詩集、詩作名稱與頁數。

19 就人類與自然萬物之相互關係來看，哪怕僅以莫那能等三者的首本詩集為觀察對象，亦能發現許多精采的生態書寫實證——以莫那能為例，不論是從「人與自然的和諧相依／將被一場暴雨拆離／災難，將在洪患中降臨」（《美麗的稻穗‧失去青春的山》，頁117），以及「政權，請你退去，／土地才是我的母親；／政權，請你閉口，／母親不是壓迫的藉口」（《美麗的稻穗‧燃燒》，頁56-57），所展現的人與自然之間的親疏關係；或是由「難道這就是我們族人的命運／死亡、流離、賣身、賣力氣／我們的生命比山芋還不如／至少山芋還有一塊泥土／在那裡容身／在那裡生生死死」（《美麗的稻穗‧來，乾一杯》，頁93），和「妳是誰呀妳是誰／站在高崗上對著我唱／妳的人兒妳的歌聲／漂亮得超過了彩虹」（《美麗的稻穗‧歸來吧，莎烏米》，頁108）所呈顯的自然與人之比較關係，都是值得後續再擴大探索範圍的基礎上，仔細深究之重要議題。然

二、人與自然的「利害」關係

　　生物之間的「利益」關係，本為傳統生態學的焦點──例如根據「或是得益，或是受害，或是沒有明顯的利害關係」的標準來看，便「可以將生物種與種間的關係分為二大類」，亦即「(1) 共生（Symbiosis）：有一方或雙方均可得利，而無任一方均為不利」與「(2) 敵對（Antagonism）：至少有一方有害」[20]──故莫那能等三人詩作中以「利害」作為主要表現特徵的「共生」關係與「敵對」關係，亦為筆者優先梳理的目標。

（一）共生

　　首先，莫那能、瓦歷斯‧諾幹與董恕明筆下以獲得利益為彼此交集的「共生」關係，依照供給者的不同，又可再區分為「自然助人」和「人助自然」。

1. 自然助人

　　扣合至詩作實際內容而言，在「共生」關係中的「自然助人」分類裡，可清楚發現不論是提供立足空間、給予維生資源、改善所遇困境或是增添額外美好，皆可視為在《美麗的稻穗》等三本詩集中主要呈顯的，「人」從「自然」所得到的明確益處。

　　(1) 提供空間
　　　　所謂提供足夠之空間，進而使人類得以進行各式運用，堪稱由自然而來之助益中極為根本的一類：例如，從「現在走吧，你和我

則，若只從莫那能、瓦歷斯‧諾幹和董恕明首批創作之集結成果來看，不論就數量或質量而言，利害和變化此二種關係，可謂其筆下最為主要的交集所在，較適合作為以初探為宗旨之本文的論述焦點。

20 郝道猛〈生物種間的關係〉，《生態學概論》（臺北：財團法人徐氏基金會，1990年九版），頁311。

／穿過都市的胸膛／……／帶著心跳尋找陽光落腳的地方」（《泰雅孩子台灣心‧尋找淨土》，頁29）便可知，包含瓦歷斯‧諾幹在內的許多「都市」住民，皆需要一處充滿「陽光」且能與自身「心跳」高度呼應的「淨土」；就其根源，當然與現代都市往往與污染高度掛鉤的文明惡果有關。然而，對於像莫那能一樣的原住民來說，大自然提供的空間不僅利於生活，更可能是其僅存的戰場與屏障：

> 如果你是山地人
> 當命運失去了退路
> 就只剩下一線生機——
> 背山而戰（《美麗的稻穗‧如果你是山地人》，頁37）

　　因為不論是由現實觀點或由抽象角度視之，當「退路」斷絕時，我們往往會求告親友、投身宗教或找尋其他援助；但對莫那能來說，「山」就是原住民的最終基地與勝利契機。另，由「留我孤寂地持守／祖先埋葬的山脈」（《美麗的稻穗‧遺憾》，頁120-121）亦不難觀察到，對詩人而言，連綿不絕的高聳「山脈」，同時還是逝者得以安然長眠的最佳保證。

(2) 生成資源

　　此外，產出人類得以維生的必要資源，亦為自然助人的具體表現：像是莫那能之所以要大聲疾呼「我要歸去，我要歸去／歸到我原來的地方」，或許便因唯有在山區，原住民族方能不受干擾，「深深地挖著土地」，且「埋進我的愛做種籽」，進而期待「豐收終會掛在子孫臉上」（《美麗的稻穗‧為什麼》，頁158-159）的到來。換個層面來看，除了大地能夠生養萬物外，水，在莫那能詩作中也扮演了類似角色——例如，那在「河牀裡奔流的清泉」便可

說是先「無私地供養著無數的綠色生命」，再以「那無數的綠色生命」來「無私地供養著人們」（《美麗的稻穗‧失去青春的山》，頁115）。

值得注意的是，儘管上述詩例中的收成與滋養，都是與助人存活有關的直接資源，但從瓦歷斯‧諾幹的詩篇裡，尚可發現自然以資源助人的另一種可能：

　　巨大的山壁遮住了眼睛
　　我只能努力地敲剝煤岩
　　換取妻兒的溫飽（《泰雅孩子台灣心‧奴隸主人》，頁72）

換言之，儘管挖礦十分艱辛，但在別無選擇下，為了家人的生計，也只能勇敢面對堅硬山壁、闃黑坑道，拚命鑿打岩層，再藉此換取足以購買其他生活必需品的金錢；故可知，供應能使人類維生的間接性資源，亦是自然對人的餽贈之一。

(3) 改善困境

　　相較於空間、資源等偏向具體層面的幫補，在莫那能等三人的生態書寫裡，其實還有許多篇章涉及了自然對人在抽象範疇中的種種襄助：例如，改善人所面臨之生命困境──但細而觀之，除了下列以河流口吻悠悠道出的「流水，忍不住這麼想。每天每天她和橋擺渡／這個、那個……人，到大城裡謀生，有三級／貧戶能一躍龍門」（《紀念品‧煙火》，頁75），有觸及到人在身分地位、經濟狀況上的貧窮與低下外，大多數時候詩作詮釋的「困境」，皆是人類心靈世界的不良狀況。

　　像是董恕明的「在這／曲折夾纏的荒徑上，請一定一定讓守夜的星星照亮／每一顆離家的心」（《紀念品‧後山司機》，頁121-122），便已充分展現出天頂星光雖看似與塵世迥然有隔，但仍具

備光照心靈、遙遙相伴的能力；而同樣是聚焦離家之人的憂思愁煩，瓦歷斯‧諾幹和莫那能更進一步提出，表面柔弱的水，實能輔助人們充分傳達思念之情——不論是前者筆下討海人對老母親說的，「我只能用泡沫傳達思念」（《泰雅孩子台灣心‧歸來》，頁43）；抑或是後者以兄長之身分寫下的：「隨著涼涼的泉水聲／思念離鄉多年的莎烏米」（《美麗的稻穗‧歸來吧，莎烏米》，頁110）。

　　綜合來看，此類詩句表現最為深刻的，應是下列由太陽與群鳥共同扮演的動人畫面：

> 坐在茅屋內一動也不動的您
> 像一尊風化了的雕像
> ……
> 山頂的晨光想要照亮您的眼神
> 提醒您那對為兒女苦惱的眼神
> 樹上的鳥聲想要呼喚您出門
> 趕緊帶著彎刀和捕獸器出門（《美麗的稻穗‧雕像》，頁154）

儘管以「雕像」為題，但詩中真正關切的，卻是一位因思念子女到了極致而幾乎喪失所有生機、近乎於不動不語之雕刻品的孤寂老者；而此詩中的自然物象，便擔任了雪中送炭的角色——例如高過山峰的太陽，仍不忘以自身之光輝垂顧這位老人昏暗的視線；而在茅屋四周啁啾的鳥鳴更一遍遍試圖提醒，想讓老人恢復那幾乎已被傷悲侵蝕殆盡的行動力，回歸正常生活。

(4) 增添美好

　　進而言之，在抽象範疇中，大自然發揮的功用除了能使人擺脫心靈的負面狀況外，更可額外開創各種美好之存在：例如對董

恕明來說，藝術之誕生，便和自然脫不了關係——因為在她眼中，「詩」其實「不過就」像「是曬曬太陽，吹吹風的／雨」（《紀念品・天職》，頁89），必須藉由各式自然物象的刺激，方能擁有深度與多樣性；此外，從「請藍天、綠地、斜陽……入座，講講／道的初生與迷惘，喜樂與憂傷」（《紀念品・問學》，頁26）應不難推知，雖然身為大學教授的董恕明在臺灣社會中早已被視為高知識分子，但其卻認為自然界才是最有資格在宇宙萬物之生成根源的相關議題上，與人類分享寶貴意見的講者。

不過，除了上述二例外，更多的是關於自然所帶來的具實性之美好助益：例如在日常經驗中，我們亦不乏如莫那能般，擁有「領受」過孕育於山間「春天裡的蟲嘶鳥啼」，並將其當成「曼妙的樂章」（《美麗的稻穗・失去青春的山》，頁115）之經驗；而從瓦歷斯・諾幹誠摯期盼的「我希望：台灣的孩子／擁有飛鳥、溪流和綠蔭／而非要求一致的藤條」（《泰雅孩子台灣心・希望工程》，頁94）來看，更可清楚了解在詩人心中，與自然相關的種種美好，本該是孩童理應享有的基礎福利。是故，或許就正如董恕明描述的一般：

> 雲賊賊的
> 什麼也不說，沿著風的腳步叮叮
> 咚咚撿起紛飛的落葉，在地上耕耘
> 播種、鋤草……長出肥美的人間（《紀念品・灌溉》，頁131-132）

我們的世界之所以能夠如此繽紛而豐富，除了人類的努力外，自然界種種元素的協力參與，應該也是世間之美得以順利成形、無礙生成的重要關鍵之一。

2. 人助自然

相對而論，當我們反向探究人對自然之益處到底包含哪些細項時，不得不承認，《美麗的稻穗》等三本詩集裡與此相關的生態書寫，僅有下列三處——首先，透過富含情感的筆觸，讀者應不難判斷出莫那能可說是從貫通虛實的角度，來抒發其心目中人對自然所能做到的付出：

> 不久的將來
> 我也會隨你而去
> 到時候再讓我們一起
> ……
> 讓我們的眼淚變作春雨
> 滋潤山芋和小米田（《美麗的稻穗‧來，乾一杯》，頁99-100）

其次，相對於莫那能標舉的化淚為雨潤山田，董恕明則是集中書寫了人於抽象領域中對自然的援助——例如在「街角的店日復一日閒話家常這小鎮的喜怒哀樂／風始終聽不膩，再沒有什麼比媽媽們的閒情更能／溫暖這世界的霜雪」（《紀念品‧自殺炸彈客》，頁95）的敘述中，便可明確發現由生活日常累積而來、昇華而成的人情之美，能使世界產生一定程度的溫熱；更有甚者，董氏似乎十分相信就算是面對浩瀚無涯的「天地」，人類亦有給予幫助的機會：

> 我們坐下來，歷史是一條河，蓬首垢面，舀
> 一瓢水吧，洗洗臉，洗洗腳，洗洗天地的憂傷（《紀念品‧坐下來》，頁105）

不過，必須要特別注意的是，根據上述詩句的提醒，人若要能解天之憂、療地之傷，須先學會如何從歷史中汲取關鍵、正確且有益的精華才行！

（二）敵對

換個層面而論，就傷害產生的根源來看，莫那能、瓦歷斯・諾幹與董恕明筆下以利益之虧損為主要呈現內容的「敵對」關係，則有「人傷自然」和「自然傷人」之分。

1. 人傷自然

簡言之，按照《美麗的稻穗》等三本詩集所展現的承受傷害之對象來看，尚可再依「山林」、「河川」與「天地」之不同，細覽人對自然造成的眾多斲傷。

(1) 侵山林

針對莫那能等三人詩作中的生態書寫而言，除了下列對山間「雲海變成喧囂的紅塵／滾落到地心和海底去了」（《美麗的稻穗・來，乾一杯》，頁99）的孤例描述外，其他對山林受到各種人為力量的侵害呈顯，可說是更聚焦在山林本身——首先，儘管由於欠缺更多具體事件與周邊證據的支援，導致我們無法全然掌握，下列引文演繹的情節，究竟是呼應了何種現實處境；但由各類靈活呈現的動詞來看，我們至少可以肯定人類——包含原住民族在內——的確會給山林帶來一定程度的傷害：

> 番刀，翻！翻！翻！山便呼——呼——呼——
> 哮喘，一棵棵大樹、小樹……叮叮咚咚
> 跪下（《紀念品・和平》，頁110）

其次，由瓦歷斯・諾幹大聲疾呼的訴求——在臺灣生活的所有人民，都該「疼惜日漸消失的森林」（《泰雅孩子台灣心・心中有台灣》，頁28）更可清晰聽出，原始山林正持續被過度砍伐的事

實，實為詩人心中難掩之傷痛；最後，莫那能則是以最為直接且深情的方式，突顯詩人童年相伴的優美青山，「在一次又一次的無情砍伐下／春綠秋紅已被人們的慾望掩埋」，而曾擁有「青春的山」如今「只是一座不再長毛的石頭山」（《美麗的稻穗・失去青春的山》，頁116）。

(2) 污河川

對於溪澗川河，人類亦多有侵害：

> 「人間的煙火，真不好吃啊……」在橋下的
> 流水，忍不住這麼想（《紀念品・煙火》，頁75）

就上述董恕明創造的特殊情節而言，雖然詩本質上的歧義性，讓我們無法立刻判斷，究竟所謂「人間的煙火」，在此處是指抽象性質的人世俗務，或是用來代稱每逢節慶常綻放於夜空的絢麗火光；但至少從河流的口白可知，董氏這數句以水為主角的詩句，確實蘊含了幾分暗諷人類污染流水的可能性。

相對於董恕明的委婉多姿，其他兩位原住民族詩人對人類侵害河川的惡行，慣於更直截地批判：例如，瓦歷斯・諾幹筆下「黑色的河流」（《泰雅孩子台灣心・尋找淨土》，頁29），便是以極易令人產生不悅之情的強烈色彩，突顯溪河的嚴重受害；而在「所有的河流都成為黑色的鞭子」（《泰雅孩子台灣心・圖解島嶼》，頁67）裡，透過「鞭子」一詞衍生出的鞭打、刑罰之意，既呈現了人類對河水的凌虐，又暗示人類對自然的一切迫害，或許終究像鞭子之揮動一般，總會有反打己身的時刻。最後，在莫那能看似簡淡的詩語中，我們則是體會到因水污染而生的嚴重惡果：「如今／清泉已不再奔流／只剩下乾涸的河牀／和陣陣刺臉的風飛砂」（《美麗的稻穗・失去青春的山》，頁116）——面對如此言少意豐的陳

述，所有以萬物之靈自居的人類，或許都應深刻反省並作出改變。

(3) 傷天地

　　值得一提的是，雖然莫那能與董恕明的首本詩集中並未流露相似的觀察結果，但在瓦歷斯·諾幹的生態書寫中，除了山林、河川外，範圍更加宏闊之天、地，亦同樣承受了人類無情的損害——具體觀之，滿佈蒼穹的空污，可謂詩人最常處理的題材——例如，瓦歷斯·諾幹便曾以「晚鴿沿錯落的煙陣突圍」（《泰雅孩子台灣心·都市叢林》，頁33）之生動場景，精準刻劃出因工廠、車輛等科技產物而來的煙塵，是如何嚴重地影響了我們的天空；而透過「是什麼阻斷了我想像的翅膀／灰煤與煙塵交替在鏡片前上演」（《泰雅孩子台灣心·河悲》，頁30）的自問自答，以及「所有的煙囪都成為噴濺的墨汁」（《泰雅孩子台灣心·圖解島嶼》，頁67）之誇張想像，則更激動譴責了工業科技等物質文明之惡！最後，藉由擔任國小教師的親身體驗，下列詩行可謂盡力烘托出因空氣污染而生的悲戚之情：

　　　　掩卷走出無害的辦公室
　　　　遠望披澤一氧化碳的天空
　　　　無數惑溺的聲音逐次淹滅（《泰雅孩子台灣心·在院校的午
　　　　後》，頁21）

換言之，空污衍生的深遠後果，除了影響鳥類的飛行、人類的視野與萬物的呼吸，更重要的或許是，隨著藍天被重重遮蔽、厚厚塗抹而來的，深深無奈、冷冷絕望。

　　換個角度審視，關於大地遭受的痛苦，一方面可在瓦歷斯·諾幹對臺灣大眾之沉痛呼籲——「站出來，讓大家都站出來／……／從金屬漫佈的農田走出來」（《泰雅孩子台灣心·風暴的城市》，

頁68）中發現，與化學重金屬相關之長遠遺毒，已四處滲透了本應生產食糧的良田；另一方面，由「黑色的河流用牠的嘴吸吮泥土」、「烏色的廢氣用牠的舌擦拭泥土」（《泰雅孩子台灣心‧尋找淨土》，頁29）等臨場感強烈的恐怖畫面，應不難發現我們腳下所踏的習於沉默的土地，早已不知累積了多少來自其他污染源的傷害：是故，在瓦歷斯‧諾幹賦予臺灣這座島嶼擁有言說之能力時，相信讀者大概也不會奇怪，為何會有以下的台詞脫口而出：

> 只聽島嶼傳來微弱的氣息：
> 「請還我潔淨的面目。」（《泰雅孩子台灣心‧圖解島嶼》，頁67）

究其根源，當然與重金屬、廢水、空污等多重人為傷害之交織、化合，最終在這座曾被譽為「福爾摩沙」的寶島身上所造成的悲痛烙印，息息相關。

2. 自然傷人

雖然在上述的詩例詮釋裡，實已清楚照鑒人類為了自身之需求，而肆意破壞山、水、天、地的證據；不過，若仔細檢視人與自然的敵對關係，則亦可在莫那能等三位詩人的相關描述中，發現人類在現實範疇與抽象層面皆被大自然傷害的痕跡。

(1) 現實範疇

首先，儘管在下列詩句中莫那能並未明指原住民族歷經了哪些折磨，且此處表面上被詩人直截控訴的兩種野生動物，亦有相當大的可能只是莫那能以此言彼的一種媒介而已；但由鼠和鳥的生物習性應可推知，之所以作者會喊出「滾開吧！／野鼠和烏鴉！／難道連你們都還要增加我們的苦難」（《美麗的稻穗‧來自地底的控

訴》，頁62），這等既充斥怒氣、又飽含無奈的複雜心聲，亦或與野生動物會不時瓜分原住民好不容易得來的糧食有關。

進而言之，就算能妥善持守自身之收成，但就人類獲取食物的整體過程來看，其實本就有許多源於自然的干擾與限制——例如，在「當空中響徹著球賽的鳴笛／我們還要在發黑的太陽底下種植豆子」（《泰雅孩子台灣心·墨西哥豆子》，頁74-75），這首瓦歷斯·諾幹因有感於發生在墨西哥之新聞事件的詩篇中，即鮮明昭示了人類謀生不易、日頭又酷熱照射的殘酷實情；而同樣是在突顯烈日的毒辣，莫那能的「滾開吧！／太陽！／你不去溫暖在陰暗角落裡顫抖的子民／卻來曝曬我們被支離的屍骨」（《美麗的稻穗·來自地底的控訴》，頁61-62），此種生民與逝者同處不幸的衝擊性情節，更使人動容

(2) 抽象層面

相對而言，下列引述的兩處詩例，則可被另行歸類為自然對人之心靈世界的干擾——像是當莫那能極度思念遠離家鄉、屢遭不幸的親妹妹時，就曾如此哀嘆：

啊，哥哥的思念
被綿延無際的山嶺圍困
被此起彼落的泉聲纏繞（《美麗的稻穗·歸來吧，莎烏米》，頁111）

也就是說，此刻的詩人除了正因親人之遠離而憂思不絕外，還要面對山地與平地相距遙遠、無法輕易跨越的客觀事實；故而就情感面來看，才會將叢山峻嶺、山泉谷溪，皆視為阻擋自己尋找妹妹、思念家人的負面險阻之一。另外，由「……雨落無聲，射進獵人的胸膛」（《紀念品·和平》，頁110-111）之特殊設計——亦即一方面

透過「射」字的渲染，使平凡雨滴蛻變為隱含極大殺傷力的箭矢；另一方面藉由「胸膛」之暗示，引導讀者聯想到，滴滴雨珠不只能淋溼身軀，尚可擊打內在心靈——當能合理推測，此處的獵人，在某種程度上，確實承受了從自然而來的負面影響。

三、人與自然的「變化」關係

跳脫「利害」，在莫那能等三位作者的生態書寫中，另一項極為醒目的人與其它自然萬物之相互脈絡，即是所謂的「變化」關係；進而言之，依照變化程度之高低，可再分為局部性之變化與整體性之變化。

（一）局部變化

簡言之，莫那能、瓦歷斯・諾幹與董恕明筆下具備生態要素的「譬喻」詩句，即蘊含了眾多人與自然之間的局部性變化——而從早期「生態學」家「在研究物種的特性、空間分配」時所用的「水是地形的『雕刻家』」（sculptor），生命是『斑駁雜陳的』（patchy），生態系統拉起了『聯結的鏈條或網路』（linking chains or webs）」[21]等相關證據，便已可發現譬喻與生態學的淵源；更重要的是，當我們從「英語稱『譬喻』為figure，語源出於拉丁文figura，涵義為描繪形象」，和「我國《說文解字》人部『俔』字云：『俔，譬喻也，或曰聞見。』後人解釋雖多，終離不開『從不可知的到可知的』之涵意，正與西方『從無形變為有形』者相同」[22]，以及「更以譬喻的本質來看，凡用以兩相比喻的事物，都只是那事物之某一點而非全體，換言之，譬喻本來就是用不同的事物之『一隅』來相比」[23]即可確認——就核心性質而論，譬喻，就是一種從抽象到具體、未知到已知的局部性變化關係。

---

21 劉蓓〈論生態批評的生成語境〉，《世界文學》第4期（2012年12月），頁247。
22 王夢鷗〈譬喻的基本型〉，《中國文學理論與實踐》（臺北：里仁書局，2009年），頁134。
23 同前註，頁131-132。

1. 人喻於自然

具體而言，人與自然之局部性變化關係，可依被說明之主角的不同，細分成「人喻於自然」和「自然喻於人」；就前者來看，「星」、「木」、「鳥」等三大群意象系統，即是莫那能等人在把與人相關之部份狀態變作自然意象時，所展現出的主要交集。

(1) 藉「星」設喻

　　在使用與星體相關的自然意象來開展譬喻時，抽象心靈的各式狀態，可說是詩人描繪之一大重點：例如，在「情場，淨空，漫天星光閃爍，不是木木的心」（《紀念品・返家》，頁153-154）之對比陳述裡，當可明顯發現董恕明眼中在戀情結束後卻仍能保持美好的特殊心境，大約便等同於夜中繁星；至於在「戲在上演，幕在大學／有人感覺到校園的空氣／充滿著陰沉的死亡氣息／一寸一寸地壓抑住／活潑如旭日的心靈圖像」（《泰雅孩子台灣心・禁忌遊戲》，頁66）裡，瓦歷斯・諾幹除了把大學生的心靈世界喻作朝陽，突出年輕學子內在的光明澄澈、奮發向上等特質外，更著重暗示了在特定時空背景下，大學校園所受到的外來惡性壓迫。

　　但除了喻說抽象心靈以外，詩人們對星體意象的運用，更常與人之存在價值有關：例如，當莫那能在美國與戴國煇短暫相處時，便把其眼見的「你」看作「是天上的星星」（《美麗的稻穗・相會》，頁26），進而強調對方在詩人心中的崇高與炫目；或是像瓦歷斯・諾幹一樣，直率而肯定地將個人主體之特色──亦即超脫於病態塵世之上的自我期許，轉化為雲上朝陽：

　　　穿越咳嗽的雲層，我是
　　　地球村最後一枚清晨（《泰雅孩子台灣心・清晨》，頁31）

此外，異於前述借星體之存在以喻個體之存在的是，董恕明更關注

多數人的生存樣貌：像是「歷史和歷史推擠的血肉模糊，西風／和東風從來不少埋頭吹，吹得高牆／都東倒西歪了，可兩岸，兩岸／仍是人間脈脈不得語的星辰」（《紀念品·破妄》，頁97-98），便是將焦點擴展到範圍更加寬闊的國家與歷史，進而將原應在天外含情脈脈的星子，當作是臺海兩岸複雜現況的獨特寫照；至於「在過與不及之間，生命是星光」（《紀念品·人生》，頁123），則將群星熠熠，視為一切生命至為美好之平衡景況的最佳代言。

(2) 藉「木」設喻

　　至於在以與「木」相關的植物意象來喻「人」時，就外顯層面而言，所謂的「在叢林的心臟地帶徘徊」（《泰雅孩子台灣心·都市叢林》，頁33），即是人造之高聳建築化作同樣具有高大意涵之森林的極佳示範；而與此相似的是，部落老者「乾裂的手指」則藉由「像枯槁的樹枝」（《美麗的稻穗·雕像》，頁154）的轉換，突顯老者生命的枯敗；而「我們像溫室中逐漸成長的花卉／趴伏著柔軟的枝葉飲用維它命」（《泰雅孩子台灣心·都市叢林》，頁33-34），則生動地將習於科技文明後的大多數人類，轉變為溫室裡的柔順之花。

　　另，當我們轉而審視內在時，亦不難發現「我是地上的落葉」（《美麗的稻穗·相會——送給紐約相遇的戴國煇先生》，頁26）之反覆吟誦，其真正欲吐露的即是低落至極的自我價值；而從「你這被煉礦鍛打的生命／快走向你的族群／如檳榔樹般驕傲地迎向陽光」（《美麗的稻穗·白盲杖之歌》，頁130）的激越宣告，莫那能繫於整體族群的尊嚴與自信，則完美地演變成沐浴在日光下的挺拔檳榔樹；更特別的是，在下列引文中詩人又延展了樹之形象所可能涵括的豐富意蘊：

　　　　如果你是山地人

就擦乾被血淚沾濕的身體

像巨木熊熊地燃燒

照亮你前進的道路（《美麗的稻穗·如果你是山地人》，頁36）

換言之，莫那能眼中的原住民族除了自尊與自信外，更該在必要時做出犧牲——如樹之自燃、照亮未來，才有機會像董恕明所言般，成就美好的「人」生，「在美麗的島上，花一般綻放」（《紀念品·坐下來》，頁106）。

(3) 藉「鳥」設喻

如果無生物的星體、植物類的花木都可成為詩作中用來喻人的重要媒介，更具靈性的動物，當然更是局部性變化關係中的要角——舉例而言，大多數的鳥類之姿，皆是用來說明人之外在特徵：例如莫那能的「那個麻臉的『老火雞』／在黑板上寫著」（《美麗的稻穗·來，乾一杯》，頁85），以及「法師抖動著身體／……／時而像怪鳥的鳴啼」（同前詩，頁94），便都是將人類身軀之部份性質，化為禽鳥之形、聲特徵。此外，當莫那能沉痛寫下「從海那一端一批批飛來」的「貪得無厭的禿鷹」使原住民們「一步步退向山林」，還「剝奪我們祖先賜給我們的名字」，更做出既「賜給我們身份證」又「卻把它們扣在箱子裡」（《美麗的稻穗·來自地底的控訴》，頁64-65）的荒謬行為時，則是成功地將其眼中漢人政權之貪婪行徑變為禿鷹，令讀者得以藉由猛禽之兇惡表現，體會到原住民族親歷的悲哀。

而瓦歷斯·諾幹筆下的鳥類，同樣也被視為堅持特定行為之族類的最佳化身：像是所謂的「返鄉者」，便曾被詩人形容為「像候鳥」艱辛地「隨四季遷徙」——只因「沿路有大自然的侵襲／人群等在樹林架鳥踏／太多的陷阱，彷彿／用來磨鍊返鄉者的心志」（《泰雅孩子台灣心·返鄉者》，頁86）；而願意為公理、正義發

生的莘莘學子，則既「像鴿子尋找理想的圖騰」般「自四面八方擁來」（《泰雅孩子台灣心・夢魘》，頁54），又「像鴿子尋找失落的圖騰」，在「那一夜」裡「高喊『和平』」（同前註，頁55）。

　　進而言之，與前兩首詩作大同小異的是，莫那能其實亦曾將原住民族變作棲息於詩作中的鳥類；但其更注意族人同胞們集體的心靈寫照：

> 我們是一羣悲哀的鳥類
> 我們的名字叫喜鵲
> 清晨裡用眼淚洗臉
> 夜晚，以輓歌催眠
> 不論我們如何努力鼓動翅膀
> 幸福啊，榮耀啊，還有尊嚴
> 總是與我們無緣
> 我們辛勤營建的窩巢
> 已經被鳩鳥霸佔（《美麗的稻穗・鵲兒，聽我說》，頁22）

除了藉「喜」之名，反襯生活的傷悲細節外，此詩尚借助了「鳩佔鵲巢」的中國古典成語，點出另一群適合用「鳩鳥」來代表的對象——亦即那些惡劣異常的侵略者、統治者——之惡行，並藉此傳達臺灣原住民族受過的掠奪與驅逐；而董恕明筆下「雲不來的時候，先請／童年坐坐。總是會長大的，像天上來去的飛鳥／地上蔓生的青草，不知不覺又長了一歲」（《紀念品・初生》，頁129-130），除了同是著眼於人之抽象狀態，更將視野普及一切人類，將所謂的成長歷程，比作鳥飛雲天之優游自在——凡此種種，皆是詩人們藉鳥設喻、化人為鳥的藝術結晶。

2. 自然喻於人

在檢視完「人喻於自然」的局部變化後，下一步要繼續深究的，就是莫那能等三者筆下，把「自然」之特定性質化成「人」的相關例證。

進而言之，在為數不多的詩例中，以人造之器物來喻說自然，可謂莫那能、瓦歷斯‧諾幹和董恕明較為一致的選擇：

> 早春，早春的空氣
> 像是剛從地窖起出的小米酒一般
> 那開封的清香和著情歌
> 在百蟲交鳴的山徑旁沿途伴我上山（《美麗的稻穗‧歸來吧，莎烏米》，頁108）

例如在上述詩行中，詩人便將初春之氣息，轉換成被原住民精心釀造的小米酒——使得讀者彷彿得以透過白紙黑字之渲染，便足以體會到山間空氣之清新與醇厚；至於在多數人眼中無限美好的夕陽時分，經過詩心的巧妙串聯，竟可和死亡發生密切的關係，而呈現出「黃昏，黃昏恰如死者的布幕／蓋住狀似墓碑的建築物」（《泰雅孩子台灣心‧黃昏》，頁32）；而與前述詩例相近的是，董恕明亦相當重視，由人造器物所襯托而出的自然之感性特質——尤其是在「天地躬身，刀一樣的憂傷起來」（《紀念品‧和平》，頁111）中，雖然天地與刀之內外特性看似懸殊，但通過「躬身」一詞的畫龍點睛，因殺戮、競爭而生的憂愁傷感，亦得以躍然紙上。

（二）整體變化

在莫那能、瓦歷斯‧諾幹和董恕明的首本詩集中，不論是「人」喻於「自然」，或「自然」喻於「人」，此二種變化關係欲著墨的皆為人與自然之間的部分相似性；但在下列筆者直接以「變」指稱的人與自然之相互關係，則意謂著更為徹底、更為完整的彼此認同、相互轉變。

1. 人變為自然

就數量不多的相關詩句來看，當「人」更加整全地變化為「自然」時，依其最終用意之不同，概可分為人之負面性質的突顯，與正面特徵的強化。

(1) 突出負面性質

首先，「於是把你當作田鼠和山雞／發動全班圍捕你」（《美麗的稻穗·來，乾一杯》，頁86）以及下列所引詩句，皆是將作者心目中的某位特殊對象直接轉換成自然意象的成功表現：

> 阿母：
> 身為漁家
> 我們註定成為一條魚
> 一條面對波濤洶湧的
> 面對弱肉強食的生物鏈的魚（《泰雅孩子台灣心·歸來》，
> 頁43）

例如莫那能描述的，被學校教師極度蔑視而當成逃竄之野生雞、鼠，以及需要被抓拿回來的「你」，其實都是指詩人從小認識，最終卻「在開普頓被謀殺了」（《美麗的稻穗·來，乾一杯》，頁89）的好朋友──卡拉白；至於無奈向母親傾訴，在茫茫浮生中自己終究會變成屢遭困厄的魚的那位人子，則是在「七十五年五月」從「憲德三號漁船」意外「失蹤的顏文峰」──年僅「十九歲」（《泰雅孩子台灣心·歸來》，頁44）。

其次，若稍稍拓展闡發之範圍，則亦不難發現，與上述將失蹤船員轉變為魚而藉以強調其所遭受之慘劇相似的是，下列詩作中的牛、馬，即為莫那能心中飽嚐迫害之眾多原住民同胞的化身──例如，「近年」來臺灣原住民族被國民政府統治後，便面臨了「丟給我們三民主義／卻使我們成了牛馬」（《美麗的稻穗·來自地底的

控訴》，頁65）之無情對待；此外，那些「自認高級的人」還「把他們發明的文字／密密麻麻地變成／牛繩與鞭子」，並惡意滿滿地「把文字架構成陷阱與獸欄」——最終「就這樣莫名其妙地」，讓「我們」這些不熟悉漢字的原住民，「被馴伏成牛馬」（《美麗的稻穗·回答》，頁69-70）。

最終，或許也正是因為人的確具有犯下眾多罪行之可能性，故而才讓心痛不已的詩家，寫出了「人真的很弱，動不動就淪為禽或獸」（《紀念品·良心》，頁100），以及「而大人果真進化成飛禽猛獸甚至更加碼／加級附帶禽流感和口蹄疫」（《紀念品·生靈》，頁169）的諷刺與譴責。

(2) 關注正面特徵

但所幸，當眼前烏雲低垂時，太陽依舊在更高之處燦亮——換言之，在人變化成自然的相關詩例中，亦傳達出人之美好、光明與昂揚等正面性質：

> 當我們交臂化為雷電
> 你不再是你，我不再是我
> 黑暗歸於黑暗
> 光明歸於我們勤奮的腳步（《美麗的稻穗·相會》，頁27）

例如在莫那能筆下，其與相當關注臺灣民主發展之戴國煇教授的相聚即使相當短暫，卻依舊凝聚了豐厚的力量，使得他們兩人的生命都因此發生美好的改變，在記憶中留下永難磨滅的光輝。

至於對瓦歷斯·諾幹來說，雖然為著理想、為著臺灣未來而走上街頭的學生，會因一時的鎮壓而受挫，但由詩人替其擬設的自述——亦即「就讓我們成為一隻隻憐蛾／用細瘦的翅翼反擊龐大的夢魘」（《泰雅孩子台灣心·夢魘》，頁57）——實不難領悟到，

這些學生在瓦歷斯・諾幹的心目中，正具備了無比的勇氣與堅韌的鬥志。

　　而根據「山川、清風、微塵……／和一和嚼一嚼，童駭便長大了，長成一棵樹、／一株草、一朵花」（《紀念品・問學》，頁25）此種童趣盎然的表述亦可確知，所有願意親近自然的孩童，都有機會成為享受美好、自在生活的存在。

2. 自然變為人

　　所謂的以自然為起點、人為終點的變化關係，可說是莫那能等三位詩家著力最少的——但值得注意的是，這些將自然變為人的殊異想像，大多屬於悲情之傾訴：例如，透過「灰煤與煙塵交替在鏡片前上演／遠方，遠方有人在屈身低泣／像新寡的婦人留不住逝去的青春」（《泰雅孩子台灣心・河悲》，頁30）之刻劃，仍可清楚看出，在敘述者被塵灰佔據之視線裡，以人之姿態暗自啜泣的傷心者，當是由詩題中的悲戚之河蛻變而來；而借助太陽之口幽幽道出的：「其實他知道最糟的是星星，那些傢伙鎮日／東奔西走疲於奔命，只因地上的人經常仰頭／看——那顆星是我的爸爸，那顆是媽媽，那顆／是我不及長大的孩子」（《紀念品・生靈》，頁170-171），則明確解釋了，之所以天頂星辰會被世人看作是他們的家族至親，正是出於生離死別之巨慟的催化。

　　而相似於前二者，但卻又更令人嘆息不已的，或許就是下列由莫那能之筆尖汩汩流淌的闔族悲歌：

> 神話中的百步蛇死了
> 牠的蛋曾是排灣族人信奉的祖先
> 如今裝在透明的大藥瓶裡
> 成為鼓動城市慾望的工具（《美麗的稻穗・百步蛇死了》，頁160）

具體視之，在「百步蛇」身上其實共有兩種由自然變為人的顯著變化——其一，經由代代相傳的文化內蘊薰陶，百步蛇除了被視為神靈，牠更由單純的動物身分化作所有排灣族人共尊的先祖；其二，但此種原住民之起源神話，卻在近代飽受摧殘，導致「百步蛇」不僅跌入凡間，更甚至變成了某些漢人眼中適合養身，進而刺激慾望的人造補品。前、後對照，焉能不令讀者唏噓！

四、結語

根據前述種種詮解，當可確知臺灣當代以中文從事創作的原住民族詩人們——例如莫那能、瓦歷斯‧諾幹和董恕明，在「寫山寫海」的自然書寫過程中，除呈顯「『常識性』的『自然意象』」或「『隱喻性』（神秘性）的『自然感悟』」[24] 外，在生態學視野中，人與其它自然萬物——「包括生物與無生物兩部分」——之間「微妙而相互牽扯」[25] 的相互關係，實有面向眾多之豐美表現，值得深究。

歸結而論，本文針對莫那能、瓦歷斯‧諾幹與董恕明之首本詩集內容所闡釋的人與萬物之相互關係，可謂具備了既「對稱」、又「失衡」的總體特色：就前者而言，或是因為「對自然界敬畏，卻不是用以偶像崇拜的對等法則」，[26] 本就深植於多數原住民的意識底層，故在此三者之詩作裡皆能明確看出，幫助者、獲益者、加害者、受害者、給予變化者與接受變化者，皆為自然萬物與人在利害和變化關係中扮演過的實際角色。[27]

---

25 蕭蕭〈現實主義美學〉，《台灣新詩美學》，頁237。

26 瓦歷斯‧諾幹〈從台灣原住民文學反思生態文化〉，《文化生活》第4卷第3期（2001年1月），頁73。

27 進而言之，若要繼續深究自然與人的各自屬性，或可將吳明益在檢視夏曼‧藍波安和霍斯陸曼‧伐伐的小說作品時，曾「試圖」將「原住民作家筆下」之人「與」自然「環境對應的思考模式」擬定為「自然是供應者、超越者、被傷害者」（詳吳氏著，〈天真智慧，抑或理性禁忌：關於原住民族漢語文學中所呈現環境倫理觀的初步思考〉，《自然之心——從自然書寫到生態批評：以書寫解放自然BOOK3》（新北：夏日出版，2012

而所謂的「失衡」則是意指，儘管人與其他萬物看似兩兩相對地維持著彼此之間的利益結構與變化脈絡，但透過對各式關係細項的具體描述，則不難發現此三位作家在具體組構其心目中的生態關係時，實有輕重懸殊的差異化現象——像是在利益關係中的自然，所扮演的角色便可說是助人多於被助、被傷多於傷人；而在變化關係裡，自然萬物更被大量拿來修飾人、作為人的變化結果：是故，莫那能等三位作者筆下的自然，在其詩作中展現的面貌更多地是偏向豐富、多彩、善良、美好的一端。而當我們轉向聚焦於人之一端時，則可清楚看出，在利益關係裡的人，即是被助多於襄助、傷害多於被傷；另外，不論是局部或整體，人所能帶給自然的變化，都十分貧乏：因此相較於自然而言，人，在莫那能、瓦歷斯・諾幹和董恕明詩作中所佔據的位置，往往更趨向扁狹、灰暗、邪惡且醜陋的一方。總而言之，重視自然而輕人，實可說是莫那能等三者詩作之生態關係中，極為突出的「失衡」表徵。

而若與臺灣漢族詩人之生態書寫的共同特色——以林于弘和蕭蕭之觀察為例，即是在詩作內容之「思考方向上」的「多為負面報導」、「普遍具有強烈的批判意念與抗議色彩」，與「多從同情動植物及生態環境的角度，批判人類的不當行為」[28]，以及在表現方法上「多以第三人稱的客觀描述為主」、「遣詞用語偏向平實，不刻意援引典故、賣弄修飾」[29]，甚至是符合「現實主義」之「寫實作風」的「平鋪直敘」[30]——互為對照，則應可進一步彰顯莫那能、瓦歷斯・諾幹、董恕明的中文詩作，實已憑著更為豐富立體、奇特多姿的生態書寫成果，成為臺灣當代新詩中兼具深度與廣度的亮麗風景。

續而論之，就臺灣當代自然書寫的總體研究面向來看，雖然本文僅探討了三位原住民族詩人首本中文詩集內的生態關係，但至少已可說是對乏人問津的「原住民作家書寫自然的模式」和「詩中潛存的自然觀及生態意

年），頁94）的說法，與本文之觀察結果統合觀照，進而得出更為整全的答案。

28 林于弘〈生態詩的萌發與茁壯〉，《台灣新詩分類學》，頁202。

29 同前註。

30 蕭蕭〈現實主義美學〉，《台灣新詩美學》，頁241。

象」[31]，進行了整合式地初步探查；換個角度看，本文對莫那能等三者筆下人與自然之利害關係、變化關係的梳理，除了能視為原本因各自之生成脈絡截然不同，而極可能「互有出入扞格」的「原住民與生態」，這兩大研究領域在具體詩作上所明確發生的實際「交會」[32]外，更可因著對自然助人、人助自然、人傷自然、自然傷人、人喻於自然、自然喻於人、人變為自然和自然變為人，這八類人與自然之相互關係的詮析，突破並彌補了「臺灣自然寫作從1980年代初興以降」，由於大多「是以都會的、中產階級與知識分子作為」視角，並「挪用西方對資本主義社會經濟結構的批判為發聲基調」，而造成的其中一項「在思想上的困境」——亦即「人與自然的斷裂」[33]。不過，當我們改由臺灣當代原住民族文學的研究路徑切入時，則本文無法迴避的重要缺陷，即為一種因「將焦點放在原住民漢語文學上」而必然產生的「『侷限視野』」；不過，儘管莫那能等三者之中文詩作，的確「不可能全然代表母文化的觀點」[34]，但筆者認為這些自發性強烈的，富含人與自然萬物互動關係的生態書寫成果，相當程度上應已代表從「抵殖民文學的一種型態」發軔之臺灣當代原住民族文學作品，已逐漸跳脫「抵抗的層次」、「他者」[35]之身分，而走向主體性已然更為堅實豎立的階段。[36]

---

31 吳明益〈且讓我們蹚水過河：形構台灣河流書寫／文學的可能性〉，《東華人文學報》第九期（2006年7月），頁177。

32 阮秀莉〈原住民文學與生態思潮：「原住」之生態意義導向〉，蔡振興主編，《生態文學概論》（臺北：書林出版有限公司，2013年），頁143。

33 瓦歷斯‧諾幹〈從台灣原住民文學反思生態文化〉，《文化生活》第4卷第3期，頁73。

34 吳明益〈天真智慧，抑或理性禁忌：關於原住民族漢語文學中所呈現環境倫理觀的初步思考〉，《自然之心——從自然書寫到生態批評：以書寫解放自然BOOK3》，頁63。

35 楊翠〈原音與女聲——跨世紀臺灣文學的新渠徑〉，《文訊》第170期（1999年12月），頁47。

36 這是由於筆者認為，「或許人的主體建構或自由解放，不一定要放置在『宰制／反宰制』、『中心／邊陲』的鬥爭框架中來達成。『主體性』的『根』，應當落在一個具體的人的生命安頓和人格世界之中」（詳見孫大川〈原住民文學的困境——黃昏或黎明〉，《台灣原住民族漢語文學選集——評論卷（上）》（臺北：印刻出版有限公司，2003年），頁72）；因此，若說「『番刀出鞘』本是進退有據的獵人本色」（董恕明〈原來

| 參考書目 |

1. 專書

王夢鷗〈譬喻的基本型〉，《中國文學理論與實踐》，臺北：里仁書局，2009年。

瓦歷斯・尤幹《泰雅孩子台灣心》，臺中：台灣原住民人文研究中心，1993年。

吳明益《以書寫解放自然：臺灣現代自然書寫的探索（1980-2002）》，臺北：大安出版社，2004年。

吳明益〈創作與論述的不同步演化〉，陳明柔主編《台灣的自然書寫》，臺中：晨星出版社，2006年。

吳明益〈天真智慧，抑或理性禁忌：關於原住民族漢語文學中所呈現環境倫理觀的初步思考〉，《自然之心——從自然書寫到生態批評：以書寫解放自然BOOK3》，新北：夏日出版，2012年。

吳明益〈戀土、覺醒、追尋，而後棲居：臺灣生態批評與自然導向文學發展再思考〉，《自然之心——從自然書寫到生態批評：以書寫解放自然BOOK3》，新北：夏日出版，2012年。

阮秀莉〈原住民文學與生態思潮：「原住」之生態意義導向〉，蔡振興主編《生態文學概論》，臺北：書林出版有限公司，2013年。

林于弘〈生態詩的萌發與茁壯〉，《台灣新詩分類學》，臺北：鷹漢文化企

有你——山海之內天地之外〉，《山海之內天地之外——原住民漢語文學》，頁117），堪稱多數人心目中足以代表臺灣原住民的經典印象，則由「長久以來我最喜歡的作家作品是中國現代文學史上的三十年代，而我最感興趣的角色人物是「讀書人」。……我最在意他們是怎麼看待個人、社會、文化、家國……，最終是生命的踐履，理想的實現」（董恕明〈後記〉，《山海之內天地之外——原住民漢語文學》，頁196）的自剖，我們應可間接推知，董恕明所高度嚮往的文人生命型態，亦可視為臺灣當代原住民族主體性的一環。同理而論，強烈關注人與自然之相互關係，並創作了大量相關之新詩作品的莫那能等三位詩人，其所透顯出的主體特質，亦可視為臺灣當代原住民之主體世界已日趨寬廣、逐漸茁壯的證明。

業股份有限公司，2004年。

孫大川〈原住民文學的困境──黃昏或黎明〉，《台灣原住民族漢語文學選集──評論卷（上）》，臺北：印刻出版有限公司，2003年。

郝道猛〈生物種間的關係〉，《生態學概論》，臺北：財團法人徐氏基金會，1990年九版。

莫那能《美麗的稻穗》，臺中：晨星出版有限公司，1989年初版，2003年五刷。

楊　翠〈三個寫詩的原住民女生：論董恕明、伍聖馨、明夏的現代詩作〉，《少數說話──台灣原住民女性文學的多重視域（上）》，臺北：玉山社，2018年。

葉維廉〈中國古典詩和英美詩中山水美感意識的演變〉，《比較詩學》，臺北：東大圖書股份有限公司，2007年。

董恕明〈詩意的天地，生命的海洋──試論夏曼·藍波安作品中的人與自然〉，陳明柔主編《台灣的自然書寫》，臺中：晨星出版社，2006年。

董恕明《紀念品》（臺北：秀威資訊科技，2007年）。

董恕明〈序言──初萌的新綠〉，《山海之內天地之外──原住民漢語文學》，臺南：臺灣文學館，2013年。

董恕明〈原來有你──山海之內天地之外〉，《山海之內天地之外──原住民漢語文學》，臺南：臺灣文學館，2013年。

董恕明〈後記〉，《山海之內天地之外──原住民漢語文學》，臺南：臺灣文學館，2013年。

蔡振興〈緒論──生態文學批評〉，蔡振興主編，《生態文學概論》，臺北：書林出版有限公司，2013年。

蕭　蕭〈現實主義美學〉，《台灣新詩美學》，臺北：爾雅出版社，2004年。

簡義明〈逃向自然、荒野追尋與環境正義〉，《寂靜之聲──當代台灣自然書寫的形成與發展（1979-2013）》，臺南：臺灣文學館，2013年。

2. 期刊論文

史洛維克（Scott Slovic）著，倪志昇譯〈生態批評101：生態批評與環境文學導論〉，《世界文學》第4期，2012年12月，頁50。

瓦歷斯・諾幹〈從台灣原住民文學反思生態文化〉，《文化生活》第4卷第3期，2001年1月，頁73-76。

吳明益〈且讓我們蹚水過河：形構台灣河流書寫／文學的可能性〉，《東華人文學報》第九期，2006年7月，頁177-214。

林于弘〈《年度詩選》中的原住民書寫現象〉，《國立臺北師範學院學報》第16卷第2期，2003年9月，頁1-24。

奚永慧〈以神之名：早期美國文學中的神話、生態書寫和國家意識〉，《中外文學》第26第7期，1997年12月，頁75-96。

陸浩寧〈臺灣現代詩的雲豹書寫〉，《臺灣詩學學刊》第29期，2017年5月，頁117-141。

曾珍珍〈生態楊牧——析論生態意象在楊牧詩歌中的運用〉，《中外文學》第31卷第8期，2003年1月，頁161-191。

楊　翠〈原音與女聲——跨世紀臺灣文學的新渠徑〉，《文訊》第170期，1999年12月，頁46-49。

劉　蓓〈論生態批評的生成語境〉，《世界文學》第4期，2012年12月，頁237-256。

詩的流式創讀
論散文詩的生成與泯滅

陳巍仁　元智大學通識教學部助理教授

摘要

　　當代散文詩雖非主流文類，然迭有佳作，看似脈絡不絕。散文詩之名，注定了其文類的爭議與跨界的身世，雖論者恆論，然創作者亦未必受其影響，自有其姿態與節奏。散文詩文類之析辨重點，是否真原於散文與詩，乃至各文類之要素多寡？其難處是緣起其移植譯名，還是華文現當代文學發展史中另有陷阱迷思？獨屬台灣散文詩之「超現實驚心劇場」詩質，雖成功與世界華文散文詩做出了明顯區隔，然在超過半個世紀以來，散文詩有無其他潛藏的發展脈絡，可供「驚心之一味」作為參照，或成為未來的出口？本文擬借用電子書閱讀之「版式」、「流式」概念，從每位作者的表述需求與意圖出發，選取沈臨彬、渡也、杜十三、李長青成集之「手記」、「筆記」詩體，一探分行詩之「版式」，如何瓦解轉變為「流式」，以去文類或無文類型態，最終滲入詩壇權力場、文學接受史的歷程。

關鍵字：散文詩、文類、流式創讀、手記體、沈臨彬

一、緒論：因名糾結的身世

　　華文新詩歷百餘年，台灣現代詩發展也已過四分之三個世紀，有些論

題隨著作品或流派、風格的生住異滅，已漸有定評，或說漸失討論意義。然而散文詩一例十分奇特，倒不是因為作品或作者數量奇多而不可忽視，相反的，正是因其量少卻惹眼，故詩論、詩史都不得不特別處理。散文詩引人青睞之處，概言之有三點，第一，詩人有極大比例在分行詩寫作之餘，偶便會以散文詩調劑一下，且總強調絕不是散文。第二、幾位散文詩創作者全力為之，詩藝與影響力皆不低，甚至可形成譜系，在世界華文創作圈中可算是亮點。第三、文類問題從未徹底獲得解決，從本質到創作策略無一不可辯論，辯完復有人寫，寫出復有人辯，故至今散文詩雖未躋身詩壇主流，但在論戰焦點上恆處前緣，很能引出各方戰意。

　　散文詩天生的問題在於命名，與言靈一般詛咒隨身。打從波特萊爾使用的法文原稱、劉半農的華文譯名開始，「散文」與「詩」的定義與在作品中所佔質素之比率不斷抗拮，形成典型的文類爭論架構。

　　以台灣散文詩而言，同樣有「兩個根球」的現象、一是新文學運動以來劉半農、焦菊隱、魯迅等人對泰戈爾、王爾德、屠格涅夫、波特萊爾的文體臨摹，另一則是日治時期風車詩社詩人水蔭萍（楊熾昌）、丘英二（張良典）所發展的超現實主義風格。一九四九年後，台灣散文詩之創作仍維持不輟，又有詩壇大家如紀弦等有意引領，散文詩遂逐漸朝「詩人」所屬意的方向而去，意即散文詩為詩的一種型態。散文作家，或更具風格封號的所謂「美文作家」，對此反而幾乎沒發表什麼意見。[1]

　　商禽在一九六九年出版《夢或者黎明》，裡頭便收有大量散文詩，可說是散文詩之超現實「詩質」奠基之作。一九七七年十二月，《創世紀》詩刊第四十六期鄭重推出〈散文詩小輯〉特輯，共收錄十八位詩人三十三篇作品，宣稱「這是現代詩的世紀，更是現代詩的散文詩世紀！」[2] 則可視為替

1　詩文兼擅者如余光中，倒對「散文詩」一詞頗為反感，曾從散文角度批評是「高不成低不就，非驢非馬的東西……往往，他沒有詩的緊湊和散文的從容，卻留下前者的空洞和後者的鬆散。」所指應是被「詩化技巧」滲入，寫得不成功的「美文」。見〈剪掉散文的辮子〉，收於何寄澎《當代台灣文學評論大系‧散文批評卷》（台北：正中，1993年），頁101。

「散文詩」一詞背書，亦將之納入了詩壇認可之權力場。

　　值得特別指出的是，其中蘇紹連〈驚心二首〉、渡也〈影子及其他〉固不用說，[3]但其餘包括陳黎、大荒、劉克襄、楊亭、墨君、陳義芝、張默、沙穗、汪啟疆等人的作品，實則都具有濃厚的「驚心」之意味。從這個比例來觀察，或許以「抒情」為主體的散文詩作，在台灣散文詩正式發展伊始，就被擠到了舞台的邊緣。散文詩以「驚心」作為詩質核心，很可能是台灣現代詩接受史的「共業」或必經歷程，而非僅由幾位名家定調。[4]

　　在此之後，商禽、蘇紹連、渡也、杜十三乃至年輕一代的王宗仁等人大致形成了足堪辨認的散文詩譜系，承擔了大部分的文類檢視眼光，甚至更慢慢從詩的領域，朝新文類或獨立文類方向而去。相關研究如蕭蕭〈台灣散文詩美學〉、蔡明展碩士學位論文《台灣「散文詩」研究》、陳巍仁《台灣現代散文詩新論》，即次第建構出此一趨勢。

　　然而值得質疑的是，台灣散文詩在整個華文散文詩界之所以獨一無二，難以取代，乃至早早便與對岸氾濫一時之詩化散文、富詩意之散文小品切割，確實得益於超現實、荒謬劇場、驚心一擊等之技法風格，然這是否能為所有散文詩作品義界，或其實縮限了創作者的手腳，真不能不慎重面對。

　　主要活動於美華文壇，致力為散文詩之多元化發聲的旅外詩人秀陶，就於二〇〇三年出版《美與死》（僅在美出版），以及二〇〇六在台出版重要大作《一杯熱茶的工夫》，又繼莫渝之後，認真翻譯世界各地的散文詩佳作，輯為《不死的章魚》一書，同在二〇〇六年上市。秀陶不無情緒的屢次宣稱：「台灣也不知起自何人，認為散文詩一定要有驚心的效果，不能驚心不算得是散文詩。驚心者七百三十一種效果之一而已，何必棄七百三十

2　見《創世紀》第46期（1997年12月），頁4。

3　蘇紹連驚心系列雖陸續發表於1974至1978年間，但此時距集結為《驚心散文詩》（1990年），或渡也《面具》（1993年）之成集皆尚早，只能視為二人之啼聲初試，還不足成為技法指標。

4　詳見陳巍仁《「驚心」設計下的典律？──台灣當代散文詩美學特徵再檢視》，《中國現代文學》第十七期（2010年6月），頁61-78。

種不理而僅求驚心一味？乃至康莊的散文詩鑽進了牛角尖，若干年都爬不出來。」[5]筆者以為，秀陶此說並非真的由於看不過眼，才起身反抗主流，畢竟其早年散文詩成名作〈白色的衝刺〉，便被商禽視為驚心技法之濫觴，已預聞並首開風氣在前。[6]他想強調的，應是「驚心」不應被典律化，非驚心路線之散文詩數量明明所在多有，也各有迷人之處，這與莫渝在編選台灣第一本散文詩選《情願讓雨淋著》的觀點頗為近似，認為放鬆與廣納比急著定義經典重要，這或與兩位精通外語，並在翻譯各國散文詩時所形成的眼界有關。

秀陶自己的散文詩作，便極力實踐「以無面具、極親切之散文體寫作」，[7]可視作對散文詩發展的自省修正。林餘佐碩士論文《散文詩的抒情性研究——以秀陶、商禽為例》，也指出抒情性傳統，在散文詩中絕對應有一席之地，不應被研究者忽略。進入新世紀之後，專攻散文詩的詩人迭有賡續，散文詩集較前代更多，選集上也有由李長青、若爾·諾爾主編，由九歌於二〇一七年出版的《躍場——台灣當代散文詩詩人選》可見跨世紀之變化梗概。然無論是持續創作的健者蘇紹連，或更為年輕的李長青、然靈諸世代，恐都有意與上一世紀的散文詩詩質中心告別，重新尋找語言與形式的自由。基本上，散文敘事語境又回到了創作者的筆下，李長青也在其博士論文《新世紀台灣散文詩研究（2001-2020）》中提到，從「新世紀台灣散文詩各家作品的表現來看，在語言的稠密性或是密度上，與上個世紀的台灣散文詩作品相較，則明顯呈現出較為淡化與稀釋化的趨向。」是種「語言的釋放」。[8]

5　秀陶〈簡論散文詩〉，原載《新大陸詩雙月刊》35至37期，現收於《會飛的手——秀陶詩選》（台北：黑眼睛文化，2016年），頁154。

6　見商禽為秀陶《一杯熱茶的工夫》（台北：黑眼睛文化，2006年）所作序文，頁ii。此詩收入瘂弦、張默編《六十年代詩選》（高雄：大業，1961年）

7　見秀陶《一杯熱茶的工夫》書背折頁介紹。

8　李長青《新世紀台灣散文詩研究（2001-2020）》（彰化：彰化師範大學國文學系博士論文，2021年），頁250。

本段乃先大致整理台灣現當代散文詩在創作與研究上的來回推移，從移植外來文學體類，乃至形成偏向詩的超現實、荒謬劇、驚心詩質，其中以一九九〇年蘇紹連的《驚心散文詩》最具代表。在半世紀以上的發展中，間有散文、詩、獨立文類的論述之爭，千禧年後，作品則有復向抒情性、線型敘事性、鬆散性等散文特質回推的態勢。然而，在此一看來還算清晰的文學史角度中，是否還埋藏一些仍未辨明的陷阱，並有其他猶可發掘的脈絡呢？在商禽、蘇紹連之外，台灣散文詩還有無值得一提的創作特質存在？本文接下來，便擬對此作一探索。

二、文類區分法的陷阱

散文詩一詞，乃肇基於波特萊爾。詩人於一八六二年八、九月間以〈小散文詩〉為名，陸續開始書寫二十篇作品，之後繼續積累至五十篇。在其去世後兩年的一八六九年，方以《巴黎的憂鬱》為名正式出版。波氏對此體類的名稱，用的是 poème en prose，英譯作prose poetry。劉半農於一九一七年五月，在《新青年》第三卷第三期發表〈我之文學改良觀〉，竭力提倡「增多詩體」，說到：「英國詩體極多，且有不限押韻之『散文詩』，故詩人輩出……」主要指的是王爾德與印度泰戈爾等人之作。乍看起來，將prose所指之散文、平鋪直敘之義，加上poem或poetry之複合詞，稱散文詩當無問題。然而，無論是波特萊爾或劉半農所謂的散文詩，跟我們當今使用的概念並非同一回事，簡要說來，目前的「散文」、「詩」，乃至「散文詩」定義，都是現代華文文學出現「文類四分法」後才迅速確立的，跟同名的「前身」大有不同。

這話聽起來很玄，但其實就是現代文學史中的基本問題，也就是這一百多年來的白話文學，其文類是否為先驗性存在？答案自然為否，這早為所有人接受的「詩」、「散文」、「小說」、「戲劇」四大類，其實是在非常任務、功能導向的前提下，被創建出來的。無論是西方或中國傳統文學中，本來都沒有這四種文類並置，並用以畫分文學畛域的先例。西方文類基礎可追

溯自亞里斯多德之《詩學》，將文學分作抒情、敘事與戲劇三大類，[9]輾轉相承，對應的即是現今之詩、小說、戲劇。而中國傳統文學基本則為詩、文兩大宗，若論小說、戲曲（劇），雖有作品之實，然其「娛樂小道」性質，便使之全然不具備文學場域競逐資格。文類四分法開始發揮文壇權威性，明確起自一九三五年由上海良友公司出版的《中國新文學大系》。此文叢由趙家璧主編，胡適、鄭振鐸、茅盾、魯迅等人則負責各卷實際編務，這是新文學運動第一個十年的成績單，除《建設理論集》、《文學論爭集》、《史料‧索引》外，便是三集的小說、兩集的散文，以及各一集的詩與戲劇了。大系編集群究竟是如何決定四大文類的架構？徐鵬緒、李廣引趙家璧《編輯憶舊》等資料認為：「在策畫《大系》的初期，趙家璧和鄭伯奇、阿英等人就已經把入選的文學作品分為四個基本類型……這種劃分方法幾乎沒經過討論就得到一致的認可。」[10]當然我們勢必就得追問，從新文學運動發動以來這二十年間，這「一致認可」是否有線索？

此線索可自一九一五年追起，時胡適與任叔永、梅覲莊於綺色佳留學之際，便已開啟對中國文學出路之辯論，胡適於往來論辯中，確立了以白話「活文字」取代文言「半死文字」之核心思想，其中他最想改造的，就是詩。然諸友斷言，無論白話詩、文，都不可能成為真文學，故胡適只好向古代去尋找成功案例，把元代以降之小說、戲曲高高舉起，並稱「皆第一流之文學，而皆以俚語為之」。[11]這四種文類首次合在一起議論，並不是為了分類，而是為了證明白話文的文學效度與範圍。劉半農接著在一九一七年《新青年》上發表〈我之文學改良觀〉，宣稱「凡可視為文學上有永久存在之資格與價值者，只詩歌戲曲、小說雜文二種也。」[12]這個說法，明顯受到傳統

9　亞里斯多德真正僅提到悲劇（Tragedy）、史詩（Epic），因《詩學》本為殘卷，抒情詩（Lyric）是後人所推論出的第三類。參見姚一葦《詩學箋註》（台北：中華書局，1993年十版），頁48。

10　徐鵬緒、李廣《中國新文學大系》研究》（北京：社會科學文獻，2007年），頁348。

11　胡適〈逼上梁山〉，收於氏著《四十自述》（台北：遠流，1986年），頁108。此段往事亦允為一九一七年〈文學改良芻議〉之先聲。

文論影響，隱將文學以韻文（詩歌戲曲）、散文（小說雜文）區分，但這純文學四大文類架構的嘗試，已屬創舉。由是之後，包括一九一八年傅斯年〈怎樣作白話文〉、一九二二年胡適〈五十年來中國之文學〉、一九三三年魯迅〈小品文的危機〉等論著，都已經非常習慣比較白話文四大文類的表現成就，此即上段所謂「一致認可」之粗略淵源。

一九二九年，葉榮鐘撰〈中國新文學概觀〉，亦以「新詩」、「小說」、「戲曲」、「小品散文」四大文類為綱領，向台灣引介中國白話文學。影響所及，戰後黃得時的〈台灣新文學運動概觀〉，回顧日治台灣文學發展，也以四大文類加上「評論」作為與歷史分期縱軸對應的橫軸。

陸續為四大文類權力定調的，也同樣是幾套「大系」。如由余光中總其事，分別為一九五〇後文學作品進行的大型選集，即一九七三年巨人版《中國現代文學大系》，以及一九八九、二〇〇三年九歌版《中華現代文學大系：台灣，一九七〇至一九八九》、《中華現代文學大系貳：台灣，一九八九至二〇〇三》，另有天視出版社於一九七九至一九八一年間，由何欣、王夢鷗等仿民初大系分冊編選的《當代中國新文學大系》，同時文學獎的徵文項目、年度文類選也都為此系統張目加固，形成了類似先驗法則的「常識」。

然而，正如本節第二段所反思，光靠「認定」與反覆以話語權固化的文類架構，其實非常不穩定。筆者以為，這四大文類並非從過去文學表現歸納而來的「歷史性文類」，亦非先確立標準，按嚴格分類法則演繹而成的「理論性文類」。或者，可權稱其為「假理論性文類」，以其具有創造性與依憑之隱性邏輯，但分類動機卻是為了完成歷史性任務。[13] 四大文類說穿了乃是在推動白話文運動之需求下，先參照西方分類，再以中國特色略加修潤

---

12 劉半農〈我之文學改良觀〉，收於胡適編《中國新文學大系‧建設理論集》（台北：業強，1990年影印復刻版），頁65。

13 參見陳巍仁《臺灣當代文學跨文類寫作現象研究》（台北：台灣師範大學國文學系博士論文，2008年），第二章第二節〈四分法文類探析及溯源〉、第三節〈假理論性文類的迷思〉。

而成，說得更精準一點，文類四分法是傳統「韻文」、「散文」二分系統，與西方「抒情類（詩）」、「敘事類（小說）」、「戲劇類」三分系統折衝的結果，而且西風猶似壓倒了東風。[14] 除散文外之文類，因無例可循，指導原則幾向西方靠攏，其中又以新詩的轉折、衝突最大。詩本是中國文學之瑰寶，然在「格律」這個首要結構與審美特徵，務須連根拔起的風氣下，遂被迫移植了西方的所謂「自由」、「無韻」、「分行」等體式，縱西方亦有深厚的格律詩積澱，但在譯介的隔閡與新典範的刻意塑造中，也被漸漸忽略。

　　準此，在討論散文詩時，有必要釐清這個「散文詩」，是使用在四分法前還是四分法後的脈絡中。波特萊爾或諸詩人在新文體中使用的prose（散文），是為了對應verse（韻文），波氏自己就有好幾首如〈遨遊〉、〈陶醉吧〉、〈髮中的天地〉皆見於《惡之華》與《巴黎的憂鬱》中，內容僅為韻、散之差別，是有意將原本之創思，轉換新型構，以達不同效果。劉半農亦然，無論是一九一八年翻譯印度歌者Sri Paramahansa詩作〈我行雪中〉，或自詡新文學中最先嘗試翻新花樣體裁，曾發表於《新青年》，後收於《揚鞭集》的〈賣蘿蔔人〉、〈窗紙〉等二十餘首散文詩，都是在為打破「苦於格調所限」之困境，為新詩形式尋找方向。

　　然而，在四分法定型之後，新詩的文類主導要素，[15] 最明顯的反成為模擬西詩的長短句分行外型，當然亦有內在的詩語言，大約可綜視為「複義的、翻轉的、跳躍的、變異的、『賣弄』的，是一般性語言固有型態結構的違反」[16]，此時出現的散文詩，意圖消除或瓦解的便是這些成規。

14　胡適在〈建設的文學革命論〉中，列舉各文類不斷強調「西方的文學方法，比我們的文學，實在完備的多，高明的多，不可不取例……西洋文學真有許多可給我們作模範的好處。」可見在新文學運動諸提倡者心中，即使小說、戲劇或詩，其實也只剩下名詞外殼，內涵則須完全換新。本文收於胡適編《中國新文學大系‧建設理論集》（台北：業強，1990年影印復刻版），頁139。

15　泛指文類作品裡最強大的成規（conventions），詳見註13，頁43-48。

16　瘂弦於〈在城市裡成長〉中引林燿德語，見林燿德《一座城市的身世》（台北：時報，1987年）序文，頁19。

三、流式創作與閱讀

　　散文詩一開始對治的是帶格律的韻文，再來於華文現代文學中，復轉變為去除「詩必分行」、「句句錘鍊」之新詩體的「破體」[17]或「出位」[18]，此二說都可看作對「常體」的背離，以過去對散文詩研究的基礎認知來看，多會將其置於文類影響焦慮的脈絡下觀察，一如王國維《人間詞話》所云「概文體通行既久，染指遂多，自成習套，豪傑之士亦難於其中自出新意，故遁而作他體以自解脫。」此中「遁」字，就是另出蹊徑的意思。不過除了緩解前人之影響，文體之變換有無可能出自我的需求，是先為了讓自己舒服，以自己為第一位讀者，與作者相互對話，用以調整最佳語言或形式呢？

　　劉克襄曾出版散文詩集《小鼯鼠的看法》，走的就並非驚心路線，他有段自剖很值得一參，「新詩斷行的果決和驚奇，竟遠超乎我所能承受的負荷……散文的拘謹描述，似乎更能貼近我所追求的情境。有回正巧讀及魯迅的《野草》集子，對詩意濃烈的散文更加鍾愛。」其散文詩之路，看來正是對現代詩的猶疑而生，以散文為敘述主調，透過微妙的稀釋，使詩變得單純而紓緩，「習慣了散文詩之表達，對新詩的分行，多少有些疏離，甚至有著小小背叛的快樂……年輕時，很高興找到散文詩的形式，做為一個階段性創作的探索出口……晚近回味，依舊充滿清淺的愉悅。」[19]

　　這種源自內在，且能符合自我節奏、調性的特質，讓筆者觀察到兩個有異於過去研究成果的切入角度，第一個是「流式」（Float Layout）概念。此名詞來自當代電子書之排版格式，過去電子書的呈現，多以書頁存影、固定版型之PDF檔呈現，雖能維持書頁最初樣貌，但無論在電腦螢幕、網頁或各種閱讀機器上，其型態都是固定的，頂多只能縮放大小，此謂之「版式」。

17　錢鍾書語，見《管錐篇》冊三（香港：中華，1990年），頁890。
18　林淇瀁語，見〈散文出位〉，《文訊》第14期（1984年10月），頁58。自此成為文學批評界論及跨文類現象之流行術語。
19　皆見劉克襄《小鼯鼠的看法》（台北：晨星，2017年）三版序文。

而目前通行之EPUB（Electronic Publication）流式格式，則是由國際數位出版論壇（International Digital Publishing Forum, IDPF）所制定，強調各閱讀平台間的「通用性」，在不同設備上，透過類似網頁的形式，便能以最適於該設備閱讀的方式呈現，加上閱讀者的喜好設定，即使是相同的內容，其展現也會有千姿百態。「版式」雖精準如實但欠缺變化，只能權作紙本書之數位化，未能進一步擴增電子書的使用體驗，自「流式」通行後，與閱讀平台、環境配套的舒適愉悅感大幅提昇，電子書才開始真正親人。本文挪用了這個現象，如果把新詩的表現形式作為一種「版式」，對創作者甚至讀者來說，似乎少了些自由，這也是新詩文類定型的危機，若是相類似的素材或內容，可改用隨意賦形，相續流動的方式，雖未必能在藝術境界上有明顯的大突破、大亮點，但對使用者的身心健康卻大有裨益。

在可考察的文體或散文次文類裡，也的確能找到對應的創作形式，此即第二個切入點，詩人宣稱的「手記」或「筆記」。雖然看來毫不起眼，也十分隱微，但在整個散文詩史中，整條線索串連起來卻很具意義。手記式散文與散文詩的關聯，早為研究者察覺，楊昌年便提到「較之日記與札記，手記或散文更要求有藝術的精美，這是因為撰寫目的的不同，日記與札記多供自身使用；而手記與散文仍須公之於世……參考著以往中外名家的軌跡，如泰戈爾《漂鳥》、《園丁》集中，以精美的散文詩表現詩人對人生哲理的體認；也像王國維《人間詞話》之中，以精鍊筆觸揭示他對文學藝術理論的自得。」[20] 詩人自家的手記，若引為題名，其自用於整理思緒、耙梳素材之意圖必然為先；試探水溫風向，冀求讀者在同樣放鬆的狀態下能有所回應，也是並存之目的。這種非詩而又非純藝術導向散文，帶著點實用與實驗的書寫，此即本文標題「詩的流式創讀」之由來。以下，便就沈臨彬、渡也、杜十三、李長青之「手記」、「筆記」諸作，再做繫聯解析。

20　楊昌年《現代散文新風貌》（台北：東大，1988年），頁119。

四、手記：變體的初始

　　沈臨彬的影響力不應被低估，雖然其作品確實不多，除了幾本合集，獨作便只有由普天出版社發行於一九七二年的《泰瑪手記》，與爾雅於一九九二年重新出版增補的《方壺漁夫——泰瑪手記完結篇》。沈臨彬出身政治作戰學校藝術系，與同期之隱地、艾笛相熟，又與創世紀詩人多有交遊，後期創作重心轉向繪畫，文學成就上最讓人樂道的，仍是無心插柳，為了討好未婚妻而匆匆印就的《泰瑪手記》。此作風格甚為特殊，林文義稱之為一條「壯麗異色的河流」，[21] 張默亦為之附議，絕版後各方「敲碗」之聲不歇，一直期待沈氏此書能再版或有新作。

　　在編排上，本書依序收錄了散文、詩、手記三種創作體裁，然實則交互融攝，反覆出現的主題、意象、人物在混雜多端的敘事中彼此註解，同題名如〈黑髮男子〉在散文與詩中都曾出現；〈泰瑪〉既為九十二行長詩之名，也用來總稱自一九六三年至一九六六年間，上冠日期與小標的手記；而〈母親〉與〈青史〉更是以相同回憶素材，僅以敘事表現及語言形式作差異試驗。無論是在散文中插入分行詩，或彼此轉寫改寫，這些狀況在文類兩棲的作者筆下算是常例，比如楊牧就相當嫻熟，沈臨彬表面上亦然，但像楊牧〈海岸七疊〉詩、文同題諸作，文類意識具足，作品可判然兩分，對沈氏而言，文類的界線就很不明顯，或說無必要，這些分類似乎只是為了投稿或出書時向編輯交差，權且指劃，甚至感覺得出作者的不耐。其〈青史〉曾獲收入《七十年代詩選》，在《泰》書中亦歸於詩部，然而包括作者與編選者，卻從來沒對文類原則作過任何解釋，無論如何，就外型來看，〈青史〉都更宜於收入散文甚至手記。因原文甚長，茲引錄前兩段與末段如下：

　　　　細鐵絲上那些被太陽的舌尖舐舐得一點血色也沒有的，灑著的衣服以

21　林文義〈壯麗異色的河流——懷念沈臨彬的「泰瑪手記」〉，《文訊》第16期（1985年2月），頁191。

及他的臉，在臉的背後，一個白天倒下來，如一扇門在夜中，被黑得透明的夜嚥下，一個女人抱著一個襁褓涉過一莖在暗裡哭泣的濕草，一滴水碰著一面湖。

黨人們硬說他什麼，慽慽地，我們坐著獨輪車，偏首睨我，他們湧到那林子，在樹下他被推倒，一隻土槍抵在腦門上，在沒有上帝的天空下，一塊石子落在湖心，一聲更漏，一群孩子在墓左邊的那株石南頂上的那朵被鉤著的雲，風像是母親回來時的手，春天又從那山上流下來，叫哥哥，那人穿過一組灰被一陣風淹沒，風又被遠方棉花糖似的引擎壓死。……

……在白得刺眼的雪地上：母親啊！在一聲哭調的蒼白裡，所有的文字扭曲而變成下垂的淚滴。

——沈臨彬〈青史〉[22]

　　蘇紹連自承除了商禽的潛移默化，影響他最多的還是沈臨彬的這篇作品，尤其是最末一段，[23] 筆者亦以為，此大手筆確為驚心一脈散文詩之重要起點，也堪為總註。在沈臨彬心中，整集的創作大約都可用「手記」包含，這是種比札記、隨筆等零碎材料更積極的淬鍊，是以自己為第一讀者，先讓自己喜歡的藝術表現，更不欲被成規定義，或讓人逕以文類習慣目之讀之，沈氏「手記」便是這樣帶有以自我為中心與自我剖析特質的文體。嚴格說來，其造語造境仍甚嚴肅，未若大部分散文作家作品之親人，保留了不少詩的質素，但仍比詩自由得多。此一模式，倒也不是憑空誕生，張默就曾點出，沈臨彬極其著迷於紀德，特別嗜啃《地糧》一書，且頗有收穫。[24] 紀德

---

22 沈臨彬《泰瑪手記》（台北：普天，1972年），頁61-63。
23 蘇紹連〈三個夢想〉，《隱形或者變形》（台北：九歌，1997年）後記，頁226。
24 張默〈美是絕對的風景——側寫沈臨彬〉，《文訊》革新第18期（1990年7月），頁105。

《地糧》出版於一八九七年，但於一戰之後才開始大受追捧，並影響了法國乃至於歐洲新一代的創作者，本書的體例，便融合抒情散文、詩歌、旅行筆記、格言，也成為長篇散文詩的代表。

手記體散文詩的後繼者渡也，更曾直接表述：「喜歡手記、日記體散文的讀者或許知道《歷山手記》和沈臨彬《泰瑪手記》的關係吧。我高中時陸續看到披露於文學雜誌的沈臨彬日記體散文，喜愛不置，後來，民國六十一年，這些散文結集成《泰瑪手記》一書，我買了一本，奉為至寶……可很少人能進一步發現我們共同的源頭：紀德。」[25] 渡也雖對自己出版的第一本著作居然不是詩集而有遺憾，然回顧《歷山手記》的創作過程，以及從中發展出之散文詩路線，卻別具意義。渡也受沈臨彬啟發，但已不似其散漫，下筆與成書時實已更規整得多，散文詩性已更為成熟，雖然彼時渡也可能還不清楚新文類已然出現，或仍以散文看待，但從一九九三年散文詩集《面具》收入不少《歷》書之作觀之，由手記向散文詩轉化的路線，作者也是極有自覺的。

> 一八四九年，十二月二十二日，上午七時，站在死刑臺上的，杜斯妥也夫斯基，以及他凝望教堂圓形屋頂的那件事，總是侵襲我最最脆弱的部分。
>
> 「有些人是天生來影響別人的」，那天，當我俯身拾取「未央歌」裡的這句話，居然看見杜斯妥也夫斯基走過來，扶持我的雙腋，將我舉起，復把我帶走。
>
> ——渡也《歷山手記·六十年四月》[26]

渡也自述，《歷山手記》前段與沈臨彬大同小異，後半則已小同大異，

---

25 渡也〈歷山手記三十九歲〉，《人間福報》副刊，2016年2月22日。電子版網址：https://www.merit-times.com/NewsPage.aspx?unid=430002
26 渡也《歷山手記》（台北：洪範，1978年），頁19。

相似之處，「一致採用婉約的、陰柔的、細緻的描繪手法；語言綺麗、意象繽紛；句與句、段與段之間往往未連接，有跳脫現象；都很強調個人經驗，尤其是私密的區塊。」[27] 此風格又可上溯紀德。渡也稱手記時期為他第一階段「散文」的結束，在那之後，他的散文便回歸於平淡無華，[28] 然而手記其實已如《地糧》一般，在文學史上自成新格了。

五、筆記：實驗與再紓緩

接下來意欲從散文體式變亂現代詩的，是媒體玩家杜十三。杜十三在世界第三波革命後，很快就倡言文學需從山水環境等「先驗式第一自然」、都市的「人造式第二自然」，快速的轉向聲光電波構築之「第三自然」，因此需有大量藉由攝影機鏡頭、螢幕的「觀看」，散文作家需充分運用「搖、推、拉、溶入、淡出、全景、特寫」等方法，合成帶有詩質之膠卷，用「新文學」拍出有鮮明意象與戲劇張力的現代人生場景。[29]

杜十三一系列的「筆記」，即大量使用第三波的綜合媒材，搭配了文字的展演，就算是抽離影像聲音，其文字本身也是種融合、變形體。此中精神與前段所謂手記仍有相契，只是到了世紀末期，甚至網路時代，其敘述速度變得更快、視角更銳利，筆記就顯得有「速寫」之意，而且在後現代環境中，遊戲性質往往也變得更加明顯。

以杜十三於一九九〇年出版的《愛情筆記》[30] 為例，光從此書的封面及序文裡就能看到一個極其詭異的現象。封面的標題無甚出奇，於「愛

27　同註25。

28　同註25。

29　參見杜十三〈散文藝術的思考〉，收錄於《杜十三主義》（台北：文史哲，2010年），頁233-237。

30　杜十三共尚有《人間筆記》（1984年）、《地球筆記》（1986年）、《行動筆記》（1988年），此三書嘗試以圖畫、拼貼、錄音帶搭配內文等形式呈現，《愛情筆記》則是純文字為主。

情筆記」後加註「杜十三散文選」。但當我們翻看封底，用的是英文，全句為「THE NOTEBOOK OF LOVE——DO SHE-SUN SELECTED PROSE POEMS」，卻是稱做「散文詩選」。再看裡頭的序文，洛夫認為本書是「嶄新的散文文體」，林燿德與白靈則都認為是「散文詩」。茲舉一篇如下：

> 午後兩點，他把咖啡沖進瓷杯中一片風景的倒影裡，加上糖和奶精，用一根長而纖細的調羹輕輕調著，直到整個室內浮出一片醇香。
>
> 白色的窗簾像伸長的舌頭，忙著隨風調整方向。卻只在咖啡杯上方三尺的地方掃到幾縷香味，而後，頹然的靠向窗櫺，不動了。這時候，他已準備妥當，把一張疲倦的面孔迎向潔白如鏡，泛著亮光的杯口，像詢問一樁嚴重的問題似的，貪婪而有點慌張的把嘴就上，唏呼唏呼的啜吮了起來……。
>
> 三杯咖啡之後，他終於清醒，翻來轉去，忙著尋找不小心沖入杯底的，一張昨晚留有女人唇印的面孔。
>
> ——杜十三〈咖啡〉[31]

當然，這就是杜十三作品的特色，一直到同文體集結之《新世界的零件》皆是如此。「散文」、「散文詩」、「筆記」都堂而皇之的使用在這些選集上，這裡面其實隱約地表達了作者的文類策略，脫離了分行詩，但加入了實驗的戲耍，如同故事，如同電影的側寫。杜十三認為「由於人類更新、更快的現代文明催生了更多、更直接的聲光媒介『稀釋』了『文字』的傳播力量」，[32] 純文學的詩也將被淹入「海水」，逐漸喪失版圖。「筆記」或

---

31 杜十三《愛情筆記》（台北：時報，1990年），頁106。
32 杜十三〈詩的「第三波」——從宏觀角度論詩的未來〉，收錄於《杜十三主義》（台北：

「散文詩」是杜十三的一個重大實踐方向，自己先化散形體，隨處附身，用以延續純文學的生命，「雖然有人認為這些作品難以歸類，因為他們涵蓋了散文、小說、詩甚至戲劇等文類的特質，但基本上，我個人則較偏向於將這些系列創作當成『散文詩新文體』（New Stylistic）的試煉……作為一個寫作人，我個人深信，唯有先成為一個文體作家（Stylistic Writer），他的寫作才有可能成為獨特而感人的藝術。」[33] 杜十三順應時代之風的飆升，也將散文詩以「筆記」之名，開發到了一個前所未有的高度。

進入新世紀網路時代後，速度變成了唯一特質，資訊生產得快、傳播得更快，但閱讀與理解能否跟上，答案仍然是大為不易。杜十三的散文詩為新世界所留下的一張張快照，展現的是急於追趕的氣氛。然而對早已生於其中，習於其中的世代而言，有效、緊緻、繽紛的另外一面，亦即簡約、疏鬆、清淡，也許才真的鮮見而新鮮。到了這一階段，對創作者而言已非選擇策略導向，而是又回到讓自己寫得「舒服」的根本需求。

新世代散文詩人然靈自陳，「剛開始寫詩的我，對於詩的語言節奏尚不能掌握，常常寫得詩不像詩、散文又不散文……當時評審老師的評語是：『近乎詩的片段組合，而欠於散文的主旨』……但這樣的寫作方式卻是我剛寫作時最得心應手的寫法，沒想到就是所謂的『散文詩』，成為我創作生命中最早的解散練習。」[34] 然靈所提到的作品，便是〈天空的日記〉，是她第一個參加的文學獎（靜宜大學蓋夏文學獎），獲得了一個不高不低的散文佳作。日記一詞，已可見其書寫基調，日常的觀察、加上起於私密而又樂意分享的敘述，成為然靈文體的魅力，「你是煙囪裡那股悠然的煙，裊裊而上；而我是燃燒過後的灰燼，自焚只為了仰首，多看你一眼。」[35] 無論從「日

文史哲，2010年），頁185。

33 同註29，頁236。

34 然靈〈解散後，我們才得以無限交集〉，《解散練習》（台北：秀威，2010年）後記，頁128。

35 然靈〈天空的日記（二）〉，《解散練習》（台北：秀威，2010年），頁70。本篇僅此一段。

記」或「解散練習」所呈現的意義，都可證明散文詩歸於「鬆」的另一條路線。

中生代重要詩人李長青，一向善於探索詩體，除台語詩等成就外，散文詩亦為其創作核心，正如前面所曾提到，在「蘇紹連們」後的散文詩創作者，於無意有意中，都有脫去驚心超現實劇場結構之企圖，如王宗仁《詩歌》採取了與流行歌曲相對應、情境相補充，但仍飽含節奏感的短文寫法，「由於散文詩編排並非一般新詩『分行』的方式，或許可以卻除一般民眾『看不懂新詩』、『不想讀新詩』的僵化觀念，增進閱讀意願，因此，筆者希望能將流行歌詞與散文詩結合……以創造出具流行歌詞風格的新類型散文詩。」[36] 總覽全書，較之上一本《象與像的臨界》仍約有一半具備驚心質素，新作的俗常流行化、生活化、實已貫徹始終。

李長青散文詩集《給世界的筆記》，更是從書題至創作、選輯，皆具紓緩化審美意識的代表作，且終於把散文詩加以釋放，呈現舉重若輕、迴旋自在的氣息。筆者以為，相較於前輩對生存世界充滿質疑，對自我靈魂深刻鞭打的「劇場性質」，李長青這輩詩人則又重新拾回了安靜、溫和的的個人化氣息，這倒不見得是在對抗或脫離什麼典範，而是回到了以自己為第一讀者的初衷。

> 你在暴風雪中閉目思索，我在清晨的庭園輕掃落葉；你遊牧於海上，我定定佇足案邊；你運籌春秋冬夏，我詩寫哀怒喜樂；你不停蒐集，默默釋放自己的，我……
>
> ——李長青〈給世界〉[37]

李長青的「筆記」出自一種「靜觀」的態度，正如其另外一首作品所

---

36 王宗仁〈我的‧你的詩歌〉，《詩歌》（新北：遠景，2016年）自序，頁30-31。
37 李長青《給世界的筆記》（台北：九歌，2011年），頁105。

言對世界「遂如此坐視：如此之坐視。」[38]（〈坐視〉），筆者在為此書作序時特別指出：「但因為散文的特性，使作者必須親自站在第一線誠懇地娓娓道來，這便讓作品呈現了更多的寬和感。……這不但植根於作者自身的氣性，也反應了文類本具的特質。或許我們可以這麼看，波特萊爾所凸顯的資本都市之醜惡，或驚心系列呈現的時代、心理困境，乃是屬於『詩』的表現性及衝突性；而長青《給世界的筆記》之優遊從容，乃是又回歸了『散文』（尤其是華文散文傳統）的價值。」[39]

熟悉世界散文詩史的莫渝，在另一篇推薦序中也別具隻眼的點出：「長青的散文詩，嚴格講，有點像 fragments，片簡，片段、斷片、精緻的掌中小語。集合八十九篇加上標題的斷想與片段式的書寫，形成《給世界的筆記》的告白。」隨後又提起了與紀德的《地糧》之連結，雖是一小段一小段鬆散之片簡，飄忽隨想之意象，但可視為「求入定之詩書」。[40]

台灣散文詩一路邁步，經歷以上節點，對於「筆記」、「手記」，甚至「隨想」、「小札」，其實早已不作刻意區隔，對於「詩」的高蹈堅持，也不知不覺消去了大半。過去台灣現代詩曾有不少風波，比如「票房毒藥」之譏，或文學獎得獎作品的品質爭議，多數來自於與讀者的隔閡，而這些散文詩人的流式創作，也期能呈現自在的流式閱讀經驗。讀者的反應的確可待進一步觀察，然而從台灣詩學季刊雜誌社、吹鼓吹詩論壇從二〇一〇年舉辦「第一屆台灣詩學創作獎——散文詩獎」後，又在二〇一八（第五屆）、二〇二〇（第六屆）、二〇二二（第七屆）連續以散文詩開徵獎項來看，散文詩的接受性與需求已是無庸置疑。在「驚心」之末，秀陶之呼籲以外，筆者所整理的這條路線，當也很應納入參考。

38　同前註，頁87。

39　陳巍仁〈詩人年輕，世界靜好〉，《給世界的筆記》推薦序一，頁19。

40　莫渝〈化身或轉世——讀李長青的散文詩集《給世界的筆記》〉，《給世界的筆記》推薦序二，頁26。

六、結語：無文類的想像

在秀陶高呼「散文詩何必獨沽驚心一味」後，蘇紹連於二○○七年的《散文詩自白書》序中，已明確呼應：「李長青、王宗仁、然靈、曹尼等新世代詩人紛紛上場，大顯身手，創作出迥異於商禽、渡也及我不同調性的作品來，在這同時，讓我警覺到散文詩必然有更多變化的面貌，是否我也該做一番新的開拓？」[41] 在此書中，便有微型散文詩、回文散文詩、無形散文詩之變化與寬鬆化。而在最新一次散文詩選輯《躍場——台灣當代散文詩詩人選》中，蘇紹連所自選的七篇作品，竟全然捨棄了積累數十年的驚心特色，而以較新近且極樸素之作品表態，等於先將過去的自己「去典律化」，「砍掉重練」後自視為新人再度前行，實屬不易。雖然蘇氏於本輯作者散文詩觀中，仍堅信散文詩為「詩」，然這份暗合於「手記」、「筆記」之心情，或已在擇選中顯現。

「手記」、「筆記」或許是散文詩的一個初始點，也可接納文類的遁逃，變成散文詩另一個既可說又不可說的代稱，一但說出，散文詩恐有進一步泯滅，而被散文重新收編之虞。然而散文詩在消解文類四分法時，本身即具有「去文類」的效用，不能否認，在有意以之為工具的脈絡下，這就是散文詩最大的意義。然而，無論是文學大環境或個人創作習慣，終有徹底改變的時刻，有時來得劇烈，論戰砲火不歇；有時隨世道、媒體、消費情境改變得讓人不知不覺，驀然相較，才大見翻轉。文學界對散文詩之辨與辯，曾經有其必要，也很得風尚，然而在當今，散文詩所展現的，恐是更見深意的「元文類」或「無文類」傾向。

楊牧曾在一九七六年時，遙想二十一世紀文學的樣貌：「我想像三十年後的文學的第一個特徵是文類的混淆。那時無所謂詩，小說，散文，戲劇之分，文學作品只相對於科學論文，收支報表，政府公告，而其本身是一

---

41 蘇紹連〈散文詩的新身份證〉，《散文詩自白書》（台北：唐山，2007年），頁7。

種不可分類的讀物。文學和其餘諸種讀物的不同，僅在於它強調人類想像和憧憬的能力此一端，觀察社會而又超越社會，有時緬懷過去，有時設計未來……」。[42]

　　三十年後，楊牧回顧前言，彷彿有些感慨：「這種遠景的規劃本身就是浪漫的，其鋪陳不是為了分析或解說，反而接近吶喊，鼓吹，煽動……」[43] 楊牧的預言，可能算不上真正實現，然楊牧的鼓吹，颳起的則未必只是純屬浪漫的風。楊牧自己的詩文也不乏試驗，然真正全力「跨之」、「去之」、「無之」的，恐怕還要數這批持續至今的散文詩人，我猜想，這條散文詩之流，也必會繼續蜿蜒下去。

| 參考書目 |

1. 專書

王宗仁《詩歌》，新北：遠景，2016年。

何寄澎編《當代台灣文學評論大系・散文批評卷》，台北：正中，1993年。

李長青《給世界的筆記》，台北：九歌，2011年。

杜十三《愛情筆記》，台北：時報，1990年。

杜十三《杜十三主義》，台北：文史哲，2010年。

沈臨彬《泰瑪手記》，台北：普天，1972年。

秀　陶《一杯熱茶的工夫》，台北：黑眼睛文化，2006年。

秀　陶《會飛的手——秀陶詩選》，台北：黑眼睛文化，2016年。

林燿德《一座城市的身世》，台北：時報，1987年。

姚一葦《詩學箋註》，台北：中華書局，1993年十版。

胡　適《四十自述》，台北：遠流，1986年。

42　楊牧〈三十年後的文學〉，收於《失去的樂土》（台北：洪範，2002年），頁99。
43　楊牧〈以後的文學〉，收於《人文蹤跡》（台北：洪範，2005年），頁154。

胡　適編《中國新文學大系・建設理論集》，台北：業強，1990年影印復刻版。

徐鵬緒、李廣《《中國新文學大系》研究》，北京：社會科學文獻，2007年。

渡　也《歷山手記》，台北：洪範，1978年。

然　靈《解散練習》，台北：秀威，2010年。

楊　牧《失去的樂土》，台北：洪範，2002年。

楊　牧《人文蹤跡》，台北：洪範，2005年。

楊昌年《現代散文新風貌》，台北：東大，1988年。

劉克襄《小鼯鼠的看法》，台北：晨星，2017年三版。

錢鍾書《管錐篇》，香港：中華，1990年。

蘇紹連《隱形或者變形》，台北：九歌，1997年。

蘇紹連《散文詩自白書》，台北：唐山，2007年。

2. 期刊論文

林央敏〈散文出位〉，《文訊》第14期，1984年10月。

陳巍仁〈「驚心」設計下的典律？——台灣當代散文詩美學特徵再檢視〉，《中國現代文學》第17期，2010年6月。

3. 碩博士論文

李長青《新世紀台灣散文詩研究（2001-2020）》，彰化：彰化師範大學國文學系 博士論文，2021年。

陳巍仁《臺灣當代文學跨文類寫作現象研究》，台北：台灣師範大學國文學系博士論文，2008年。

4. 報章專文

林文義〈壯麗異色的河流——懷念沈臨彬的「泰瑪手記」〉，《文訊》第16期，1985年2月。

張　默〈美是絕對的風景──側寫沈臨彬〉，《文訊》革新第18期，1990年
　　　7月。

渡　也〈歷山手記三十九歲〉，《人間福報》副刊，2016年2月22日。

臺灣解嚴後笠社政治詩的歷史語境：
以戰後世代詩人為分析對象

林秀蓉　國立屏東大學中國語文學系教授

摘要

　　臺灣本土的《笠》詩刊，奉「現實主義」為創作圭臬，從1960年代起雖處於文學舞臺的邊緣位置，然在集體共識的堅持下，以隱喻的手法，批判政府也為人民發聲，實踐詩人的社會責任。本文重點在於探究笠詩社在解嚴後如何傳續現實詩學，以及潛藏哪些歷史語境。探討對象以笠詩社曾貴海、李敏勇、鄭烱明、江自得、陳鴻森的解嚴後政治詩為主，他們都是戰後嬰兒潮世代的詩人，擁有戰後的社會成長經驗，不僅參與臺灣的經濟成長，也見證社會開放及政治多元的演變，體現戰後世代反省與批判的自覺。研究方法採文化詩學的分析觀點，強調文本中歷史語境的深探，依此研析詩人們經歷邊緣而到主流的文壇趨勢，其政治詩的批判美學與文學價值。政治詩可說是推動臺灣從獨裁、壟斷走向自由、民主的影響力量之一，解嚴後笠詩社戰後世代的政治詩，期待國家脫胎換骨，活出新臺灣人的再生形象。如今2022年，臺灣已邁入自由民主的政治體制，回顧解嚴後笠詩社詩人這些野生思考的政治詩，不僅見證臺灣建構主體性的進程，同時標示臺灣新詩本土化的意義與價值。

關鍵字：臺灣解嚴後、笠社詩人、戰後世代、政治詩、文化詩學

一、前言

　　臺灣新詩發展百年間，寫作內容因應時代、社會和文學潮流而生。臺灣新詩開展於1920年代，日治時期詩作內容以描寫殖民者和被殖民者為主，書寫帝國強權和殖民不公，早已展露反抗帝國、批判政府的意識形態。戰後臺灣新詩的發展，受到國民政府高壓統治的影響，在二二八事件浩劫後，又繼之以白色恐怖的恫嚇，加上五〇年代反共文藝政策，文學與政治密切結合，形成官方的戰鬥文藝。五〇年代中期，臺灣詩壇開啟現代主義的想像，以紀弦組成的現代詩派為濫觴，繼之以藍星詩社與創世紀詩社次第成立，掀起現代派的運動和論爭，現代主義日益成為新詩運動的主流。1964年「笠」正式創社，強調以臺灣社會現實為寫作根荄，體現現實主義的思考形態，顯然是對現代主義沉溺於自我意識又淪於文字迷宮的抗衡。李魁賢（1937-）在談到「笠」的創刊動機時說：「詩既然要與時代共呼吸，則落實於現實性、社會性、時代性、創新性，乃必然之歸趨。」[1]「笠」不僅探掘「寫什麼」，同時關心「如何寫」、「為誰寫」，奉「現實主義」為創作圭臬，堅持站在社會批評的立場，反對專制獨裁的體制，為弱勢者發聲，集體梳理臺灣解嚴前後的政治發展脈絡，揭開了寬闊的歷史巨幕。1979年李魁賢便提出「現實經驗論的藝術功能導向」的創作觀，以有別於「純粹經驗論的藝術功能導向」、「現實經驗論的社會功能導向」[2]，力斥詩作流於夢的囈語，一方面密切觀察社會現實，另一方面融鑄現代主義的美學經營，整合詩作的現實性與藝術性。

　　1987年臺灣解嚴後的文學現象，文學評論者多以王德威的「眾聲喧嘩」[3]一詞概括，就意識形態、形式策略、主題意旨、傳播管道等各方面，臺灣文學展開更多元的樣貌。孟樊在《當代臺灣新詩理論》分析道：「八〇、

1　李魁賢《詩的見證》（臺北：臺北縣立文化中心，1994年），頁114。

2　參見李魁賢〈詩人在社會中的角色〉，《詩的越境》（臺北：臺北縣文化局，2004年），頁178。

3　參見王德威《眾聲喧嘩》（臺北：遠流出版社，1998年）。

九〇年代的臺灣詩壇最明顯的特色，其實應該說是『多元化』——正好和八〇、九〇年代益趨多元化的社會相對應。除了後現代詩，包括在六〇、七〇年代蔚為主流的現代詩、寫實詩，以及各式各樣的政治詩、社會詩、生態詩、都市詩……甚至是臺語詩，均一一擅場於詩壇，真可謂百家爭鳴，眾聲喧嘩。」[4]此段引言歸納解嚴後臺灣新詩的多聲複調，形式與主題的開拓顯而易見。其中就政治詩[5]而言，之所以在八〇年代掀起高潮的因素，除了受到鄉土文學論戰（1977）的影響，與當時政治環境密切相關，尤其是受到中美斷交（1979）、美麗島事件（1979）、林宅血案（1980）的衝擊，隨後又爆發臺灣意識論戰（1983-1984），顯示威權體制已開始鬆動，社會逐漸自我解放。加上黨外政論雜誌突破言論禁忌，詩人紛紛以開拓臺灣政治民主的先鋒自詡，如《臺灣文藝》（1964）、《笠》（1964），以及後來《春風》（1979）、《陽光小集》（1979）、《南方》（1986）、《臺灣新文化》（1986）等詩刊雜誌的助陣，使八〇年代政治詩蔚為一股風潮，有如新詩界的街頭運動。[6]這個時期日益昂揚的本土精神，使「笠」的現實意識取得發展契機，逐漸往中心位置挪移，能見度提高。又值得關注的是「笠」陣營「戰後世代」詩人政治詩的表現，他們致力於反殖民論述，諷刺威權的政治體制，恢復歷史的記憶，反思臺灣的主體性，凝聚創作力與戰鬥力的能量，在臺灣政治詩書寫版圖上佔有重要地位。

　　八〇年代是臺灣從威權統治轉型為民主體制的年代，事實上，從日治時期以來，臺灣文學始終存在著反殖民的抵抗精神，然而戰後因二二八及白色恐怖等政治事件的影響，風聲鶴唳，抵抗精神被壓抑如伏流，但1964年《臺灣文藝》和《笠》的相繼成立，正標誌著抵抗精神的覺醒，誠如陳鴻森所

4　孟樊《當代臺灣新詩理論》（臺北：揚智出版社，1995年），頁284。

5　有關「政治詩」的界定，根據葉石濤的看法，首先要有歷史意識，其次要有正義感，再次要採取寫實主義，最後是要注意淺白、明朗、大眾化的原則。又李喬認為政治詩內容除了要控訴政治逼害，更要表達政治見解，抒發政治理想，申訴政治願望。參見陌上塵、李昌憲整理〈「我看政治詩」座談會〉，《陽光小集》第13期，1984年6月，頁22-38。

6　參見焦桐〈政治詩〉，《臺灣文學的街頭運動——1977～世紀末》（臺北：時報出版社，1998年），頁152-155。

言，這兩個刊物的創刊，顯示三個意義，其一：「臺灣文學工作者逐漸克服二二八的驚悸，重新聚合，再度發聲。」其二：「所謂『臺灣本土文藝』、『臺灣人自己的詩刊』，這意味戰後臺灣文學『本土意識』的萌生，它是七〇年代鄉土文學思潮的根源。」其三：「經過約莫二十年的時間，戰前世代逐漸跨越了語言障礙的困境；而戰後成長的世代，此時亦能自如地運用中文寫作。他們開始有能力用新的表現工具建構屬於自己的文學。」[7]就「笠」「戰後世代」詩人而言，父親的世代，兄長的世代，從日治時期殖民統治到國民政府類殖民統治的經歷，這些歷史印記在他們的心靈，使其一開始即確立本土意識，強調臺灣的主體性，以臺灣實存的環境作為創作的基礎。

在李敏勇編《複眼的思想：戰後世代八人詩選》（2005）中，以拾虹（1945-2008）、曾貴海（1946-）、李敏勇（1947-）、陳明台（1948-2021）、鄭烱明（1948-）、江自得（1948-）、陳鴻森（1950-）、郭成義（1950-）等八位詩人為「戰後世代」的主調，[8]肯定他們在「笠」譜系上的位置，其中除了曾貴海、江自得主要登場時間在九〇年代以後，其他詩人則早於七〇、八〇年代趨向成熟，他們各有獨特思考與表達方式，相異其趣；然而基於共同的信念和理想，構築以臺灣主體性的現實詩學。[9]本文探討作品以「解嚴後政治詩」為主，由於拾虹、陳明台、郭成義在解嚴後詩作減產，[10]故考察對象以曾貴海、李敏勇、江自得、鄭烱明、陳鴻森為主。[11]

---

7 陳鴻森〈臺灣精神的回歸——《笠》詩刊前一百二十期景印本後記〉，《書目季刊》第34卷第2期（2000年9月），頁99-100。

8 「笠」「戰後世代」詩人，大多出生於鄉村，與土地情感濃厚。拾虹：南投縣竹山人，曾貴海：屏東縣佳冬人，李敏勇：屏東縣恆春人，江自得：臺中市人，陳明台：臺中縣豐原人，鄭烱明：臺南縣佳里人，陳鴻森：高雄縣鳳山人，郭成義：基隆市人。

9 有關「笠」現實詩學的形成背景與發展脈絡，詳參阮美慧〈第一章 戰後臺灣「現實詩學」的建構與省思〉，《戰後臺灣「現實詩學」研究：以笠詩社為考察中心》（臺北：學生書局，2008年），頁1-42。

10 拾虹出版《拾虹》（臺中：笠詩刊社，1972年）時正值創作高亢期，然整理舊作《船》（基隆：基隆市立文化中心，2000年）後，較少出現於詩壇；陳明台則在出版《孤獨的位置》（臺中：笠詩刊社，1972年）、《遙遠的鄉愁》（臺北：熱點文化出版社，1985年）、《風景畫》（臺中：笠詩刊社，1986年）後，投入心力於中正大學臺灣文學研究

探索奠基「笠」「戰後世代」現實詩學的重要關鍵，誠然與自幼成長經驗及親炙文學前輩有密切的關聯。李敏勇在《複》跋詩〈被遺忘的歷史〉（1995）說：「終戰的日子／在歡樂中我們徬徨／忘了註銷殖民地戳記／它持續了我們暗澹的歷史／／……但我們擦拭那些歷史／找尋記憶的轍痕／我們被枷鎖刺痛的手／要翻出歷史被遮蓋的書頁」[12]，他們是戰後嬰兒潮世代的詩人，扎根在臺灣斯土斯民之上，擁有戰後的社會成長經驗，不僅參與臺灣的經濟成長，也見證社會開放及政治多元的演變，詩中發出重新檢視歷史的宣告，體現戰後世代反省與批判的自覺。又李敏勇在《複》序論也曾提及受到前輩作家的感召與影響，形成創作的精神底蘊：「《笠》的創辦人中，一九二〇年代出生的詹冰、陳千武、林亨泰、錦連，以及後來加入的陳秀喜、杜潘芳格，對這些戰後世代而言，像是父親和母親般的存在。其中，陳明台更是陳千武的長子。而創辦人中的趙天儀、白萩，以及稍後加入的李魁賢，則像兄長一般，對於這些戰後世代的歷史意識和現實意識提供視野。」[13]「戰後世代」詩人雖然沒有經歷過前輩作家被日本殖民的悲哀、戰爭的殘酷，或戰後跨語的困境、白色恐怖嚴密的監視等，但是他們間接承襲前輩作家的生命經驗與集團意識，一方面繼承反殖民的批判精神，另一方面則積極在戰後現實時空座標裡，為臺灣人的精神史提供證言。阮美慧評析「戰後世代」詩人的特色與定位時說：「繼續發展臺灣新詩的另一球根，而別於大陸來臺詩人所發展的詩美學，他們更早具有臺灣歷史意識與反思的精神，故在七、八〇年代的『現實美學』下，能夠別出新裁更具特色，且在文學史上具

所的教學，並從事評論。至於郭成義自九〇年代因工作忙碌，幾乎自詩壇隱退，曾出版《薔薇的血跡》（臺中：笠詩刊社，1975年）、《臺灣民謠的苦悶》（臺中：笠詩刊社，1986年）、《國土》（臺北：秀威出版社，2009年）等。

11 「笠」解嚴後詩選集有鄭烱明編《跨越世紀的聲音——笠詩選》（高雄：春暉出版社，2005年）、江自得等編《重生的音符——解嚴後笠詩選》（高雄：春暉出版社，2009年），為更全面觀照詩人們的政治詩，本文以各作家詩集為探察文本。

12 李敏勇編《複眼的思想：戰後世代八人詩選》（臺北：前衛出版社，2005年），頁210-211。

13 李敏勇編〈戰後世代的夢與現實〉，《複眼的思想：戰後世代八人詩選》，頁18。

有承先啟後的意義，發皇了《笠》的現實精神，使《笠》的精神面貌更加突顯，同時，穩固了《笠》的在野位置。」[14] 在草木皆兵的戒嚴時期，由於「戰後世代」詩人更早受到現實意識的啟蒙，追求明朗、精準、質樸的語言，因此，相較於七〇、八〇年代其他詩社與詩人的作品，他們表達出鮮明的臺灣歷史意識，修正了七〇年代之前逃避現實、晦澀難解的詩風，也迥異於將現實意識構築於「文化中國」的立場，在詩史上更具有前瞻性的意義。

臺灣在1949年宣布實施戒嚴，禁止集會、結社、遊行請願，監控言論、出版、思想、信仰，使臺灣人民又再度進入被殖民的深淵。回顧「笠」詩人的政治詩，早在四〇年代即率先以暗喻手法，書寫二二八事件殘暴恐怖的陰影，如吳瀛濤（1916-1971）的〈怒吼〉、〈在一個時期〉，錦連（1928-2013）的〈無為〉、〈蚊子淚〉、〈獨居〉。次如六〇年代末，陳千武（1922-2012）在《媽祖的纏足》以「媽祖」系列詩，批判獨裁者的殘暴、白色恐怖的鎮壓、萬年國會的絆纏；又白萩（1937-）的〈金絲雀〉（1969），譴責情治人員的監控，表達遭受統治權力壓迫的憤懣。再如七〇年代李魁賢的〈鸚鵡〉（1971），反映在威權的愚民政策下，被豢養的受統治階級失去應有的語言機能和表達自由。手無寸鐵的詩人為了避免掉進思想犯的陷阱，不得不採取迂迴式的突圍，表現微弱抵抗但仍是有力的言說策略。到了八〇年代，「笠」「戰後世代」的中堅詩人更積極以詩作為利器，直刺社會問題核心，直至解嚴之前，這股逆反精神仍鮮明可辨，如拾虹〈探照燈〉（1983）、李敏勇〈底片的世界〉（1983）、陳鴻森〈比目魚〉（1983）、郭成義〈領結的美學〉（1983）、鄭烱明〈烤鴨店〉（1985）、陳明台〈徵兆〉（1985）等。從以上反殖民詩例，一方面印證「笠」前輩詩人導引「戰後世代」更早感知臺灣歷史的軌跡，另一方面可見「戰後世代」介入實質的批判力道益顯增加，揭示反抗體制、挑戰權威、介入社會的企圖，展現時代的抗議之聲，不僅紹繼「笠」現實主義的本土論述，也更加突

---

14 阮美慧〈第八章 社會與政治：「笠」戰後世代詩人的現實詩學〉，《戰後臺灣「現實詩學」研究：以笠詩社為考察中心》，頁348。

顯「笠」的抵抗精神，成為戒嚴時期政治烙印的見證。

　　「笠」從「跨越語言一代」以來，挑戰權力中心一直是世代傳承的抵抗精神，然而李弦（李豐楙）在〈抗議詩學與政治學：笠詩社的集團性〉曾提出以下疑問：「笠」長期形成其集體性格，經歷邊緣而到中央，成為其詩派中倍受重視的一群；如今政權易主，文化的解釋權也發生了一定程度的轉移，然則由在野反居主流後，其抗議詩學又如何傳續？[15] 基於上述，本文以「笠」「戰後世代」詩人的「解嚴後政治詩」為考察中心，探討這些詩作如何傳續抗議詩學，以及潛藏哪些歷史語境。在研究方法上，則採文化詩學的分析觀點，文化詩學是二十世紀七〇年代歐美興起的一種文學理論及批評實踐，其重要基點在於強調文本中歷史語境的深探，認為只有揭示作家和作品所產生的歷史契機、文化變化、情境轉換等，才能深入梳理作品的思想內涵和藝術風格的形塑背景。[16] 論述脈絡將依循戰後臺灣歷史的發展軌轍，以探察「笠」「戰後世代」詩人經歷邊緣而到主流的文壇趨勢，其政治詩的批判美學與文學價值，藉此強調詩人們實踐知識分子的道德與勇氣，突顯其在詩史上的特殊意義。

二、解嚴前歷史記憶的重建

　　薩依德（Edward Wadie Said, 1935-2003）在《知識分子論》中，認定「知識分子」是一名「永遠的反對者」，他並結合葛蘭西（Antonio Gramsci, 1891-1937）「有機知識分子」的行動、創造說，堅決主張知識分子是社會中具有特定公共角色的發聲者，而且「在扮演這個角色時必須意識到其處境就是公開提出令人尷尬的問題，對抗（而不是產生）正統與教條，不能輕易被政府或集團收編，其存在的理由就是代表所有那些慣常被遺忘或棄置不顧

15　李弦〈抗議詩學與政治學：笠詩社的集團性〉，《臺灣詩學季刊》第40期（2002年12月），頁59-65。
16　童慶炳《文化詩學：理論與實踐》（北京：北京大學出版社，2015年），頁134。

的人們和議題。」[17]薩依德心中推崇的知識分子充滿批判性，且永遠為弱勢者發聲，又不能被政府或集團所收編規訓。他又強調：「真正的知識分子在受到形而上的熱情以及正義、真理的超然無私的原則感召時，叱責腐敗、保衛弱者、反抗不完美或壓迫的權威，這才是他們的本色。」[18]敘明知識分子要知道如何善用語言，以及何時以語言介入，揭露社會的不公不義。臺灣解嚴後「笠」「戰後世代」詩人延續探究臺灣過往被壓抑或遺忘的歷史，實踐知識分子的社會責任，例如二二八與白色恐怖等政治事件，目的在於反對單一的、權威的中心敘事，並試圖對歷史重新解構，導正既有的謬誤，重新賦予新意義。

　　八〇年代在歐美崛起的新歷史主義（New Historicism），開始質疑傳統歷史敘事單一的記載模式，以及傳統史學的真實與客觀。以往歷史權威性論述的真實，在新歷史主義、後現代理論、後殖民理論的多重衝擊之下，開啟對傳統史觀的挑戰。基於此背景，「歷史話語」與「文學話語」展開另一種真實與虛構結合的空間，歷史的宏大論述在文學場域中被解構與重建。[19]另一方面，新歷史主義在解讀文學中的歷史話語時，認為歷史的豐富內涵受到「權力關係」（Powerrelation）的制約，並將「權力關係」置於優先地位，是批評解釋所有文本最重要的語境。[20]「笠」「戰後世代」詩人化身為政治「永遠的反對者」，透過書寫被遺忘的歷史事件，控訴權力魔掌的操縱，揭開黨國歷史的假面，意蘊著新歷史主義的思維。

---

17 薩依德（Edward Wadie Said）著，單德興譯〈第一章：知識分子的代表〉，《知識分子論》（臺北：麥田出版社，1997年），頁48。
18 薩依德（Edward Wadie Said）著，單德興譯〈第一章：知識分子的代表〉，《知識分子論》，頁43。
19 盛寧《新歷史主義》（臺北：揚智出版社，1996年），頁28-29。張進《新歷史主義與歷史詩學》（北京：中國社會科學出版社，2004年），頁37-38。王岳川《後殖民主義與新歷史主義文論》（濟南：山東教育出版社，2005年），頁156-160。
20 張進《新歷史主義與歷史詩學》，頁41。

（一）「二二八事件」：從死滅到再生

　　解嚴後的臺灣，首先面臨的是四十年國民黨高壓統治下所造成的歷史失憶，就二二八事件而言，是臺灣史上重大歷史悲劇，許多傑出的知識分子成為政治壓迫下的無辜者。「笠」「戰後世代」詩人不認同統治政權，也不滿意官方及其同謀者所編構的國族謊言，他們擔憂族群喪失記憶，歷史橫遭封鎖、遮蓋，甚至被改造。

　　具有歷史學專業背景的李敏勇，出生於1947年，即二二八事件發生的那年，曾籌組「四七社」（1991-2000），希望把歷史死滅的印記，轉換成再生的體驗。他曾透過〈被遺忘的歷史〉一詩，回顧臺灣從戰前到戰後被殖民的命運，臺灣子民始終沒能註銷殖民地的戳記，藉此抗議黨國政府隱藏歷史的真相，也傳達詩人要找尋歷史記憶的責任。除了追索二二八真相，詩人也重新審視事件背後的歷史意義，其重點在於走出創傷與仇恨，邁向覺醒與重生。臺灣第一部二二八詩集的彙整，即由李敏勇主編《傷口的花──二二八詩集》（1997），他期待透過二二八蘊含的歷史教訓，以建設福祉與愛的社會、獨立自主的臺灣，並充滿寬恕慈愛的胸懷寫下〈這一天，讓我們種一棵樹──二二八公義和平日的祈禱〉（1987）：

> 讓我們種一棵樹／不是為了記憶死／而是擁抱生／從每一株新芽／從每一片新葉／從每一環新的年輪／希望的光合作用在成長／茂盛的樹影會撫慰受傷的土地／涼爽的綠蔭會安慰疼痛的心／／讓我們種一棵樹／做為亡靈的安魂／做為復活的願望／做為寬恕的見證／做為慈愛的象徵／做為公義的指標／做為和平的祈禱[21]

此詩採敘述性詩語，運用排比手法，明示「讓我們種一棵樹」的行動實踐，

21　李敏勇〈這一天，讓我們種一棵樹──二二八公義和平日的祈禱〉，《青春腐蝕畫》（臺北：玉山社，2004年），頁201。

表露追求公義與和平的願景。李敏勇曾自述：「與其要從統治權力的道歉與賠償追索二二八事件的責任，不如臺灣人自己從新生命的追尋與開展中，確實掌握自己的命運與前途……讓我們種一棵樹，意味著不斷的再生。」[22] 他認為並不須依賴統治權力的賜予，而是要從死亡的歷史記憶裡開展理想與憧憬；詩中特別以「樹」為意象，從新芽、新葉、新年輪的茁壯成長，開展不斷再生的意義。鄭炯明稱許李敏勇是「戰後世代」詩人裡，「語言具有相當魅力的一位，而他的語言魅力源自他對現實的思考。」[23] 李敏勇由現實的凝視，漸次深入到歷史的反思與覺醒，曾言：「詩人透過『語言』的認識和記錄、思考和批評的過程，正是情感重建的歷史，也是價值重建的歷史，更是社會重建的歷史。」[24] 由〈這一天，讓我們種一棵樹〉可見他從行動實踐中對社會重建的努力。

陳鴻森與李敏勇同樣具有歷史學專業背景，長年於中研院史語所工作，勤於著述，專研中國經學史和清代學術史。嚴謹的學術訓練，廣博的學識浸淫，影響所及，文思精確縝密，以歷史意識為基點，呈示思想的深度。1969年加入「笠」，迄今作品產量雖不多，[25] 然創作不輟，詩質與詩藝兼具，尤其善於鎔鑄動物意象，八〇年代系列「生肖詩」深受矚目，陳義芝評其為：「以荒誕表現理性的寓言詩」[26]，巧妙結合政治性和藝術性。〈沼澤〉（1980）也是解嚴前出色的作品，被收錄於《傷口的花——二二八詩集》中，詩分四段，節錄第一、三段如下：

---

22 李敏勇〈死與再生〉，四七社編《覺醒與再生》（臺北：前衛出版社，1992年），頁3。

23 鄭炯明〈沒有終點的探索——略論戰後世代詩中的現實〉，莫渝編《笠文論選2：風格的建構》（高雄：春暉出版社，2014年），頁157。

24 李敏勇〈當代詩人的責任——「笠」發刊二十二週年感言〉，《做為一個臺灣作家》（臺北：自立晚報，1989年），頁24。

25 陳鴻森詩集《期嚮》（臺中：笠詩刊社，1970年）、《雕塑家的兒子》（臺中：笠詩刊社，1976年）、《子不語》（結集未出版）、《陳鴻森詩存》（臺北：臺北縣政府文化局，2005年）等。

26 陳義芝〈第四章 戰後世代《笠》詩人：從歷史未解的矛盾出發〉，《現代詩人結構》（臺北：聯合文學，2010年），頁122。

那些被劫奪了土地的／孑遺者／寄居在我的夢裡／長久以來／始終噤
閉著口／他們那一再被改造的歷史／使他們僅剩的記憶／益加凌亂／
這些失語症患者／日日怔忡地望著我夢的四界之外／那陰鬱的現實／
彷彿在等待著什麼的／／……可是，有一天／我看到一群雀鳥／從蘆
葦叢中急急飛出／隨後走出幾個荷槍的獵人／恣縱的臉／微露著憾意
／而那些被搜索過的蘆葦／斜傾凌亂的形象／一如那年二月／他們那
被擊殺而倉皇潰散的／示威的隊伍[27]

陳鴻森經常在詩中交錯時間和空間，提示被遺忘的歷史記憶，葉笛說：「他
之所以對時間格外敏銳，主要由於他在歷史本行的時間意識之外，經常以
詩人之眼凝視周遭，以詩的語言去捕捉和感應自己身處的世界，不斷地尋找
和確認自己與族群的位置，這種追求正是他創作的原動力。」[28]〈沼澤〉即
可印證以上所言，這首詩創作於高雄美麗島事件周年，詩人有感而發，想起
二二八事變臺灣人民的創傷。詩中以「獵人」／「雀鳥」，譬喻荷槍擊殺的
強權者／追求自由的革命鬥士，同時以長年隱忍不語的蘆葦，立足於貧瘠腐
敗的沼澤地，影射臺灣子民的身處環境，進而批判戰後國府政權的類殖民統
治。〈沼澤〉的凝重陰鬱，乃因理想願景與現實環境的相悖，較觀李敏勇
〈這一天，讓我們種一棵樹〉的寬恕慈愛，創作時間各於解嚴前／後，印證
政治詩的精神底蘊乃在歷史環境中鍛鍊形塑而成，各具有時代的意義。

在「笠」「戰後世代」詩人中，鄭烱明和李敏勇、江自得、曾貴海較
積極參與社會文化運動，並負責相關基金會的事務，詩與社會實踐是他們並
行的兩大脈絡。1982年鄭烱明與葉石濤、陳坤崙、彭瑞金、曾貴海等共同籌
組《文學界》，1991年又與陳萬益、林瑞明、陳芳明等國內學者創辦《文學
臺灣》，並擔任文學臺灣基金會董事長，為了臺灣文學的推廣運動，雖影響
創作，仍無私奉獻。他認為詩人的生活絕不能割裂於政治之外，在〈闇中間

---

27 陳鴻森〈沼澤〉，《陳鴻森詩存》，頁102-104。
28 葉笛〈生命在時間裡的回音：《陳鴻森詩存》的光和影〉，《陳鴻森詩存》，頁172。

答〉（1981）說：「詩人的責任就是寫出他那個時代的心聲」[29]，他總是以冷靜之眼，諷諫現實社會的不公不義，早期詩作即已認定「沒有比語言更厲害的武器」，陳義芝說：「一九七〇年代鄭烱明是《笠》詩社中生代最具創作力，成就最高的詩人。」[30]《蕃薯之歌》、《最後的戀歌》收錄1977-1985年間的作品，抵抗精神最為高昂，如代表作之一〈蕃薯〉（1979），勇敢為臺灣人說話，披露出外層包裹自由民主的糖衣，事實上卻隱含威權暴力的陰影。解嚴後不久，鄭烱明寫下〈永遠的二二八〉（1989），以「揭開歷史的假面」為目的，影射這段失去人性的殺戮是被強權掩蓋的歷史：

> 揭開歷史的假面／昔日多少怯弱的心／終於走出殘暴恐怖的陰影／向無數含冤的亡靈／坦然吐露誠摯的思念與哀悼／／揭開歷史的假面／誰都有拒絕承認死亡的權利／沒有人會遺忘／那失去人性的殺戮／所烙下的巨大創痛／／揭開歷史的假面／每一個錯誤都是一條無盡的血河／樸實的子民已然認清／唯有透過愛和犧牲／才能完成最後的願望／／揭開歷史的假面／今天，讓所有認識和不認識的你我／互相牽手在一起／用力向天空喊一聲：永遠的二二八／因為公義與和平即將到來 [31]

此詩樸實無華，每段反覆出現「揭開歷史的假面」，主要強調「每一個錯誤都是一條無盡的血河」，祈望記取歷史教訓，避免重蹈覆轍，誠如呂興昌的解讀：「永遠的二二八並非要永遠停留在錐心的悲情裡，而是要在反省與認清中把它當作永遠的提醒。……而受難者也能從冤憤中寬恕勇於認錯的加害者。」[32]唯有如此，才能走出悲情，迎向公義與和平。繼〈永遠的

---

29 鄭烱明〈闇中問答〉，《蕃薯之歌》（高雄：春暉出版社，1981年），頁127。
30 陳義芝〈第四章 戰後世代《笠》詩人：從歷史未解的矛盾出發〉，《現代詩人結構》，頁109。
31 鄭烱明〈永遠的二二八〉，《三重奏》（高雄：春暉出版社，2008年），頁14-15。
32 呂興昌〈再生與重建──談臺灣新詩中的二二八〉，《臺灣詩人研究論文集》（臺南：臺

二二八〉之後，鄭烱明也曾寫下〈重生的音符——記高雄市二二八紀念碑〉（2007），主旨與李敏勇〈這一天，讓我們種一棵樹〉相近，皆強調在歷史不斷清創、復原的過程中，使受創生命得到淨化與重生。陳鴻森說：「隱喻和敘述性可以說是鄭烱明的詩的骨骼，他散文化的思考很強，敘述性較強的話，往往缺少表現張力，詩的力度會減弱而流為概念化。他早期的詩則以即物性表現和機智性的跳接來構成詩的張力；後期則藉由暗喻或詩質的稠密度來維持張力。」[33] 道出鄭烱明前後期詩表現手法的差異，以及散文化、敘述性可能帶來的張力疲乏。就時代危機感極強的詩人而言，如何提升詩質的稠密度以維持張力，兼顧詩藝之美，應是值得努力的功課。

　　江自得與鄭烱明皆於二二八事件後一年出生，又同為醫生詩人，他除了受到「笠」前輩詩人的啟發，也私淑蔣渭水的精神典範，[34] 對社會積極介入的精神結構，與《笠》集團的精神結構具有同源性。陳芳明說：「聽診器在他的詩藝中變成相當深刻的隱喻」[35]，其詩善以病理意象介入社會的表現手法，在「笠」詩人中顯得相當特別。如〈骨折〉（1994），將「二二八事件」比擬為臺灣人「心靈永恆的骨折」，也是「這一生劫數難逃的骨折」[36]；又如〈總有某些記憶與血壓息息相關〉（1995）表達個人對此歷史事件的悲憤之情。現實語境和歷史時空的對話，是江自得詩作另一特色，跨世紀後開展以詩寫史的雄心壯志，2016年完成長篇敘事詩《二二八》，貫串二二八事件的始末，比較特別的是時間軸線從1945年至2016年，透過穿梭現實時空的手法，從血腥黑暗的歷史長廊，邁向漸露曙光的民主大道，為解嚴後二二八書寫樹立新樣貌。其中第三部的第6、7首即賦予「二二八」的歷史

南市立文化中心，1995年），頁394。

33 陳鴻森〈寫出時代真摯的聲音——鄭烱明作品討論會〉，《文學臺灣》第29期（1999年1月），頁49-50。

34 參見江自得〈臺灣醫師與臺灣文化協會〉、〈醫師的社會參與——從臺灣文化協會及南北中社會談起〉，《漂泊——在醫學與人文之間》（高雄：春暉出版社，2003年），頁142-147，頁148-151。

35 陳芳明〈哀傷如一首詩〉，江自得《遙遠的悲哀》（臺北：玉山社，2006年），頁3。

36 江自得〈骨折〉，《從聽診器的那端》（臺北：書林出版社，1996年），頁82-83。

意義：

> 喔，2016，七十年了／石頭，不再只是石頭／樹木，不再只是樹木／
> ／石頭上長滿綠色苔蘚／樹底下長出更多小樹／更多的死亡長出更多
> 生命／／鮮嫩的葉子搖曳著／一種新奇的美／燃起綠焰的青苔／牢牢
> 抓住大地

> 為了共生／必須找出真相／必須尋回所有的記憶／／讓死者重新進入
> 自己的遺骸／重新走入審判的法庭／讓被封存的冬季／重新走上春的
> 田野[37]

詩中透過綠蘚、小樹、嫩葉的大地生機，傳達自然重生的新奇之美；脫離冬
季死滅的絕望，走向新春復活的希望。江自得也書寫2014年掀起的太陽花
學運，第三部的第5首寫道：「時間，在長年的陰翳中／長了骨頭／骨頭裡
長了一畝又一畝／太陽花／天天呼喊著／自由與尊嚴」[38]，在二二八事件的
七十年後，詩人鏈結學生的社會運動，意謂著抗議精神的薪火相傳。太陽
花學運抗議主因在於《海峽兩岸服務貿易協議》遭強行通過審查，是臺灣從
1980年代以來最大規模的抗議行動。這次學運代表年輕世代對社會議題的積
極參與，為促進自由民主化的發展而凝聚改革的力量，遙契臺灣自由民主鬥
士的抵抗意識。誠如李敏勇所言：「被時代窒息的受難者名字，／會印記在
青年們的心版，／印記成逆風行進的足跡。」[39] 從以上所舉詩例的意義，可
見詩人回顧二二八歷史的狂風暴雨並非為了記憶仇恨，而是從反省、追思中
邁向再生，期許新臺灣人對於未來充滿自信，如大樹屹立在島嶼上。

---

37 江自得《二二八》（高雄：春暉出版社，2016年），頁53-54。
38 江自得《二二八》，頁51。
39 李敏勇〈春祭‧馬場町——紀念一位白色恐怖受難者〉，《自白書》（臺北：玉山社，
   2009年），頁80-82。

（二）「白色恐怖」：從失語到發聲

　　1947年爆發二二八事件，國府軍隊濫殺無辜的臺灣民眾，印證祖國帶給臺灣人美好想像的幻滅。1949年黨國政府頒布並實施「戒嚴令」與「懲治叛亂條例」，進入白色恐怖時期。白色恐怖主要鎮壓共黨潛伏分子與臺獨分子，其特徵之一便是運用大陸時期多系統的情治特務單位機構，使其在工作執行過程中互相競爭監視，企圖全面控制人民的政治、經濟、社會，甚至文化和精神生活的內涵，為現實生活籠罩詭譎的陰影。[40]陳芳明曾說：「白色恐怖，並非只是指對個人身體的監禁與殘殺而已，最重要的還在於這種政策對個人的精神、心靈所造成的徹底傷害。白色恐怖政策的最大作用，乃是無需對每位人民進行迫害，就可使全體被統治者完全屈服。」[41]恐怖政策使許多追求臺灣民主正義之士，遭遇不測之禍，造成全面性的人權侵害，人民宛如生活在社會監獄。

　　李敏勇從早期《雲的語言》（1969）傾向浪漫纖細的抒情主調，到《暗房》（1986）起，更積極關懷臺灣政治、文化等現實議題，1977年寫下〈發言〉，正值異議分子展開抗爭運動，詩中呼籲「解除口罩／練習發聲」、「一齊來復活我們的母音」[42]，即意謂臺灣主體意識的覺醒，表現鮮明的後殖民精神。解嚴前李敏勇即常以失語、監獄、鐵柵、暗房等意象，暗喻內心揮之不去的白色恐怖陰影，同時也傳達對於自由的嚮往，如〈失語症〉（1973）、〈監獄〉（1973）、〈從有鐵柵的窗〉（1981）、〈暗房〉（1983）等。「笠」走過戒嚴時期沒有被擊敗，解嚴後，李敏勇反省道：「笠似乎面對著一個戒嚴解除後社會的無壓力情境，已經缺乏積極性的創作與批評，就好像在夜暗裡曾經燃亮的火把，那些光在陽光下隱遁而消退。……笠成為一個沒有再發揮標竿作風的記號，在詩文學的領域失去

40　藍博洲《白色恐怖》（臺北：揚智出版社，1997年），頁41-42。
41　陳芳明〈白色歷史與白色文學──葉石濤與藍博洲筆下的臺灣五〇年代〉，《典範的追求》（臺北：聯合文學，1994年），頁281。
42　李敏勇〈發言〉，《青春腐蝕畫》，頁141。

象徵的力量。」[43] 他自覺應該更堅持、更踏實地展現詩的光亮，期許以創作「詩史」為己任，希望為島嶼被遺忘的歷史提供象徵表記，持續發揮獨屬於「笠」的精神標竿。解嚴後他針對特定的歷史事件，寫下〈情景——記林義雄在義光教會〉（1991）、〈鎮魂——為殉難者陳文成十年祭〉（1991）、〈春祭・馬場町——紀念一位白色恐怖受難者〉（2008）等，其中〈我們的朋友還在監獄裡〉（1992），以臺灣民謠「黃昏的故鄉」、「暗淡的月」、「咱若打開心內的門窗」為詩節的開頭，藉以烘托「我們的朋友」熱愛島國鄉土的情懷，交揉知性與抒情：

> 我們的朋友還在監獄裡／／黃昏的故鄉／歸返的鳥禽在啼鳴／牠們從每一個河口溯飛而上／沿著溪流／進入山的密林／不需要護照／而我們的朋友／被攔截在航程終點／／我們的朋友還在監獄裡／／暗淡的月／投射冰涼的鐵窗／照著統治者蒼白的手／在夜暗裡／我們的朋友／在島國烙印愛的註記／他的心 盤旋在故鄉天空／他的情溶入故鄉土地／／我們的朋友還在監獄裡／／咱若打 開心內的門窗／日光／就會穿破銅牆鐵壁／與我們的朋友在牢房相遇／希望的顏彩／照耀島國的領域／飄揚綠旗／宣誓我們是獨立的島嶼／／我們的朋友還在監獄裡[44]

全詩重覆出現「我們的朋友還在監獄裡」，義正詞嚴，除了宣洩難以消弭的氣憤，同時也反諷海外遊子響應鄉土召喚，踏上歸途，竟是被捕與遭禁，比歸巢的禽鳥還不如。這首詩與拾虹〈蝴蝶〉（1989）有異曲同工之妙，同樣藉由歌謠意象，反映流落海外遊子有家歸不得的悲哀：「從遠方回來／從彼岸／飛越過太平洋海峽／飛越過『悲情城市』／隨著『黃昏的故鄉』回來」

---

43 李敏勇〈樹立真正令人尊敬的精神標竿〉，《笠》第206期（1998年8月），頁94。
44 李敏勇〈我們的朋友還在監獄裡〉，《島嶼奏鳴曲》（臺北：玉山社，2008年），頁150-151。

⁴⁵，詩中的蝴蝶譬喻在海外被統治權力拒絕、限制返鄉的異議分子，這些歧異於正統權威的另類聲音，為時代的災厄苦難留下見證。

除此，特別值得一提的是，江自得的長篇史詩集《Ilha Formosa》，以歷時性的時間結構，追溯臺灣從開天闢地以來至解嚴後的歷史軌跡，其中第四章「殖民地滄桑」中的「蔣政權篇」，分別由〈1.永不消逝的水煙——致林茂生〉（2006）、〈2.從戶口裡消失〉（2006）、〈3.美麗島之傷〉（2009）、〈4.你們仍在玩捉迷藏嚜〉（2009）、〈5.那也無妨——陳文成命案〉（2009）⁴⁶等詩構織獨裁者的血腥史，哀悼二二八事件與白色恐怖時期無辜受難的靈魂。以上詩篇記錄臺灣人民爭取民主自由的悲慘歲月，譴責威權統治者視人民如草芥，剝奪生命價值，摧殘基本人權。

對作家而言，文學是一種救贖，也是最好的武器，它無止盡地淨化人間的醜惡與污穢。然而，一味的控訴與抵抗並不等於文學，可貴的是要能夠通過文學藝術的洗禮，成為脫胎換骨的高貴靈魂與尊嚴存在，進而從歷史廢墟中重新昂然而立，這才是抵抗詩學的終極意義。鄭烱明〈抵抗的詩學〉（2019）說：

> 我手持語言的利刃／奮力在潔白的稿紙上／一字一字地刻下／難得的生命的印記／／這荒謬的／價值不確定的年代／抵抗是必須的／而且不能妥協或停止／／從抵抗現實到抵抗謊言／從抵抗極權到抵抗殺戮／沒有誰能禁止／我的抵抗的詩學／／因為抵抗／我的語言才能復活／才能呈現／生命的存在和意義⁴⁷

鄭烱明和李敏勇皆有共同的醒覺與警惕，認為解嚴後抵抗的對象並沒有消失，詩人依然必須花費更大的耐心與努力，以精確的語言記錄這塊土地上的

---

45 拾虹〈蝴蝶〉，莫渝編《拾虹集》（臺南：國立臺灣文學館，2009年），頁94-95。
46 江自得《Ilha Formosa》（臺北：玉山社，2010年），頁251-284。
47 鄭烱明〈抵抗的詩學〉，《詩的誕生》（高雄：春暉出版社，2021年），頁23-24。

呼吸與脈動，重新思考存在的意義，作品才能顯現獨特的風貌和價值。[48]在解嚴後這樣一個認知混淆、價值錯亂的時代，「戰後世代」詩人仍以伸張人權與維護民族尊嚴為出發點，通過二二八事件、白色恐怖的凝視，追溯黨國操控的歷史，以顛覆中心與邊緣二元對立的權力結構。解嚴後這些政治詩較諸解嚴前的創作意識，在伸張正義公理的同時，顯然已超越仇恨憤怒，期願以寬厚溫暖的胸懷來守護臺灣，用愛與希望來撫平歷史傷痕，以開展國家越加茁壯的新生命。

三、解嚴後政治沉痾的顯影

臺灣進入八〇年代以後，以中國為取向的戒嚴文化已開始出現鬆綁的現象，在正式宣布解嚴之前，笠社詩人早已對政治威權體制進行在野思考，質疑威權神像的大敘述美學，陳芳明分析道：「具體言之，大敘述的美學，不免是一種文化上的霸權論述。文化霸權之所以能夠蔓延橫行，乃是拜賜於威權式的戒嚴體制之存在。」[49]在威權式的戒嚴體制下，臺灣社會必須接受一元式、壟斷式的美學觀念；然而，隨著戒嚴體制的崩解，大敘述的美學即引起作家的普遍質疑。李敏勇認為臺灣詩人的重要課題，是要透過文字探診島嶼傾斜的政治病理與文化迷障，讓島嶼不致傾斜甚而沉沒，他說：「政治使島嶼傾斜，因為統治權力害怕民主化、本土化、主體化的系統工程。但生活在島嶼的人們要扶正傾斜的島，不能對這樣的系統工程的權利與責任置身度外，否則島嶼是會沉沒的。」[50]「笠」「戰後世代」詩人重視政治良心和藝術要求，深探權力結構中的話語，追究歷史記憶的尊嚴與正義；他們反對文學淺薄化的危機，強調社會現實性的觸探，並抵制歷史進程中政治權勢的侵蝕。就詩人而言，臺灣的解嚴並不等於心靈的解放，而是政治沉痾的顯影。

---

48 鄭烱明〈詩人的挑戰〉，《笠》第149期（1989年2月），卷頭言。
49 陳芳明《臺灣新文學史》（臺北：聯經出版社，2011年），頁27-28。
50 李敏勇〈自序〉，《傾斜的島》（臺北：圓神出版社，1993年），頁4。

臺灣解嚴後「真解嚴了嗎？」針對此問題的質疑，許達然（1940-）在〈一九八八年臺灣印像〉（1988）說：「只是不能自主的傷已結痂了／不過仍有火點響／亮的聲音要燒掉渣滓的纏繞」[51]，「渣滓」即代表威權遺毒依然存在，意指解嚴後不久，殖民幽靈依舊四處蟄伏在社會各個角落。臺灣解嚴後，開放赴中國探親，解除黨禁、報禁，但臺灣人民仍未享有充分的言論自由，直至1991年5月廢止「動員戡亂時期臨時條款」，1991年12月萬年國會解散，1992年6月通過「政風機構人員設置條例」廢止「人二」，1992年7月裁撤警備總部，1996年3月第一次總統直選，1999年1月廢止「出版法」，政治環境才逐漸打破禁忌，社會趨向開放。本節試圖就「笠」「戰後世代」詩人在解嚴後所關注的政客沉淪、選舉弊端，以及統獨意識、國家認同等問題，探究其在歷史文化轉折中，如何試圖清除阻礙民主自由發展的渣滓，又如何追尋臺灣民主化、本土化、主體化的進程。

（一）政客沉淪與選舉弊端

　　臺灣解嚴後亟待解決的問題是阻礙民主自由發展的「萬年國會」，由於解嚴後政府並沒有準備推動國會全面改選，以致人民無法透過選舉決定執政者，憲法保障的基本人權仍然受到限制。所謂「萬年國會」是指自1948年至1991年間的第一屆中央民意代表（國會議員）與《動員戡亂時期臨時條款》，長期以來一直是為人所詬病的憲法「違章建築」；戰後國民黨政府在臺灣實施長達三十八年的戒嚴，配合戒嚴令的實施，也製造近四十多年從未改選的國會怪獸。「萬年國會」配合黨國機器的控制，其內裡包裹著民意的假象，做出背離臺灣人民權益的決定。九〇年代隨著社會改革的呼聲與民主潮流的轉變，這兩個「違章建築」已成為臺灣實施民主憲政的絆腳石，也成為在野人士極力撻伐的對象。如李魁賢的〈無尾熊〉（1989）：「霸佔樹幹上的最好位置／不必勞動生產／每日嚼食尤加利樹葉／麻醉自己／在規劃的

51　許達然〈一九八八年臺灣印像〉，江自得等編《重生的音符──解嚴後笠詩選》（高雄春暉出版社，2009年），頁125。

保護區內／夢想著自然風雪中的美景」[52]，透過「無尾熊」的意象，批判在荒謬的法統保護傘下，「萬年國會」的老代表長踞高位，就像「無尾熊」一樣，成為既得利益者。又如林亨泰的〈賴皮狗〉（1991）：「樓梯的邏輯／只有／要上，就上去／要下，就下來／／邏輯的樓梯／只能／不上，就該下／不下，就該上／／可是這隻獸／只想／一直賴在那裡／不上，也不下」[53]，藉著違反「樓梯的邏輯」諷諭老代表霸佔「上」位，不肯「下」臺；又題為「賴」皮狗，批判「一直賴在那裡」的終身國會。由上可見，「笠」前輩詩人運用諧趣的動物意象，反諷萬年國會是阻礙民主憲政發展的渣滓。

「笠」「戰後世代」詩人揚棄風花雪月的情境，脫離現實夢囈的流行風氣，社會責任是他們共同的信念和實踐。解嚴前後，陳鴻森從歷史敘事轉而針砭時事，於1983年立委選舉日寫下〈靜物〉，這首詩看似摹寫一幅靜物畫，勾勒各式水果特有的滋味與色澤，其實乃在揭露戒嚴時期威權主義式的選舉，結尾點現詩旨說：「雖各自異類／然因長久以來互相濡沫／它們之間竟共有著一個核／這些靜物／藉著核裡的主義／抵抗著室外的光與熱／抵抗三十年時間的漂洗」[54]，詩以果「核」延展出豐富的意蘊，意旨政治「異類」濡沫下成為「核」心權力的共同體，也突顯一丘之「貉」長期壟斷政權的陳腐，再現另一種政治怪獸的醜惡。所謂政治污染社會環境，並不只是專制統治才有的現象，解嚴後在逐漸邁向自由民主的道路上，政治污染也層出不窮，如陳鴻森在〈雞年論雞〉（1993）中，以先覺者識時務的「雞」為意象，諷刺政界見風轉舵的投機者，趨附主流派，利用形勢自利肥己：

由於善於觀風測時／雞／把先覺的形象／發揮得最為淋漓盡致／儘管原先縮在夜的角落／但，只要形勢略微明朗／他們立即奮然而起／高

---

52 李魁賢〈無尾熊〉，《李魁賢詩集》第3冊 （臺北：行政院文建會，2001年），頁291-292。

53 林亨泰〈賴皮狗〉，陳昌明編《臺灣詩人選集：林亨泰集》（臺南：臺灣文學館，2008年），頁93-94。

54 陳鴻森〈靜物〉，《陳鴻森詩存》，頁112-113。

聲 啼唱／彷彿黑暗的統治／是由他們所驅走的／／天亮以前／他們
是主流派——／隨著天之分明／漸漸地／他們昂然站立的地方／竟在
邊緣位置／天地似乎有些傾斜／／當然難並非／全無鬥爭能力／只
是，他們的威猛／大抵僅能用以對付同類／但，只要形勢一逆轉／他
們即／識時務而又不失其矜持的／帶領／擁護他們的徒眾／到一隅／
重組一個黨／繼續高聲提倡——／仍然不失其／革命情操／的樣子[55]

　　投機政客的行為往往以依附主流為驅動力，高聲訴求要驅走黑暗統治的革命
情操，其實僅是政治秀上演的戲碼，競奪的卻只是權力，沉淪為現實政治
的俘虜，模糊國家重建和社會改造的理想願景。陳義芝說：「進入二十一世
紀，陳鴻森的詩筆更見老到。」[56]如2007年發表的〈魔術師〉，透過讓所有
價值倒立的世紀魔術師，揭露從政者掩蓋貪腐的事實：「讓道德成為化石
／讓廉隅羞愧／讓所有的事實／沒有真相」[57]，充滿嘲謔的意味。詩人最可
貴之處，在於超越黨派意識的樊籬，以真理與良知為準則，因此在〈回音〉
（2001）中以「輪替」／「淪替」的諧音關係，感嘆昔日的在野黨進入體制
後的腐化現象。從以上詩例，可見陳鴻森始終秉持反逆的位置，朗現批判政
治污染的詩心。

　　曾貴海與鄭烱明、江自得三位醫生詩人，其風格有如三稜鏡的三種面
向，相較於鄭烱明的冷靜，江自得的內斂，曾貴海則更熱情激進。他在1996
年參與「建國黨」建黨，2000年臺灣第一次政黨輪替後籌組「南社」，2002
年擔任臺灣筆會會長等，在環保、人權、政治團體的參與過程，累積深厚的
創作能量，也深深影響其詩風的丕變，尤其在政治詩的表現上最為明顯，如
《浪濤上的島國》（2007）、《色變》（2013）跳脫以往南方土地的凝視、
環境生態的保護、族群歷史的省思等主題，更傾力於政治權力的批判，寫作

55　陳鴻森〈雞年論雞〉，《陳鴻森詩存》，頁69-70。
56　陳義芝〈第四章　戰後世代《笠》詩人：從歷史未解的矛盾出發〉，《現代詩人結構》，
　　頁128。
57　陳鴻森〈魔術師〉，陳明台編《陳鴻森集》（臺南：國立臺灣文學館，2009年），頁30。

手法也突破以往單純意象的精巧性,大膽嘗試「後現代」的混雜性。以《色變》中的〈空·染·窺·迷·舞〉為例,打破新詩、散文、小說的界線,文類雜揉;又全篇改造詩語與結構,長篇無句讀,看似跳接,違和邏輯,其實是一氣呵成。全詩以五篇子題貫串,前後對照,刻劃出政治明星檯面前後的迥異形象,其中第四首〈迷〉,描寫政治明星X以煽動渲染的言詞,企圖點燃群眾沸騰的情緒:

> X走出來時舉起雙手向群眾揮舞再慢慢的站上墊高的講臺敲敲麥克風抬頭望了一下沈靜的夜空大約停頓了十秒才緩慢地一字一字的講出他的第一句話然後逐漸加強他的音調和情緒一遍又一遍的以充滿感情又激動的言詞連結成波浪般的節奏攪動群眾的心像水花般的激盪[58]

政治明星X勾勒出自由解放、公平正義的美好藍圖,聽似真誠又感動的演說,若再對照〈空〉與〈染〉中X權性合體的醜陋形象,更顯現其矯情虛偽的真實面目。〈空·染·窺·迷·舞〉的後現代手法,稀釋詩味,相較於陳鴻森〈雞年論雞〉、〈魔術師〉等詩,後者的感物構象更加耐人玩味。解嚴後曾貴海持續以文學為解剖刀,切除權力腐蝕人心的毒瘤,他曾就詩人的定位說:「作為詩人,唯一不可放棄的堅持是據守良知的位置,絕不可放棄知識分子的精神證照,時時提醒權力擁有者不要被權力收編與腐蝕。」[59] 由此印證詩人們堅持良知的精神特質,就如薩依德所言,要斥責腐敗,這才是知識分子的本色。

以上政客沉淪與選舉弊端的詩例,充滿批判與嘲諷,有別於時事現象詩、新聞應景詩的浮泛,其目的終歸期待政治人物要擔負人民所託,讓良政善治真正成為可能。又選舉要走出「泛政治化」漩渦,構建理性的選舉文化,讓民主政治邁出堅實步伐。

---

58 曾貴海〈迷〉,《色變》(高雄:春暉出版社,2013年),頁91。
59 曾貴海《戰後臺灣反殖民與後殖民詩學》(臺北:前衛出版社,2006年),頁133。

（二）統獨爭議與認同混淆

臺灣解嚴後，國家定位日益成為朝野與人民關切的重要議題，蕭新煌在〈解讀解嚴後的族群關係〉提及：「解嚴後的七年之癢，兩個後遺症就是民主轉型、權力重組，加深了省籍情結的矛盾，以及族群意識與國家認同和統獨選擇混淆。」[60] 這兩個與族群、省籍相關的現象，被歸納為造成解嚴後國家內部緊張關係的主要原因。就國家認同而言，解嚴前傾向國民政府所強力主導的「中國民族主義」之認同，鮮少出現「臺灣獨立」的聲音。解嚴後，隨著政治逐步開放，主張「臺灣獨立」的聲音漸漸浮出檯面。1989年鄭南榕因在《自由時代》雜誌上刊登許世楷的「臺灣共和國憲法草案」，被以叛亂罪起訴，後因抗拒警方的拘提而在雜誌社引火自焚。[61] 事發後，江自得即寫下輓歌〈你不是英雄〉（1989），紀念鄭南榕捨身捍衛言論自由，詩分七節，節錄如下：

> 在緊縮的氣壓下／窒息了的島嶼／灰暗／如一隻失神的漂鳥／／當暴風襲過海面／自由的羽毛紛紛脫落／／告別了／曾經美麗的家園／失去了身分與聲音的家園／／你不是英雄／你只是太熱愛這塊土地／／向著愛戀的島嶼／你泅吧／泅過黑色的海洋／泅向金黃的灘岸／以完美的姿勢／泅入歷史的廣場／／死亡的哲學／靜寂如火／／在烈焰中／你的血仍堅持／愛與和平……
> 你不是英雄／你只是想做一個／真真實實存在的／人[62]

詩題「你不是英雄」，似乎要與專制統治者的造神「英雄」形象有所區隔；臺灣人走過困厄的時代，一步一步行進在自救的顛沛歷史，鄭南榕是為自由思

---

60 蕭新煌〈解讀解嚴後的族群關係〉，《新臺灣人的心》（臺北：新自然主義出版社，2002年），頁104。
61 參見李筱峰《臺灣，我的選擇：國家認同的轉折》（臺北：玉山社，1995年），頁114。
62 江自得〈你不是英雄〉，《故鄉的太陽》，頁78-82。

想殉難的一種典型。本詩表彰鄭南榕熱愛臺灣、堅持愛與和平的精神，這位行動哲學家以四十二歲年輕的生命，昭告臺灣人的尊嚴，勇敢突破臺獨言論的禁忌。他點燃爭取自由的火把，掀起洶湧民主的浪潮，影響深遠。而後1991年在清華大學發生「獨臺會」案件，引發知識界大規模的示威抗議行動，最後立院通過廢除訂有唯一死刑的「懲治叛亂條例」。同年民進黨正式通過「臺獨黨綱」，並將「臺灣共和國」列入民進黨黨綱之內。從此在「中國民族主義」的認同之外，「臺灣獨立」成為臺灣人民國家認同的另一種選擇。

「笠」「戰後世代」詩人在「臺灣意識」的旗幟下，從極力突破統治者的壓抑，寫到自由民主時代的喧囂，在陳鴻森的〈狗〉（2004）中，貫穿戰後臺灣歷史社會演化的整個縮影，從戒嚴時期的沉默與冷肅，到解嚴後政黨對立性語言的充斥，自喻為一隻「逐漸喪失感受力和批判性」的流浪犬。作為歷史學者的陳鴻森，早在七〇年代即寫下〈魘〉（1973）、〈幻〉（1974），從臺灣歷史的反省中，尋索國家的主體性，在當時詩壇是極為前瞻的例子。此後，詩人對臺灣主體性的認知越發深刻，更聚焦思考臺灣和中國的歷史糾葛，其中最引人注目的是〈比目魚〉（1983），巧妙地以兩種神似的比目魚——鮃與鰈，比喻臺灣與大陸之間不同的意識型態，詩分四段，節錄如下：

> 由於不同的視界／和意識型態／比目魚終於宣告分裂／成為左右各別的兩個個體／牠們各自拖著半邊的虛幻／跟蹌地／向著自己視界裡的海域／游去／／……三十多年來／一直共有同一名字的／左鮃右鰈／由於異向的游程／牠們之間終於形成了／一個寂寥的海峽／／由於日日迎衝著橫逆的潮／鮃的右眼因又逐漸右移／回到了牠身軀的右側／鰈的左眼亦逐漸地左移／而回到牠身軀的左側／如今，這已不再比目而行的鮃與鰈／除了牠們先後移動過的眼／略覺木然外／牠們的形態／則日益相——似 [63]

---

63 陳鴻森〈比目魚〉，《陳鴻森詩存》，34-37。

詩人似已預見日後國家名分的紛歧和國家認同的糾葛，以「鰈」與「鮃」兩眼位置的暗喻，前者為「右」傾國家，後者則是「左」傾國家，呈現「中華民國」和「中華人民共和國」的對峙關係。再觀「子不語」詩集中的其他詩作，皆採諷刺、寓意的手法，針對臺灣生存環境反覆辯證，如內部意識形態的對立、國家存在的虛幻，以及任人宰割的弱勢、國際處境的孤立等等議題，烘托出現實批判意識。這些詩如今讀來，具有先知覺醒的意義。解嚴後陳鴻森在〈魔術師〉（2007）中讓「比目魚」的意象再次發酵：「我能讓臺灣變為兩個／成為比目魚 各具隻眼／聞到那香氣了吧／閉上眼／隨著我的口號動作／你們將看到共和國的輝光／以及 你們夢寐獨立的家園／似遠還近／似近更遠」[64]，透過魔術師顛倒價值的障眼法，批判當權者操弄語言，政治立場撲朔迷離，隱含著對於時局的不安定感。這些詩作不純粹是美學的想像，而是對國家認同的隱憂。

曾貴海從歷史意識的追尋與探索中，也相當關注臺灣主權的認同課題；2000年籌組南社，其創立宗旨即在於追求臺灣擁有和平、人道與獨立的國格。[65] 曾貴海收錄於《浪濤上的島國》中的多首詩，清楚表明獨立建國的意識，遠離中國強權的壓迫，期盼臺灣走向獨立自由，這些詩以〈自由五吃〉（2006）的創作手法最具特色，表達詩人為民主化進程的迷失深感焦慮。全詩計十一節、八十行，詩題「吃」字揭舉強者「併吞」弱者的意旨，指涉臺灣建立主體性的定位。詩中「自由餐廳」的老闆來自北京，位置就在北臺灣大城的中華路、自由路口，以中華料理聞名，其中「自由五吃」這道菜最受老饕喜愛。臺灣解嚴後，開放人民赴陸探親，兩岸經濟活動往來也日漸緊密；「自由餐廳」的場景彷彿置身於中國大陸，諷刺臺灣政客與中國政權如膠似漆的曖昧關係。本詩又巧思安排「貴州」與「臺灣」的對舉，再揭兩岸議題的衝突與矛盾：「大家舉杯連乾了三杯貴州茅臺／讓自由的味道喚醒全身的感受／在臺灣痛飲茅臺卯上臺灣豈止自由自在」，在兩岸政治互動的過

---

64 陳鴻森〈魔術師〉，《陳鴻森集》，頁31。

65 參見曾貴海〈臺灣南社宣言〉，《憂國》（臺北：前衛出版社，2006年），頁454-455。

程中，詩人憂心臺灣的民主、自由與人權逐漸受到侵蝕。再看末二節：

> 「大老闆們再見，明年今日請大駕光臨」／自由餐廳的老闆和經理以標準的京片子／除了送客還預訂了明年的大餐／「臺灣的總統魚我們會預先吩咐周全／Ok！一切包在我身上好了，放心，no problem！」／／一群人歪歪斜斜的走向自由路邊的停車場／沿著中華路的百米大道慢慢離去／後面有人輕聲低哼／臺灣好～～阿臺～～灣～～臺灣真是個復興島／蹣跚地消失在微醺的自由燈火中 [66]

臺灣解嚴後統獨意識並峙，末二句：「臺灣真是個復興島／蹣跚地消失在微醺的自由燈火中」，即反映出對臺灣主體的認同充斥著曖昧模糊。曾貴海另在〈我們真的需要一個國家〉（2006）中說：「我們真的需要一個心愛的國家／所有的家一間又一間連成的國家／用人民的雙手圍成的好籬笆」[67]，詩人明確表達唯有人民擁有政治權利與公民權利，社會邁向自由化與民主化，才是我們共同憧憬的國家藍圖。

「笠」「戰後世代」詩人的文學脈動一直到二十一世紀還是不止不休，尤其在統獨對立與認同混淆的迷霧中，詩人明示以臺灣為主體的定位，希冀藉由文學來改造時代風氣，誠如阮美慧所言：「《笠》以詩作為『文化抵抗』的形式，進行寫作與批判，其目的：即是透過詩建立自己的主體論述、歷史身分、自我再現等的『詮釋權』，重新建構以『臺灣』作為主體性的文學世界。」[68]「笠」「戰後世代」詩人在解嚴之後，隨著臺灣社會、政治、民主運動的蓬勃發展，其介入詩學也成為建構臺灣意識論述的領航，在邁向自由民主的進程中扮演重要角色。

---

66 曾貴海〈自由五吃〉，《浪濤上的島國》（高雄：春暉出版社，2007年），頁71。
67 曾貴海〈我們真的需要一個國家〉，《浪濤上的島國》，頁113。
68 阮美慧〈第八章　社會與政治：「笠」戰後世代詩人的現實詩學〉，《戰後臺灣「現實詩學」研究：以笠詩社為考察中心》，頁356。

四、結語

　　環顧臺灣百年詩壇，許多詩社已陸續落幕，而「笠」仍穩健地扎根土地，成為建構臺灣詩學的重要詩社。「笠」跨越時間軸度長遠，在政治經濟方面，見證從戒嚴到解嚴的轉折，從資本主義到全球化浪潮的發展。在文學方面，穿越現代主義到鄉土寫實，以至後現代的演變。在這段歷史長河中，「笠」每個世代穿針引線的主軸，不外是對威權暴力的批判，這種批判意識不會因為時空轉移而消失。解嚴後由於逐步實現民主政治的理想，使得臺灣的言論禁忌全面崩解，然而「笠」詩人仍體現知識分子的精神證照，持續反逆角色介入政治議題，他們從解嚴前歷史記憶的重建中，更加確認解嚴後建構臺灣主體的重要性。「笠」堅持主張站在「以臺灣為中心」的基礎上創作，[69] 旗幟鮮明，成為「笠」的存在意義與使命，也是與其他詩社之間最顯著的區別。

　　本文以「笠」「戰後世代」曾貴海、李敏勇、鄭烱明、江自得、陳鴻森之解嚴後政治詩為探察對象，他們的書寫具有集體性與個體性的特質。就集體性而言，詩人從後殖民角度出發，批判歷史與政治的異質之聲，再現殖民統治者壓迫的集體記憶，反省臺灣喪失主體性的悲哀，從而發展出臺灣民族主義的國家認同。在這些共相中各有著力點，如曾貴海對國家定位的隱憂，李敏勇對家國願景的尋覓，江自得對歷史時空的演繹，鄭烱明對抵抗詩學的堅持，陳鴻森對政治腐敗的指斥，皆令人矚目。至於在創作手法上，解嚴後這些詩人放膽介入政治論述之餘，並沒有放棄詩的語言藝術，如陳鴻森巧用意象針砭時事議題，深具辯證的透析力，在隱與顯之間形成美學風格。除此，江自得產出氣勢恢宏的長篇史詩，曾貴海運用後現代實驗手法，在形式

69　江自得提及笠社詩人作品的特色：「繼承日治時期臺灣詩人反殖民的精神，讓批判、抵抗、關懷土地、關懷弱勢、重建歷史記憶、重構主體性，成為笠詩人作品的特色。其鮮明的現實主義、反殖民、後殖民的精神，讓戰後臺灣詩學的土地長出一棵『臺灣意識』的大樹。」引自〈站在「以臺灣為中心」的基礎上〉，江自得等編《重生的音符：解嚴後笠詩選》，序，頁13。

的開拓顯而易見。

　　政治詩可說是推動臺灣從獨裁、壟斷走向自由、民主的影響力量之一，解嚴後「笠」「戰後世代」詩人成為論述主力，他們的詩之旅路從六〇、七〇年代，進入二十一世紀，在特殊歷史構造的鑑照下，從凝重陰鬱到探尋願景，期待國家脫胎換骨，活出新臺灣人的再生形象。如今臺灣已邁入自由民主的政治體制，回顧解嚴後笠社詩人這些野生思考的政治詩，不僅見證臺灣建構主體性的進程，同時標示臺灣新詩本土化的意義與價值。未來隨著政治社會的變遷，「笠」在世代傳承中如何綿延詩社的精神史，如何煥發詩的美學，在理想之路繼續發聲，將是詩人們所要面對的新挑戰。

| 參考書目 |

1. 笠社詩人作品及編選

江自得《故鄉的太陽》，臺中：臺中縣立文化中心，1992年。

江自得《從聽診器的那端》，臺北：書林出版社，1996年。

江自得《漂泊——在醫學與人文之間》，高雄：春暉出版社，2003年。

江自得《遙遠的悲哀》，臺北：玉山社，2006年。

江自得《Ilha Formosa》，臺北：玉山社，2010年。

江自得《二二八》，高雄：春暉出版社，2016年。

江自得等編《重生的音符——解嚴後笠詩選》，高雄：春暉出版社，2009年。

李敏勇《做為一個臺灣作家》，臺北：自立晚報，1989年。

李敏勇《傾斜的島》，臺北：圓神出版社，1993年。

李敏勇《青春腐蝕畫》，臺北：玉山社，2004年。

李敏勇《島嶼奏鳴曲》，臺北：玉山社，2008年。

李敏勇《自白書》，臺北：玉山社，2009年。

李敏勇編《複眼的思想：戰後世代八人詩選》，臺北：前衛出版社，2005

年。

李敏勇編《陳明台集》，臺南：國立臺灣文學館，2009年。

李魁賢《詩的見證》，臺北：臺北縣立文化中心，1994年。

李魁賢《詩的越境》，臺北：臺北縣文化局，2004年。

莫渝編《笠文論選1：時代的見證》，高雄：春暉出版社，2014年。

莫渝編《笠文論選2：風格的建構》，高雄：春暉出版社，2014年。

陳明台《陳鴻森集》，臺南：國立臺灣文學館，2009年。

陳鴻森《笠詩社學術研討會論文集》，臺北：學生書局，2000年。

陳鴻森《陳鴻森詩存》，臺北：臺北縣政府文化局，2005年。

曾貴海《憂國》，臺北：前衛出版社，2006年。

曾貴海《戰後臺灣反殖民與後殖民詩學》，臺北：前衛出版社，2006年。

曾貴海《浪濤上的島國》，高雄：春暉出版社，2007年。

曾貴海《色變》，高雄：春暉出版社，2013年。

鄭烱明《蕃薯之歌》，高雄：春暉出版社，1981年。

鄭烱明《三重奏》，高雄：春暉出版社，2008年。

鄭烱明《詩的誕生》，高雄：春暉出版社，2021年。

鄭烱明編《跨越世紀的聲音——笠詩選》，高雄：春暉出版社，2005年。

2. 專書

王岳川《後殖民主義與新歷史主義文論》，濟南：山東教育出版社，2005年。

王德威《眾聲喧嘩》，臺北：遠流出版社，1998年。

四七社編《覺醒與再生》，臺北：前衛出版社，1992年。

呂興昌《臺灣詩人研究論文集》，臺南：臺南市立文化中心，1995年。

李筱峰《臺灣，我的選擇：國家認同的轉折》，臺北：玉山社，1995年。

阮美慧《戰後臺灣「現實詩學」研究：以笠詩社為考察中心》，臺北：學生書局，2008年。

孟　樊《當代臺灣新詩理論》，臺北：揚智出版社，1995年。

張　進《新歷史主義與歷史詩學》，北京：中國社會科學出版社，2004年。

盛　寧《新歷史主義》，臺北：揚智出版社，1996年。

陳芳明《典範的追求》，臺北：聯合文學，1994年。

陳芳明《臺灣新文學史》，臺北：聯經出版社，2011年。

陳義芝《現代詩人結構》，臺北：聯合文學，2010年。

焦　桐《臺灣文學的街頭運動──1977～世紀末》，臺北：時報出版社，1998年。

童慶炳《文化詩學：理論與實踐》，北京：北京大學出版社，2015年。

蕭新煌《新臺灣人的心》，臺北：新自然主義出版社，2002年。

薩依德（Edward Wadie Said）著，單德興譯《知識分子論》，臺北：麥田出版社，1997年。

藍博洲《白色恐怖》，臺北：揚智出版社，1997年。

3. 期刊論文

李　弦〈抗議詩學與政治學：笠詩社的集團性〉，《臺灣詩學季刊》第40期，2002年12月。

做伙行長路
初探《島鄉台語文學》的文學運動及詩實踐[1]

黃建銘　文化部文化資產局

摘要

　　1990年代以降台語文運動，隨著文學性刊物的持續出刊，進行集體性文學實踐，其中《島鄉台語文學》的刊行，可謂第二波台語「文學化」潮流中的一個接續。本刊物所有工作，包括邀稿、打字、編排到寄送等等，均由主編陳金順獨力完成。從1998年至2004年止，共出刊31期，每期印刷1000份，刊登過詩、散文、小說及翻譯等作品，被文學史家譽為跨21世紀前後最堅持純文學的台文刊物。

　　本論文指出主編陳金順除了於創刊號發表了重要的文化宣言，亦經由多元的策略方法，試圖帶起一波新台語文學運動。《島鄉台語文學》於台灣／台語詩史的意義有三點：第一、讓創作群體承先啟後，綿延不絕；第二、肯定傳統民間文學，也接受童詩，並兼容歌謠體及自由體兩種現代詩類型，並且引介史詩，以向世人證明台語詩具有無限可能性；第三、就集體性書寫主題而言，1990年代前期《蕃薯詩刊》以「台灣意識」最多，而《島鄉台語文學》作為1990年代後期代表性刊物，則以「人物情懷」最多；另外本刊物除承繼《蕃薯詩刊》之「台灣意識」、「政治關懷」、「社會關懷」、「人物情懷」及「思想情

1　本論文題目「做伙行長路……」，係引自陳金順，《島鄉台語文學》創刊號（1998年3月）發刊辭之標題，原寫為「作伙行長路……」。筆者根據目前教育部推薦用字，將「作」改為「做」字，予以標記。本論文於研討會上宣讀，得到評論人呂美親教授的寶貴提問與建議；會後承蒙二位匿名審查委員惠賜諸多寶貴修改意見，特此致謝。

感」等五大主題外，於「生態環境」、「哲理書寫」及「生活感懷」等主題書寫面向有擴展趨勢，顯見台灣／台語詩史已進入一個嶄新的階段。

最後本文指出，《島鄉台語文學》具有強烈運動性，於21世紀前後台灣／台語詩史的集體性發展當中，可謂扮演了重要角色。

關鍵字：島鄉台語文學、陳金順、文學運動、台語詩、集體性

一、1990 年代以降的台語文學發展與《島鄉台語文學》

> 一世人堅心做一項有意義e代誌，呣管環境偌呢vai，半路是呣是會起風颱？攏袂凍來阻礙，這需要偌大e氣慨，才有法度行完即條長路，我呣知；我干單會曉憨憨仔行，行一步算一步，嘛呣知家己會凍行偌久？行偌遠？
>
> ——〈作伙行長路——鼓吹台語文學〉[2]

　　由於特殊的時空背景，台灣歷經多次移民及殖民經驗，因而擁有多樣的族群及其珍貴的語言文化資產。回顧百年來的台灣，戰前受到日本殖民統治（1895-1945），統治者以日語作為共通語，二戰期間的皇民化運動，則意圖以強制語言政策，同化台人的精神意識及其文化思維。而1945年後國民黨政府則透過剛性語言文化政策及威權統治，十分成功將台灣塑造為華語文／文化／文學為主流的國家，或者可說是華語文化霸權的國家，既使政黨輪替由民進黨執政後亦然。相對之下，其他族群的本土語文如台語、客語、原住民語等，均屬於弱勢性存在，甚至有滅亡的危機存在。儘管如此，百年來的台灣，在不同的年代裡，有不少覺醒之士，或因宗教之愛，或因對於鄉土或台灣之情，以社會運動、論述或者親自創作，證明族群語言的文字化及文學化的存在意義及其重要價值。

2　節錄自陳金順主編《島鄉台語文學》於創刊號（1998年3月）之發刊辭。

在台灣雖然百分之七十以上的人口其母語為台語，但是台語文學的創作、閱讀及評論者皆少，至今仍屬於弱勢文學。然而，卻有人願意當「憨人」，一心一意地推動它，想要刺激更多創作及欣賞人口，提升台文藝術高度，逐步累積其文化深度及精神厚度。陳金順就是這樣一個「憨人」，他於1998年創刊的《島鄉台語文學》（以下為行文方便，或簡稱為《島鄉》）就是這樣一份懷抱深厚使命感的文學雜誌。

根據學者廖瑞銘研究，關於台灣人集體性的母語意識，一直要到1980年代初才開始覺醒，當時是隨著蜂擁而起的各種社會運動，而展開母語復振運動。進入1990年代之後，則與海外母語運動匯合，說母語不再是禁忌，且發展出一股母語書寫風潮。[3] 這一波母語復振活動，實與日本時代有很大不同，包括社會背景、文化運動及文學運動等等。

有關1990年代以降創辦的台語文刊物為數不少，而許多的刊物係與社團結合，例如蕃薯詩社與《蕃薯詩刊》、台灣語文促進會與《台語風》、台灣台語社與《掖種》、台語文推展協會與《茄苳台文月刊》、台北台文寫作會與《台文BONG報》、菅芒花台語文學會與《菅芒花詩刊》及《菅芒花台語文學》、時行台語文會與《時行台灣文月刊》，以及《台文通訊》、《台語世界》、《台灣語文研究通訊》、《蓮蕉花台文雜誌》、《TGB通訊》、《Tâi-oân-jī》等。除了以上的社會團體外，各大學學生亦成立了相關社團，如成大台語社、台大台灣語文社、交大台研社、淡江台灣語言文化研習社、清華台語社等。後來這些社團跨校串聯成立「學生台灣語文促進會」，並發行《台語學生》。這些社團與刊物有純文學性的、有語文教育性的、有語文運動性的、有綜合前三類的，各自扮演不同的角色，但在台語文運動上皆發揮了關鍵性的作用。其中屬於文學性台語文刊物有：《蕃薯詩刊》、《茄苳台文月刊》、《台文BONG報》、《菅芒花詩刊》、《島鄉台語文學》、《菅芒花台語文學》等六種。[4] 這六種文學性刊物當中，各有不同文字符號

3　參考廖瑞銘《舌尖與筆尖——台灣母語文學的發展》（台南：國立台灣文學館，2013年），頁55、61。

的選擇或者習慣。

　　倘以上述六種文學性台文刊物為文學史觀察對象，1990年代台語「文學化」的集體性實踐，可謂歷經了不同歷程：首先，第一波是1991年創刊的《蕃薯詩刊》（-1996.6），本階段除了刊載了大量理論性文章外，主要係在於詩創作的實踐；[5] 接下來的第二波，可以說是以1995年創刊的《茄苳台文月刊》（-1999.4）及1996年的《台文BONG報》（-2012年與《台文通訊》合併）為主導。《茄苳台文月刊》除了詩作之外，此時已有較多的散文，另外還有戲劇專號、詩人挽詩專題、翻譯專號、台語文學新秀專輯等；[6] 至於《台文BONG報》，於創刊初期即相當重視詩、散文、小說、劇本等不同文類，之後則是出現了較為長篇的寫作；[7] 至於1997年創刊的《菅芒花詩刊》（-2008.6）及其姊妹刊物1999年創刊的《菅芒花台語文學》（-2001），[8] 以及1998年創刊的《島鄉台語文學》可說是第二波的一個接續。

　　有關文學史學者對於《島鄉台語文學》之評價，如方耀乾認為它是跨21世紀前後最堅持純文學的台文刊物，[9] 而施俊州則認為其文學質素較當時的《茄苳台文月刊》、《菅芒花詩刊》都還要高。[10] 再根據台語文學相關全國性量化研究指出，《島鄉》發刊期間的前三年（1998-2000），其刊登台語現代詩（不含七字仔詩、童詩、歌詩等）的數量，均為全國報章雜誌類的第一名。[11] 另外，值得一提的是《島鄉》是六份文學性台文雜誌中，唯一一份

4　參考方耀乾《台語文學史暨書目彙編》（高雄：台灣文薈，2012年），頁92-93。

5　關於《蕃薯詩刊》之研究，請參考周華斌〈蕃薯詩社佮《蕃薯詩刊》初探〉，《海翁台語文學》第58號（2006年10月），頁4-43。

6　參考方耀乾《台語文學史暨書目彙編》，頁101。

7　關於《台文BONG報》之研究，請參考呂美親〈1990年代以降的「台語文學化」工程奠基—以月刊《台文BONG報》與陳明仁的寫作實踐為討論中心〉，《台灣文學研究學報》第32期（2021年4月），頁9-54。

8　關於《菅芒花詩刊》及《菅芒花台語文學》之研究，請參考關向君《「蕃薯詩社」與「菅芒花台語文學會」之研究》，（台南：台南大學國語文教學碩士論文，2009年）。

9　方耀乾《台語文學史暨書目彙編》，頁113。

10　施俊州專訪〈文學新風景、台語新世代：訪問台語詩人陳金順、方耀乾〉，《台文戰線》第5號（2007年1月），頁179。

非由社團創辦的刊物。因此，在在顯見其於台灣／台語文學史上有其特殊位置及代表性。

林央敏曾指出戰後台語文學運動期以來，台語詩發展得最早、最熱烈，因此和其他文類譬如台語小說、散文、戲劇比起來，詩作的題材最為繽紛多元，好作品自然也會累積得最多。[12]

由於《島鄉》其於文學史上有其特殊位置及代表性，且屬於運動型刊物，因此其文學運動模式，實值得吾人探究；同時刊物內相較於其他文類，詩創作的人數最多且作品篇數亦最多，且尚未有專文研究，因此，筆者不揣淺陋，嘗試進行學術研究探討。

限於論文篇幅，本文將針對《島鄉》的「文學運動策略方法」及「詩作」的作者、類型及主題進行初步統計及分析。至於未來研究觸角，則將再擴展至詩作不同主題的美學分析，乃至於散文、小說等其他文類，甚至是翻譯作品之研究。本論文的研究方法則包括有史料爬梳、口述訪談、統計學等方法。最後嘗試指出《島鄉台語文學》於台灣／台語詩史的時代意義。

二、陳金順的台文啟蒙與《島鄉台語文學》的運動路徑

陳金順（1966-），台灣桃園人，台南大學國語文學系台語文組碩士畢業。現為台文作家、台文戰線社務委員、湯德章紀念館志工、島鄉台文工作室負責人。已出版過的台文創作作品類別甚多，有詩集、散文集、小說集、評論集等，共計16本，另台語詩曾被譜成藝術歌曲，台語小說曾被改編為布袋戲，也曾參與過台語廣播劇的編劇。[13]

11　曾瓊珠《90年代台語現代詩蒐集kah分析》（嘉義：中正大學台灣文學研究所碩士論文，2013年），頁137-138；李婉慈《2000-2010年台語詩收集kap主題探討》（台北：台北教育大學台灣文化研究所碩士論文，2011年），頁84-85。

12　林央敏〈歷史與審美的合一──論方耀乾的詠史詩〉，《台文戰線》第4號（2006年10月），頁49。

13　筆者於2022年4月29日以line向陳金順確認其個人簡介內容。

《島鄉台語文學》係主編陳金順於1998年所獨力創辦的文學雜誌，包括邀稿、打字、編排到寄送等工作，皆由其一手完成，未向讀者收取訂閱費用，而有對外募款。這在文學史上雖非孤例，但算是極為少數的情形，因此有必要對陳金順個人及創刊當時的時空背景進行了解。

（一）時代浪潮下堅毅的實踐家

　　二戰後，因國共內戰戰敗，國民黨中華民國政權於逃亡地台灣自1949年5月20日開始實施戒嚴令。戒嚴期間，多元思想受到壓制，且為鞏固政權，進行白色恐怖統治。經過多少民主人士流血流汗的付出及犧牲，直到1987年7月15日，台灣才解除長達38年全世界最長的戒嚴令。解嚴後，台灣社會力持續奔放，壓抑已久的台灣意識爆發，本土化運動及台灣獨立運動隨即站上檯面，而更加迅速地擴展開來。進入1990年代，時代的浪潮持續不斷地湧進，天生正義感較強烈之人，更易受時代浪潮的影響，而與之共鳴。充滿熱血的有志之士，進而挺身吹起號角，除盡一己之力，也要喚醒其他沉睡的心靈，1994年當年未滿30歲的陳金順先生即是其中之一。他後來接受訪問時提到：

　　　　佇1994年秋天頭擺聽著地下電台的時陣，我藝專的學業拄仔到一個坎站，離開學校無偌久（袂當講卒業，因為彼時猶未提著畢業證書）。我ùi中國意識轉變到台灣意識的歷程，並無親像真濟人hiah-nih早，彼陣已經欲30歲矣；m̄過，我意識轉變的速度的確phīng大多數人khah緊，大多數的人頭代先聽著關係台灣相關的智識，攏是ùi huâi疑、求證、相信到規個轉變，我suah袂輸是咧坐高鐵，隨時huah變就變，我想，這減采就是藏佇心內年久月深的正義呼聲，只不過，過去被外來政權的洗腦教育掩嵌。[14]

14　林麗嬌〈勇敢向前行──訪問陳金順〉，《台文戰線》第18號（2010年4月），頁12-13。

因地下電台的傳播力，喚醒他內心對於公理及正義的追尋，進而反省國民黨政府的欺瞞言論及空洞不切實際的國家定位。他從一位蒙昧無知的小老百姓，轉而成為建國運動的實踐者，與此同時，他也開始接觸到台語文。

　　1995年2月起，陳金順白天上班，下班後晚上還到地下電台擔任工作人員。1995年3月他認識了電台主持人李孟峰，並經由他的牽線，認識許多台文界的前行者，包括林央敏，因而開始接觸「台語文」。[15] 同年4月7日寫出第一篇台文散文作品〈雙面人〉，5月28日參加前輩作家林央敏等人創辦的「台語文推展協會」創會儀式，並擔任司儀。同一日第一首台語詩〈一粒種籽〉發表於協會刊物《茄苳台文月刊》創刊號。在參與台語文運動的同時，他也投入街頭遊行抗議運動，宣揚台灣獨立進步理念。他曾說過他這輩子最大的願望，就是能看到台灣獨立建國與台語文學的文藝復興。[16]

　　台語文學的創作經驗及與師友間切磋學習，讓他找到一生的文化志業。他將自己台語文學的創作作品，積極投稿當時的報刊及主要台文雜誌，乃至於參加文學營隊的文學獎比賽。當時他的作品也獲得不少獎項，如1995年「第一屆台灣文學創作獎」（台中台語社）、1996年「第二屆南鯤鯓台語文學營創作獎」、「第十八屆鹽分地帶文藝營創作獎」及「第二屆台灣文學創作獎」（台中台語社）等，這除了讓他更有自信，同時也喚起其內心深處的使命感。雖然經濟狀況並不理想，工作也不甚順利，如他擔任過送報工作，以及倉庫的搬運工，算是領政府最低薪資的一般上班族，而為了讓台語文學有個純文學的發展園地，他於1997年底創立了台文工作室，並於1998年初獨立發刊《島鄉台語文學》雜誌。他回憶說：

　　　世間事往往oh得中人意，特別是為理想所做的代誌閣khah是按呢。
　　　（略）

15　施俊州專訪〈文學新風景、台語新世代 訪問台語詩人陳金順、方耀乾〉，《台文戰線》第5號，頁168。

16　林麗嬌《渡出桃源的白鷺鷥：陳金順台語文學研究（1995~2010）》（台南：台南大學國語文學系碩士論文，2011年），頁145。

我常在咧想，世間的代誌若欲等到有十分的khùi力才去做，按呢，所有
歷史上的革命（無論動刀動槍抑是文化、文學上的革命攏相像）就永
遠無完成的可能。當初創刊《島鄉台語文學》的起心動念誠單純，
就是向望台灣這塊土地頂懸，會當閣加一份講究文學質素的台文刊
物。[17]

當芸芸眾生，紙醉金迷，一毛不拔，他則奉獻自我，鼓勵他人，其人格
更見高尚。不論外界環境有多險惡艱難，陳金順義無反顧從事台語文學創作
及鼓舞台灣人創作母語文學，他是薛西弗斯（Sisyphe），同時也是普羅米修
斯（Prometheus）。他一步一步深入台語文及台語文學的工作，並成為重要
運動者，一直迄今，堅毅的步伐不曾停歇。

（二）《島鄉台語文學》的文化宣言及內容梗概

1. 創刊前夕的文壇觀察：

陳金順先生於1997年年底成立「島鄉台文工作室」，隔年1998年一人獨
力創辦《島鄉台語文學》，希望讓台灣有多一份台語的純文學雜誌，至於當
時的時代背景為何？學者向陽於「亦冷亦熱，且悲且喜：一九九七年台灣文
學傳播現象觀察」一文提到：

近幾年來，小眾而具有運動性格的文學雜誌在台灣相繼誕生，同時配
合著台灣意識的強化與台灣語文運動的推廣，流通於台灣文學生態圈
的邊緣，其中如《台文通訊》、《台文罔報》、《茄苳台文月刊》、
《掖種》、《客家台灣》、《台語風》、《臺語世界》以及《番薯詩
刊》等，更是在傳播不易的條件與環境下，持續出刊，進行戰鬥，這
種有點類如六、七〇年代現代詩刊競出的現象，具有著草根的特質，
對於台灣文學發展的明日，也扮演著不可忽視的發動者與革命者角

---

17 林麗嬌〈勇敢向前行──訪問陳金順〉，《台文戰線》第18號，頁15-16。

色。談台灣的文學傳播媒體，不能忽視這一大群看似聲音微弱、實則後勁十足的邊陲媒體，事實上，它們扮演著正是類似惠森所說的「回歸當地傳統與方言」的「新生態觀」的角色。[18]

此外，他也提到了隨著新興媒介的運轉而生，也就是全球網際網路時代的到來，台語文學相關網站，如「台灣文學作品的粟倉」、「台灣的厝」等，對於推動台語文學的傳播力也不可小覷。

從向陽他所提到位於台灣整體文學生態圈的邊緣，屬於小眾的母語文學傳播現象中，讓我們觀看到《島鄉》創刊的前夕，已經有一份份的台灣本土語文雜誌流通著，彷彿就像是夜空中一隻隻的螢火蟲，綻放著微微的光芒。

2. 創刊的背景說明及其文化宣言：

有關陳金順的台語文字編輯經驗係與《茄苳台文月刊》有關。前輩作家林央敏等人所發起成立的「台語文推展協會」，於1995年創會時，陳金順即參與其中，後來他於1996年開始擔任該協會的機關刊物《茄苳台文月刊》的主編（第12、13及17期之後）。當時身為主編的他，同時還兼任打字及校對的工作，這些工作讓他有了台語文字編輯的經驗，同時也意識到台語文字化與文學化的工作都需要長期奮鬥。在第12期的編輯報告「茄苳度晬」一文中，他如是寫道：

> 台語文字標準化佮台語文學普遍化即條路猶閣真長，做一個對台灣文化有使命感e台灣人，尤其是成做一個台語文化運動工作者佮台語文學創作者，閣卡應該愛互相鼓勵，做伙來行即條有意義e遠路。[19]

這個「遠路」意象，於陳金順的台語文文字中首次出現。走「遠路」所需要

18 載於周英雄、劉紀蕙編《書寫台灣文學史、後殖民與後現代》（台北：麥田出版社，2011年8月，初版二刷），頁127。
19 陳金順〈茄苳度晬〉，《茄苳台文月刊》第12期（1996年5月），頁3。

的是背後那份心念的「堅持」，其心念著實令人感動。之後，陳金順仍一心懸念著台文發展，遂於1997年年底先成立個人工作室。

為能有別於當時已使用過的刊物名稱，他於《台語詩六家選》[20]一書中，發現到一個名詞：「島鄉」。這是作家宋澤萊於1981年11月20日在美國愛荷華寫作班時，在海外所留下的六首台語詩作之一，詩名為〈我美麗的島鄉〉的一個關鍵詞。他在詩中所稱的「島鄉」指的就是「台灣」。詩人在詩中發揮強大的想像力，以「可愛的親人」、「海洋的囝兒」、「回航船的岸」、「奮鬥的珍珠」、「我永遠的月」以及「芳味的果子」等六種不同意象，演繹著「島鄉台灣」的六種不同精神風貌。

陳金順從這首詩中得到了靈感，於是，將其工作室正式取名為「島鄉台文工作室」[21]。「板橋郵政1-80號信箱」是工作室的通訊地址，他先於1998年1月15日出刊《島鄉通訊》試刊號，後於1998年3月才正式刊行《島鄉台語文學》。[22]

由於陳金順對於台文的堅持，因此於1998年3月的創刊號中，我們又看到了「遠路」之意象。此刻的「遠路」係稱為「長路」，而這條長長久久的台語文學路，是否有走到盡頭的一天呢？

《島鄉》發刊辭〈作伙行長路──鼓吹台語文學〉，是一篇運動性的文化宣言，同時也是一篇散文傑作，它告訴了我們百年來台灣文學文化的悲與興、以及文學文化人的堅持與傲骨。這篇散文至今仍值得你我反省與深思，試摘錄數段重點如下：

> ※置現此時即個萬項代誌攏是「目金，錢做人」e社會，若有人講伊堅持理想呿是為著錢財、地位，犯勢無啥人會相信，若無，呿是笑伊悾，叨是笑伊憨；偏偏仔即個社會上叨是有一半個仔憨人，猶閣deh

---

20　鄭良偉編《台語詩六家選》（台北：前衛出版社，1990年），頁136-138。

21　筆者於2022年2月以line電話訪問陳金順所知。

22　林麗嬌《渡出桃源的白鷺鷥：陳金順台語文學研究（1995~2010）》，頁18。

堅持理想，行人無愛行e路。

※若講著自日治時代以來e一百冬，置台灣e文學史上，有儕儕前輩為著實踐家己e理想，無惜老命日拚夜拚，為咱留落來寶貴e文化資產，即點值得咱後輩e人給您感念，特別是您明知影外在e環境赫呢險惡，閣堅心欲行落去e勇氣，正是台灣人需要學習e典範。

※講著真理，一個民族用您e母語創作文學，這咁呒是真理？置世界真儕國家e人攏早叼用您e母語deh創作文學，甚至袂少Nobel文學獎e得獎者，嘛是因為您e母語文學才來得獎。

※置逐個時代攏有一寡眼光看卡遠e有志人士，1930年代黃石輝鼓吹「頭戴台灣天、跤踏台灣地、喙講台灣話、手寫台灣文」；賴和主張「喙舌佮筆尖合一」；戰後，置日本e台語文研究者王育德捌講過「用台語寫一篇好文章，卡贏寫一百篇論文來鼓吹台語」。

※最近十外年來，儕儕有文化覺醒，各階層e人士，置猶未有一套固定文字，百家爭鳴e情形下面，親手去實踐寫台灣文e真理，為咱民族留落淡薄仔文化肥底，映望有卡儕人會凍掖落台語文學e種籽，逐家來讀台語文，逐家來寫台語文。

若試圖加以歸納的話，則陳金順發表於創刊號的這篇發刊辭，筆者認為有底下這五個重要意涵：

(1)具有台灣文學史的歷史觀照；(2)堅持終身創作的文學觀；(3)為正義真理奉獻的人格特質；(4)向台灣文學前輩感恩感念的尊崇情懷；(5)為民族文化奉獻的高尚情操。

方耀乾以時代見證人的角度表示，發刊辭文中對於台語文學運動的發願與行動，感動了一些朋友，因為從每一期的捐款徵信錄與捐出稿費的支持情

形可以看出來。[23] 而這五個重要意涵，除了表露出陳金順個人的文化涵養及生命特質外，他也藉此與大家共勉之。

3. 刊物內容梗概：

陳金順於2005年曾寫過一篇介紹性文章〈夜空恬靜一流星〉，[24] 首次向外界披露了《島鄉台語文學》的二三事，爾後台語文學史家方耀乾及廖瑞銘也是透過本文，得以掌握《島鄉》的基本內容。[25] 底下讓我們從這篇文章，來了解《島鄉》的內容梗概。

陳金順提到《島鄉》是海內外第一份以「台語文學」取名的雜誌，市面上並無流通，也無向讀者收取訂費，只接受社會各界捐款。《島鄉》並無定期出刊，從創刊號到第20號（1998.3.30-2000.9.30），維持一個月至兩個月出刊一次；第20號以後，以季刊發行，最後兩期（30、31號）則是相隔一年（2003.3.30-2004.3.30），出刊時間，前後達六年之久。

每期的《島鄉》雖均有署名發行人、社長、社務委員及主編等人的姓名，不過所有的工作，包括邀稿、打字、編輯、排版、寄送等，都由主編陳金順一人所負責完成。

這份刊物為A4大小，基本上從創刊號到第20號出刊8頁（第9、18、20號例外，出刊16頁），第21號以後則是出刊24頁。另外有一編輯特點，於封面圖側邊，會附上一首4至8行的短詩（從創刊號至第19號）；封面圖大多數以台灣各地的風景，或者鄉土味的照片為主；第8號用江秀鳳的水彩畫，第9號由主編以電腦合成，第23、24號，則用王貞文的素描畫以做為封面。

陳金順表示，《島鄉》也是有史以來，頭一份發放稿費的台文刊物。他提到當時能夠堅持的原因，除個人因素，更有一群朋友默默在背後以金錢

---

23 方耀乾《台語文學史暨書目彙編》，頁116。

24 陳金順〈夜空恬靜一流星〉，原載《菅芒花詩刊》革新號第四期（2005年7月）。後收於陳金順，《夜空恬靜一流星》（台南：台南市政府文化局，2017年），頁129-134。

25 方耀乾《台語文學史暨書目彙編》，頁113-116；廖瑞銘《舌尖與筆尖——台灣母語文學的發展》，頁149-150。

及精神長期支持他。曾經捐款過的朋友超過120人，特別是張志健先生、胡秀鳳小姐；文學界朋友鼓勵最多者為方耀乾先生、林央敏先生、宋澤萊先生、胡長松先生等。

《島鄉台語文學》創刊號的版面。

至於刊登過作品的作者有80位以上，先不論翻譯的話，作品總量超過500篇，大體而言，詩約有400首、散文有100篇左右、小說則有25篇，另有數篇翻譯作品。整體而言，陳金順認為第20號以前特殊作品較少；後期藝術價值更高。

《島鄉》出刊6年來，曾製作過4次專輯：第9號「鄭南榕自焚十周年紀念專輯」、第18號「林萬寧先生紀念專輯」、第21號「世紀尾台語小說展」及第30及31號「情詩專輯」（上）（下）。

他認為打造台語文學美麗花園，追求台語文學美學價值是《島鄉》的理想。過程中，陳金順特別鼓勵新人的參與，他認為只有一代傳一代，台語文學的路才會越走越廣。初次發表作品的新人：詩部分有林峻楓、粘家財、如斌、福爾卡庫、蔡宛玲、追風、流水、張正雄、火旺仔、默然等10人；散文部分有呂絹鳳、柯柏榮、吳育靜等3人；小說部分有胡長松1人。新人當中較為特別者有如斌（比丘尼），追風與流水當時仍是高中生，[26]胡長松及蔡宛玲是夫妻，柯柏榮當時仍在獄中服刑。至於印刷份數，陳金順表示每期均印刷1000份。[27]

經由以上的初步介紹，讓我們得以一窺《島鄉》大致的輪廓。至於《島鄉》是如何打造出一個美麗花園，以「鼓吹台語文學」呢？接下來我們嘗試以「文學運動」的角度來進行研究。

---

26 陳潔民於2022年3月facebook網路電話受訪表示，如斌這位比丘尼是她的朋友；至於追風與流水則是她任教於彰化高工國文科的班上學生。

27 陳金順於2022年3月line網路電話受訪所述。

（三）《島鄉台語文學》的文學運動多元路徑

　　台語的文字化及文學化工作，是一種社會運動，也是一場文化運動，運動所需要的不只是心念、毅力及大公無私的精神，同時更需要的是專業經驗、策略方法及實踐力。除了個人積極創作，累積文學文本外，陳金順的台語文學運動實踐，更是落實在《島鄉》的編輯及出刊上，而原本於《茄苳台文月刊》的訓練及編輯經驗，則讓《島鄉》以更加成熟而專業的面貌出現在世人面前。

　　經由研究分析後，我們發現，除了透過創刊號上發刊辭〈作伙行長路──鼓吹台語文學〉這篇重要的文化宣言，以感動他人外，《島鄉》的文學運動路徑，尚有以下數種的策略方法：

1. 主動發放稿費：

　　對於陳金順而言，發放稿費是對於創作者文字勞動的一種尊重，不論是新手或者是老手，當然酬勞同時也可以刺激寫作。如前所述，《島鄉》是有史以來，頭一份發放稿費的台文刊物，在創刊號「邀稿告示」的方塊欄中，即如此說明：

> 《島鄉台語文學》是一份無定期出刊e小刊物，熱情邀請各位老先兮佮新手鬥陣來種作咱e田園，詩、散文、小說、評論攏歡迎，刊出了後阮會奉寄淡薄仔稿費，期待出招。

或如第15號的邀稿告示，鼓勵大家「提出汝e勇氣，用阿母e話語，透早透暝無閒作文寫詩，雖然路途茲呢遠，跤行甲會撐腿，咱嘛愛一直潦落去。《島鄉台語文學》佮汝作伙行全路，將汝e詩文寄來互阮，有稿費通領。」如前所述，他提到當時能夠堅持發送稿費的原因，除個人因素，更有一群朋友默默在背後以金錢及精神長期支持他。其實陳金順早在1996年即有發放稿費這份心念，他認為鼓勵創作者分為兩種，除了精神上的誇獎及加油外，他認為

「若會凍閣加上實質e稿費、獎金，相信歸個台語文學作品，會做一下提升起來」。[28]

只是《島鄉》的投稿者，多數也都能體會到這份刊物背後的經濟能力，因而多會主動放棄稿費，並回捐給刊物，或者也再另以捐款方式贊助本刊物，此成為一場文壇佳話。陳金順則會於每期的「鄉親勞力」方塊欄中，刊登「鄉親寄付e大名佮金額」或者是「稿費贊助者」的大名。

2. 編輯用字思考：

1995年左右，陳金順先是參與編輯過《茄苳台文月刊》，甚至後來自己成立工作室，於1998年起編輯《島鄉》，這段時間恰好是台語文字及標音使用的戰國時代，百家爭鳴，莫衷一是。有關當時《島鄉》的台文用字思考，他如此表示：

> 我認為佇台語文字化的過程裡，文字符號佮標音系統會tuè時代改變，成做一位創作者無需要傷過頭堅持，文學的思想內涵phīng文字符號閣khah要緊。佇我編《島鄉台語文學》的前半段，為著驚予讀者產生閱讀困擾，將所有作品的用字改做一致；m̄過，落尾我想既然是注重文學的刊物，就應該ài尊重作者用字，所致ùi第23號起，完全無改作者的文字符號佮標音系統。[29]

也就是說，身為主編的他，剛開始確實有思考到處於台文運動階段，應考量讀者的閱讀習慣，因此用字方面會予以統一化；但後來也思考到文學藝術畢竟與語文仍有不同，故採取尊重作者的態度，不再更動作品原本的文字符號跟標音系統。

28　陳金順〈疼惜台語文學e花欉〉，寫於1996年10月30日，後發表於《台語世界》第7期（1997年1月），轉引自陳金順《島鄉詩情》（新北：島鄉台文工作室，2000年），頁182。

29　林麗嬌〈勇敢向前行──訪問林金順〉，《台文戰線》第18號，陳金順專輯，頁16-17。

3. 傳承先賢意識、引渡歐洲經驗：

　　從《島鄉》第1至第5號，也就是前五期的雜誌封面頁的底下，書寫著「頭戴台灣天 跤踏台灣地 喙講台灣話 手寫台灣文」這句相當簡潔有力的口號，可視之為《島鄉》係有心承繼日治時期1930年代台灣話文運動台灣先賢的語文信念：「我手寫我口」。而關於「台灣話」一詞，於日本時代即有，係指從中國福建漳州、泉州、廈門等地來台的先民所使用的共同語言。這群先民佔台灣人口百分之七十以上，因此以先民的語言書寫成文字，乃天經地義之事。「台灣話」也即是「父母話」，因此在第19號雜誌的方塊欄「本刊鼓吹逐家用咱e父母話，鬥陣來創作有正港台灣味e母語文學」。

　　從第21號開始，則是引渡「文藝復興」這一歐洲文明發展史的概念，以作為推動台語文學的重要路徑。所謂「文藝復興」（Renaissance）源自法文，係由「再」（re）與「生」（naissance）組合而成，包括「再生」與「新生」兩義。文藝復興時代泛指十四世紀至十七世紀初葉，為中古與近代的過渡時期。具體的現象則為古典學術的研究、人文主義的發揚、方言文學（即後來的各國國家語言）的興起、藝術的創新，再加上新學說的提出。[30]如《島鄉》第21號的方塊欄提到：

> 《島鄉台語文學》是一份以台灣文藝復興成做長期奮鬥目標e刊物，需要逐家作伙拍拚；只要是優秀e文學作品阮攏歡迎，無論新詩、散文、小說（略），勞力！

　　翻開歐洲文化史，十四至十七世紀歐洲諸國均有各自語言，但是書寫文字上卻是拉丁文凌駕一切，於宗教領域或者官方文書皆是如此。各國能人志士逐漸意識到以自己母語書寫的重要性，其中有文字才華者則積極書寫，最有名即是英國的威廉·莎士比亞（William Shakespeare 1564.4.26-

---

30　王曾才《世界通史》（台北：三民書局，2005年4月，初版九刷），頁306。

1616.4.23）。由於母語作家創作出傑出的文學作品，而讓後代子孫能夠繼承其文化資產，文學作品也更是成為後代子孫復興語言的重要工具之一。

另外從第22號一直到第31號止，「島鄉e文藝復興」這一句重要的Slogan，印製於刊物《島鄉》的目錄頁上，即不曾改變過，此得以證明陳金順係有心引渡歐洲經驗。

不論是承繼日治時期1930年代台灣話文運動台灣先賢的語文信念，抑或是引渡歐洲「文藝復興」經驗，來推動台語文／文學，其實也是1990年代不少台文界人士的共同想法。譬如方耀乾於《菅芒花台語文學》（1999.1.1）創刊號上，發表〈阮兮四個宗旨佮四個主張〉一文，提到其中一個宗旨，即是「繼承一九三〇年黃石輝、郭秋生提倡兮『台灣話文運動』，鼓吹『喙講父母話，手寫台灣文』，建立有尊嚴、有水準兮台灣文學」；[31] 又如吳長能於《茄苳台文月刊》（1995.5.28）創刊號上，發表〈dui歐洲e文藝復興看咱台灣e語言教育〉一文，他提到「歐洲文藝復興了後，各國語文陸續踮起e這段歷史發展實在值得咱本土語言教育做參考；尤其是今仔日e台灣，若是ve正做一個多元化e社會，ho各族群e語言活潑起來更加重要」[32]；又譬如2001年創刊的《台灣e文藝》，顧問宋澤萊於〈人與族群的再發現〉一文中，同樣提到整個西洋文藝復興就立基於族群語文的伸張上，他寫道「沒有盎格魯族群語言，怎麼會有莎士比亞；沒有義大利族群語言，怎會有但丁《神曲》；沒有西班牙的族群語言，怎麼會有賽凡提斯的《唐吉軻德》」[33]。因此我們可以說，當時關心台語文／文學之士，係從台灣及歐洲的歷史經驗中得到啟示，期盼以優質的「母語文學」來培養族群的自信心及促進語言文化的進步。

4. 掌握台文脈動、傳播文壇動態資訊：

---

31 方耀乾〈阮兮四個宗旨佮四個主張〉，《菅芒花台語文學》創刊號（1999年1月），頁6。
32 吳長能〈dui歐洲e文藝復興看咱台灣e語言教育〉，《茄苳台文月刊》創刊號（1995年5月），頁33。
33 宋澤萊〈人與族群的再發現〉，《台灣e文藝》創刊號（2001年1月），頁7。

除了承繼1930年代先賢的語文信念，亦引渡歐洲經驗外，另外每期「台文冊擔」等專欄或者文字方塊欄，則是《島鄉》於第一時間掌握台文發展時代脈動之證明，同時也可說是積極散播台語文壇動態資訊，以讓讀者獲知。其新聞消息內容不論是雜誌創刊（如第7號「《蓮蕉花雜誌》，是一份台中在地人士所創辦e台文刊物，按算明年初創刊，映望投稿支持，請寄：台中縣大里市大興街17巷7號」、第22號「一份台灣新世紀全新e文學刊物《台灣e文藝》已經置2001年1月創刊；即份刊物由宋澤萊總策劃，結合新生代e詩人、作家數十名，特別鼓吹各族e母語文學創作（略）」）、新書出版（如第25號「《黑松汽水》：台文作家林文平頭本台語詩集，收三十三首詩，由「百合文化事業出版社」發行，TEL：02-2788-7428」）、文學獎獲獎者名單（如第5號「台語文學豐收季 第六屆南瀛文學獎 文學獎：黃勁連 新人獎：方耀乾《阮阿母是太空人》、周定邦《起厝e工人》」，甚至包括在海外的美國《台灣公論報》的投稿資訊，如第6號：

現此時tua置美國賓州茉里鄉e台語文學作家胡民祥先生擔任《台灣公論 報》「台灣文化專刊」e主編，即份專刊逐禮拜出刊一擺，內容有詩、散文、小說、文學評論等，映望島內e台語文學創作者會凍投稿支持，互相交流。來稿請寄：4143 Dundee Dr.,Murrysville,PA 15668,USA。

等等均有，確實相當豐富。至於作者簡介，身為主編的陳金順基於長期觀察創作者的作品，也會給予盡責及中肯的鼓勵，譬如第21號，他說：

本刊主編認為洪錦田有豐富e人生經驗佮活跳e台語語詞，假使伊若會凍吸收卡僑世界進步e文學技巧，置台語文學創作e頂頭，會愈行愈開闊。

如果我們對照陳金順曾參與過編輯的《茄苳台文月刊》（1995-1999），其

內容當時即有「消息」專欄，本專欄負責刊載協會最新內部活動以及其他台文界一手新聞，內容豐富且消息確實。因此就傳播台語文壇動態資訊上，《島鄉》與《茄苳》也可視之為一種承襲關係，只不過《茄苳》以群體之力，而《島鄉》則是一己之力。

可以說，《島鄉》不只是單純的純文學刊物，而是成為一個海內外各界人士共同的台語文學交流平台，當然陳金順也鼓勵大家向其他的台文刊物或報紙發表園地踴躍投稿。

5. 以親切的台文書寫與讀者互動：

翻閱《島鄉》第5號，我們會看到一則邀稿告示：

> 因為版面有限佮為欲提升台語文學來拍拚，映望投稿儘量以3000字以內e文學作品為原則，互閣卡儕創作者有機會通發表，阮特別歡迎新秀投稿，因為恁是台語文學未來e希望。（略）

第11號也是鼓勵全體國民，同時更是鼓勵新的創作者的加入：「（略）阮鼓吹全民鬥陣來創作咱家己e文學，阮無強調明星、敖人，特別歡迎新人來投稿，只要是詩、散文、小說……等文學創作攏會使，請寄：板橋郵政1-80號信箱，稿費等汝來提。」又如第7號，刊出方塊欄「阮鼓吹疼痛鄉土、熱愛文化e真台灣人，逐家作伙來寫有台灣味e台語文學。」鼓勵愛鄉愛土的人士，一起來創作。

而於每一期的「鄉親勞力」方塊欄中，除前面提到刊登「鄉親寄付e大名佮金額」或者是「稿費贊助」者的大名之外，陳金順均會添加些許口語式的文字，彷彿身邊的親朋好友對我們親切不已的問候一般。例如第8號「即期出刊e時，已經直欲過年，阮置茲祝所有鄉親有一個快樂、歡喜e新春假期。」又如第9號是創刊滿一年時的最後一期，他回憶到一年來已有近四十位作家，創作了約100篇的作品，他謙虛地表示：

（略）阮e成績有限，毋過，當初創刊時e心志，一直攏無來改變，嘛欲 繼續行落去；當然，若無儕儕鄉親無棄嫌鬥相共，阮嘛誠歹維持落去，置茲，閣再一擺向所有作者佮贊助者說一聲勞力！

而在第11號則是問候大家「熱天到矣！請各位鄉親注意身體健康。」;又過了一年，夏天又到來了，在第19號，他提到「熱天到囉！飲一杯仔清涼e冰茶，給心情放輕鬆，好好仔欣賞即期e《島鄉台語文學》，不通袂記哩給阮指教」;而第28號，已進入秋天，他寫道「當恁收著即份刊物e時，已經是秋涼季節，請逐家早晚加穿一領薄衫，保重身體，勞力！」等等。當然也因為是獨資的刊物，偶爾也會遇到經費不足的時候，陳金順同樣是透過「鄉親勞力」方塊欄，希望讀者可以提供小額贊助，以解燃眉之急。也就是說陳金順以溫情親切的台語文，鼓勵讀者（特別是新人）投稿，並與大家寒暄問暖及進行募款。

6. 主動熱情邀稿及選稿：

陳金順表示，當時台灣已進入網路世代，許多台語文學作品也會在網路上公開，如「台灣新本土社」討論社群及其《台灣e文藝》網站等等，他若是發現到好作品，也會主要向作者邀稿，徵求作者同意將作品刊載於《島鄉》。[34] 另外底下則以幾位當年幾位創作者的回憶，來了解當時他們對陳金順及《島鄉台語文學》的印象：[35] 方耀乾提到，陳金順於文學營等公共場合，總是帶著一堆《島鄉》雜誌，分送大家並熱情邀稿；陳潔民回憶道，因陳金順積極邀稿，因而對她創作產生關鍵性影響；周華斌亦認為自己當年發表大量詩作，係與陳金順積極邀稿有關；林央敏及宋澤萊則表示，由於陳金順對台語文學有熱情，讓自己願意向《島鄉》投稿、接受其邀稿，乃至於在金錢上支持他。

---

34 筆者於2022年2月間，經由line電話，向陳金順先生請教。
35 詳見附錄一：《島鄉》相關創作者訪問紀要。

經由以上口述訪談及歸納，讓我們知道陳金順會主動邀稿及選稿；同時其自身對於推廣台語文學的熱情特質，也感動了其他創作者，或者喚起其創作沉睡的心靈，或者是願意將手上正在進行中的文學作品，寄到《島鄉》上發表。

除了以上這些當年與陳金順較常接觸的創作者回憶之外，另外，柯柏榕當時仍在獄中，因自身為台語人，但從未閱讀過台語文學的刊物，因此初次閱讀到《島鄉》讓他十分震驚，而開始提筆台文創作一直迄今；李長青表示自己初接觸台語詩時，《島鄉》讓他有觀摩機會及學習如何掌握台語文，對《島鄉》及陳金順的印象是「堅心、小眾、熱情、素樸、理念」。[36]

凡此種種，讓我們見證到台語文學運動路途上，熱情的編輯者與不同創作者之間的互動之外，創作者提筆起心動念之間，更有不同的因緣聚合。

三、《島鄉台語文學》的台語詩面貌

在前兩節，我們介紹了1990年代之後台語文運動發展背景，及《島鄉》在這一波台語文學運動中的特殊位置及重要性。接著並介紹時代風潮下陳金順先生及其台文路途，以及其《島鄉台語文學》的文學運動的多元路徑。限於論文篇幅，接下來，將以《島鄉》的台語詩（含現代詩、童詩、七字仔及雜念仔詩、歌詩）為中心，以統計學、類型學、主題分類學等方式，藉以研究創作群及詩作品面貌，以初步了解集體性的台語詩文學創作成績。

（一）創作群背景及其創作量統計分析：

經統計後，《島鄉》台語詩作的創作者有郭玉雲、林時雨、許正勳、李啟明、周鴻鳴、謝安通、宜孤彥、周華斌、賴妙華、張清雲、陳金順、林峻楓、洪錦田、林央敏、莊柏林、周定邦、方耀乾、王宗傑、陳潔民、林文平、林秉億、林明男、陳瀅如、張文進、林錦賢、藍淑貞、李敏勇、林春

---

36 同註35。

生、吳國禎、江秀鳳、黃金汾、陳昭誠、陳正雄、林文平、董峰政、康原、范勝雄、粘家財、楊照陽、林宗源、劉明新、闕杏芬、如斌、李勤岸、高樺、宋澤萊、李正男、胡長松、王貞文、福爾卡庫、陳玉慈、蔡宛玲、陳雷、光音、吳崇、追風、張文進、流水、闕杏芬、陳文傑、李長青、林清水、光音、呂美親、張正雄、陳廷宣、伍翠文、火旺仔、吳正任、胡民祥、默然及柯柏榮，全部共有71位之多，總共發表了411首台語詩。有關創作者的相關集體性分析如下：

1. 首度發表台語詩作的新人：

林峻楓、粘家財、如斌、福爾卡庫、蔡宛玲、追風、流水、張正雄、火旺仔、默然，共10人。

2. 創作者的住居地背景分析：[37]

(1)台灣北部（台北縣市、桃竹苗）創作者：

林央敏、陳金順、洪錦田、莊柏林、李敏勇、吳國禎、江秀鳳、闕杏芬、陳廷宣、呂美親、福爾卡庫、如斌、陳昭誠等等。

(2)台灣中部（中彰投）創作者：

宋澤萊、陳潔民、李長青、賴妙華、康原、楊照陽、追風、流水等等。

(3)台灣南部（雲嘉南高雄）創作者：

林宗源、方耀乾、周定邦、王宗傑、許正勳、周華斌、藍淑貞、陳正雄、吳正任、董峰政、林文平、范勝雄、胡長松、蔡宛玲等等。

(4)台灣東部（宜蘭台東花蓮）創作者：

林錦賢等等。

(5)海外創作者：

陳雷（加拿大）、胡民祥（美國）、李勤岸（美國-夏威夷）、王

---

37 筆者於2022年4月29日以line向陳金順確認了當年的創作者們的住居地背景。

貞文（德國）、吳羔（德國）。

3. 創作者的隸屬詩社或團體背景：[38]

(1)番薯詩社（1991~1996）同仁：

林宗源、李勤岸、胡民祥、林央敏、林明男、周鴻鳴、謝安通、周華斌等。

(2)台語文推展協會（1995-1999）同仁：

林央敏、林宗源、林明男、洪錦田、陳金順、郭玉雲等。

(3)菅芒花台語文學會（1998-2005）同仁：

方耀乾、藍淑貞、許正勳、周定邦、王宗傑、陳正雄、董峰政等。

(4)台灣新本土社（2001-2005）同仁：

宋澤萊、方耀乾、陳金順、胡長松、陳正雄、陳潔民、楊照陽、周定邦等。

(5)台中台語文學會（1996-2008）同仁：

楊照陽、賴妙華等。

4. 創作量10首以上者，依序為：

(1)21首以上：

陳金順（34）、方耀乾（30首）、宋澤萊（21首）。

(2)15-20首：

陳潔民（20首）、林央敏（18首）、周華斌（15首）。

(3)10-14首：

周定邦（14首）、洪錦田（14首）、許正勳（13首）、莊柏林（13首）、胡長松（13首）、林宗源（12首）、王貞文（12首）、陳正雄（11首）、林峻楓（11首）。

---

38 參考施俊州編著《台語文學發展年表》（台南：國立台灣文學館，2015年），頁417、461。

5.《島鄉》台語現代詩數量，與1990年代及2000~2004年間，
　　全國台語現代詩總數量之比較：

　　根據曾瓊珠的研究統計，[39] 1990至1999年，十年之間，在台灣共有48種雜誌刊物及報紙，曾公開刊載過台語現代詩（不含七字仔詩、童詩、歌詩等），總數量為1979首。其中《島鄉》創刊那年，即1998年，全國有22種報章雜誌刊載過台語現代詩，總數量為301首，其中數量多者為《島鄉》，共有52首，另外第二、第三數量高者為《菅芒花詩刊》及《笠詩刊》，分別為42首及39首；至於隔年1999年，全國有19種報章雜誌刊載過台語現代詩，總數量有231首，發表數量最多者，依舊是《島鄉》，共有49首，至於第二、三高者為《蓮蕉花台文雜誌》及《笠詩刊》，分別為45首及21首。也就是說，《島鄉》在二十世紀末，兩年期間共發表101首，是當時發表過台語現代詩數量最多的刊物。

　　再根據李婉慈的研究統計，[40] 2000年全國共有427首台語現代詩公開刊載於18種報章雜誌上，其中《島鄉》及《菅芒花詩刊革新號第1期》刊登數量最多，皆各有51首，其次是《蓮蕉花台文雜誌》，有45首；進入2001年全國共有746首台語詩發表於17種報章雜誌上，其中《島鄉》全國第3，為62首，第1名為《海翁台語文學》，共有69首，至於第2名為《台灣e文藝》有68首；到了2002年全國共有641首發表於20種報章雜誌上，其中《島鄉》名列全國第4名，共刊出61首，第1名為《海翁台語文學》，共有69首，第2名是《菅芒花詩刊革新號第1期》有51首，第3名是《蓮蕉花台文雜誌》，有67首；2003年全國共有533首發表20種報章雜誌上，其中《島鄉》全國第9，為8首，第1名為《海翁台語文學》，共有153首，至於第2名為《蓮蕉花台文雜誌》有56首；到了2004年全國共有483首發表於13種報章雜誌上，其中《島鄉》全國第7，為23首，第1名為《海翁台語文學》，共有157首，至於第2名

39　曾瓊珠《90年代台語現代詩蒐集kah分析》，頁137-138。
40　李婉慈《2000-2010年台語詩收集kap主題探討》，頁84-85。

為《蓮蕉花台文雜誌》有50首。

　　綜上所述，有關《島鄉》台語詩創作者，共有71位，老中青三代均有，有資深的創作者，如林宗源、林央敏、宋澤萊等等；有新世代的創作者，如方耀乾、藍淑貞、陳正雄等等，他們來自全國北中南各地不同的區域社團；也有初次發表新作者，如林峻楓、如斌、福爾卡庫等等。創作者的住居地則是分處台灣北中南東部，甚至於海外美國、加拿大及德國均有。

　　若從《島鄉》內部來觀看，創作數量超過10首的有15位，創作數量最多者，前五名依序為陳金順、方耀乾、宋澤萊、陳潔民及林央敏。除了主編陳金順本人由於編輯身分，可觀摩其他不同作家作品風格，而激發出自己創作動力外；另外根據筆者就詩文本閱讀或者訪談，林央敏、宋澤萊、李勤岸及方耀乾均是創作內在動機強烈的作家，且文學自覺性高，因而憑著自己的文學興趣，而創作出不同類型的台語詩作。[41] 恰好陳金順於90年代末期這個時點，適時提供了《島鄉》這一文學平台，讓他們的作品被讀者看見。

　　如果從《島鄉》外部來觀看，它是二十世紀末最後兩年，於台灣刊登台語現代詩數量最多的一份刊物；進入二十一世紀，新的刊物如《海翁台語文學》（2001.2-）、《台灣e文藝》（2001.22005）創刊後，第1年《島鄉》刊登台語現代詩數量仍是全國第1；進入第2年則是全國第3；2003及2004年《島鄉》雖僅各出刊一期，其刊登台語現代詩的數量，仍排名為全國第9及第7。

　　從刊登詩作的數量上來看，顯見《島鄉》的文學運動成績，確實已達到一定的成果。它並非社團支持的刊物，也欠缺穩定的經費及工作量的分攤，卻也因此無社團同仁間的人際運作包袱，而無刊稿與否的人情壓力，而更顯作品的多元、自由與開放性。由於不同社團及不同地域的創作者願意投稿或同意登載作品，因此無形中，《島鄉》恰恰將海內外台語詩創作者，集結成一股集體性的創作力量。

（二）詩作類型及分析介紹

41　筆者於2002年2-3、6月間，曾透過電話及臉書方式，訪問方耀乾、林央敏及宋澤萊。

有關發表於《島鄉》的411首台語詩詩作（含7首翻譯），經研究歸納之後，就類型而論，如表一，共有「七字仔及雜念仔詩」（21首）、「囝仔詩」（14首）、「歌謠體現代詩」（52首）、「自由體現代詩」（287首）及「史詩」（2首）等不同類型。其中「自由體現代詩」，又可分為題影詩、圖像詩、三行詩、短詩（10行以內）、組詩、中型詩及長詩（50行以上）等七類。整體而言，《島鄉》台語詩實具有相當多元而豐富的類型風貌。以下分別析論之：[42]

1. 七字仔及雜念仔詩：

　　七字仔及雜念仔詩屬於民間文學，《島鄉》稱之為「鄉土歌詩」。七字仔詩，結構類七言絕句或律詩，重視押尾韻，但不求平仄；雜念仔，是指七字仔以外所有歌謠形式。七字仔及雜念仔詩均是是台灣唸歌、民謠，是屬於台灣民間文學的一類。七字仔發展到後來，就成為「歌仔文學」，一種長篇敘事詩，早在日本時代有出版社或書店印製「歌仔冊」對外發售，即有文字化的結果，但用字未統一。由唸歌傳統藝術家，於廟口吟唱，是大眾庶民的娛樂方式之一，有不少創作者，如汪思明、梁松林等人累積甚多作品，如「周成到台灣」、「胡蠅大戰蚊仔歌」等等。[43]

　　在《島鄉》刊物上，以有土城素詩人之稱的郭玉雲的歌詩作品最多且最佳。如〈土地e花〉（1），首段「含笑花 含笑花／愛春天 互風吹／發發出來樹枝坐／清芳e風颺颺飛／引蜂引蝶來相揣／花蕊頂面做空課」，淺白的口語中，兼具有素樸的意象，相當溫暖而有鄉土味。

　　其他亦有賴妙華的七字仔詩，其特色是偏重於政治社會議題，且寫實批判味濃，如〈台灣e孤單老人〉（2），寫的是老人年金的社會議題。開頭便提到「台灣老人毋值錢／中國老人值萬二／做牛做馬做到老／望囝有孝來侍候／誰知翅硬作伊飛／只留孤老目屎流／空思夢想政府顧／推三阻四將伊

42　詳見附錄二：表一：詩作類型統計表。
43　方耀乾《台語文學史暨書目彙編》，頁21、49-51。

戽」，寫實的詩句中，所對比的是政府對於本省籍及外省老榮民的不同態度，同時也批評了為人兒女棄老邁父母於不顧，如此不孝的社會實況。

2. 囝仔詩：

童詩讓我們得以用兒童純真無慮的眼光看這個大千世界，大人也可透過童詩陪伴兒童共度快樂的童年階段。《島鄉》以兒童為寫作對象的詩作，如謝安通〈蟬仔〉（2），借用七字仔詩的形式，寫道「啥物啥物細細隻／唱出歌來大大聲／震動天頂佮塗跤／伊是自然歌唱家」，清新可愛，以小身體對比大聲音，將蟬比喻為「自然歌唱家」。另外，康原也寫了幾首，如〈烏狗兒〉（3），「阮是海邊e烏狗兒／戴家己做e皇帝帽／牽阿爹e烏仁目鏡／（略）／等漁船入港來靠岸／期待歸堆e海魚／親像一粒粒懸山」。

3. 歌謠體現代詩：

歷來的研究者均已認為，台語現代詩發展過程中，不同於華語現代詩，已經走出了兩條文類風格，一條是歌謠體，另一條是自由體。其中當有歷史背景成因及經過台語現代詩人之間的論爭。[44] 所謂歌謠體現代詩，或採取傳統民謠風，或借用台語流行歌的語言形式，以進行現代詩的創作。其中黃勁連、莊柏林兩人可為最主要的推動者，雖然黃勁連未曾在《島鄉》發表過作品，其學生如王宗傑、藍淑貞等，則發表了不少歌謠體現代詩，如藍淑貞〈梅花 (20)「梅花憨憨仔等／等待北風來疼痛／無愛粧　看別人／／愛作夢／睏歸冬／等甲面肉白蔥蔥／原來一場夢」（節錄），寫下癡情的人最後愛情破滅的情形。莊柏林亦寫歌謠體的愛情詩，如〈愛情〉（21），「昨日半暝是一片雲／夢中想起汝e溫存／行向愛情e窗仔門／街燈是閃爍e孤魂／／

---

44 參考宋澤萊〈李勤岸、胡民祥、莊柏林、路寒袖、林沉默、謝安通、陳金順、藍淑貞的台語詩——九〇年代台語詩的一般現象〉，載於《海翁台語文學》第2期（2001年4月），頁7-10；呂焜霖《戰後台語歌詩的成因與發展——兼論向陽與路寒袖的創作》（新竹：清華大學台灣文學研究所碩士論文，2007年），頁2-1-215；施俊州《臺語文學導論》（台南：國立台灣文學館，2012年），頁178-179。

汝消失在寒天e黃昏／阮踮置南國心是苦也是酸／想起分開的路途遐呢遠／汝攏無任何e怨恨」（節錄）。寫的是愛人因故分別兩地，我雖心憂憂，而你亦毫無怨言。

4. 自由體現代詩：

顧名思義，詩體自由，不受押韻或其他形式上的限制，隨著創作者的創意，自由發揮。《島鄉》台語詩於形式上有不同類型，如題影詩、圖像詩、三行詩、散文詩、組詩、短詩（10行以內）、中型詩及長詩（含故事體詩）等。有關《島鄉》的自由體現代詩創作者，必須特別提到方耀乾先生，他雖然於1990年代中期才開始寫台語詩，起步較晚，但由於意識到台語詩形式擴展之需，他吸收其他語言的詩學，而開發出不同的詩型。《島鄉》的台語圖像詩、三行詩、散文詩及組詩，他都是第一位開拓者。他表示自己台語詩的風格多變及形式多樣，是為了讓台語詩開拓更多風格、更多形式的可能，創作新而多元的美學。[45]

4.1 題影詩：

從創刊號至第20號，陳金順先生於刊物首頁有「一照片（畫像）／一題詩」的創意設計，如第1期由陳金順所寫的〈埡口無言〉：「天猶原赫呢清／山全款倚挺挺／連一屑仔風絲仔／叨無／人間無情常在鬥爭／山嶺恬靜　總是／啞口無言」，透過靜-動-靜之間詩想，呈現一股文學張力。

4.2 圖像詩：

如方耀乾〈約會〉（14）、〈伴〉（20）、〈鏡花水月〉（17）、〈楓葉〉（14）等等。

4.3 三行詩：

方耀乾〈Formosa風情畫〉（5）係以15首三行詩所組成，這其實也可視之為組詩。

45　筆者於2022年2月以臉書線上通訊，訪問方耀乾老師。

4.4 組詩：

如周定邦〈鹿耳門的元宵暝〉（22），本組詩由「放媽祖燈」、「kor2炮城」及「進香」三首組成；陳正雄〈綠島小夜曲〉（28），本組詩由「靠岸」、「月夜」及「回航」三首組成等等。

4.5 散文詩：

散文詩是介於詩和散文的詩類，始祖是法國波特萊爾（Baudelaire），台灣華語詩的散文詩，起步甚早，且眾多詩人已累積很多好作品，創作成績甚佳。至於在《島鄉》中，方耀乾也寫了些散文詩作品，譬如〈魚雨〉（12）、〈欖仁血〉（12）、〈台灣詩鄉〉（22）等。其中〈台灣詩鄉〉內容寫著「上好是每一粒心攏安匾仔，頂面刻詩句。寫予父母、寫予牽手、寫予愛人，寫予每一個人，寫予每一欉草樹，寫予每一隻動物，寫予每一塊礦物，更加愛寫予台灣。／（……）／上好是每一個人就是一首詩」。將詩寫給身邊的每個人以及植物動物等，是詩人的心願，但是更要以土地-台灣為對象，從中流露出詩人濃濃的台灣情。最後宛如驚嘆號的詩句「上好是每一個人就是一首詩」，除了期許人人都能創作詩文外，也隱喻著詩文學的教化功能，可從每個人的自身做起，以美化人生及社會。[46]

4.6 短詩（10行以內）：

如何以短短的字句，展現濃濃的詩意，也是考驗創作者的文學功力，其中李勤岸、莊柏林曾於《島鄉》發表過一些不錯的作品，如李勤岸〈苦勸〉（20）「勸汝卡早醒咧／早早去便所／給垃圾（lah4 sap4）e昨昏e汝／拚力放出來／／手洗洗咧／輕輕鬆鬆／重新做人」，充滿戲謔及幽默感，詩中也帶著生活哲理，忘掉不愉快的種種過去，重新面對新的生活。又如〈煎魚〉（20）一

---

46 黃建銘〈圓一個圓：從夫妻情、母子情到台灣情──論方耀乾詩的精神歷程〉，方耀乾《方耀乾台語詩選》（台南：開朗，2007年6月，初版），頁348。

詩，「誰人置我e日子內底／囥（kng3）赫儕鹽／閣摻茲（jiah4）濟hiam／給我變做一尾魚／／逐暝／我互心內彼枝煎匙／摒（bing2）過來／閣摒過去」，彷彿卡夫卡式的文學手法，生命存在的荒謬感，白天的苦說不出口，等到晚上卻又噩夢連連，翻來覆去，十分難受。

4.7 長詩（50行以上）：

《島鄉》中，亦有不少創作者，嘗試以50行以上的詩句篇幅來寫詩，如楊照陽〈置太平洋西海岸中央e台灣〉（20）（79行）、宋澤萊〈感謝無記智〉（21）（66行）、宋澤萊〈去卡拉OK店唱歌e感想〉（22）（81行）、林央敏〈土牛翻身〉（23）（144行）等等。

5.史詩：

史詩是一種莊嚴的文學體裁，內容多為民間傳說或歌頌英雄功績的長篇敘事詩，涉及的主題可以包括歷史事件、民族、宗教或傳說。世界重要史詩作品有分為口傳形式流傳的經典史詩，如荷馬《依利亞特》和《奧德賽》，及文學作家以特定觀念目的，創作的文學史詩，如約翰彌爾頓的《失樂園》。

《島鄉》中，亦有作家發表過史詩作品，他就是林央敏。所發表的作品是《胭脂淚》，這在當時是台灣文學史上最為龐大的史詩作品。《島鄉》第27號及28號分別刊登了其首曲-第一卷「魂歸無塵有情天」（話頭前奏、第一節 天頂結情卵、第二節 光箭刻前塵、第三節 凡胎歸故鄉），大約370行，以及尾卷-第十三卷「仙道牽線三世緣」（第一節 拜別血跡地、第二節 仙道牽三世、終曲），大約有210行。據林央敏受訪表示，這是陳金順主動徵求刊載於《島鄉台語文學》。[47]

《胭脂淚》主要是敘寫一對男女的愛情悲劇，內容所涵蓋的時程從1919

---

47 筆者於2022年3月透過facebook網路電話向林央敏先生請教。

年到1992年，以詩的語言形式歌詠男主角陳漢秋與女主角葉翠玉淒美而悲壯的愛情，並以神話般的回述男女主角自1841年到1859年的前世陳文湖與葉玉珊事蹟。詩中直接和間接描述的歷史事件、民族傳說與社會現實，前後概括了台灣四百年來歷史的相關片段。這部史詩並且反映了一種將人生正義與神佛思想相溶合的生命哲學。

作者自謂，從構思到完稿將近三年，全詩皆以詩的語言形式寫成，新詩自由體的台語白話為主，並結合詩經、唐詩、宋詞、西洋史詩劇場等，技巧結構多樣，文字典雅優美，具音樂性，詩質豐富，尤勝大多數台語小品詩，被喻為台語文字的百寶箱。[48]

經由以上的觀察分析，《島鄉》台語詩除了具有相當多元而豐富的類型風貌之外。對於台語詩的形塑運動，如與華語詩的文學觀相較，可說也不盡相通。如陳金順等台語文學或詩學的起造者，認為民間文學的價值是等同於現代文學，甚至其養分對於文學發展是相當重要的。[49] 同時，也因民間仍有諸多的創作者，仍然活躍，此確實是現代文學源源不絕的養分。相對而言，華語詩對於民間文學的吸收就不是那麼講究。背後原因除因華語詩（北京語詩）來台的時間較晚，其民間文學並無扎根於台灣的歷史傳統之中，另外有些戰後台灣現代詩華語的推動者，則有文學革命論，因此對於韻體詩有所排斥，認為是屬於落後的傳統文類。同時也因對於詩文學雅俗之分的過份追求，而偏好於自由體詩的創作。

（三）主題內容統計及分析

前節係就《島鄉台語文學》411首台語詩詩作，根據其不同類型加以分類及歸納。接下來，則就主題內容，進行分類統計及歸納。

回顧台灣歷史，史上第一個台語詩社是成立於1991年的「番薯詩社」，

---

48 林央敏《胭脂淚》（台南：真平企業，2002年），扉頁。
49 如方耀乾主編《菅芒花台語文學》亦著重於民間文學的介紹及推廣，創刊號即有董峰政〈褒歌欣賞俗導讀〉、黃文政整理〈社會教化唸歌〉等。

詩社同時也發行了第一份文學性的台文刊物《番薯詩刊》（1991.5.25-1996.6.10）。

　　根據周華斌的研究，「番薯詩社」於六年期間，總共發行七冊詩刊，內容有詩、散文、小說等等，其中台語詩作共有407首（含少數翻譯詩）。《番薯詩刊》其台語詩書寫主題，主要可分為「台灣意識」、「政治批評」、「社會關懷」、「人物情懷」及「思鄉情感」等五大主題書寫，[50]至於其他尚有如語言、哲理類等類，其中數量最多者為「台灣意識」。

　　為比較台灣／台語詩史上前後不同階段，創作主題的承襲及演變，筆者也依循同樣的主題進行分類及統計。同樣標誌純文學刊物的《島鄉台語文學》，於六年期間（1998.3.30-2004.3.30）總共出刊31號，其中台語詩作共有411首（含少數翻譯詩）。

　　經本論文分類及統計後，有關《島鄉台語文學》411首台語詩的主題內容，如表二[51]可分為底下八類主題：

　　1.台灣意識（含「國家認同書寫」（含台灣主體性思考、國家定位等）；「歷史書寫」（含台灣島史、族群關係）；「族群關懷書寫」（含西拉雅族、台語語言文學等）：32首；

　　2.政治批判（含民主素養、買票文化、政黨批判、當權批判及反思等）：13首；

　　3.社會關懷（社會時事、環境汙染、災難議題（九二一等）、關懷勞動階層等）：59首；

　　4.人物情懷（含家族情親、兩性情愛、先烈人物、友朋情誼等）：152首；

　　5.故鄉思情（含鄉愁、故鄉事物、童年、民俗節慶、物產、地景地貌

50　根據周華斌統計總共有435首詩，倘若扣除28首客語詩，則有407首台語詩（含少部分翻譯作品），參考周華斌〈番薯詩社佮《番薯詩刊》初探〉，《海翁台語文學》第58號（2006年10月），頁41、43。

51　詳見附錄二：表二：詩作主題統計表。

等）：41首；

　　6.生態環境（含山川、動植物、季節氣候、星辰、風象雲雨、自然災害等）：40首；

　　7.哲理書寫（含宗教、人生、生活、慾望、創作、愛情等）：25首；

　　8.生活感懷（含寂寞、趣味、勵志、民俗等）：49首。

　　經由如上分析結果，《島鄉台語文學》已不同於《番薯詩刊》，其集體性台語詩作以「人物情懷」數量最多。顯見，當二十世紀末跨進二十一世紀之際，台語詩創作者以集體性的力量，於多樣主題的開拓之下，已讓台語詩的發展面更為廣闊，思維面也更加深邃，可以說進入了一個嶄新的階段！

四、結論：

　　本論文嘗試以《島鄉台語文學》（1998.3.30-2004.3.30）的文學運動及詩實踐為研究對象，底下初步總結研究上的幾點發現：

（一）就文學運動而言：

　　1.《島鄉台語文學》創刊號的發刊辭〈作伙行長路——鼓吹台語文學〉具有「台灣文學史的歷史觀照」、「堅持終身創作的文學觀」、「為正義真理奉獻的人格特質」、「向台灣文學前輩感恩感念的尊崇情懷」及「為民族文化奉獻的高尚情操」等五個重要意涵，表露出陳金順個人的文化涵養及生命特質外，也藉此與大家共勉之，其真心的發願及行動力，著實感動了許多人。

　　2.此外，陳金順也透過(1)「主動發放稿費」、(2)「編輯用字思考」、(3)「傳承先賢意識、引渡歐洲經驗」、(4)「掌握台文脈動、傳播文壇動態資訊」、(5)「以親切的台文書寫與讀者互動」及(6)「主動熱情邀稿及選稿」等其他六種文學運動方式，試圖帶起一波新台語文學運動！

（二）就詩實踐而言：

根據前人以十年為期的台語現代詩量化研究，《島鄉台語文學》發刊六年期間（1998.3.30-2004.3.30），前三年數量均為全台第一，甚至第四年仍排名第三，這是相當不簡單的事！再經由本論文研究後，我們發現《島鄉台語文學》於台灣／台語詩史上的重要意義如下：

1. 就詩創作者而言：

成功匯聚了早期台語詩人，如林宗源、林央敏、宋澤萊等人，也接受新世代創作者，如方耀乾、陳正雄、藍淑貞等人的作品，更以包容心態積極獎勵新血投入創作，讓台語詩的創作群體，承先啟後，奔流不已，綿延不絕！

2. 就詩的創作類型而言：

於肯定傳統民間文學——七字仔詩之餘，也接受台語童詩的發表，以及兼容歌謠體及自由體兩種台語現代詩類型，並不偏廢；另外，如題影詩、組詩、三行詩、長詩（50行以上），甚至是台灣文學史上極少數的史詩類型，也均受容進來，讓世人見識到台語詩類型的無限可能性！

3. 就詩的創作主題而言：

與90年代前一輪的《番薯詩刊》相較而論，除了承繼了《番薯》的「台灣意識」、「政治關懷」、「社會關懷」、「人物情懷」及「思鄉情感」等五大主題書寫之外，於「生態環境」、「哲理書寫」、「生活感懷」等面向的書寫有擴展趨勢；至於創作數量上，《番薯詩刊》作品主題以「台灣意識」數量最多，而《島鄉台語文學》作為1990年代後期代表性刊物，則是以「人物情懷」數量最多。台語詩創作者以集體性的力量，於多樣主題的開拓之下，讓台語詩的發展面更為廣闊，思維面也更加深邃。可以說進入了一個嶄新階段！

除了詩創作量多之外，以上這三個重要意義，可以說《島鄉台語文學》於台灣／台語詩史上具有「承繼來者與再創新局」的歷史意義。

最大的功勞者是身為主編的陳金順先生，當然背後有不少人士默默予以

支持。其原因在於主編陳金順具文學熱情，並以多角度方式推動文學運動，亦感動他人；同時個人文學眼光甚有見地，主動積極邀稿、或者請求好作品予以刊登；另外創作者如林央敏、宋澤萊、李勤岸、方耀乾等人則具有文學自覺，靠著自身努力再創新境，當然亦是重要原因。種種內外因素而讓《島鄉台語文學》台語詩的文學質地比起同時期的其他台文刊物更高！

　　最後本文指出，《島鄉台語文學》具有強烈運動性，於21世紀前後台灣／台語詩史的集體性發展中，可謂扮演了重要的角色。

　　本論文限於篇幅，屬於初探性質，後續除了小說、散文及詩作文本美學等等研究外，仍有諸多問題可供探究，譬如《島鄉》的發刊詞與其他同時代刊物究竟有何異同？發刊詞是否有其較特出的視野？其文學運動的多元路徑，當時代其他刊物是否也是如此？等等。

| 參考書目 |

1. 專書

方耀乾《方耀乾台語詩選》，台南：開朗，2007年，初版。

方耀乾《台語文學史暨書目彙編》，高雄：台灣文薈，2012年。

王曾才《世界通史》，台北：三民書局，2005年，初版九刷。

周英雄、劉紀蕙編《書寫台灣文學史、後殖民與後現代》，台北：麥田出版社，2011年。

林央敏《胭脂淚》，台南：真平企業，2002年。

施俊州《臺語文學導論》，台南：國立台灣文學館，2012年。

施俊州編著《台語文學發展年表》，台南：國立台灣文學館，2015年。

陳金順《島鄉詩情》，新北：島鄉台文工作室，2000年。

陳金順《夜空恬靜一流星》，台南：台南市政府文化局，2017年。

廖瑞銘《舌尖與筆尖——台灣母語文學的發展》，台南：國立台灣文學館，2013年。

鄭良偉編《台語詩六家選》，台北：前衛出版社，1990年。

2. 期刊論文

呂美親〈1990年代以降的「台語文學化」工程奠基──以月刊《台文BONG
　　報》與陳明仁的寫作實踐為討論中心〉，《台灣文學研究學報》第32
　　期，2021年4月。

宋澤萊〈李勤岸、胡民祥、莊柏林、路寒袖、林沉默、謝安通、陳金順、藍
　　淑貞的台語詩──九〇年代台語詩的一般現象〉，《海翁台語文學》第
　　2期，2001年4月。

周華斌〈番薯詩社佮《番薯詩刊》初探〉，《海翁台語文學》第58號，2006
　　年10月。

林央敏〈歷史與審美的合一──論方耀乾的詠史詩〉，《台文戰線》第4
　　號，2006年10月。

林麗嬌〈勇敢向前行──訪問陳金順〉，《台文戰線》第18號，2010年4月。

施俊州〈文學新風景、台語新世代 訪問台語詩人陳金順、方耀乾〉，《台
　　文戰線》 第5號，2007年1月。

3. 碩博士論文

呂焜霖《戰後台語歌詩的成因與發展──兼論向陽與路寒袖的創作》，新
　　竹：清華大學台灣文學研究所碩士論文，2007年。

李婉慈《2000-2010年台語詩收集kap主題探討》，台北：台北教育大學台灣
　　文化研究所碩士論文，2011年。

林麗嬌《渡出桃源的白鷺鷥：陳金順台語文學研究（1995-2010）》，台
　　南：台南大學國語文學系碩士論文，2011年。

曾瓊珠《90年代台語現代詩蒐集kah分析》，嘉義：中正大學台灣文學研究
　　所碩士論文，2013年。

關向君《「蕃薯詩社」與「菅芒花台語文學會」之研究》，台南：台南大學
　　國語文教學碩士論文，2009年。

4. 雜誌刊物

《台文戰線》第5號、第18號。

《台灣e文藝》創刊號，2001年1月。

《茄苳台文月刊》創刊號，1995年5月、第12期，1996年5月。

《島鄉台語文學》全。

《菅芒花台語文學》創刊號，1999年1月。

附錄一│《島鄉》相關創作者訪問紀要：[52]│

(1) 根據方耀乾回憶，印象中，當時於公共場合，如文學營見面時，總是見到陳金順帶著一堆《島鄉》刊物，分送大家並十分熱情向大家邀稿。《島鄉》這份刊物對於他的台文創作，雖然沒有影響，但他也會投稿給《島鄉》或者於金錢上予以贊助。他於南台灣的台南主編《菅芒花台語文學》，而陳金順人在北部的板橋，與陳金順兩人是心心相惜。

(2) 而陳潔民與陳金順係結識於1998年第20屆鹽分地帶文藝營。經過陳金順的積極鼓勵，讓她突破台文創作瓶頸，從原本古典詩及台語童詩創作經驗，轉而積極投入台語現代詩、散文等寫作。一直以來，陳金順總是鼓勵著她，讓她感念在心。得知陳金順以一人之力創辦一份雜誌時，讓她相當欽佩。認為其無私的台語文學運動者的色彩，十分鮮明。後來，她也介紹過朋友及學生投稿過《島鄉台語文學》。

(3) 柯柏榮回憶說，《島鄉》這份雜誌對他而言，影響相當大，可說是打開了他的視野。當時仍在獄中服監的他，某日恩師黃南海送他幾份《島鄉》，對於一位講了三十幾年台語的人，竟然看不懂台文，這讓他十分震驚。而後他就開始研究台文，以及創作台語詩、散文等。當時曾與陳金順通過信，也受過他的鼓勵。

(4) 周華斌係提到自認不是個積極的創作者，有靈感才會提筆創作，且不輕易發表作品。自己會在《島鄉》上發表過10多首作品，認為這與陳金順積極向他邀稿不無關係。

(5) 林央敏回憶《島鄉》這份刊物對於他的台文創作，雖然沒有影響，但是他願意支持為台語奉獻的人士，因此邀稿或者金錢贊助，他都願意支持。

(6) 宋澤萊回憶，當時陳金順剛寫台語詩不很久，算是新作家。當初自己於1995至1997年間辦完大型刊物《台灣新文學》後，並沒有很注意《島

---

52 筆者於2022年2-3、6月間，經由電話、臉書、親自見面等方式，向相關創作者請教。

鄉》這份小型刊物。覺得既然他要辦刊物，就不能讓他失望，而當時自己寫了不少的詩，也翻譯了不少詩，就寄一些作品讓他發表，總之是登出來了。但是這份刊物不知有誰能看到，覺得恐怕都是些已認識的少數寫台語詩的朋友。

(7) 李長青則表示，《島鄉》是他剛開始接觸台語文學時候的刊物之一，透過《島鄉》讓他學習如何寫台語詩，以及掌握台語文字。對《島鄉》及陳金順的印象是「堅心、小眾、熱情、素樸、理念」。

附錄二｜（黃建銘製表）｜

表一：詩作類型統計表

	七字仔及雜唸仔詩	囝仔詩	歌謠體現代詩	自由體現代詩	史詩	翻譯	總數
第 1 號	1	1	1	4			7
第 2 號	3	1	2	4			10
第 3 號	1		2	6			9
第 4 號			1	5			6
第 5 號	1		1	5			7
第 6 號			5	3			8
第 7 號	1		1	6			8
第 8 號	1		1	6			8
第 9 號	1		1	7			9
第10號	1		1	8			10
第11號	1	1	4	7			13
第12號	2	2	1	9			14
第13號		3		6			9
第14號			1	8			9
第15號	3	2		6		1	12
第16號	1	2	1	6			10
第17號	1		1	8			10
第18號	1		3	10			14
第19號	1	2	1	6			10
第20號	1		4	15			20
第21號			2	9			11

第22號			3	17			20
第23號			4	12			16
第24號			1	18			19
第25號			1	13			14
第26號			1	14			15
第27號			3	16	1		20
第28號			4	11	1	3	19
第29號			1	18		3	22
第30號				28			28
第31號				24			24
總數	21	14	52	287	2	7	411

備註：翻譯詩作，有周華斌1首、宋澤萊4首、李勤岸2首，共有7首。

表二：詩作主題統表

	台灣意識	政治批判	社會關懷	人物情懷	故鄉思情	生態環境	哲理書寫	生活感懷	總數
第1號				2	2	2	1		7
第2號		1	3	3		2		1	10
第3號	1		1	4	1	1		1	9
第4號		1	3					2	6
第5號			1	2			2	2	7
第6號			1	4	2			1	8
第7號			3	3			1	1	8
第8號			2	3	2			1	8
第9號	1		1	5		1		1	9
第10號	1		3	4		1		1	10
第11號	4	2		4	1	2			13
第12號	1	1	3	2		3	1	3	14
第13號	2		1	1	1	1		3	9
第14號			3	2	1	1	1	1	9
第15號	1	1	4		3			3	12
第16號		2	2	1		3	1	1	10
第17號			1	3		4		2	10
第18號	2			7	2	1	1	1	14
第19號			1	3	1		2	3	10
第20號	3		4	5	2	2	2	2	20
第21號	1	1	1	2	2	2	1	1	11
第22號	2		4	3	3	3	3	2	20
第23號	3	2	3	3	1	1	2	1	16

第24號	1		3	6	3	3	1	2	19
第25號	1		4	4	2			3	14
第26號	1			9	1	1		3	15
第27號	3	1	1	10	1	3		1	20
第28號	2	1	2	6	4	1	3		19
第29號	2		2	6	4	2	2	4	22
第30號				24	2			2	28
第31號			2	21			1		24
總數	32	13	59	152	41	40	25	49	411

牆的兩邊：
從混沌邊緣看臺灣大陸新詩百年交流史

白靈　臺北科技大學及東吳大學兼任副教授

摘要

　　百年來兩岸詩史中，試圖從封閉或大混亂系統脫困的狀況發生過三次，乃有三次文學的「混沌邊緣」現象發生，皆先後產生自我組織及非計劃的集體「突現」，使新詩有機會誕生或躍升。第一次在1911年（清末民初）後幾年的五四與白話詩運動影了臺灣的新詩。第二次在1949年之後的臺灣，大陸現代詩火種帶入，此後一、二十年崛起的臺灣前行代詩人於往後半世紀大規模「移花接木」似地填補了中國新詩史中五〇、六〇年代「尷尬的空檔」。第三次在1976年，大陸文革結束後兩年的朦朧詩崛起，此後多年兩岸的交流既漸頻繁又逐漸各行其是，其間歐美俄日印的各種思潮和派別的影響穿插不停。九〇年代後網路興旺，[1]2004年臉書（Facebook）及谷歌（Google）兩大怪獸上場，走向無國界、去中心的方向應可算百年中第四次或可稱「類混沌邊緣」的「類突現」現象，女性詩人大量出籠，這是過去新詩史上未曾出現過的。但此二大網路怪獸先後遭大陸「防火長城」所禁錮，兩岸詩風在資訊不盡通暢的長遠發展中，顯現了若干互動又若干平行卻交錯不足的可慮現象。此文先從一百年以來日據時期兩岸的牽連和交流，及二戰後代際之間在交流上的演變，另從複雜科學混沌

1　1990年英國的伯納斯李（Berners Lee）在瑞士粒子物理實驗室（European Particle Physics Laboratory, CERN）成功並提出開發了全球資訊網（World Wide Web），被稱為「WWW之父」。1995年後，WWW漫延擴散到世界各角落各領域，成為世人獲取各項資訊的重要媒體與工具。參見「Internet的發展史」條（來源：https://web.ntnu.edu.tw/～499700326/Internethistory.htm，檢索日期：2022年5月12日）

邊緣之突現現象的角度，觀察百年交流史中新詩流變的脈絡和若干現象，包括雙方對接不足，話語非旁落即空落，這正可提供兩岸詩壇及學術界未來繼續交流時，作為更深入對接的參考，唯新世紀後各種新詩學術研討會在兩岸頻繁舉行，稍稍彌補了此方面的不足。

關鍵詞：混沌邊緣、突現、新詩、交流史

一、引言

　　詩是宇宙潛意識在類似地球人智慧型生物間，展現出的一種普遍形式，它極有可能是遍於宇宙各星系之間的。在地球上，它是宇宙的能量透過人性的輾轉往復，而以自己都說不清、只有詩的語言才稍稍說得出的一種咒語式的紓解方式。而往往一族人或一地區之人，在某時代中因改朝換代或被戰爭、被政治擠壓至快斷了氣，竟然還剩下一口氣而僥倖活下來，稍稍被容許在「半開放時空」而非「全封閉時空」中，才得以喘氣呼吸，獲得休養生息。回首所經所歷時，午夜夢迴中偶發語句，就是那樣的語句，使荒涼的歲月長出了一綠一芽，若照顧得宜，還有機會生成遮天大樹。1911年、1949年、1976年，便是百年來發生於兩岸，再明顯不過的先斷裂再緩步新生的三個年代。而新詩不約而同或先或後成了荒廢年代長出的一綠一芽，且都由詩開了先機。而且不只是單邊進行的，它們也都不約而同地牽動了乃至促進了大陸與臺灣兩岸長遠的互動交流史，文學上以詩最為明顯。

　　由於海峽兩岸隔著一條一兩百公里寬的黑水溝，百年來有時開放有時封閉，交通方式是先船後輪再後航末了是網路，但兩岸間總似有一條長長看不見的牆隔著，時高時低，時虛時實，政治是最大的黑手，遮掩其間，時鬆時緊。兩邊人民對待這道牆的態度也不一，想交流的說把牆拆了吧，不想交流的說牆越高越好。如此百年來兩岸的交流，人民實際能自由來往的時間和人數相對於總人口數而言，極為有限。除了1949年一、兩百萬軍民驚慌撤守至島上，以及1987年臺灣解嚴，1988年開放大陸探親，九〇年代至新世紀前十

幾年乃有大量渡海探親、經商、旅遊，相繼文化互訪等的發生。而這其間，新詩的交流其實是透過更細微的管道，穿隙鑽縫，於1920年代經由張我軍的掀戰和推介，繼之1949年由大陸撤臺詩人受到二、三〇年代詩作詩風影響，乃有現代詩的火種引介至臺，而得以使上世紀五、六〇年代在雖戒嚴但仍為半開放的環境下，逐步生根茁壯，加上諸多不可逆的偶然事件齊集，韓戰爆發（1950.6-1953.7）、八二三炮戰（1958）、越戰爆發（1961-1975），美援輸臺，西方文化大量譯介等等因素的結合，詩人先是相濡以沫，繼之相互激盪，使得現代詩運動得以在臺灣蓬勃發展，因而與中國大陸同時期封閉的新詩環境拉大了距離，創造出了百年新詩史上最宏偉的景觀。其後在1980年代再由臺灣透過多元管道，回頭影響了大陸詩壇。迄2007年止，在詩方面：「兩岸有十年到二十年的時間差，臺灣走在前面」，[2] 這句話或許太一概而論，仍有待商量，當然若有時間差，此差距的拉近乃至互為消長也是可以預期的。

　　本文試圖由「複雜科學」中的「混沌邊緣」現象，探討百年來兩岸歷史中試圖從封閉系統（1911、1976）或無序狀態下（1949）脫困，乃有三次文學興旺現象發生的脈絡，先從百年以來1911民國初立，大陸文學革命影響日據時期的臺灣，卻未竟其功的原因，再觀察1949、1976百年詩史中不同時期兩岸不同的詩運，及九〇年代末網路興盛、2004臉書、谷歌兩大怪獸上線卻先後遭「防火長城」阻隔，形成兩岸資訊受限下，不同的詩運和交流方式有別的例證，並指出兩岸未來繼續平行與交錯的可能方向。

二、混沌邊緣的破與立：斷裂之必要與痛苦

　　複雜系統（complex system）經常討論的是如何在需要秩序（趨向有

2　這是北京大學中文系博士導師謝冕教授，在2007年3月9-12日，於廣東北師大珠海分校舉辦的「兩岸中生代詩歌國際高層論壇暨簡政珍作品研討會」開幕典禮上致詞時的說法，其原文是說，在詩方面：「兩岸有十年到二十年的時間差，臺灣走在前面」。

序）和必須變化（趨向無序）這兩者之間保持平衡的方式，它關心系統各元件之間如何與環境相互作用，並經由一系列複雜行為，諸如非線性、自我組織、相互適應，及突現等等而引起某些集體行為的科學方法。此乃承繼1960年代「混沌學」（chaos theory）[3]欲擺脫古典物理的「機械宇宙觀」，並承接20世紀初「不確定原理」（uncertainty principle）[4]之後，企圖了解科學過去難以觸及的自然現象，如「暴風雨、激流、颶風、危崖峭壁、曲折海岸，以及所有複雜現象創造成形的過程——從河流三角洲，到我們人體中的神經與血管系統等」，這些看似複雜混沌的系統，不易看清之中其實有「潛藏的秩序、細微的差異、事物的『敏感性』，以及無法預測之事產生新事物的各種『規則』」，[5]遂「在碎形幾何新的數學引領之下，嚴謹科學逐漸趕上現代感性的節拍；那些桀傲不馴的、野性的、幻想的素質」。[6]欲解答它們何其不易，因為至少涵蓋了統計物理學、資訊理論、非線性動力學、人類學、電腦科學、氣象學、社會學、經濟學、心理學、和生物學等等許多不同學科問題的研究方法、乃至運用大數據和超高速電腦，方能稍稍觸及之。[7]

而當一個複雜系統在一段時期內於大混亂（極端的離散，比如戰爭或動亂）與大秩序（極端的束縛，比如鎖國或戒嚴）之間大幅度地擺盪，翻轉再翻轉，即往往容易使其自身處於所謂「混沌邊緣」（edge of chaos）。而在混沌邊緣卻易有無計劃但會暗暗自我組織、產生足以使生命系統震盪新生的事物，同時又有足以使它不至於陷入無序狀態的不穩定因素。這是一個衝突區，它充滿動盪，充滿新東西和舊東西的不斷對抗。因此當由兵荒馬亂突

3　葛雷易克（James Gleick）《混沌：不測風雲的背後》（臺北：天下出版，1995年），頁10。

4　指海森堡測不準原理（Heisenberg's uncertainty Principle），參見 Robert Resnic & J.Walker (1997). *Fundamentals of Physics* (N. Y. : John Wiley & sons, Inc) P.997。

5　布利格等（John Briggs & F. David Peat），姜靜繪譯《亂中求序——混沌理論的永恆智慧》（臺北：先覺出版，2000年），頁8-9。

6　同註3，頁155。

7　參見維基百科「複雜系統」（來源：https://zh.m.wikipedia.org/zh-tw/%E5%A4%8D%E6%9D%82%E7%B3%BB%E7%BB%9F，檢索日期：2022年5月15日）

然進入整頓重新排序的時代，當人們皆在開始尋求相互適應及自我調和時，即能進入複雜科學所謂的「混沌邊緣」。[8] 在「混沌邊緣」才易有「突現」（emergence）或「湧現特性」，亦即當一系統由混亂無序「開始」進入有序的當頭，大自然或生命「彼此相互作用後，會讓整體『突現』出一個新的、獨特的性質」、「豐富的互動關係使整個體系經歷了自發的自我組織過程」，因此各組成部分乃能「獲得群體特性，例如生命、思想、及意向，這是他們個別可能無法擁有的」、「主動的把發生的情況轉變為自己的優勢」。[9] 亦即個人很難單獨躍昇，必得「複合」後的群體才有此突現或湧現的效應。

當混沌邊緣的大混亂（離散、戰爭、動亂）與大秩序（鎖國、戒嚴）正要發生時，不只是土地、城市、文物、財產毀於此時，人的心靈也常破碎趨於空無荒涼，這一切必待大破後才有大立，佛教講「真空生妙有」。大破使一切處於「真空」，所謂空去一切有無對待，空去一切差別觀念，什麼貧富階級、什麼家當細軟，有時連一個命能活下來，都是一種偶然或僥倖，那時能呼吸一下都像做夢似的覺得怎麼可能，到此甚至連這個「空」字好像也可「空去」，好讓一切盡得解脫。屬於跨語言一代的本省籍詩人林亨泰（1924-）說那種「空去」對他而言是：「長年之間所獲得的一切知識等於是無用的累贅」，「觀念或知識突然無效，這和一直很健全的身體突然要變成殘廢一樣，必然會受到很劇烈的痛苦與刺激，這是非常難過的」，[10] 他說的不只是日本二戰戰敗後到1949年國府遷臺，日語、國語轉換時本省籍知識分子的困境，不也是1911年改朝換代，接著文言知識全面轉換成白話文，面對大變革成了多少人的尷尬難題？

林亨泰又說：「能夠本質地變換見解的人，也就是說，能夠隨時從頭做起也不感到猶豫的人，他不但有破產者的痛苦，還有將向未開發地出發的

8　陳天機等《系統視野與宇宙人生》（香港：商務印書館，1999年），頁42。
9　沃德羅普（M. M. Waldrop），齊若蘭譯《複雜》（臺北：天下文化，1995年），頁6。
10　林亨泰〈幽門狹窄〉，呂興昌編訂《林亨泰全集：文學論述卷4》（彰化：彰化縣文化局，1998年），頁63-64。

不安情緒；他不但要忍受失意這條毒蛇的咬囓，又要提防恐慌這隻猛獸的襲擊，他不但要嘗到價值轉換的苦汁，也要克服再生者的害羞」，[11]當此際「臺籍作家即便未被二二八嚇破膽，也不得不在語言轉換中被消音了」（楊照）。[12]

　　而林亨泰那段話最該注意的是「破產者的痛苦」（破），「將向未開發地出發的不安」（立）這兩句，而這「破」與「立」不是立即的，是有間距的，類似「真空」狀態，短則二年，長則七、八年的空檔，此時人人不知所以，無所適從，不僅適用於1911年後幾年的新詩、白話文、五四運動時期，也適用於1949年國民黨流亡遷臺，1976年文革之後，甚至2004年大陸當局面對臉書及谷歌「兩大怪獸」出現時。

　　1949之後幾年的臺灣詩界才有類似複雜系統的「自我組織」和「湧現」發生，出現了現代（1953）、藍星（1954）、創世紀（1954）三大詩社的創社和現代派（1956）的成立。也因這幾年的「真空」，乃有洛夫在創世紀詩社成立前的1951年前後，寫下底下不可思議的書信，這是他在澎湖寫給於高雄崗山相處過二十天男性友人的三封信：

> 昨晚在夢中又見到你……你回來了，面孔上充滿一層聖潔的光，智慧的眼睛老瞪著我……我倆都毫無緣故相抱痛哭起來，我從來沒有流過這麼多眼淚……[13]

> 有了海我不會枯澀，有了你我再不會寂寞了。這幾乎成了我的一種癖好，凡是要好朋友的信，我讀它要選擇地方、時間，最多數十遍，最少三遍，有時為了一個字逗得大笑，有時為了一句話惹得痛哭，你就

11　同前註。

12　楊照《霧與畫：戰後臺灣文學史散論》（臺北：麥田出版，2010年），頁38。

13　洛夫寫予友人葉經柱的手札有80件，收錄刊出於葉的書中有三十二件，其餘見第二節說明。參見葉經柱編《師友書與胡塗集》（臺北：自印，三民書局總經銷，2006年），頁157-246；及編者跋，頁425。此函見頁161。

是這麼一個使得我瘋狂的魔鬼！[14]

在這七天中，我一共寫了四封信給你，……我何薄命，連一封挨罵的信也接不到，這不是世界上所有悲劇中最大的悲劇嗎？

大部份的時間都花在寫信上，除了靜子來了兩封外，其餘的只是石沉大海，浪花都不起一個，給邁子的，給信子的，給澄子的，給心忠的，給潤華的，都是一樣，你說，怎能不叫我著急呢？[15]

三封信都表現了極大能量、超於常人的熱情，「有了你我再不會寂寞了」像是寫給情人的，也反映了洛夫大陸來臺舉目無親、藝術也尚未成熟前「真空狀態般」的孤絕心境。信中的「哭」、「笑」變化起伏極大，對友人熱情至極並渴望回報，卻未獲相同對待。然其「生命表情」之豐富似乎也預告了日後他「語言表情」脫逸於常人的魔力。[16]而洛夫的「真空」狀態代表了那一代孤身來臺所有人的相近心境，面對當時中共「排山倒海襲來的威脅」，一種「末世情緒」四處瀰漫，「末日終結的陰影」[17]存在於每一個人身上，洛夫信中顯示的即是此種陰影的腳跡。

到了1956年時，美國已於1955年成立美軍協防臺灣司令部，民心稍安，他已第一次去過金門、睡過「又黑又臭又濕的防空洞」，[18]已與張默創辦了「創世紀詩刊」，[19]洛夫再寫給同一友人的信則冷靜許多，已開始能如實面對前述的困境，他的心境大大不同：

---

14 同註13，頁166。
15 同註13，頁171。
16 白靈〈遮蔽與承載——洛夫詩中的哭和笑〉，見白靈《桂冠與荊棘》（北京：作家出版社，2008年），頁162。
17 同註12，頁39。
18 1951年6月13日的信，見葉經柱編《師友書與胡塗集》，頁187。
19 1954年10月洛夫和張默二人初識，見龍彼得《洛夫評傳》（南京：南京大學出版社，1995），頁361。

了解寂寞味道的人一定很深刻，因為他懂得多，所以寂寞也愈深。我覺得寂寞一點好，在寂寞中可以明心見性，可以與自然融為一。（1956）[20]

耐得住寂寞也是一種美德，甚麼做人的修養呀，見人眉開眼笑呀，仁義道德呀，這都是侵略者控制人的辦法，這個世界並不可愛，但我們不得不渡過。我想寂寞的人更容易渡過，所謂好人不寂寞簡直狗屁。（1958）[21]

有了詩又創立了創世紀詩社以後的洛夫，終於控制住寂寞運用了寂寞，前頭三封信的洛夫是火熱的熔岩，燙到無處可擺放自己，後頭兩封信的洛夫是冷凝了自己的巨岩，敲得出鏗鏘金屬之鳴，這是洛夫早年的一「巨石之變」，他把自己移向許多人「都怕談及的方向」，明白自身「確是那株被鋸斷的苦梨」，剛開始是血流如柱，而一但在寂寞中「明心見性」、「與自然融為一」，亦即在詩上獲得安居，於是終於「在年輪上，你可以聽到風聲蟬聲」（洛夫《石室之死亡》第一首），自此遂有能力朝詩路穩定邁進，最終是一群人集體舉起了臺灣現代詩巨大的火把。而若無上述的「鋸斷」和「真空」，或如上節已談及的「混沌邊緣」，洛夫也就難以有「聽清楚風聲蟬聲」的淨空了自身的心境。

　　1911年辛亥革命後到1917年，出現第一首白話詩的六、七年內，由於滿清殘餘的封建勢力不肯退讓，遂有袁世凱稱帝、張勳復辟的鬧劇，在當年思想窒息、資訊閉塞下仍有一大堆留學歸來學子群起奮起，胡適（1891-1962）、魯迅（1881-1936；1918年發表《狂人日記》）只是其二，而胡適寫下如下話語時才25歲：

20　同註18，頁203。
21　同註18，頁212。

要前空千古，下開百世；收他臭腐，還我神奇！為大中華，造新文學，此業吾曹欲讓誰？」（胡適《札記》第十冊，1916年4月13日；亦見《嘗試集》自序，1919年）

如此豪氣之語出自二十餘歲青年，何其狂傲？若非因緣際會恰逢混沌邊緣的大時代，何能真掀得起文學革命大浪？此大浪在張我軍（1902-1955）於1921年（19歲）至廈門鼓浪嶼新高銀行謀職，接觸到大陸白話文文學時也被衝擊到，遂決心至廈門同文書院接受大陸新式教育，接觸白話文文學，又不忘跟老秀才學習古典文學，後至上海參加反日組織「上海臺灣青年會」。

1924年1月赴北京求學，3月寫下第一首新詩〈沉寂〉送給未來夫人羅心鄉時才22歲，同年4月與11月於《臺灣民報》發表抨擊臺灣舊文學與舊詩人的文章〈致臺灣青年的一封信〉與〈糟糕的臺灣文學界〉，以此引發臺灣日據時期新舊文學論戰，介紹白話文學新觀念與胡適、魯迅、郭沫若、冰心、徐志摩等人作品至臺灣，1926年曾拜訪魯迅，贈其《臺灣民報》四本，也成為「第一個正式地介紹魯迅給臺灣的人」。[22] 1925年出版臺灣第一本白話詩集《亂都之戀》時才23歲。以此而成了「高舉五四火把回臺的先覺者」（龍瑛宗語），若非時逢大陸混沌邊緣的大契機以及臺灣無人識此的小契機，又何能站上此小高峰？

這是臺灣與大陸新詩交流史上最先閃亮的第一道光芒！其對臺灣新文學運動後續之影響，雖略遜胡適之於大陸，但都不失開風氣之先，卻也都先後在出版第一本詩集後再無作品，光芒沒有持續照耀，「但開風氣不為師」（龔自珍語），[23] 使得後來兩岸新詩成就多少受到影響。然張我軍接連出招的背後，卻隱藏著與上述洛夫和林亨泰方向相反的斷裂心結和痛苦，洛夫苦的是孤身來臺跟大陸親情絕然的斷裂，林亨泰苦的是所習日語文化（1937年

---

22 中島利郎撰〈魯迅在臺灣文壇的影響〉一文，見封德屏、許俊雄編《臺灣現當代作家研究資料彙編十六：張我軍》（臺南：國立臺灣文學館，2012年），頁285。

23 〔清〕龔自珍《已亥雜詩》第104首：「河汾房杜有人疑，名位千秋處士卑。一事平生無齮齕，但開風氣不為師。」

皇民化運動的影響）與其後官方新指定華語文化的斷裂。

　　由於張我軍對白話文學和古典文學的深層學習，對日人始終懷有敵意乃參加反日組織，其抵抗日人意識始終強悍，自然不宜久居臺灣，比如日人的記載說「一行人當中，只有張我軍一個人扭過臉去，不向皇官鞠躬哈腰，給我的印象很深」。[24] 由其1935年11月出任北平市社會局秘書（秦德純任市長），辦理對日交涉事務，1937年七七事變前夕，二十九軍及北平市地方官員均撤出平津，張我軍卻未被通知，遭棄在淪陷區，顯見臺灣人被猜疑的困境，要為兩方故鄉而戰，不想回「葫蘆底故鄉」臺灣卻又為大陸故鄉所放飛，如此宛如孤鳥單飛的心境，與此前〈沉寂〉所寫「一個T島的青年」在「十丈風塵的京華」中選擇母親（臺灣）和愛人（大陸）的兩難困境相似，於是他在《亂都之戀》詩集〈序文〉中乃呼告「人生無聊極了！苦悶極了！僅僅能夠解脫這無聊，安慰這苦悶的，只有熱烈的戀愛罷了」，而這戀愛是充滿「淚痕和血跡」的，也成了他困頓煩悶至極的唯一出口。

　　一如林亨泰困於選擇日文和華語，洛夫一生困於選擇母親（大陸）和愛人（臺灣）的兩難一樣，最後只好做了「漂木」移民至加拿大。如此所謂臺灣與大陸新詩的交流史，在某個程度上，遂成了文化的選擇史或自我認同史。

　　大破方易有大立，當然也可用於觀察1949年後政治運動不斷的中國大陸，再經翻天又覆地的文革十年大破壞，此近三十年因處於「全封閉狀態」，噤聲禁結社，「為一系列時代風雨裏挾」（昌耀），一覺醒來方知因詩獲罪者，如昌耀（因〈林中試笛〉二首）如流沙河（因散文詩〈草木篇〉）者，不知凡幾，新詩的自由火苗幾乎被捏熄。但也非全無聲息，1968年黃翔即寫了：

---

24 韓三洲〈張我軍、張光直父子的中國心〉，原文為：「當年一個日本學者曾在《非常時期的日本文壇史》中記載一個場景，最能說明問題：『一行人當中，只有張我軍一個人扭過臉去，不向皇官鞠躬哈腰，給我的印象很深。此人日本語講得非常漂亮，也曾擔任過翻譯，但是像一個不好對付的人。』」見韓三洲《動盪歷史下的中國文人情懷》（臺北：秀威出版，2011年），頁86。

我是被野獸踐踏的野獸／我是踐踏野獸的野獸／我的年代撲倒我／斜
乜著眼睛／把腳踏在我的鼻樑架上／撕著／咬著／啃著／直啃到僅僅
剩下我的骨頭／即使我僅僅剩下一根骨頭／我也要哽住我的可憎年代
的咽喉（〈野獸〉後半，1968）

這種「穿過時代」而非「跳過時代」（保羅・策蘭）飽含血淚也「撞倒了時
代」的詩作，卻是臺灣詩人所遠遠不能的，只可惜並不多見。直到1976年為
止，之後經兩年的「真空」才有北京民主詩牆的出現，方有朦朧詩的誕生。
所幸透過後來的網路，開始了不同年代詩人詩作間「無聲的交流」。1978年
後「混沌邊緣」的「突現」再次發生，大陸各種詩派詩人輩出，迎來了崛起
一代的大爆發。

　　1978年大陸改革開放後，兩岸新詩交流主要是臺灣新詩被先推介到大
陸去，接著才有大陸的詩作推介至臺灣。在詩歌界余光中是最早的，在民間
則是更壯闊的「席慕蓉旋風」興起。起先1980年初，四川詩人流沙河因於香
港《天天日報》寫連載稿，副刊編輯劉濟昆寄了《中國當代十大詩人選集》
（張默、張漢良、辛鬱、菩提、管管主編，1977源成文化印行，所選十大並
無大陸詩人）等三本臺灣出版詩集予他，勸其讀一讀臺灣現代詩，欲為兩岸
詩藝交流搭橋。流沙河不僅抗拒、冷淡待之（尤其對臺灣詩人自稱代表中
國應很感冒，但1987年臺灣解嚴前凡選集、活動、社團必冠以中國，這是常
態），還在某詩會上說現代臺灣詩「瑣碎不足觀」，甚至說：「我相信當代
人類最好的詩是我們今天的詩，而不是任何舶來品。勿去聽信什麼引進之
談」，乃至臆測：「我不相信臺灣那樣的資本主義罪惡環境能孕育出大手
筆！」

　　直到1981年初秋，讀完臺灣《當代十大詩人選集》才改觀，並於1982
年3月的《星星》詩刊上，流沙河推介了余光中。[25] 其後出版《隔海說詩》

25　參見〈流沙河與余光中〉（網址：https://ppfocus.com/0/cud371a00.html，檢索日期：2022
　　年5月15日）。

（1982）、《臺灣詩人十二家》（1983），及《余光中詩一百首》、《臺灣中年詩人十二家》（1988）等，引發港臺文學熱。而其期待臺灣也能出版一本《大陸詩人十二家》，就要等到1987臺灣解嚴之後的1989年，由李元洛與洛夫合編《大陸當代詩選》（爾雅出版）才實現。此後大陸詩人稿件大量投稿臺灣各種詩刊，各式名目的臺灣詩選在大陸，大陸先鋒詩叢在臺灣，也陸續出版，兩岸各種名義的研討會、詩會、座談會、訪問團、詩歌節絡繹不絕，同時因大陸研究臺灣詩史的出版，也接續引發一系列的批評乃至批判和爭議。

三、百年交流與新詩發展流程圖

2017年，就廣義的華語新詩史而言，白話詩歌是自胡適1917年在《新青年》發表的〈白話詩八首〉起算，剛好滿一百年。1995年張默與蕭蕭合編的《新詩三百首》上下兩冊（九歌版），於2017年改以《新詩三百首百年新編》三大冊的新面貌問市，前後兩個版本內容絕大部份相同，僅少數添加，但編輯觀點卻有了微妙不同。前後兩套書整個體例做了極大變動，正可見時遷境移，政治光譜有變，百姓心態和期待漸改，兩岸及各地華人繼續在紙上交流兼較勁，卻也已略可見出世界強權環伺下，臺灣島嶼位置的特殊和其面對局勢漸次轉移面對大陸態度時的自處新形式。

1995年此書出版時，選入詩人224家338首詩，連同「鑑評」厚達一千三百餘頁，這是臺灣自有詩選以來，選入年代及跨地域最周全，也選擇了最多大陸詩人與臺灣詩人並置的一套書。其所選詩人依出現年代概分為「大陸篇前期」37家（1917-1949）、「臺灣篇」107家（1923-1995）、「海外篇」34家（1949-1995）、「大陸篇近期」46家（1951-1995）等四大部分，[26] 將文革前後的詩人均納入，層面較其他人如瘂弦所編《當代中國新文學大系・詩卷》（1980）[27] 或楊牧、鄭樹森二人所編的選集《現代中國詩

---

26 張默與蕭蕭合編《新詩三百首》上下兩冊目錄（臺北：九歌出版，1995年），頁3-32。

選》I及II兩冊（1989）[28] 幅度均更大，也是自1995出版二十餘年來，迄今仍是臺灣所見詩選中範圍最寬廣的一本，不但分卷上頗見費心，尤其可看出新詩發展的脈絡當中，唯臺灣未見斷層（受大陸1949年前的影響較多），1949之前略顯顛簸，日語壓過華語，之後一氣呵成至今。

另外，「海外篇」中34家至少有15家曾長期居臺。如此一來，整本選集竟然以高達一半以上的臺灣詩人詩作為主幹。這樣的臺灣新詩流變觀點，在20世紀結束前也成了臺灣詩壇部份詩人和學者的基本看法。

到了2017年改編再版時，除了書名加上「百年新編」外，「台灣篇」由107家增為139家（1923-2017），分為二三兩冊。最特別的是在第一冊中，將1995年版原有的「大陸篇前期」37家改名為「五四時期」（1917-1949），而原有的「海外篇」34家（1949-1995）及本來的「大陸篇近期」46家（1950-1995）則予以合併，改名為「域外篇」（1949-2017），共計64家。

原放在1995版「海外篇」的紀弦、彭邦楨、方思、鄭愁予、夏菁、鄭愁予、秀陶、葉維廉、方旗、林泠、方莘、杜國清、張錯、翔翎、夏宇等，即使有久居海外的，皆因與臺灣因緣深切，而在2017版中皆回歸「台灣篇」，整套書總家數則由原有224家微幅略增為240家。

「大陸篇前期」更名為「五四時期」，似呼應了陳千武的「兩個根球說」，「大陸篇近期」併入「域外篇」則與港澳新馬菲等各地區並置，等同均視為海外華人，而「台灣篇」與「五四篇加域外篇」，約為二比一的比例，也的確突顯了近年強調「臺灣主體性」的主流民意趨勢。

---

27 1980年瘂弦編選，厚近九百頁之《當代中國新文學大系・詩卷》（臺北：天視出版公司，1980年）時，選入詩家一五二家、約八百首詩，所選詩人也仍以臺灣為主幹，間含新馬菲越、香港及美國等海外華文作家，並不包含大陸1949年以後的任何詩人。

28 楊牧、鄭樹森編選《現代中國詩選》I及II兩冊（臺北：洪範出版，1989年），厚亦九百頁，選人詩家97家約480首詩，層面首度擴及1949年前後的大陸詩人，這是臺灣自有新詩以來，首本幅度最寬廣的一本正式選集。但選集中所選大陸1949年前，即已成名的詩人高達35家，1949年之後竟僅有北島、江河、舒婷、楊煉、顧城等5家。

2019年李敏勇出版的《戰後臺灣現代詩風景：雙重構造的精神史》（九歌）一書，分上下二卷，共介紹前行代20位詩人，審慎檢視戰後臺灣現代詩的兩個源流。上卷討論「跨越海峽的世代」12人，包括「一九四九年隨國民黨撤退來臺，離鄉背井的詩人，有自詡從中國帶來現代詩火種的紀弦、隱遁脫逸於現實的周夢蝶、楊喚、羅門，貼近生命、生活的向明等」（另7位為覃子豪、方思、余光中、洛夫、商禽、瘂弦、鄭愁予），主要集中在現代詩、藍星、創世紀三詩社的場域。

　　下卷論述「跨越語言的世代」8人，他們「精熟的日本語轉而中文的詩人們，他們跨越了語言的轉換，都有長短不一的創作空白期，如巫永福、陳千武、林亨泰等」（另5位為吳瀛濤、詹冰、陳秀喜、錦連、杜潘芳格），主要在1964年後，群集於強調本土精神、注重臺灣現實的笠詩社。此書提及上述「雙重構造」或「雙軸詩史」的看法，主要是依據陳千武在1977年日文版《華麗島詩集》後記中，所提出的「兩個根球」的戰後臺灣詩源流論述。

　　並認為臺灣現代詩與中國現代詩無涉，也指出沒有誰走在誰前面，或提供了什麼影響的看法：

> 我並不認同有一些論者以臺灣的中文現代詩走在中國現代詩前面，甚至有所謂提供了影響的說法。看看從朦朧詩以來的中國現代詩，其實很明顯是相對於在臺灣以中華民國為名的國家體制不一樣的中華人民共和國的現代詩形貌。或許，因為漢字中文而有所相互介入，但就像世界上許多在英語、法語、西班牙語……的不同國家現代詩形貌。臺灣的現代詩當然是臺灣的。而在臺灣，這些源頭不能不以跨越海峽世代詩人和跨越語言世代交織互映的視野去探視。[29]

李氏認為即使解嚴後大幅度開展了民主化本土化，但：

29　〈雙重構造的精神史──戰後臺灣現代詩的開展〉，李敏勇《戰後臺灣現代詩風景：雙重構造的精神史》「序說」（臺北：九歌出版，2019年），頁16。

認同的焦慮，國家的迷惘迎面撲來，詩史的詮釋權仍大多掌握在以跨越海峽世代為主軸的意理、跨越語言世代並行的雙軸詩史並不盡分明。戰後臺灣詩史似仍以跨越海峽世代的詩社、詩刊為主導。一九七〇年代中期的鄉土文學論戰，有關詩問題的論辯雖有火花，但並未真正扭轉臺灣詩的發展，雙重構造的精神史並未成為戰後詩史的視野。[30]

如此觀點下的臺灣與大陸的詩人詩作交流，自然不是那麼重要，甚至可有可無。重要的是切莫再「漂浮在臺灣這塊土地」以及「在臺灣的現實經驗不盡踏實」，此點當然深刻抨擊了大多數臺灣詩人當下的痛處。

不過一如臺灣與東南亞各國華裔詩人的往來，若如《新詩三百首百年新編》將「大陸篇近期」詩人與「海外篇」詩人合併改名為「域外篇」，相互觀摩而任詩人自由意志選擇其認同方向或交流方式，許較為明智。「使人分開的，是政治，而使人融合的，是文化。所以兩岸交流，最自然的是文化，而最複雜的是政治」、「兩岸文化交流，如果有一方還未脫政治工具論的舊調，那無論分得多久，恐怕也難見其合」（余光中），[31]迄今彼岸官方自是難脫此舊調，詩人學者若受此牽連成了政治工具的幫傭，自是不宜，在臺灣亦然，詩人應是抵抗任何「帝力」[32]遠離「帝力」，做一個永遠抨擊「帝力」的反對者。

至於「雙重構造」或兩個根球說，一源流「是紀弦、覃子豪從中國大陸搬來的戴望舒、李金髮等所提倡的『現代派』」、另一源流「就是臺灣過去在日本殖民地時代，透過曾受日本文壇影響下的矢野鋒人、西川滿等所實踐

---

30 同前註，頁17。

31 余光中〈當繆思清點她的孩子——跨海跨代的《新詩三百首》〉，見張默與蕭蕭合編《新詩三百首》「上下冊目錄」（臺北：九歌出版，1995年），頁36。

32 《文心雕龍・時序第四十五》梅註：「《帝王世紀》：帝堯之世，天下太和，百姓無事，有老人擊壤而歌曰：日出而作，日入而息，鑿井而飲，耕田而食，帝力何有於我哉！」此「帝力」指掌權當局。

了的近代詩精神」（陳千武，〈臺灣現代詩的歷史與詩人們——《華麗島詩集》後記〉，1970），其實不論哪一源流，均與歐美俄日印等不同的主義或派別或形式有關，加上傳統古典文學的雜揉複合而產生。所謂源流本身就是一複雜系統，標出現代或近代不過是說明新詩背後，自歐美日俄印海外移植來了什麼，如此還不如按其源頭和板塊列出，如圖一「新詩發展流程圖」所示，此圖若稱「百年新詩流變圖」亦無不可。[33] 這個圖分為六個板塊，第一板塊「歐美日俄印詩人」最先，位於圖一左上角，大量影響了右上角的第二板塊「老大陸詩人」（1917-1949，留學歐美日詩人眾多），而此兩板塊同時部份影響了中間中上方第三板塊的「日據（1895-1945）下的臺灣詩人」（1923-1945，包括施文杞起也到過上海求學，成立組織提倡臺灣人獨立並抗日，與皇民化後的後期詩人多偏向親日不同）。1949年之後，上面三大板塊再或多或少，或個別或集中地影響了中間中下方第四板塊「國府退守臺灣的詩人」（1949-迄今）。

之後上述第一第二第四板塊，也再一次或後或前，或顯或隱，或集中或個別地、非常複雜地影響了圖一右下角第五板塊「文革（1966-1976）後的大陸詩人（1978-）」，和左下角第六板塊「海外華裔詩人」，包括東南亞的菲、越、泰、緬、新、馬及港澳和其他地區。

圖一其他板塊中各個細節就不擬在此展開，有心者可再細察。此圖之發想是源自蕭蕭1995年在《新詩三百首》的導言〈新詩的系譜與新詩地圖〉而來，他畫的是總共二十個字，加上六個箭頭的簡圖，[34] 標了「舊大陸」、「新大陸」、「日據下臺灣」、「終戰後臺灣」、「大陸」、「海外」六項，其中簡圖若能加上「新大陸」對「舊大陸」的箭頭或更完整。

此簡圖的「舊大陸」指的是1949年前，中國大陸所包括的古典歷史文化的各種遺產，「加上新文學運動的感染力」。「新大陸」指「透過日文閱

---

33 本圖原始稿初見於白靈《桂冠與荊棘》（北京：作家出版社，2008年），頁21。

34 蕭蕭《新詩三百首》導言，見張默與蕭蕭合編《新詩三百首》（臺北：九歌出版，1995年），頁65。

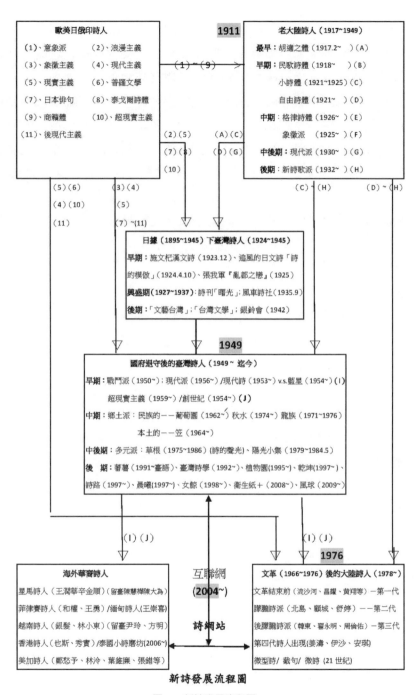

圖一　新詩發展流程圖

讀而取得的歐美思潮、透過基督教傳教士認知的西方神學，五四文化運動翻譯的思想與文學名著」，並強調「日據下臺灣實已受到這兩大陸塊的衝激內化」，其隱藏意涵或是指日據殖民臺灣若只標誌其源流為「曾受日本文壇影響下的矢野鋒人、西川滿等所實踐了的近代詩精神」，則忽略了五四文學對當時早期張我軍、楊華、賴和等人的影響，也忽略了日本曾引進西方現代主義包括超現實主義等，以是1936年短暫留學過日本的紀弦，也受過超現實主義影響而寫出與畫家米羅〈吠月之犬〉同名的詩作，此作後來也影響了商禽。

　　因此新詩流變史是極為複雜交流的結果，其實是多方向多元式的。蕭蕭在2017版《新詩三百首百年新編》的新寫序文中說：

> 新詩發展一向以兩股交錯的力量糾結而行，如「X」。「X」之後又有「X」，「X」之旁也有「X」，固結成網，牢而不可破，乃至大「X」之下有小「X」，又說「X」是「網結的最基本形制，也是從簡約走向複雜的第一步。[35]

如此，「所謂臺灣的中文現代詩走在中國現代詩前面」固然要看時間點及焦點為何，可再討論，但「提供了影響」則應是肯定的，影響有好有壞，且往往是相互影響，何況不全然是正面的，但有交流必有影響，比如上世紀臺灣風行過的校園民歌（從楊弦演唱余光中詩開始），席慕蓉旋風、周杰倫演唱方文山，文白混搭的詩化歌詞等等，也都狂掃大陸所有影音節目，其影響何其大。而余光中的民歌詩作又受巴伯・狄倫（Bob Dylan, 1941-）的影響，方文山又受古詩和現代詩的影響，如此眾多「X」的交錯，根本就是一個「複雜系統」，任何過度的簡化都是有待商榷的。

　　在一個互聯網如此昌盛的今天，「去中心化」是所有人類的夢想，都

35　蕭蕭〈百年系譜，新寫地圖〉，見張默與蕭蕭合編《新詩三百首百年新編》的新寫序文（臺北：九歌出版，2017年），頁5。

有人夢想要去火星移民了，任何阻擋民主化、自由化、專制獨裁的政權都該被唾棄，而任何的劃地自限也非百姓和詩人所期待。現在詩聯網如臉書上編纂一本詩選（比如Facebook詩論壇），作者根本是世界各地的，除了中國大陸，作為一個詩人，應該為彼岸受此「帝力」阻撓的廣大詩人們叫屈，如有其他管道可以交流，相互影響，應該樂見其成才是。

更持平的作法，或可如蕭蕭在2017版《新詩三百首百年新編》的新寫序文中，除了把「大陸篇近期」詩人與「海外篇」詩人合併改名為「域外篇」，更把「大陸篇前期」更名為「五四時期」，並說明其原委：

> 俯瞰這百年新詩發展軌跡，一九一七～一九四九年歷經嘗試派、創造社、新月派、象徵派、現代派、九葉詩派的慘澹經營，此一篳路藍縷的草創期計有三十二年歲月，可以視為世界各地所有華文新詩的共同源頭、共同瑰寶。舊版《新詩三百首》將此一時期稱之為「大陸篇前期」，此次回歸歷史中性真相，稱之為「五四時期」，可以讓漢語新詩界一起珍惜、一起享有這份資源。[36]

就漢語系統而言，撇開政治，「回歸歷史中性真相」，將「五四時期」視為「世界各地所有華文新詩的共同源頭、共同瑰寶」此一說法，應是全世界各地華人所樂見的吧？

四、混沌邊緣與兩岸百年新詩互動交流

根據上述新詩發展流程圖，或可將百年來混沌邊緣與兩岸百新詩互動的發展關係大膽地簡化如圖二「混沌邊緣與兩岸百新詩互動發展關係圖」展示。

因「混沌邊緣」才易有「突現」，而且是集體性的，亦即當有大變化

---

36 同前註，頁4。

時，均非個人可獨成其功的，必得待群體「複合」的作用才能集體躍升，這是1911年辛亥革命改朝換代大混亂之後的1917年，「新青年」的集結而興起文學革命、白話文、五四運動的原因，各項詩體實驗噴湧（因處於半開放系統），完成了百年新詩第一回合混沌邊緣大湧現，見圖二中的左下角20至30年代，第一次「混沌邊緣」向上躍升的左側。

這也是1920年代張我軍能搭上此列車，將之引進臺灣，推展五四文學，可惜卻是兩岸的單向交流，且集體力道又不若彼岸興旺，張氏不久離臺赴京就學，後繼者零星，加上殖民地後來的皇民化運動，漢文受抑，其「湧現特性」遂受限，見圖二左下角20至30年代第一次「混沌邊緣」向上躍升的右側（因處於由微開放，其後又進入殖民地封閉系統），其躍升極為有限。

而1949年因八年抗戰及國共戰爭的大混亂，不久大陸陷於長年政治運動及文革十年的無序及全封閉狀態，使原在大陸所有詩的野火通通湮滅，進入乏善可陳的「詩窮時代」，見圖二「混沌邊緣與兩岸百新詩互動發展關係圖」中間50至70年代的下方「封閉系統」的部份。因此商禽才說：「1949年以前中國新詩革命算是成功了！但可惜的是到了毛澤東時就切斷了！臺灣有十幾個現代派詩人，中國大陸老一輩詩人卻一個也沒有。」[37]

而同時期臺灣1949年之後現代詩運動，紀弦的「現代派大集結」（1956）是此第二次「混沌邊緣」時期[38]的第一次突現，《創世紀》第11期的改版（1959）則是第二次突現，由現代主義轉折為超現實技巧的集中試驗。

然則洛夫受到冰心影響，余光中受到新月派影響，紀弦受大陸現代派影響，瘂弦受到何其芳影響，商禽受到魯迅野草影響，比如商禽承認「其實〈冷藏的火把〉涉嫌借用魯迅《野草》的〈死火〉詩的印象。這在最早編輯第一次《夢或者黎明及其他》有放進去。後來，改革開放後，又看到魯迅這首詩，為了避嫌，我將這首詩改過，形成兩首不一樣的詩作」。[39]都直接或間接對

---

37 紫鵑〈玫瑰路上的詩人──詩人商禽訪談錄〉，原載《乾坤詩刊》第40期（2006年10月），頁1-14。

38 在臺灣指1949年之後的20年，在大陸則遲至1976年文革結束後才發生。

上述突現提供了極大貢獻，因此皆應算是兩岸「隱性交流史」的一部份。

　　此50至60年代「臺灣經典時期」見圖二由左角封閉系統大幅度跳升至半開放系統，即圖中間50至90年代第二次「混沌邊緣」向上躍升至半開放系統的部份，與大陸50至70年代的封閉系統形成上下強烈對比。

　　1949年後政治運動不斷的中國大陸，再經翻天又覆地的文革十年大破壞，此近30年因處於「全封閉狀態」，噤聲、禁結社，新詩的自由火苗全被捻熄，直到1976年為止，之後經兩年的「真空」才有1978年朦朧詩的誕生，此後由於進入改革開放的「半開放系統」，百年新詩開始進入第三回合的混沌邊緣，因而有「大陸經典時期」的產生，第二代才剛上場，第三代詩人即蜂起搶占詩壇發言權，如圖二中70至90年代的躍升柱狀圖。也因此1980年代起，臺灣前行代詩人大量作品及中生代詩人的少數作品開始進入大陸，掀起了長達數十年的頻繁交流，大概是百年交流史上最熱烈的互動期。前行代詩人余光中、洛夫、鄭愁予等大陸來臺詩人，因恰巧填補了大陸1949-1976年詩史上的大空洞，被熱烈歡迎「回鄉」進入大陸的新詩史中，形成了奇特的「新詩史接枝現象」，恐怕也是兩岸百年新詩交流史上最壯觀、耀眼的「詩史交流奇觀」了。

　　此種透過兩岸交流而誕生的「詩史移花接木現象」，筆者曾在〈平行與交錯──《兩岸四地中生代詩選》出版的意義和影響〉一文中批評道：

　　　臺灣部分詩人雖被「接枝」至五、六〇年代的中國新詩史中，但其後大陸七、八〇年代長出的「果實」卻嚐不出他們基因中該有的「香味」，因此這種「接枝」的效果近乎是失敗的，空心的，因此不能不說是兩岸新詩史上極大的「戲謔」或「玩笑」。大陸詩人由於「運動性格強烈」，自有其自身的主張和路數，《兩岸四地中生代詩選》一書之出版正顯示了兩岸詩風在長遠發展中平行卻交錯不足的可慮現象，這與各自的本位主義、中心與邊陲的思維作祟有關。此中生代詩

39　同註37。

選一方面彰顯了兩岸詩路在其語言風格上的差異，也彰顯了過去諸多
新詩史編纂上的偏頗、政治操弄、和交流不足的現象。[40]

自從上世紀90年代資訊開始網路化後，新詩大量湧入其中竄流，兩岸的交流
透過網路都各自開始誕生網下、網上並生「兩個詩壇」的現象，且網上逐
步壓過網下，並隨著1995 windows系統逐步普及，蘋果OS系統加入，兩者
幾乎一統天下（2018年8月的資料顯示，在桌面作業系統中，Windows市佔
率82.51%，MacOS的為12.65%），1999年部落格（Blog）及搜索引擎谷歌
Google出現，2000年百度（Baidu），加上2004年Facebook開臺及Google免費
電子郵件Gmail上線（2018達15億人），2006年Twitter，2007年iPhone出廠，
2009年微博，2010年IG（Instagram），2011年微信（WeChat）及Line年上
線，2016抖音（TikTok）上網，一時之間人與人、地區與地區、國與國間的
互動交流模式有了極大改觀。

但據聞自1996年起，就有中國金橋資訊網和中國公用電腦網際網路在
封鎖國外新聞網站，1997出現「防火長城」（Great Firewall, GFW）此一名
詞，而被稱為中國國家防火牆之父的中國工程院院士、北京郵電大學前校長
方濱興則是「防火長城」關鍵部分的首要設計師。迄2008年，因7月底中國
舉辦北京奧運會，大陸的防火長城仍不完全封鎖Facebook，當時使用者仍可
以間歇性地看到部分內容，但至2009年，中國政府在烏魯木齊七五事件之
後即對Facebook封鎖，至今仍未解除。而Google退出中國大陸事件，則是指
2010年Google公司因內容審查問題與大陸政府出現分歧，最終也關閉了中國
版網頁搜尋服務。

此種互聯網時代的來臨，最大流量以2004年創立的臉書FB及谷歌Google
為其最顯著代表，因為它們同時也是中國禁止其在大陸運作的最主要兩大
對象。它們又代表自由世界彼此資訊的互通有無和即時分享便利性的最大版

40　白靈《新詩跨領域現象》（臺北：秀威資訊出版，2017年），頁364-365。其中提及吳思
　　敬、簡政珍、傅天虹主編《兩岸四地中生代詩選》（北京：作家出版社，2009年）。

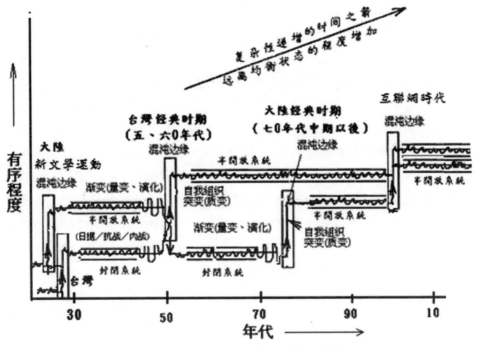

圖二　混沌邊緣與兩岸百新詩互動發展關係圖

塊，也是「網路無國界」的兩大象徵，可視為第四次進入「類混沌邊緣」的再度躍昇，開始進入無國界無中心的世紀（如圖二最右側柱狀體）。

　　此由2021年底臉書（Facebook）高調更改公司名稱看出，改名為「Meta」，並更換商標（F改成來無限的符號「∞」），正式要進入「元宇宙」（Metaverse）的世界，這是何等重大的宣示和體質轉變，「從現在起，我們將會是元宇宙優先，不再是臉書優先」（馬克‧佐伯格，Mark Zuckerberg），目標是在接下來10年，透過更輕巧的VR和AR吸引至少10億人口穿梭於元宇宙之中──從工作、逛街到休閒。[41] 並試圖將社交系統與去中心化的區塊鏈、加密貨幣等Web 3.0技術結合。而Web 3.0的核心概念正是

41　邱韞蓁〈臉書改名Meta佐伯格的盤算不只「元宇宙」這麼簡單〉，《商業周刊》，2021

為區塊鏈的「去中心化」，要把網際網路轉化為一個世界性區塊，分頭各自儲存的大型資料庫或大數據，以人工智慧建構出虛擬的世界網路生態系。使用者未來不需要再透過Google、Facebook、Twitter、亞馬遜等少數大型公司，留下任何個資或使用紀錄或網路足跡，主導權不再是政府或少數企業所能掌握，真正把所有權還給使用者，其目的是將讓人人可以盡情做自己，甚至分身扮演不同角色（如虛擬角色替身，Avatar），不用擔心外界對個人外表批評或周圍環境施予的壓力。[42]

然而，全世界與大陸的交流由於添上了「防火長城」的不便利，牆的兩頭各自獨立成一個世界，臉書及谷歌成了「被牆」（防火長城阻擋）的最顯著「兩大要犯」，也是兩個網路世界相互對抗的象徵，由於大陸政治控制越發強悍，「翻牆」越形不易，未來進入「元宇宙」（Metaverse）的世界將有更廣泛的區隔，詩的交流必然受到極大的影響。

再加上近幾年由於政治原因和疫情干擾，大陸與臺灣的交流除了兩岸的政府互不往來，即使在資訊的使用自由度上也出現極大分歧，詩人待在「牆的兩頭」下方，當前行代大陸來臺詩人一一凋零，中壯輩及更年輕的新世代在大陸皆無土生土長的原鄉，相互交流的熱誠已與前行代「用詩回鄉」的場景大大不同，更多的是更中性的詩藝較勁，就如臺灣跟海外其他地區（尤其新、馬）的交流和較勁一樣。

中共的「防火長城」固然防阻了臉書和谷歌兩大巨獸，但由於各種互聯網及通信軟體和行動裝置的多樣性，百密仍有多疏，在有互聯網之前，詩人的交流先是通信再碰面，費時耗日，而通電話昂貴令人咋舌，有通信軟體和行動裝置後，各項便利性也促進了交流和互動，但情感的交流卻因便利反

年11月3日，參見聯合新聞網（網址：https://udn.com/news/story/122540/5862642，檢索日期：2022月5月15日）

42 天下Web only〈Web 3.0是什麼？NFT、元宇宙都跟它有關？〉，關於Web 3.0和1.0及2.0三代的比較和討論，參見《天下雜誌》（網址：https://www.cw.com.tw/article/5120228，檢索日期：2022年5月15日）

而被淡化。比如1992年臺灣詩學季刊創刊，第一期即推出「大陸的臺灣詩學（上）」專題，雖僅有四篇，卻引發往後兩岸一系列關於「大陸對臺灣詩史及詩學評述」需受檢視及討論的論戰，一直延續了三四年。比如第一期的四篇是蕭蕭的〈隔著海峽搔癢——以《臺灣現代詩歌賞析》談大陸學者對臺灣詩壇的有心與無心〉、白靈〈隔海選詩——小評《臺港百家詩選》〉、向明〈不朦朧，也朦朧——評古遠清的《臺灣朦朧詩賞析》〉、以及游喚的〈有問題的臺彎新詩發展史〉，主要對那時大陸研究臺灣詩學學者古繼堂及古遠清開砲。

　　隨即引來在第二期又推出「大陸的臺灣詩學（下）」，有李瑞騰、游喚、古遠清（〈兩岸文學交流不應存在敵意〉）、張默、席慕蓉和先前開過的〈「大陸的臺灣詩學」討論會〉紀錄文共六篇。此後第四期有章亞昕、莫宏偉、耿建華三篇文章回應；第五期又有徐望雲、南鄉子、古遠清三文；到了第六期又有葛乃福、沈奇、耿秋、楊光治四篇，第八期有沈奇檢討大陸詩壇的一篇，最後在第十四期又出了「大陸的臺灣詩學再檢驗」專題，有吳浩、文治、蕭蕭、孟樊、張健、尤七、張默、謝輝煌、游喚、楊平等十篇，這才放完煙火落幕。

　　這些討論也使臺灣在詩學理論上的實力和嚴謹，逐漸為大陸詩界和學術界所認識。上述大陸詩學者論述最有實力的沈奇對兩岸的交流其實是悲觀的，但並不放棄，他在第六期的文章〈誤接之誤——談兩岸詩界的交流與對接〉，後來也收入三民版的《拒絕與再造兩岸現代漢詩論評》中，其中對「交流」雖然頻繁，但實力相當者卻無法「對接」，如此交流的效果乃大打折扣，他說真正具理論實力的大陸批評家們，除陳仲義等少數幾位間或涉筆執言外，大都鮮有投入對臺灣現代詩的研究，而致「話語旁落」。而相對的臺灣具理論實力的批評家們也甚少對大陸詩潮從宏觀到個人文本做深入研究以致「話語空落」。[43]

43　沈奇〈誤接之誤——談兩岸詩界的交流與對接〉，《拒絕與再造兩岸現代漢詩論評》（臺北：三民書局，2001年），頁141-143。

大陸對臺灣的批評常常「話語旁落」，反之臺灣對大陸的批評則完全「話語空落」，兩岸詩人交流的深入度和紮實度受到極大考驗，唯新世紀後各種新詩學術研討會在兩岸頻繁舉行，稍稍彌補了此方面的不足。無論如何，這次論戰所討論的古繼堂《臺灣新詩發展史》（古遠清後來也出了《臺灣當代新詩史》），因「其撰述觀點與資料錯誤在臺灣學界、詩界都引發不少討論，也連帶激發了『臺灣應該自己寫一部詩史』的呼籲」（楊宗翰），或許這也間接促使張雙英、鄭慧如、孟樊和楊宗翰三本大部頭臺灣新詩史會陸續誕生的原因吧。

　　上面提及，由於各種互聯網及通信軟體和行動裝置的多樣性，使得過去不願投稿刊物、功利心遠不如男人強的女詩人，願透過網路及各式詩網頁或臉書發表作品，這使得僅少數女性寫詩的年代一去不復返，比如過往任何詩選的女詩人比例大概在六分之一到九分之一。單以網路剛起的2001年的兩本詩選為例，平面刊物選出的《九十年詩選》（即2001年詩選，2002年五月出版，臺灣詩學季刊印行）77位作者中確定是女性的只有11位，占七分之一。但由「詩路」網站中精選出的《詩路2001年網路詩選》，54位作者中女性佔25位，幾乎快要旗鼓相當，扭轉了女詩人長期的頹勢，這是有網絡後最顯著的「突變」。即使2018年最年輕的《風球詩社十週年詩選：自由時代》收了51位作者的作品，女性也占了三分之一強。

　　以是2006年臺灣開始向兩岸及其他地區徵獎的「葉紅女性詩獎」只限於女性作者參加乃成為可能，到2021年已舉辦了16屆，每年收到二百件至四百多件女性作者作品，經統計迄今16屆共有4,465人次投稿，確認為大陸投稿作者約800位，約18％，每年會選首獎一位、優等獎一位、佳作六名，初複二審後，決審會請三位女性兩位男性的著名詩人評選，臺灣二女一男，大陸一男一女，臺灣三位決審委員聚集現場後再與彼岸二決委視訊開會。

　　16屆以來，大陸獲得首獎者7人、優等5人、佳作18人，共30人次，占23.4％，但得首獎者竟占48％，優等獎31％，以總參與人數只占18％卻有此佳績，不得不令人感到驚訝，並心生警惕。[44]因此所謂交流或影響是個複雜系統，是蕭蕭所謂無數個「X」的相互連結，細密如網，除非將網砍斷，否

則在一個走向「去中心化」的年代，這個網未來會是密實包覆每個人的，會是奈米級的，讓人無從逃脫。

五、結語

　　1911、1949、1976、2004四個年代，是本文討論百年來新詩擺盪於大混亂（極端的離散，比如戰爭或動亂）和大秩序（極端的束縛，比如鎖國或戒嚴）之間，因而獲得複雜系統中所謂「混沌邊緣」（2004視為「類混沌邊緣」）時期，遂易有無計劃但會暗暗自我組織、產生足以使生命系統震盪新生的事物，此時常發生自我組織及非計劃的集體「突現」，使新詩有機會誕生或躍升。本文前面先討論了前三次「混沌邊緣」，1917年因白話詩運動而與臺灣有了一次單方向輸入五四文學的交流，接著比較1949年後兩岸不同的詩運，及其後新詩不同的發展面貌，並討論兩個根球說與蕭蕭「複雜X說」的關聯和不同。

　　次及1976年文革結束後，大陸迎來新詩經典期的大爆發，及其與臺灣詩壇開始數十年的互動交流和其不足。上世紀九〇年代後網路興旺、2004年臉書及谷歌兩大怪獸上場，走向無國界和去中心的方向，應可算是百年中的第四次或可稱「類混沌邊緣」的「類突現」現象，女性詩人極大量地出籠，這是新詩史上由平媒轉向網路的大突變。但此二大網路怪獸卻先後遭大陸「防火長城」所禁錮，如無形的牆阻隔，兩岸詩風在資訊不盡通暢的長遠發展中，顯現了若干互動又若干平行卻交錯不足的可慮現象，包括雙方對接不足，話語非旁落即空落，這正可提供兩岸詩壇及學術界未來繼續交流時，作為更深入對接的參考，唯新世紀後各種新詩學術研討會在兩岸頻繁舉行，稍稍彌補了此方面的不足。

---

44 此數據為耕莘青年寫作會內部資料。「葉紅女性詩獎」為耕莘文教基金會主辦，耕莘青年寫作會策劃執行。首獎十萬元（臺幣）、優等獎五萬，佳作五千，共取8名。每年5月底至7月中徵稿。

|參考書目|

1. 專書

Robert Resnic & J.Walker: Fundamentals of Physics，N. Y.: John Wiley & sons，Inc，1997年。

布利格（John Briggs & F. David Peat）等，姜靜繪譯《亂中求序》（Seven Life Lessons of Chaos），臺北：先覺出版社，2000年。

白　靈《桂冠與荊棘》，北京：作家出版社，2008年。

白　靈《新詩跨領域現象》，臺北：秀威資訊出版，2017年。

吳思敬、簡政珍、傅天虹主編《兩岸四地中生代詩選》，北京：作家出版社，2009年。

呂興昌編訂《林亨泰全集：文學論述卷4》，彰化：彰化縣文化局，1998年。

李敏勇《戰後臺灣現代詩風景：雙重構造的精神史》，臺北：九歌出版，2019年。

沃德羅普（M. M. Waldrop），齊若蘭譯《複雜》，臺北：天下文化，1995年。

沈　奇《拒絕與再造兩岸現代漢詩論評》，臺北：三民書局，2001年。

封德屏、許俊雄編《臺灣現當代作家研究資料彙編十六：張我軍》，臺南：國立臺灣文學館，2012年。

張　默與蕭　蕭合編《新詩三百首》上／下冊，臺北：九歌出版，1995年。

張　默與蕭　蕭合編《新詩三百首百年新編》，臺北：九歌出版，2017年。

陳天機等《系統視野與宇宙人生》，香港：商務印書館，1999年。

楊　牧、鄭樹森編選《現代中國詩選》I及II兩冊，臺北：洪範出版，1989年。

楊　照《霧與畫：戰後臺灣文學史散論》，臺北：麥田出版，2010年。

瘂　弦編選《當代中國新文學大系‧詩卷》，臺北：天視出版公司，1980年。

葉經柱編《師友書與胡塗集》，臺北：自印，三民書局總經銷，2006年。

葛雷易克（James Gleick），林和譯《混沌：不測風雲的背後》，臺北：天
　　下出版公司，1995年。

龍彼得《洛夫評傳》，南京：南京大學出版社，1995年。

韓三洲《動盪歷史下的中國文人情懷》，臺北：秀威出版，2011年。

2. 期刊論文

紫　鵑〈玫瑰路上的詩人──詩人商禽訪談錄〉，《乾坤詩刊》第40期，
　　2006年10月，頁1-14。

我的南洋詩學變形記

王潤華　南方大學學院資深講座教授

摘要

　　近年來，常常遇到解讀東南亞華文作家詩學的大挑戰，譬如新加坡或馬來西亞華文作家，甚至其他東南亞作家，如何受到大陸、港台或西方文學的影響？尤其曾到過台灣留學，然後在當地開始寫作，甚至長時間住在台灣，主要寫作在台灣出版與成名，如李永平與商晚筠等。也有不少新馬或南洋其他地方出生，因為種種原因如讀書或被驅逐出境，後來在中國大陸成為作家，如杜運燮等人。即使他們成為中國作家或台灣作家，他們的作品幾乎都有顯現或隱藏著南洋詩學。詩學意義錯綜複雜，這裡不必引經據典，詩在本文是指創造，所以詩學是指作家個人創作中獨特的文字藝術結構。南洋詩學就是指作者如果是東南亞出生，他的南洋地方文化與他的文字、文學藝術結構、表現規律，社會文化本質及規律等不同元素如何組合成藝術體，以產生文學藝術的效應與力量。

關鍵詞：南洋詩學、東南亞華文作家、新加坡作家、王潤華、台灣作家

一、尋找與建構東南亞作家獨特的南洋詩學

　　近年來，常常遇到解讀東南亞華文作家詩學的大挑戰，譬如新加坡或馬來西亞華文作家，甚至其他東南亞作家，如何受到台灣文學的影響？尤其曾

到過台灣留學，然後在當地開始寫作，甚至長時間住在台灣，主要寫作在台灣出版與成名，如李永平與商晚筠等。也有不少新馬或南洋其他地方出生，因為種種原因如讀書或被驅逐出境，後來在中國大陸成為作家，如杜運燮等人。即使他們成為中國作家或台灣作家，他們的作品幾乎都有顯現或隱藏著南洋詩學。

詩學意義錯綜複雜，這裡不必引經據典，詩在本文是指創造，所以詩學是指作家個人創作中獨特的文字藝術結構。[1] 南洋詩學就是指作者如果是東南亞出生，他的南洋地方文化與他的文字、文學藝術結構、表現規律，社會文化本質及規律等不同元素如何組合成藝術體，以產生文學藝術的效應與力量。[2]

我熟悉的李永平（1947-2017）、商晚筠（1952-1995）的作品就是非常典範性的例子。李永平逝世前，我曾與他做過深度的訪談，2016年12月2日在南方大學舉行的那次的心靈對話，彼時他已確定自己病情嚴重，有些話再不說，就沒機會了。他回顧一生的書寫，竟說如果能回頭再來過，他要全寫婆羅洲的題材，用南洋為主的華語，不必為了取悅當時流行的文學書寫，更不會用正統的中國中文去表達，他說第一次他出賣他的良知，是接受中學老師的勸告，用中國北方純正的中文寫婆羅洲的童年，後來投稿被退稿，編輯寫信罵他：

> ……結果很快被退稿。退稿中還附了一封編輯的信（編輯很少給作者寫信），我一個字一個字地讀，一邊讀一邊流冷汗，編輯把我痛罵了一頓，說我不該用虛假的、所謂中國標準的語言，寫一個在南洋發生的故事，應該用「南洋的華文」，講一個南洋的故事必須要用南洋的語言。我就重新改寫那篇小說，用的是我之前使用的那個「味道怪

---

1. Alex Preminger: *Princeton Encyclopedia of Poetry and Poetics* New York: Macmillan International Higher Education, 2016.
2. 王潤華〈重新幻想：從幻想南洋到南洋幻想〉，《越界跨國文學解讀》（台北：萬卷樓，2004年），頁427-442。

怪」、被認為「不純正」的南洋華語，心無障礙，寫得格外順暢，一寫就是五萬字。那時我已讀高三。剛好當時婆羅洲文化局辦徵文比賽，我這篇小說《婆羅洲之子》就獲得第一名，那獎金還蠻豐厚。《婆羅洲之子》是我生平出版的第一本書。[3]

後來到了台灣，台灣大學老師依然批評他的「南洋華語」，結果用純正中文去創作與書寫中國傳統的鄉鎮，他寫了《吉林春秋》[4]，後來又寫了天書一般的《海東青》[5]，但沒有寫完就放棄了：

> 我為什麼要說這個？文字只要你肯下苦工，文字是可以造假的，我書寫了一個我從來沒有去過的地方，大家一片稱讚，我高興嗎？我不高興。我內心深處知道我自己造假，出賣了我的文學良心。我為了討好某些批評家、學者、讀者，我用虛假的文字書寫一個虛假的地方，一個虛擬的中國，我不是一個真誠的作家。我今天很懊惱，當初為什麼要寫這樣一個作品，身為小說家，出賣我自己。這是我一輩子感到十分懊惱的事情。從來沒有人以這種方式寫過中國，我的台灣朋友建議我用這種方式，寫一系列的小說，說不定會成為經典。可是我沒有接受。我要寫台北，又塑造了另一種文字，從一個極端跳到另一個極端，弄出了《海東青》，像天書一樣的文字啊，預計要寫五十萬字，副標題是「台北的一則寓言」。我要寫台北，但我寫出了一部巨大的文字迷宮。後來我發現我鑽進了死胡同，必須逃出來，逃出來勢必要付出慘痛的代價。[6]

3　王潤華、許通元〈李永平重返南洋的旅程：王潤華、許通元與李永平最後的對話〉，《從婆羅洲到世界華文文學：李永平的文學行旅》（新山：南方大學出版社，2019年），頁15-16。

4　李永平《吉陵春秋》（台北：洪範，1986年）。

5　李永平《海東青》（台北：聯合文學，2006年）。

6　王潤華、許通元〈李永平重返南洋的旅程：王潤華、許通元與李永平最後的對話〉《從

最後李永平感慨的說，南洋華語與婆羅洲的書寫，所構成的南洋詩學，才是他的小說藝術突破點：

> 如果時間能夠重來，我當初在台灣開始寫作之旅，我會不會聽從顏元叔老師的勸告，用所謂比較純正的中文來寫《吉陵春秋》？我想我會堅持用我那個「怪怪」，有馬華風味的中文，來寫我的婆羅洲故事，來寫我的南洋生活經驗，我可以做到這一點，那就是在《拉子婦》、《婆羅洲之子》語言的基礎上，把馬華的故事提升為文學的語言。這樣我對馬華文學就會有一點點貢獻。[7]

我也寫過〈當商晚筠重返熱帶雨林：跨越族群的文學書寫〉，[8]她也是在台灣讀書，受到當地各種文學潮流衝擊與影響而用心寫作，北馬華鈴小鎮的本土多元種族生活，與混雜的大馬華語構成的南洋詩學，形成商晚筠挑戰性與創新的小說藝術，如《癡女阿蓮》、《跳蚤》。[9]

現在以中國作家身分、出現華文學界的杜運燮（1918-2002），他的東南亞多元南洋想像，一直如潛伏性基因，悄悄遺傳在他的詩歌與散文裡。他為了擁抱南洋詩學，把在大陸創作的散文與詩歌，分成幾個文集在香港、馬來西亞、新加坡出版。[10]杜運燮生於馬來西亞露靂州實兆遠甘文閣的橡膠園，幼時一直隨父母居住在校園的亞答屋裡。小學與初中時期，還幫忙割樹

婆羅洲到世界華文文學：李永平的文學行旅》（新山：南方大學學院出版社，2019年），頁16-17。

7 同前註，頁8-33。

8 王潤華〈當商晚筠重返熱帶雨林：跨越族群的文學書寫〉《東亞現代中文文學國際學報》第三期（2007年4月），頁329-342。

9 商晚筠《癡女阿蓮》（台北：聯經，1977年）；《跳蚤》（新山：南方大學學院出版社，2003年）。

10 杜運燮（以「吳進」名義出版，「吳進」為杜之筆名）《熱帶風光》（香港：學文書店，1951年）；杜運燮《你是我愛的第一個》（怡保：霹靂文藝研究會，1993年）；杜運燮《南音集》（新加坡：文學書屋，1984年）。

膠。這種熱帶雨林的生活，或者南洋想像，造成之後所謂九葉派詩人中，唯一詩人作品特異的境界。

批評界至今還未認識杜運燮的想像超越中國新詩傳統，裡面所暗藏的南洋想像。他的南洋詩學，最早展現在第一部詩集《詩四十首》[11] 裡，他在1942年發表《滇緬公路》及其他滇緬公路系列的抗戰詩，馬上得到朱自清、聞一多的肯定，一鳴驚人。因為他把五四、西方現代主義與南洋想像三種傳統融合在一起，創作了新品種詩歌。剛好滇緬公路屬於熱帶，他的敏感觸覺發揮了魔幻式的想像：

> 看它，風一樣有力；航過綠色的田野，
> 蛇一樣輕靈，從茂密的草木間，
> 盤上高山的背脊，飄行在雲流中
> 儼然在飛機的坐艙裡，發現新的世界，
> 而又鷹一樣敏捷，畫幾個優美的
> 路，永遠興奮，都來歌唱啊！
> 這是重要的日子，幸福就在手頭。[12]

他追求一個抗戰的現實、象徵、玄學的綜合詩學傳統，以達到知性與感性的融合。除了兼具現代性及現實性兩大特色，很少學者發現馬來西亞熱帶叢林的經驗與感受，更是他爆發創意性的南洋想像，使中國詩歌出現新的傳統。

二、我的南洋詩學：自我詮釋與學者的解讀

我的文學創作，自稱南洋詩學，不是新馬詩學或東南亞詩學，因為「南

11　杜運燮《詩四十首》（上海：文化生活出版社，1946年）。

12　張曼儀、黃繼持等編《現代中國詩選：1917-1949》，第二冊（香港：香港大學出版社與

洋」複合多義：最早泛指中國的浙江福建沿海一帶，後來改用包含中國文人幻想東南亞的南洋，即是我所謂的「五四南洋與東南亞南洋想像」的南洋，特別是指從中國及其文化出發的想像，華人移民東南亞各地的南洋。今天我常用的南洋是一個充滿歷史感（Historical Sense）的南洋，那是東南亞多元文化的華人想像，其想像與新馬的多元民族（馬來西亞人、印度人、西方人與混種人等）的本土文化結合在一起。[13] 所以我的南洋詩學，絕對不是為人所誤讀的、從中國霸權文化出發、中國文化想像的「南洋」，狹小的南洋。[14]

我的詩學書寫從蠻荒的神話，到現在南洋土地的自然與人文生態，沒有國族與國界，任何植物、動物與人類文化都能移植，落地生根，所以我常說南洋是萬物與文化雜生的天堂。我的南洋詩學同時也具有後殖民的駁雜性，很多文化來自西方殖民者強暴移植或改變，也有其他民族移民時一起移植的文化，像1405年鄭和（1371-1433）開始七次下南洋，[15] 他的團隊不但帶來稀有的貿易，也移植中華文化至東南亞，我的論文〈鄭和登陸馬六甲之後：中華文化的傳承與創新〉已有所論述。[16]

至目前為止，不少學者也努力解讀我的詩學，以下這些論述只是隨意的舉例，他們的透視力相當厲害：

1. 宋永毅〈論新馬詩人王潤華詩作的「學者化」傾向〉，《東南亞華文

香港中文大學，1974年），頁1629。

13 王潤華〈重新幻想：從幻想南洋到南洋幻想〉，《越界跨國》（廣州：廣東人民出版社，2017年），頁99-114；王潤華〈五四南洋想像與東南洋南洋想像對話之後〉，《2019年文字現象》（新加坡：聯合早報，2020年），頁71-86。

14 黃錦樹〈內／外：錯位的歸返者王潤華和他的（鄉土）山水〉，《中外文學》第23卷；第8期（1984年1月）。後收錄於《馬華文學：內在中國、語言與文學史》（吉隆坡：華社資料研究中心，1996年）。

15 王天右等編《鄭和遠航與世界文明：紀念鄭和下西洋500週年論文集》（北京：北京大學出版社，2005）。曾玲編《東南亞的「鄭和記憶」與文化詮釋》（合肥：黃山書社，2008年）。

16 王潤華〈鄭和登陸馬六甲之後：中華文化的傳承與創新〉，《貴州師範大學學報》第4期（2021年7月），頁119-123。

文學》（新加坡：作家協會與歌德學院，1989），頁215-224。

2. 李瑞騰〈入乎其內，出乎其外：論王潤華早期的詩（1962-1973）〉，《東南亞華文文學》（新加坡：作家協會與歌德學院，1989），頁328-347。

3. 張漢良〈論〈象外象〉的具體性及其美感價值〉，《創世紀》37期（1974年7月）。

4. 陳慧樺〈談王潤華詩中神話素材之運用〉，《文學創作與神思》（台北：國家書店，1976）。

5. 翱翱〈論王潤華詩中的神話原型〉，王潤華《內外集》（台北：國家書店，1978），頁151-163。

其中最早撰寫（為1988撰寫，1989為《東南亞華文文學》出版年）也是透視力最為驚人的強力分析，是李瑞騰〈入乎其內，出乎其外：論王潤華早期的詩（1962-1973）〉，以下幾點幾乎影響了我自己的定義，且預言了我1990年以後的南洋本土詩歌書寫：

1. 從希臘神話一轉而成中國神話。

2. 教育背景影響於文學路線和風格……一切在穩定中發展。

3. 一九七三年，結束多年的飄泊，王潤華終於回到南洋的鄉土之上了，一方面從事教學與研究，一方面不斷寫作，一手散文一手詩，同時積極重新認識那裡的鄉土和文化環境。

4. 在詩的寫作上，他一方面把過去在美國已經孕育的素材再加反芻，另一方面開始寫南洋的鄉土詩，從過去到現在的滄桑變化不斷激盪著他的心境，……。

5.他入乎其內寫下一首又一首的南洋鄉土詩，新的文學生命逐漸完成，一棵永遠的「橡膠樹」便挺立在南洋的風雨之中了。

我計畫以後再寫一篇文章，分析國際學者對我詩學之解讀。

三、多元的南洋詩學傳統

隨著時間推移，我的南洋詩學持續發展與變化。在我的時代，正遇上世界逐漸開放，最後進入今天資訊科技時代，知識瞬息萬變。我回顧過去，大致上可以簡單看見自己從不同的詩學中，不停的過渡。這樣實體的路程，很難說明文化詩歌心靈的流動，詩學的意識內容是不斷變化的，意識的流動狀態特性不是直線，不按時間而流動的，就如清醒的意識，無意識、夢幻意識和語言前意識千變萬化。以我人生經歷的路程與社會經驗來解讀，可根據人生閱歷測量與評估自己的詩學蛻變，不過彼此長久不斷進行對話，不像數學永遠尋找與認定唯一的真理；

1. 新馬左派／五四詩歌傳統：1950年代「寫實本土南洋詩學」。
2. 台灣現代詩與我：1962-1966「個人現代主義詩學」。
3. 美國現代詩與漢學復合傳統：1967-1973「越界跨國族南洋詩學」。
4. 重整與融合的中西傳統詩學：1973-1980，現代古典結合的「本土書寫的南洋詩學」。
5. 重返殖民地的南洋：1980-2000「受傷的南洋詩學」。
6. 再度重返南洋：2010-2022「生態的南洋詩學」。

從一站到另一站，其實是相聯不斷，至少這是我的寫作哲學，不斷累積、吸收與融入的一種持續成長。[17]

四、新馬左派／五四詩歌傳統：1950年代「寫實本土南洋詩學」

1941年，我生於馬來西亞霹靂州地摩（Temoh）小鎮，小學在地摩上華民小學，小六那年，父母要我轉校插班至都亞冷（Tanjong Tualang）同漢小學。開學不久，上作文課，華文課老師周文琴分發上一次批改過的作文，同

---

17 〈在樹下成長的南洋華僑的文藝青年〉，「我們這一代的文藝青年特輯」，我在這篇散文中回憶我的文學經驗，《文訊》2013年1月號，頁132-133。

學都要出去領取。

　　她突然打開我的作文，要我站在她身邊，朗讀一遍我的作文。那是一篇敘述馬來西亞華人在凌晨五、六點，頭上帶著一盞煤氣燈，開始於黑暗的橡膠園割樹膠的辛苦、危險的生活。我比喻華人移民就像一棵被英國人從巴西移植的橡膠樹，被殖民地的資本家榨乾身體的血液，日日受剝削到死為止，華人的血汗變成英國的財富，促成大英帝國日益壯盛。

　　周老師評論，這是一篇有個人經驗的生活報告，文學要書寫工人群眾的生活，反映社會現實，為窮人說話。過了很多年，我才知道，周老師與他的先生金枝芒（本名陳樹英，1912-1988），在二戰前從中國浙江到馬來西亞當小學老師。[18] 金枝芒在二戰前，是一位很活躍的左派作家，[19] 後來因為積極推動左派文化政治活動，而走向馬共地下活動，最後走進森林參加反殖民主義與獨立運動。[20] 我讀小六時，金枝芒已進入馬來西亞森林參加馬共游擊隊。他大概在1960年潛返逃回中國大陸，一九七〇年待言論信仰自由以後，馬來西亞文化界公開出版他的小說與散文。[21]

18　金枝芒，本名陳樹英（1912-1998），筆名：陳樹英、乳英、殷枝陽、金枝芒、周容、周力、老陸等。在馬華文學（馬來西亞／馬來亞華文文學）史上，金枝芒是一個身份特殊的人物。1942年新馬淪陷以前，他曾在霹靂督亞冷同漢華文小學執教，從事教育工作兼從事寫作。日治時期，加入馬來亞共產黨。五〇年代以後，金枝芒在馬華文學史上銷聲匿跡，直到馬共簽署和平條約，方走出森林。逝世多年後，由戰友編輯出版他的遺作《飢餓》和《抗英戰爭小說選》，使他的影響重登馬華文壇。葉清潤著有碩士論文《馬來西亞普特拉（UPM）大學中文系，2013年》。

19　金枝芒的創作與論述的雜文，收入方修編《馬華新文學大系》（新加坡：世界書局，1970-1972）。

20　1948年馬來亞共產黨展開武裝鬥爭之後，英殖民政府宣布全馬來亞進入緊急狀態，一直持續到1960年才解除。期間，共和聯邦軍隊與馬來亞人民解放軍之間進行了長達十二年的游擊戰。「馬來亞緊急狀態」一詞是馬來亞殖民地政府對衝突的稱呼，而馬來亞人民解放軍則稱之為「反英民族解放戰爭」。據馬共方面指出，當地的橡膠園和採錫業始終堅持以「危機」形容衝突，原因是：如果使用「戰爭」，他們蒙受的損失將無法獲得勞合社賠償。

21　金枝芒《飢餓：抗英民族解放戰爭長篇小說》（吉隆坡：21世紀出版社，2008年）；《烽火牙拉頂：抗英戰爭長篇小說》（吉隆坡：21世紀出版社，2011年）；《人民文學家

這次偶然書寫橡膠樹作文受到肯定，註定我的一生與文學的因緣。左派思想的老師含蓄鼓勵，引起她與金枝芒的兒子陳家康的注意。我們同班，後來成為我親密往來的朋友，開始閱讀文學作品。陳家康後來參加反對政府改革與抵制華文教育發展政策、參加反對黨，坐過牢，在我心中是英雄。其實，我小六那篇書寫橡膠樹的作文，啟發我一生創作，及研究東南亞華文文學的反殖民與後殖民的主題。

1973年我從美國返回新加坡南洋大學教書，辦公室外還殘留幾顆橡膠樹，每天有工人割膠，1979年10月19日我在《中國時報》的《人間副刊》發表〈天天流血的橡膠樹〉（又名〈沉默的橡膠樹〉），後來獲得1981年中國時報第四屆文學獎之散文推薦獎；1980年，我出版一本詩集名為《橡膠樹》；[22] 在學術研究上，我有多篇解讀橡膠樹與殖民、後殖民主義的論文，如〈魚尾獅、榴槤、鐵船與橡膠樹：新馬後殖民文學的現代性〉、〈橡膠園的國族寓言：新馬華文文學的反殖民主義書寫〉等。[23]

1940年代開始，從大陸南下的左派文人進入中小學校，掌控中小學校與新聞報刊。由於不能直接宣傳毛澤東思想，會冒犯殖民地政府的禁令，遭到遣返大陸的懲罰，所以廣泛宣傳魯迅作為共產黨思想的代言人，因為魯迅是英國及西方文化界高度肯定的重要作家。華語文老師從40到70年代，多是左派知識分子，學校成為反殖民政府的大本營。新馬中小學語文教科書，從戰前至今，魯迅的小說與散文成為必選的篇章。即使是右翼的出版社也不敢不選，這是新馬最奇特的文化現象。[24]

小學畢業後，1956到1961，我回到地摩（Temoh）老家，進入金寶（Kampar）培元中學，讀完六年的初中與高中教育。金寶培元中學在馬來西

金枝芒抗英戰爭小說選》（吉隆坡：21世紀出版社，2004年）；葉清潤編《金枝芒散文彙編》（吉隆坡：葉清潤，2017年）。

22 王潤華《橡膠樹》（新加坡：泛亞文化，1980年）。

23 王潤華《越界跨國》（廣州：廣東人民出版社，2017年），頁115-142、143-168。

24 王潤華〈新馬華文教科書中的魯迅作品〉，《越界跨國》（廣州：廣東人民出版社，2017年），頁35-62。

亞的北部金寶小鎮，位於馬來半島主幹山脈山腳下。這些地區是英國殖民政府開採錫礦與橡膠產業的重要地帶，因此殖民政府的暴政與他們對本土各族人民的強取剝奪，我十分瞭解。

同時，我生活讀書的小鎮，地處馬來亞主幹山脈、西邊原始森林的邊緣地帶，因自小對熱帶大自然環境非常熟悉，也格外適應。我曾住在橡膠園裡的木屋，也經歷過英國與馬共游擊戰緊急發令時期；甚至有過居住在英軍建造、以防止馬共襲擊的集中營（美其名為新村）的生活經驗。這些經歷，構成了後來在散文與詩歌上，開拓重大想像空間與題材領域，這就是造就中學時代起開始創作的許多散文與詩歌，像寫〈旋轉的琉瑯〉、〈紅毛丹成熟時〉等詩，呈現書寫本土地方色彩，與反殖民的基調。

中學時期，下午放學後，有時候不回家，參加左派同學組織的地下讀書小組，走進學校左邊山上的余東旋花園，坐在大樹下的草地，或是在人去樓空的洋房別墅門廊聚會，閱讀與討論手抄本艾青、田間及其他左派的戰鬥詩。傳閱反殖民主義的禁書，那就更時尚，因為左派就代表文藝青年的進步潮流，加上敢對抗英國殖民帝國主義而讀禁書，那就有反殖民主義英雄的滿足感。我們地下讀書小組每次聚會開始的時候，都會唱魯迅的歌曲〈我們是魯迅的子弟〉，歌詞如下：

> 我們是文藝青年，我們是魯迅的子弟，魯迅呀教育著我們橫眉冷對千夫指，我們齊步跟著魯迅走，永遠向真理，永遠向光明！
> 我們是文藝青年，我們是魯迅的子弟，魯迅呀教育著我們俯首甘為孺子牛，我們齊步跟著魯迅走，永遠向真理，永遠向光明！[25]

當時新馬學生、知識分子與工人，在地下讀書會、海邊野餐、工人罷工或遊行反抗英國殖民主義都唱這首歌，據報導武裝反抗英軍的馬共，在森林

---

25 演唱者永鴻與美蘭（網址：https://www.youtube.com/watch?v=HK82taO7ak8，檢索日期：2022年9月27日）。

聚會時也唱這首歌。

與當時大陸流行的希揚作詞、馬可作曲〈我們是民主青年〉[26]完全一樣，只是魯迅取代了毛澤東的名字，這是為了逃避當時英國殖民政府查禁與逮捕令。

中學時代，我常常參加學校的創作比賽，沒有獎金，只有得獎後在週會上台領取校長頒發的紀念品，然後看見自己的作品張貼在學校走廊的壁報上。接著成群的同學站在走廊上，爭先恐後抬頭閱讀著。這樣的獎勵所帶來的快樂，並不輸給目前高金額的文學獎金。

我一生最難忘是在讀中學的時候，每次上作文課，華文主任余乾風老師在黑板上寫好作文的題目，便走到我的座位旁，輕聲的對我說：「你不必做黑板的題目，寫一首詩就可以。」後來每次上作文課，我都享有如此特別的待遇，這種鼓勵是我走上寫詩道路的重要原因。其中課堂寫的一首詩〈旋轉的琉瑯〉，敘述馬來西亞鄉下勞動婦女在烈日下淘洗錫礦的辛苦，後來寄到香港的左派文學重要期刊《文藝世紀》，竟然也刊登了，還收到稿費：

> 在近打平原
> 沉靜的河沿與埔瑯塘邊，
> 有著許多沉默
> 的紅頭軍——琉瑯婆。
> 沉默的工作者呵，
> 我看見你們裹著的紅頭巾
> 和雙手托著的鍋子似的琉瑯，
> 我似乎看見你們
> 熱忱的心和完整的靈魂！

---

26 雪花新聞〈《北風吹》、《我們是民主青年》、《咱們工人有力量》……音樂家馬可百年誕辰音樂會重溫經典老歌〉（網址：https://www.xuehua.us/a/5eb541cc86ec4d1abb5391f2?lang=zh-tw，2022年9月27日）。

（略）

妳們的苦難，

像琉瑯激起的水浪

——一波未平，一波又起。

貧困糾纏妳們，像沙石一樣難洗去；

洗到的錫沙雖沉重，

但您們的心比它沉重

——當錫價殘跌……

——琉瑯婆

人們粗俗的呼喚妳們，

雖然妳們有的是年輕的姑娘，

但，也都笑哈哈不計較！

汗水滲透了妳們的衣服，但我深深知道

妳們潔淨如溪水

（香港《文藝世紀》，1961年8月號）[27]

　　這個時期，除了在學校的壁報發表，我開始四處投稿，包括新馬的報刊《南洋商報》、《萌芽》。目前我有一本剪貼簿，還保留詩作：昭血〈雄雞的歌唱〉、思華〈紅毛丹成熟時〉、王潤華〈高崗上〉及學術論文思義〈魯迅與中國木刻運動〉及其他刊物發表的作品。[28]

　　現在回顧與省思，我中學時代受中國五四至1950年代的文學作品所啟蒙，由於當時左派文化激烈衝擊，所閱讀的作品，注意焦點限制在反映社會

27　收入《王潤華詩精選集》（台北：新地文化，2012年），頁8-9。

28　昭血〈雄雞的歌唱〉、思華〈紅毛丹成熟時〉、王潤華〈高崗上〉、思義〈魯迅與中國木刻運動〉，收錄於吐虹主編《萌芽》第三期〈魯迅逝世22週年紀念〉（1958年10月1日）。目前我把這本剪貼簿送給了新加坡國家圖書館收藏。

人生的寫實文學。其實1950年，各種文學都衝擊著中國文壇，從魯迅、聞一多到艾青，再加上1940年代的現代主義作品，如袁可嘉、馮至等。可惜我忽略了後者，也就忽略了詩歌藝術的深度、廣度、藝術性。

但仍慶幸自己能在一開始發現，我繼承南洋本土書寫與五四多元詩歌，對人生與時代現實傳統的重視。2010年，當我自己編輯《王潤華詩精選集》，把自己的詩編成十集，我將忘卻的中學時期習作選了三首：〈紅毛丹成熟時〉、〈旋轉的琉瑯〉與〈高崗上〉，[29] 用以說明我的南洋詩學形成與發展是一個有機體，它是從南洋熱帶土地慢慢生長的，有生命的詩學。

五、向右轉向台灣現代主義詩學：
1962-1966「個人現代主義詩學」

1962年9月，初抵達台北松山機場，台灣海關沒收我攜帶的大陸五四到1950年代作家的書籍，包括郁達夫、魯迅、艾青、聞一多、沈從文、何其芳、馮至。只有幾本英文文學與馬來文學書籍放行。這是具有象徵性的事件，等於強迫我放棄我的新馬左派、五四詩歌傳統的寫實本土詩學。同時，我抵達台北之際，超級強烈颱風愛美過境，對台灣造成嚴重破壞，好像我的左派詩學也被颱風摧毀了。

當我走出松山機場，我只能步上通向現代主義的文學，颱風已把我身上的左派文藝理論與寫作方法沖洗乾淨。四〇年代，現代主義思潮在中國大陸已非常流行，但在東南亞感受並不強烈，主要是左傾書寫社會現實的寫實主義勢力。到了台灣第一天，我就從現代主義文學重新出發，更巧的是，接待我的培元中學學長，比我早三年到台灣的黃懷雲已經轉向走現代主義了，他是當時的縱橫詩社的成員。[30]

---

29 王潤華《王潤華詩精選集》（台北：新地文化，2012年），頁8-9。
30 黃懷雲當時已出版《流雲的夢》（台北：縱橫詩社，1961年），特別請與我同校的越南僑生、縱橫詩社重要現代詩人劉國全照顧我、鼓勵我寫詩。

我於1962年9月底，進入政治大學西方語言文學系讀書，開始大量閱讀現代主義文學，現代主義是抵抗政治的基地。我狂熱閱讀惠特曼（Walt Whitman）、狄瑾蓀（Emily Dickinson）、佛洛斯特（Robert Frost）、艾略特（T.S. Eliot）、卡繆（Camus）、康拉德（Joseph Conrad）等現代大師的作品。另一方面，中國古典文學取代了大陸現代文學。由於台灣當時年輕人間流行現代主義文學，我馬上改變我的寫實左派寫作路線。除了在政治大學校內刊物《政大新聞》、《政大青年》發表作品，也投稿到各報紙副刊與刊物，包括當時重要的《中央副刊》、《聯合副刊》、《幼獅文藝》、《創作》、《現代文學》、《藍星》、《葡萄園》、《笠》等。作為僑生，又參與寫作，深受文壇前輩的鼓勵，首先是被木柵作家如李莎、尉天驄、藍采、鍾雷、王祿松所鼓勵，然後是余光中、謝冰瑩、蕭白、高準、羅門、蓉子、洛夫、瘂弦等作家相繼提拔與勉勵。

從政大二年級開始，我與政大及其他大學的同學們，如張錯、林綠、淡瑩、陳慧樺，我們多數中、英語文都很強，除了創作，決心以翻譯引進西方現代主義文學及理論，所以決定創辦星座詩社，出版《星座詩刊》。推動現代詩運動之外，也翻譯西方詩歌與介紹西方文學理論，鼓勵來自亞洲不同地區的華人留學生從事現代文學創作。現在重讀《星座詩頁》與《星座詩刊》，我訝異於詩刊發表過這麼多世界各地的詩人作品，譯介許多西方詩論。我與星座詩社的同仁，都有著帶領現代詩學與西方文學思潮走向亞洲之抱負，因此紛紛出國深造，期待完成博士學位回返亞洲各地的大學教書，以寫作並推動東西方多元的文學與思潮。我們後來在新馬、香港、澳門、台灣等地都產生了影響。我們的熱誠，幾乎把文藝當成宗教，一輩子執著信仰著文藝在社會的意義，所以張錯、林綠、淡瑩、陳慧樺、黃德偉、鍾玲與後來大地詩社的成員，如李弦、林明德等人，至今還是沒有放棄文學，繼續為文藝努力著。

在台灣讀書四年，現在回想起來，不禁佩服自己為現代主義文學做了那麼多事。除了完成學位，還與朋友創辦星座詩社、發表現代詩、譯介現代詩學，並出版詩集。詩社的發展已經被寫進台灣文學史。自己出版的現代詩

集《患病的太陽》、現代散文集《夜夜在墓影下》，以及翻譯現代小說《異鄉人》。[31] 我這時候的詩，主題喜愛寫病態社會中，病態的個人夢幻，受了現代主義私人的語言與朦朧的表達技巧影響，我們都想模仿艾略特夢遊於文化的廢墟上，喃喃自語，寫著一些不連貫的回憶和曖昧的慾望。像是〈守潭〉，本來主題是很現實，與朋友用炸藥捕魚，卻寫個人擁抱的夢幻，語言朦朧：

——我們總以為這飛泉下的潭是魚蝦的淵藪

推開九十張蜘蛛網
我們終於回到寂寞的深山
淪陷於蒼老的山嵐，四個人
便圍著荒涼的潭坐下

四十分鐘崩潰以後
他憂鬱的傾注兩磅砒霜
又作最後的守候
濃蔭下，潭水醞釀著風雨

仰望飛泉，遂忘卻永恆
飢渴的我們癱瘓在苔蘚石上
貪婪的凝視黑影和落紅
湧現自恆古神秘的漩渦
死守一潭的夢幻
悲嘆一個日落的午後

---

31 王潤華《患病的太陽》（台北：藍星詩社，1966年）、《夜夜在墓影下》（台南：中華出版社，1966年）、《異鄉人》（台北：巨人出版社，1965年）。

我們終於埋怨著背上沉重的夕陽
失望的消隱於荒涼的潭邊

　　即使是創作如去陽明山看花的戀愛詩〈奔進花朝〉，也要建構成一種戲劇性的情境，隱喻中國花神神話、西方朝聖的群眾事件：

花開日，往太陽的路上
我追逐杜鵑、櫻花、山茶
蓓蕾怒放的聲浪，把我們撞擊
出風景線外
失落在氾濫著陽光的花神的家鄉
吶喊，我怕驚醒億萬個繽紛的花神
我怕更陷進百合
無底的花蕊
……
於是，你便無望的依偎著花影
我夢幻的徜徉於你心中的燦爛
呼吸著桃花、木槿、紫羅蘭
那時尋花的人都奔忙
過渡著挺脖仰望天上渺茫的初櫻
孤獨者驚嘆杜鵑繽紛的色彩
可是只要我一仰望，便吸著羞赧的太陽
因為一剎那，百花啊都爭妍地開在你的臉上

　　現代主義者在解讀詩歌或小說時，反對把作者生平、創作動機、社會、歷史等外在因素決定其意義。也就是評論一首詩歌時，可以不管它是誰寫的，關於作者的一切（如生平、歷史、社會背景等等）只是作品的外部範疇。好詩的結構具有張力，語言充滿反諷、悖論、多義性，唯有透過細讀才

能真正掌握一首詩。這種理論固然不多元，卻影響我一生的文學研究，無論文學定義為何，首先它必須具有藝術性。

我在台灣閱讀與寫作深入且永久的被一些西方經典著作所影響，如布魯克（Cleanth Brooks, 1906-1994）三本《閱讀詩歌》、《閱讀小說》與《閱讀戲劇》[32] 與燕卜蓀（William Empson, 1906-1984）《晦澀的七種類型》（*Seven Types of Ambiguity, 1930*），[33] 他提出了詩歌的七種朦朧性，文學語言的多義性，形成的復合意義。精煉的詩語言，包含兩種或兩種以上的意義，一句話可以有多種理解的現象。

像蘭塞姆（John Crowe Ransom, 1888-1974）等人提倡的《新批評》（The New Criticism），[34] 二十世紀20至50年代，英美批評界影響較大的一支批評流派，主張將個人情緒轉變為普遍性、藝術性情緒的過程，將經驗轉化為藝術，反對浪漫派直接抒情的表現手法。感情發洩不是藝術，要把它提升為藝術境界，具有多義性、反諷、張力、隱喻等效果。

我向右轉向現代主義，終結我中學的寫實主義詩學，但不等於與之前中國五四以來的文學寫實傳統斷絕關係。我在大學四年，努力嘗試寫當時台灣很流行的，感性但又超越現實的現代主義散文，發表在《聯合報》與《中央日報》等擁有大眾讀者的副刊。我用現代文學手法，書寫小時候馬來西亞橡膠園，熱帶的小鎮風土人情，後來收入我的第一本散文集《夜夜在墓影下》，書寫童年在橡膠園的景象與回憶的有〈橡花撲面的日〉、〈南方的雨〉、〈夢裡的橡膠園〉、〈河邊的五家村〉等。當時，沒有人書寫東南亞的土地風物，《聯副》主編林海音、中央副刊主編孫如陵都喜歡我的南洋散文。[35] 這也是我以現代主義文學手法，連接我第一期南洋本土書寫的南洋詩

---

32 Cleanth Brooks, Robert Penn Warren. *Understanding poetry*（New York：Holt, Rinehart and Winston , 1976, 4th edition）; Cleanth Brooks, Understanding fiction (New York：Appleton-Century-Crofts,1959); Cleanth Brooks and Robert B. Heilman *Understanding drama* (New York, H. Holt and company 1945).

33 William Empson, *Seven Types of Ambiguity* (London：Chatto and Windus,1956).

34 John Crowe Ransom, *The New Criticism* (Westport, Conn.: Greenwood Press, 1979, c1941).

學新嘗試。我不斷開拓新領域，但也永遠回返我的現實南洋。我的南洋漢學研究與南洋文學書寫都互相支援，像橡膠樹、榴槤等熱帶植物水果書寫，都是我文學敘述的母題（narrative motifs），也是學術研究東南亞殖民與後殖民文學，最常出現的論述母題。[36]

六、東西現代與古典詩學結合：1967-1973越界跨國南洋詩學

我本來去美國最大目的，是追求現代主義詩學，但是我卻走上東西方現代與古典詩學。當時美國與歐洲正狂熱的重新研究中國詩歌，尤其在唐詩方面，周策縱與劉若愚等學者以西方文學理論，特別朦朧理論，重讀李商隱等中國舊詩，日本與美國學者瘋狂崇拜寒山，我以比較文學再讀司空圖、王維等詩學。結果古典與現代的融合，把我引進另一個文學境界。[37]

1966年夏天，我大學畢業後，重返出生地，也是完成華文中學教育的馬來西亞霹靂州，我誕生的故鄉地摩，且回到我畢業的金寶培元中學教書。這一年重返馬來亞熱帶雨林，對我後來的南洋文學書寫與華文文學研究意義重大。回返母校金寶培元國民型中學教書，一所座落在中央山脈原始叢林邊緣的學校，森林黑暗的回憶，譬如橡膠園的生活、英軍圍剿馬共的緊急法令戰爭（1948-1960），英國殖民政府飛機轟炸森林的爆炸聲，我仍然能夠聽

---

35 這些馬來亞書寫，都收集在我的第一本散文集《夜夜在墓影下》（台南：中華出版社，1966年）

36 從我的創作很容易找到這種連結性、拓展性的敘事母題，參考我的每個時期的選集如《王潤華南洋文學選集》，不同時期都有橡膠樹、雨樹、熱帶水果植物、新村、後殖民地書寫等等母題。至於學術論述也很多，如後殖民文學、魯迅與東南亞左傾社會政治與文化、橡的文學書寫解讀。例子可見《華文後殖民文學》（上海：學林出版社，2001年）有〈魚尾獅與橡膠樹:新加坡後殖民文學解讀〉、〈橡膠園內被歷史遺棄的人民記憶：反殖民主義的民族寓言解讀〉；《魚尾獅、榴槤、鐵船與橡膠樹——新馬華人本土幻想／華語／文化／文學的重構神話》（台北：文史哲，2006年）裡面就有〈魚尾獅、榴槤、鐵船與橡膠樹：新馬後殖民文學的現代性〉。

37 王潤華《司空圖新論》（台北：東大圖書，1989年）；王潤華《王維詩學》（香港：香港大學出版社，2010年）。

見，再次觸動我的文學想像。我的故居地摩及附近地區，那些橡膠樹、開採錫礦的鐵船與金山溝、包圍新村的鐵絲網、亞答屋都還完整的保留著。童年與青少年的殖民地回憶，只是平面的照片，沒有意義，沒有聲音。大學畢業後再見到經歷殖民地的故鄉，眼前的真實景象不再是照片這麼單純，即使一棵橡膠樹、一間木屋、一條泥路，我看見它呈現或隱藏著複雜的故事與意義。由於不到一年，我就去美國深造，而個人主義的現代詩還未完全消退，我的南洋書寫要等到1973年我讀完博士回來，才重建我的熱帶雨林及殖民地與後殖民記憶。

1967年5月，我與淡瑩去美國留學。先到加州大學（UCSB）就讀，認識白先勇，為其堅持出版《現代文學》雜誌與執著書寫年少記憶與台北人小說而大大感動，啟示我文學可成為終身信仰與宗教事業。後來白先勇推薦我轉校到威斯康辛大學，追隨漢學大師周策縱讀書。1968年的秋天我來到夢到她（Lake Mendota）湖畔的威斯康辛大學萬海樓（Vanhise Hall）的第13層東亞語文系拜見著名學者兼詩人周策縱教授，周公學問淵博，致志延續五四詩歌發展的使命，創作不斷，他的詩集代表了從五四自由白話詩到現代主義詩，甚至後現代的精品，[38] 又以中國傳統漢學的訓詁考證、西方漢學（Sinology）與美國現代中國研究（Chinese Studies）的方法研究現代與古典文學，還有比較文學。[39] 我們第一次見面，他就說寫詩與研究需要不同的頭腦，前者感性，個性、想像，後者需要淵博的知識，精細的、科學性的分析與見解能力。很多學生跟他做頂尖的學術之後，就放棄寫作了。但他鼓勵我可兩者兼之，也有不少成功的例子，如聞一多，寫詩與研究都一樣傑出。李經（盧飛白）（1920-1972）[40] 現代詩與文化批評都很特出。

---

38 王潤華、周策縱、吳南華編《胡說草：周策縱新詩全集》（台北：文史哲，2008年）。余光中與洛夫都肯定其現代詩，尤其〈讀書〉與〈海峽〉二詩，見王潤華等編《胡說草：周策縱新詩全集》，頁155，158-158。

39 王潤華《周策縱之漢學研究新典範》(台北：文史哲，2010年)；王潤華《華裔漢學家周策縱的漢學研究》（北京：學苑出版社，2011年）。

40 王潤華編《盧飛白文集》（台北：文史哲，2009年）。這本集子收集了盧飛白的中文論

其實周老師本身就是一位卓越的跨越者，我心裡明白，他只是不好意思以自己為例，自我誇獎而已。周老師當然知道這樣創作與研究的衝突與融合的秘訣，嚴羽（1198-1241）《滄浪詩話》說：「夫詩有別材，非關書也；詩有別趣，非關理也。然非多讀書、多窮理，則不能極其至。」[41]艾略特也指出十七世紀英國戲劇家馬興各（Philip Massinger, 1583-1640）有才華與學問，但是傳統的知識與文學的傳統（he is killed by conventions）謀殺了他的創意，因為他創作時是通過前行作家的視野觀察生活（looked at life through his predecessors）。[42]艾略特在〈論布雷克〉一文又說，「作家應該對文學藝術有淵博的知識」（It is important that artist should be highly educated in his own art），但是一般的教育是為通俗社會為普通人而設，對作家有害無益，會妨礙他的敏銳的超越的思考觀察力，英國作家丁尼生（Alfred Tennyson, 1809-1892）就累積太多當時社會人云亦云的知識而無法超越的去表現自己感受與看法。布雷克（William Blake, 1757-1827）就不一樣，他自己赤裸裸像能預言未知的水晶球去洞見赤裸裸的他人，他不會被任何別人的意見所阻擋，所以布雷克是一位就具有震撼力的詩人。[43]實際上艾略特不是反教育，他肯定「作家應該對文學藝術有淵博的知識」，如果您有才華（talent），他還要我們擁抱傳統，雖然傳統也有害處，作家25歲以後傳統給您帶來歷史感（historical sense），創作時，必須感受過去與現在的文學傳統在你的血液裡流著。

我進入威斯康幸又有緣份修讀李經（盧飛白）的艾略特詩學，出身西

文與詩歌，都是以李經為名發表。他的著名專書《艾略特詩論中辯證法的結構》（Lu Fei Bai, *T.S. Eliot, The Dialectical Structure of His Theory of Poetry* (Chicago: University of Chicago Press, 1966)。本文集也有節譯一章）

41　嚴羽《滄浪詩話・詩辨》，《詩話叢刊》（台北：弘道文化，1971年），頁613。

42　T.S. Eliot, "Philip Massinger", The Sacred Wood(London: Methuen & Co, 1920, reprint 1960), pp.142-143.

43　T.S. Eliot, "Blake", T.S. Eliot, "Philip Massinger", *The Sacred Wood* (London: Methuen & Co,1920, reprint 1960), pp.142-143, pp. 154-155。

南聯大現代詩派的盧飛白，正好在威大擔任訪問教授，他是耶魯新批評陣營唯一亞裔成員，當時出版《艾略特詩論中辯證法的結構》不久，引起美國批評界的注意。我上他的課，請他在《星座》詩刊發表詩作，他在《文星》雜誌發表過很多論文與詩歌，走在台灣現代主義詩歌之前，啟發台灣另一次現代主義詩學。

我1970 出版《高潮》，另外《內外集》的詩也是在美國與回返新加坡期間的詩。周策縱與李經都是學者兼詩人，中西現代主義與古典文學啟發我廣闊的文學創作與學術研究的想像力。我曾經在一次演講中這樣概括1967-1973年現代詩學與漢學復合的越界跨國南洋詩學：[44]

1. 美國土地上，高速公路象徵時代身心高速的變化與心跳、國際大城市的生活匆忙、冷漠，感受到真正現代人的現代感。

2. 國際現代詩的衝擊，我開始進入人類的思考，不停止於大馬來亞、南洋、亞洲。我的《高潮》呈現出這種轉型與改變。

3. 我的現代詩視野無限，包含現實如火燒教堂、水災、到古代神話與宗教。

4. 西方與中國的古典與現代文學，文化融入我的語言、思維與生活的文學世界。

張錯曾寫書評，收入在我這本詩集《高潮》中，在抒情進入戲劇、獨白、敘事、等現代主義詩學：

> 王潤華「高潮」的本質仍屬抒情詩，但是抒情並不等於愛情，相反，愛情在詩集裏只佔了抒情的一小部份；而在技巧的運用中，王潤華更揉合了戲劇詩的獨白與對白，造成一片波浪起伏的效果，詩人本身的情感動機，經驗，劇中的情節，神話原型，均是一片此起彼伏的波濤，分不出是水花，是浪，抑是大海。艾略特在「普魯佛克戀歌」中

---

44 2022年2月25日（五）晚上七點半-九點《瓦罐煮詩：本一家——新馬兩地詩》，主辦：草根書店，協辦：新加坡藝術理事會 & 新加坡詩歌節。

以戲劇性獨白（dramatic monologue）名著文壇；我說，王潤華以「高潮」內的幾首波浪型大詩在中國現代詩發展史裏完成了一塊完美的圖型。[45]

　　這裡只是隨意提出啟發我的一些詩學，因為被啟發是無限的，無痕跡可尋的。艾略特在〈傳統與個人才能〉中提出詩歌去個性化（Impersonality of poetry）理論對我超有魅力：「隨時不斷地放棄當前的自己，歸附更有價值的東西。一個藝術家的前進是不斷地犧牲自己，不斷地消滅自己的個性。」「詩不是放縱感情，而是逃避感情；不是表現個性，而是逃避個性。」我終於找到反對浪漫主義過分倚重感情，加強理性，最後達到感性與理性結合的平衡點。好詩絕不是大聲呼號或低聲哀語。其次是從艾略特詩中認識詩歌的三種聲音（three voices of poetry）：第一種聲音是詩人對自己說話的聲音；第二種是詩人對聽眾（想像的或特定的）說話時的聲音；第三種是當詩人試圖創造一個用戲劇人物說出自己的聲音。我也尋找到敘事中的多種觀點與多種聲音。[46] 俄國巴赫汀（M. M. Bakhtin）所稱復調與眾聲喧嘩（polyphony）[47]，他在杜斯妥也夫斯基小說對話中發現的。我的〈皮影戲〉，就嘗試借用東南亞本土古老戲劇的人物聲音來呈現很敏感的對當政者的批評：

〈傀儡的自白〉
別以為
我喜歡鬥爭，常常
機智的為搶奪王位而戰

45　翱翱〈評王潤華波浪形詩集《高潮》〉，《高潮》（台北：星座詩社，1970年），頁58-68。

46　T, S. Eliot, "Tradition and the Individual Talent"，*The Sacred Wood* (New York: Mehuen,1966), pp.47-60。

47　M. M Bakhtin, *Problems of Dostoevsky's* Poetics. Ed. and trans. Caryl Emerson (Minneapolis: University of Minnesota Press,1984).

或者

多情的跟所羅門的公主戀愛

一根無形的線，分別繫在我的四肢上

我非常迷信，沒法子不接受這個命運的玩弄

一個躲藏在後台的老人

控制住我的喉嚨

要哭或要笑

全由他的聲音來決定

〈影子的下場〉

戲演完之後

如果你走進舞台的後面

你會發現我們這些英雄美人

全是握在醜陋老人手中的傀儡

被玩弄過之後

我們的頭一個個被摘下來

身體整齊的被疊在一起

放在盒裡，而且用繩子繫緊

於是我們又像囚犯，耐心的等待

另一次的日出

（1977）[48]

　　傀儡也就是艾略特的「客體投影」（objective correlative）。內在的思想、感情和意義，往往非常間接地不落言詮的反映在外在發生的一串事情，或呈現的一組物象，他的詩將暗示擴至極大，且將說明縮至極小。這種化主為客、寓主於客的跳越與移位，與中國古典詩歌的象徵性密碼也很相似，

48　王潤華《王潤華南洋文學選集》（新加坡：南洋理工大學孔子學院，2016年），頁26-29。

這是詩歌與大眾能夠溝通的語言符號。[49]

　　還有艾略特的感受能力分裂說（dissociation of sensibility）對我處理詩的要表現的複雜世界也產生終生的導引。他認為十七世紀末的文學有一個現象，即他所謂的感受能力的分裂，將思想（thought）與感情（emotion）分家。這種分裂的現象，據艾略特的解釋，導致了十八、十九兩個世紀處理人性時所表現的偏差：即十八世紀文學重理性敘事，十九世紀的文學重放縱感情。他認為在鄧約翰（John Donne）及十七世紀初期的其他作家的作品，兩者原是統一的。而他在自己詩中，努力企圖恢復的，正是這種理與情的統一。玄學派詩歌鄧約翰的經驗可以修改感性，他有一種感性（sensibility）的機制能吞下各種經驗變成詩。即使科技時代畫圖用的工具，冷冰冰的幾何學常用的圓規（compass），也能運用硬喻（conceit），通過邏輯推理，創造了一首夫妻與情人依依不捨的離別詩，哲理「終點那也就是我的出發點」也變得美麗。下面是鄧約翰的玄學代表作，〈臨別贈言：說不盡的悲傷〉（Valediction： Forbidding Mourning）：

> 我們倆的心靈，是二而一
> 雖然我一定要離開，要忍受的
> 不是分離，而是擴大
> 像黃金被敲打得更細薄。
> 如果他們是情人，他們就應該出雙入對。
> 就像兩腳圓規，堅固，永遠是一對
> 你的心靈，是上了螺絲的腳，不再
> 離開，不過如果另一個動，它才跟著動。
> 雖然它坐在圓心當中，
> 當另一個去很遠的地方漫遊，

49　王潤華〈晚唐象徵主義與司空圖的詩歌〉《司空圖新論》（台北：東大圖書，1989年），頁227-262。

它傾向它，在後面鼓勵它，

當它回到家中，便振作地挺立起來。

你對我便是如此。我一定要，

學那另一隻腳，歪斜的跑一圈，

你的堅定不移，使我的圓美滿，

並使我回到終點那也就是我的出發點[50]

中國唐代賈島的〈戲贈友人〉中的水井與轆轤可與鄧約翰的圓規比美，有異曲同工之妙，其詩如下：

一日不作詩，心源如廢井。

筆視為轆轤，吟詠作縻綆。

朝來重吸引，依舊得清冷。

書贈同懷人，詞中多苦辛。[51]

我上周策縱古文字文課的時候， 他講解《說文解字》，雖是理性的科學方法的分析，我在台下以玄學派的機制把它吞下，化成魅力美麗的圖像。完成寫了一系列的中國古文字結構的詩，試舉〈象外象〉組詩中的二首：

河 河

嘩啦啦的江水

以一把浪花

切開我——

我的聲音在右

遺體在左

---

50 王潤華〈圓規與水井〉《中西文學關係研究》（台北：東大圖書，1987年），頁57-70。

51 我的分析，同前註。

河岸的行僧
只聽見我的呼聲
卻看不見墜河的我

𝌓 早
太陽站在白茅上
飲著風
吃著露
將黑夜的影子
吐在落葉底下

這組詩發表在《創世紀》後，很引起注意。張漢良〈象外象具體性及其美感價值〉有長篇論述，當時流行所謂具體詩：

> 以文字本身為對象，發揚中國象形文字所含蘊的視覺美，最具體、最成功的表現便是王潤華的「象外象」。全詩共分七首，先後發表在《創世紀》三十二、三十三期上。這幾首詩事實上是作者的「說文解字」，作者企圖根據字形，運用詩的想像力，重塑文字與生命的原始意象。他在詩前引了一段韓非子的話，詮釋其立意：「人希見生象也，而得死象之骨，按其圖以想其生也，故諸人之所以意想者，皆謂之象也。」這一段頗似柏拉圖的觀念與表相二元論的文字，正說明了「象外象」這個題目。七首詩的標題便是作為對象的字，以甲骨文或篆體寫出。前三首〈河〉、〈武〉、〈女〉成一單元，是第一人稱獨白，〈武〉與〈女〉又是以第二人稱為對象的抒情詩。後四首〈早〉、〈東〉、〈暮〉、〈秋〉為另一單元，是第三人稱的寫景詩，典型的佛句或寫象主義作品。

從1967到1973即去美國與回返南洋大學期間的詩學，我努力開闢創新的

文化詩學，包含人類文化與地球萬物。實驗古今不同的詩學表現手法，也以當時興起的文化批評理論去書寫。這時期的《高潮》是我 1967年至1970 年留學美國前後所寫，一方面以回顧東方，尤其第三世界與後殖民地的情況，也同時面對第一世界，一方面開始吸收從馬拉美（Stephane Mallarmé，1842-1898）「詩永遠停留在謎語」，與梵樂希（Paul Valery，1871-1945）「詩人應該為我們製造謎語」到佛洛斯特（Robert Frost，1874-1963）瑣碎的邊緣生活詩學，更重回中國的古典文學，中國唐代王維（701-761）與司空圖（837-908）個人的密碼語言、感性、視野，與田野山水的詩學經驗。古典詩的精煉意象與共通的詩學密碼像王維〈文杏館〉俯拾即是，如王維感歎自己香茅草的屋頂，而文杏樹幹棟樑的雲，卻飄落在長安大街上變成雨水，與泥濘混合，就構成一首心靈的對話與獨白：純潔的白雲，在亂世，不要化成雨，同流合污被人踐踏爛泥：

文杏裁為梁，香茅結為宇。
不知棟裡雲，去作人間雨。

司空圖避難華山山下〈華下〉，看見京城建築裡住的是侵略者，他慶幸自己在黑夜裡像一盞殘燈，仍然照亮外面，知道很多做官的同僚被殺害，如落下的花瓣：

故國春歸未有涯，小欄高檻別人家。
五更惆悵回孤枕，猶自殘燈照落花。

中國古代的詩人，尤其唐代文化界他們都有一套共通的象徵符號，從象外象去表現韻外之致，味外之旨。自然的象徵的四時物象節候，都是詩人的血脈。譬如白雲、孤雲比喻君子，水深怪石比喻小人擋路，百草比喻百姓。夜比暗時，殘陽落日比亂國。一如西方現代詩學，有自然象徵符號，每個詩人也有私營的象徵，但也容易解密，如司空圖的孤螢、殘菊、殘蟬等。司空圖

晚年遇到晚唐的動亂，常把自己比作黑暗中的會發光的螢火蟲，因為他拒絕同流合污，隱居森林，保住自己的高潔與道德。像「孤螢出荒池，落葉穿破屋」，荒池暗示朝廷懸空，皇帝因叛亂而出走，良臣歸隱山林，破屋指國家被毀，落葉指亂臣小人，落葉穿破屋即是亂臣小人佔據了朝廷。我的南洋詩學，也繼承與發揚了這些唐代詩學。[52]

七、文化研究思潮下的南洋詩學：1973-2002

我在威斯康辛大學的博士學位在1972年夏天完成。這時候新加坡在華盛頓的大使館給我寫了信，問我有沒興趣去新加坡教書，我馬上飛去面試，新加坡大使孟德羅教授（ Prof E.S. Monteiro）與我深談，對我跨學科、語言與族群的學識與見解大感興趣， 決定安排我去新加坡任教，但要大概一年之後。[53] 我夏天畢業，馬上進入愛荷華大學擔任研究員，負責中國大陸百花齊放文學研究。[54] 而且與參加愛荷華國際創作計劃的世界各國作家住在五月花公寓， 地點在校外的小山上，初冬就天寒地凍，後山雪中驚見山茶花。在等著去南洋大學教書，心裡又為南大學位在殖民地時代與後殖民初期，不被承認而感到難受，便借司空圖詩中有關山茶花含苞三年才開放，開花後又不被納入名花之譜的神話作成〈山茶〉（又名〈 屋外〉）詩。我是一位如艾略特所說思想（thought）與情感（emotion）沒有分裂的人，馬上聯想到南大優秀的繼承中華文化優越傳統的畢業生，苦讀三年，文憑不被承認，他們的才華，華校生服務社會的貢獻，被漠視。啟發我的是司空圖這首〈紅茶

---

52 王潤華〈晚唐象徵主義與司空圖的詩歌〉《司空圖新論》（台北：東大圖書，1989年），頁227-262。

53 在1970年新加坡政府已經確定建立新加坡國立大學，委派一批學者訪問在美國一流大學的新馬留學生，我在威斯康辛大學接受第一輪面試。他們然後推薦給新加坡政府，最後由新加坡駐華盛頓大使館作最後面試與聘任。

54 這計劃後來完成由美國哥倫比亞大學出版：Hualing Nieh edited and co-translated, *Literature of the Hundred Flowers*, vol. 1: Criticism and Polemic, Vol.2: Poetry and Fiction (New York: Columbia University press, 1981).

花〉：

> 景物詩人見即誇，豈憐高韻說紅茶。
> 牡丹枉用三春力，開得方知不是花。

司空圖生逢亂世，書寫心境不佳的感受。我用詩就是謎語的語言，寫了歷屆南大畢業生的感受，我動用了感情與思想結合的手法：謎語底是「枉用三春力，開得方知不是花」：

> 〈**山茶**〉（又名〈屋外〉）
> 我是山茶
> 含苞三年
> 春天開後，竟不是花
> 我是明月
> 普照著冬夜
> 黎明
> 才發現被凍成一片白雪

（1972）

1972 發表在《創世紀》詩刊，1973年我題在南大中文系畢業刊上。1974年獲得台北創世紀詩社20週年紀念詩獎。想不到南大學生很快就發現那是寫殖民主義對華文教育的歧視的抗議之聲，他們讀後廣泛引起共鳴，後來有音樂天才的張泛把它譜上曲，成為流行的校園歌曲，也是新加坡的所謂新謠歌曲。[55]

我1973年9月底雨後晚上，人生第一次踏進南洋大學校園，當天晚上住

---

55 後來又有黃宏墨譜曲與唱，收入黃宏墨唱，DCD《倚窗聽詩：南洋新詩樂創作集》（新加坡：十方音樂創作室，2017年），第一首。

宿南洋谷第3座，41號（Block3, 41, Nanyang Valley） 的宿舍。第一天晚上前面南大湖邊的蛙鳴與蚊子，把我小時候的南洋回憶，就像蚊帳把整個人罩住。原來的南大校園原是橡膠圈，名叫雲南園， 我在文學院中文系的辦公室窗外還殘留幾棵橡膠樹，每天早上還有工人割樹膠，更喚起我的本土記憶，這自然驅使我重返與啟發書寫熱帶雨林，一直到今天。雨林／橡膠園消失了，我可以用文學作品重建我的橡膠樹與熱帶雨林。

1970年代文化研究或稱文化批評，已激烈衝擊全球文學寫作與研究。我也開始在這大潮流調整本土文化書寫與研究。這個新典範「文化研究」（Cultural Studies）或稱文化批評（Cultural Criticism）又稱文化評論（Cultural Critique），在60年代中期開始成形，最早的機構是英國伯明翰大學（Birmingham University）的當代文化研究中心（Centre for Contemporary Cultural Studies）。但是在70年代到了美國後，快速成長，以跨學科的廣大角度與多種方法來從事文學研究。從事文化批評的學者，反對把文化限制在「高尚文化」（High Culture）之內，極重視通俗的，大眾化的多種形式的普通文 化與生活。[56]

文化研究在全球化地球村的帶動下，掀起地方性的書寫與研究的熱潮，從大敘述走向小敘述，從單元文化走向多元地方文化。美國的「文學研究」都紛紛改稱為「文化研究」，傳統文學概念被顛覆了。「文化研究」也逐漸從高貴（high culture）的文化重心轉移到以通俗文化（popular culture）為主要研究範圍，他們認為「文化」不只是傳統上所謂的精緻藝術（high art），更應該包括與重視大眾藝術（popular art），從過去高雅的歌劇、戲劇、芭蕾舞、交響樂的焦點，逐漸被電影、電視、服裝、髮型照片、飲食、街頭表演取代。過去研究經典文學巨著的熱潮退下，研究連環圖、漫畫、武俠小說、飲食、植物水果書寫興起，掀起地方性的書寫與研究的熱潮。

---

56 Raymond Williams, Culture and Society (New York: Columbia University Press, 1960); Tony Bennett, Lawrence Grossberg and Meaghan Morris (editors) New Keywords: A Revised Vocabulary of Culture and Society (New York: Blackwell, 2005).

我從美國帶回兩種學術研究的思潮。一種是四方漢學專而精，有深度研究精神；其次，當時美國由於區域研究（Area Studies）的帶動，本土文化研究興起，注重以本土文化資源，研究現在，有實用性，而不只是古遠的課題，重視跨越地方、國族的問題。所以中國研究，或稱中國學（Chinese Studies）崛起。[57] 到了南大，我專心推動跨國界的，本土多元文化的思考來審視東南亞的文學。我從研究老舍在新加坡華僑中學創作《小坡的生日》的小說開始，開啟本土文學學術研究。書寫南洋文學的文學，在那個時期，還普遍被認為沒有學術研究的價值。無論本土長大的作家，還是中國作家在南洋。我研究郁達夫、魯迅在新馬與印尼，雖然那時我在美國就開始課題。我把新馬文學納入學術研究，以身作則，鼓勵我的學生以西方與東方新方法研究本土文學，我指導林萬菁的碩士論文寫中國作家在新馬，這本論文，《中國作家在新加坡及其影響》，是促使學術本土化的開始，而這課題，隨後引起很多學者重視與研究，大家爭先恐後當作研究課題。林萬菁在後記中說「1976年4月初，在王潤華先生建議下，擬定了『中國作家在新加坡及其影響』這個專題研究。王先生覺得在新加坡研究中國文學，最終目標一定要本地化，以新加坡人的立場及眼光，來作為出發點，這樣比較有收穫，而且有意義。」[58]

我也同時嘗試把創作散文與詩的焦點更多放在本土書寫。自從1970年代以後，所謂進入後現代，無論歷史與文學書寫，不再堅守傳統留下來的共同觀念與教義的「大敘述」（grand narratives／metanarrative）的手法是唯一最好的敘述手法，寫真實歷史，報導事件，寫小說、散文、詩歌，不一定要從巨大主題、帝王、官方檔案文獻的記載、廣大的認同角度去敘述，使用「小敘述」（small, local narratives），書寫局部的、部分的、特殊地方的、特殊個人的、少數族群發生的臨時性、偶然性、相對性的事情，有時更能尋找到

---

57 杜維明〈漢學‧中國學與儒學〉《十年機緣待儒學》（香港：牛津大學出版社，1999年），頁 1-34。

58 林萬菁《中國作家在新加坡及其影響》（新加坡：萬里書局，1978年）。是學術本土化的開始。

歷史的真相。所以小敘述被形容為「最精粹的想像創造形式」。

八、南大的蚊子與蛙鳴喚醒我的熱帶雨林書寫： 以文學重建原始╱受傷熱帶雨林的南洋詩學

　　我決定以散文與現代詩重建熱帶雨林，而且使用「小敘述」書寫。當時雲南園還殘留不少的橡膠樹。南大校園雲南園，原是橡膠園的名稱，華人開拓南洋的象徵。當時校園入口處與文學院大樓我的中文系辦公室窗外，每天還有工人來割橡膠。《橡膠樹》與《南洋鄉土集》裡的詩與散文，就是我南大中文系辦公室寫的作品。其中散文〈天天流血的橡膠樹〉（又名〈沉默的橡膠樹〉），發表在台灣的《中國時報》副刊，1981獲得中國時報第四屆文學獎中的散文推薦獎。這篇散文收錄進新加坡與馬來西亞的華文課本中，[59] 從我的童年對橡膠樹的回憶，呈現出南洋華人及其他民族的回憶，殖民者與侵略者的歷史。下面是開頭的一段：

> 我的祖父像一棵橡膠樹。跟橡膠樹一樣，他在同一個時候被英國人移植到馬新這土地上，然後發現非常適合在熱帶丘陵地生長。不但往下在土地裡繫了根，還向上結了果。我的父親像第二代的橡膠樹，向熱帶的風雨認同了，因為他是土生土長，不再是被移植、被試種的經濟作物。
>
> 小時候，我也像一棵生長在馬來西亞吡叻州近打區的第三代橡膠樹。那個地方，如果你飛機往下望，除了開採錫礦的礦場，四處都是一片波濤洶湧，綠的海洋。近打區是構成橡膠王國一個重要的橡膠種植區。連綿不絕，一望無際的橡膠園就是陸地上綠色的海洋，據說，從南中國海或馬六甲海峽飛回來的小鳥，常常忘記自己在陸地上空，因

59　泛太平洋出版社編輯〈沉默的橡膠樹〉《HI華文：供初級學院及高級中學用》（新加坡：教育出版社，2006年），頁66-71。

為底下綠色的橡膠園，跟綠色的海並不易分辨出來。[60]

　　小時候常常在馬來西亞霹靂州近打平原的野外，看見挖錫礦的鐵船，像是殖民者所畜養的吞吃他者土地與物產的怪獸，以下為〈吞下雨林和公路，這是吐出沙丘和湖泊的怪獸——鐵船寫真集〉的其中一節：

　　我小時候
　　爸爸帶我到河邊撒網捕魚
　　我喜歡了望近打平原上
　　一群銀色的大怪獸
　　低頭拚命翻動泥土
　　尋找地下的食物
　　它鋼鐵堅銳的口齒
　　每咬一口
　　土地便出現一個又深又大的洞
　　爸爸說：
　　「藏在地心的錫米
　　是它唯一的糧食」
　　在八十年代
　　我沿著雪蘭莪和近打流域的公路北上
　　那群猛獸已棄屍野外
　　凡它經過之處
　　都留下一個個巨大的腳印
　　像湖泊一樣大一樣

---

60 王潤華〈沉默的橡膠樹〉《王潤華南洋文學選集》（新加坡：南洋理工大學孔子學院，2016年），頁193-199。原發表《中國時報》之《人間副刊》，1979年10月19日。

媽媽從小在馬來鄉村長大，她也把馬來食物帶進我們的家。炸蝦餅這是馬來傳統小吃，以下是〈還魂記：炸蝦餅〉的前後二節：

一
炸蝦餅
我母親殘忍的
把海魂剁碎
埋葬在白麵粉團裡
又切成小片
再狠狠的
把腥臭的死靈魂
暴曬在赤道上的炎陽底下
一直到乾癟、透明和變形

三
我們小孩
都很驚訝
剛剛廚房那一盤乾癟蝦的孤魂
端出餐廳
還魂後
一盤芬芳的蓮花
一盤潔白的白雲

　　現在重讀，才驚見我自己在1970年之後從美國回來之後，在「文化研究」的潮流下，大量以散文與詩歌書寫南洋飲食等瑣碎的生活，後來這些作品收入如《橡膠樹》（1980）、《南洋鄉土集》（1981）、《山水詩》（1988）、《秋葉行》（1988）、《把黑夜帶回家》（1995）、《熱帶雨林與殖民地》（1999）、《地球村神話》（1999）、《榴槤滋味》（2003）、

《重返集》（2010）、《王潤華南洋文學選集》（2016）等。另外我也在很多國際飲食文學研討會上發表多篇南洋飲食文化論文，焦桐主編的飲食文學與文化國際研討會論文集《飯碗中的雷聲》，書名就是出自我寫新馬客家族群的擂茶的論文〈Thunder in a Bowl〉（飯碗中的雷聲）：〈後殖民／離散／南洋河婆客家擂茶〉[61] 飲食文學」是國族的文化考古：國族記憶與歷史研究一個民族的飲食，是人類考古學很重要的課題，因為它是土地、族群的文化記憶與歷史。比如，我書寫的娘惹粽子，撈魚生，象徵華族文化本土化、創新與繼承。撈魚生的食材用魚肉與蔬菜瓜果，成為跨族群，特別伊斯蘭教徒也能參與享用，成為新馬華人團結本土其他族群共同生活與打拼的象徵。其實過去新馬華文作家寫的不少，只是我們閱讀時，沒有注意，也沒有特別把這些書寫當作文學。

我的小敘述中的熱帶，如〈雲南園的螞蟻〉、〈潮濕爬上了相思樹〉中的螞蟻、潮濕、相思樹，猶如《憂鬱的熱帶》的人類考古學家探討熱帶雨林中多元的生命，進入超人類的境界。這個熱帶雨林文學創作的領域，我至今還是不斷在開拓這個文學世界。從《橡膠樹》、《南洋鄉土集》、到《熱帶雨林與殖民地》，甚至《重返詩鈔》，都是我最愛的創作題材與領域。通過童年的我的小敘述，重寫被殖民的歷史與熱帶雨林，重建失去的南洋本土歷史文化與生活，因為以前的本土敘述，很多是通過殖民主義的東方主義霸權話語所呈現。

九、殖民主義與侵略戰爭的南洋詩學

我在二十世紀結束前，寫完《熱帶雨林與殖民地》[62]，以青少年的回憶寫英國殖民主義霸道殘酷統治下的生活，以小我眼中新馬老百姓親身經驗。

---

61 王潤華〈後殖民／離散／南洋河婆客家擂茶〉，焦桐主編《飯碗中的雷聲》（台北：二魚文化，2010年）。
62 王潤華《熱帶雨林與殖民地》(新加坡：新加坡作家協會，1999年)。這本詩集的詩多數是我1996-1997年在聖塔芭芭拉加州大學（UCSB）學術假期間所寫。

過去閱讀過的大敘述，尤其英國人撰寫的，都是東方主義的敘述，充滿了偏見與歪曲。我童年的回憶只有天真無邪的經驗，沒有仇恨與反殖民的政治與道德，譬如〈戒嚴後的新村〉回憶我讀小學是的集中營生活：[63]

夜讀的我
發現
探照燈光
巡邏軍警的腳步聲
落在我的課本上
就是沒有月光
我只好等待
凌晨五點半
戒嚴令解除的另一次警報

〈割膠女工〉寫的是學校放假，凌晨五六點我陪姐姐去橡膠園，看見的情景：[64]

清晨五點，軍警細心翻動腳踏車上
膠桶裡的工具
用手電筒的燈光
比照還在夢中的與身份證上的面孔
最後仍然懷疑
女工乳房的豐滿
懷孕婦女肚子的膨脹
等女警用手搜索

---

63 王潤華《熱帶雨林與殖民地》，頁81。
64 王潤華《熱帶雨林與殖民地》，頁117。

證明胸罩與褲子下面

沒有隱藏的糧食與藥品

才讓她們消失在黑暗的膠林裡

　　到了二十一世紀，我心裡還是感到不安，因為小時候新馬曾遭遇到的另一場災難戰爭，我還沒有書寫出來，這些多元民族共同記憶，不能被忘卻。我的《重返馬來亞》出版於2017年，寫了〈金寶衛戰〉、〈日軍與紅毛丹樹〉、〈1942年的槍聲〉、〈鴉片山的彩霞〉，我才感到抒懷，因為它曾發生在新馬的土地上，〈午夜墜落的榴槤〉的戰場就在我所讀的金寶培元中學的課室窗外公路上：

騎腳踏車南下的日軍

恐慌的發現

金寶山的雨水

竟是子彈

突然打落在身上

山邊的榴槤與山果

掉在坦克前面

變成地雷手榴彈爆炸

挖礦後留下的湖泊

變成陷阱

淹死很多侵略的日軍

（《重返馬來亞》，頁27）[65]

　　〈鴉片山的罌粟花突然盛開〉的慘不忍睹的戰爭景象，天天都發生在我教書的新加坡國立大學的肯特崗上：

65　王潤華《重返馬來亞》。這本詩集的詩多書寫於2012到2017期間。

1942年2月14日

無風無雨

白天西海岸海天空

出現很多小小的紅太陽

夜晚日軍十八師

像熱帶昆蟲

偷渡新柔海峽

從裕廊經巴西班讓爬行

企圖鑽進鴉片山

馬來軍團的槍炮

瞄準樹林裡移動的影子

日落時槍聲熄滅了

馬來軍團四十人

像滿山血紅的秋葉

掉落山坡谷底

當日軍殘酷的刺刀插進去

噴出更燦爛的彩霞

山下鴉片提煉工廠的員工

以為鴉片山的罌粟花

突然盛開了

（《重返馬來亞》，頁44-45）

　　我在肯特崗的新加坡國立大學教書的那二十年，從我的辦公室遠眺窗外，似乎常常還看見這場戰爭的悲劇。

十、重返香料的天堂：綠色南洋詩學

　　我的第一本散文集《夜夜在墓影下》（1966），是為了我自己留在馬

來西亞熱帶橡膠園的回憶而寫，是寫給我童年與青少年時代的自己。第二本《南洋鄉土集》（1981）是為了東南亞的熱帶叢林而寫，獻給這個野生動植物的天堂與神話。第三本《秋葉行》（1988）是我遠離熱帶森林，長久困居在現代城市的鋼骨水泥森林之後，經常需要回去山野，讓大自然淨化自己的心靈，重新認識自己，再度思考我們的社會與文化。第四本《把黑夜帶回家》（1995），在全球旅行中，寫我每天細心的閱讀與聆聽有關地球的生病中呻吟的聲音，那是綠色環保的散文。第五本《重返集》（2010），又重返熱帶雨林尋找殘存的綠色的自然。書寫綠色南洋到地球各地是我各散文重要主題之一。我寫了《重返詩鈔》，這本詩集，我另一次重返熱帶香料的天堂，再次嘗試我的綠色南洋詩學寫作。進入二十一世紀，我發現現代科技不但入侵人文領域，自然也全面侵略。擎天鋼鐵大樹與金屬打造的花草開始佔領了原來的熱帶雨林，而很多人還以為這是創意藝術，值得驕傲。當我去新加坡的濱海花園，傷心的看見：

當年魚村四周的
熱帶雨林
居然被一棵棵
擎天鋼鐵大樹佔領
遊客高興的仰望
只有綠色的植物
勇敢的爬上鋼鐵的樹幹
在陽光下哭泣
企圖遮蓋金屬
醜陋面目

（〈重返星洲〉《重返詩鈔》，頁4）

我重返新加坡目前最時尚最繁華的商業中心烏節路（Orchard Road），以前種植胡椒、甘蜜、豆蔻的香料，曾茂盛的生長在烏節路一帶都死亡了，

甘蜜曾魔幻似的把熱帶強烈的顏色與精細植物圖案染在馬來群島居民的衣服上，永不退色的鮮艷的五彩，後來也染在歐洲貴婦的裙子上。我熟悉的五千多棵豆蔻樹也絕滅了，阿拉伯、歐美的人曾經為豆蔻香料瘋狂的前來爭奪，因為這香料給人類的舌頭的味蕾與鼻子的嗅覺帶來新奇的芬芳、刺激與經驗，同時還啟發了夢幻、超現實的、興奮、刺激的感受，啟發了文學與藝術作品。現在地位崇高的是生長在Ion購物大樓的鋼鐵大樹，非常的囂張，它漠視路邊只剩下幾棵的印度紫檀樹（青龍木）和所有的族群，我有時感慨萬千。

重返新加坡，開車上高速公路，我又發現電燈柱上的小鳥，都變成金屬的攝像機小鳥，它不會飛翔與唱歌，只會監視人與汽車的行蹤，哎，我的青春小鳥消失了：

棲息在電燈柱上
不再是唱歌的燕子，百媚鳥
都是銀色的攝像機
這些陸路交通局飼養的小鳥
二十四小時監視錄影
來去匆匆的車輛
懷疑每個人
都是恐怖分子
都是酒醉、超速駕車
搶劫、殺人後的逃犯

每一支電燈柱上銀色的鳥
不會飛翔
忠心守在電燈上
貪心的啄吃

汽車的牌號
英文字母與數目字
是他唯一的糧食

（〈電燈柱上的小鳥〉，《重返詩鈔》，頁91-92）

還有航運碼頭的起重機，居然變成新加坡的國鳥，最受保護的的飛禽：

無論深黑的烏鴉、灰色的八哥、
深藍釣魚郎、金嘴的啄木鳥
因為海邊沒有漁村
我們國家的小鳥
都變成起重機
整齊的站在海邊
飢餓的啄吃
停泊後的船上
集裝箱的食物

我們的魚村與公園逐漸廢棄
改建成碼頭
為了餵飽
我們國家保護的小鳥
這些跨國集團喜歡的小鳥

（〈重返新加坡港口〉《重返詩鈔》，頁5）

「重返」是我尋求跨文化、跨國族、跨知識的經驗與創作。重返就是探險，也是幻想之旅，理想與現實衝突，魔幻與寫實交替，這就是我的綠色地球南洋詩學。

十一、每一本詩集，都是一種全新的試驗，不是重複

到目前為止，我一共出版了十四本詩集（其中二本是散文詩歌合集），四本散文集，另有四本個人自選集（散文與詩）。

寫詩對我來說，每一首詩，每一本詩集，都是一種全新的試驗，不是重複。但是，當我重讀這些將近六十年所寫的詩與散文，發現我的寫作是一條長河，流過漫長歲月，這條河流過熱帶雨林、英殖民地的橡膠園、繞過挖掘錫礦產的。山和鐵船的周邊、反殖民地戰爭的槍聲也落在河中。我的《橡膠樹》、《熱帶雨林與殖民地》出版已久，我目前還繼續嘗試實驗各種手法來書寫，如最近的《重返詩鈔》與《重返馬來亞》那長河的源頭還是受傷的殖民地馬來亞及東南亞的土地，今天還繼續向前流動，跨越二十世紀進入二十一世紀。當然我的詩作也不斷的流過永在蛻變的詩學。既然是一條永恆的長河，它必有來自複雜不同的水的源頭，沿途必然會遇到支流，匯集了來自四方八面的湖泊河川的水流，就如王安石〈次韻唐彥猷華亭十詠其七華亭谷〉所說「巨川非一源，源亦在眾流。」[66]

我每一本詩集都是我的詩歌源頭。《患病的太陽》（1966）是我1962年至1966年在台北讀大學的作品，是我走向現代主義詩學的源頭，這裡我開始注意語言、技巧、想像、個人的藝術自覺性的開始。大陸與台灣官方的文藝為政治宣傳的文藝政策，使我著魔於個人的感覺、想像的文字，其實我未到台灣之前，五四詩歌寫實抒情傳統，早在1966年以前的作品影響了我。到台灣後我翻譯完《異鄉人》，知道被邊緣化的自己，一夜變成異鄉人。《高潮》是我1967年至1970年留學美國期間所寫，是我 1967年至1970年，加入了離散族群的作家群。歐洲重要的文化霸權下放逐的、邊緣性的、離散族群的非個人的社會性，但我佩服自己不接受霸權話語，又拒絕走向通俗，討好讀者。《內外集》是我的文化詩學代表作。1973年底，我回返我出生的土地

---

66 〔宋〕王安石〈次韻唐彥猷華亭十詠其七華亭谷〉：「巨川非一源，源在眾流。此谷乃清淺，松江能覆舟。蟲魚何所知，上下相沉浮。徒嗟大盈北，浩浩無春愁」。

上的南洋大學教書，校園四周還有橡膠樹，於是驅使我重返熱帶雨林，以文學重建熱帶，重寫本土的文化歷史，顛覆殖民主義的東方主義敘述。《熱帶雨林與殖民地》到《重返詩鈔》與《重返馬來亞》，我重寫被西方殖民與日本侵略的人與土地，還有繼續殖民與侵略的地球的破壞者。

十二、結論：選集是我多元詩學的另一種詮釋

我另有五本個人自選集（散文與詩），也是我的詩學的另一種詮釋的：

1.《王潤華自選集》（台北：黎明文化出版社，1986年）

2.《王潤華文集》（廈門：鷺江出版社，1995年）

3.《人文山水》（台北：萬卷樓，2005年）

4.《王潤華詩精選集》（台北：新地文化，2010年）

5.《王潤華南洋文學選集》（新加坡：南洋理工大學孔子學院，2016年）

我常常通過選集裡，整理自己的創作以呈現的詩學的變化、發展路線與方向的大地圖。1986年編選的《王潤華自選集》，開始展示自己的左手寫詩右手寫散文，而且同樣一種題材，如橡膠樹，先後用散文與詩的形式去呈現。1995年編選的《王潤華文集》也是如此，展覽各時期各種題材、形式書寫的詩與散文，沒有重複性，就如一首詩用文字寫的詩，另一是用身體語言呈現的舞蹈，或是用彩色與線條呈現的繪畫。2010年自我編選的《王潤華詩精選集》，我將詩分成十一輯。每一輯以我原來的詩集為名。我第一次選了三首詩中學的習作〈紅毛丹成熟時〉、〈旋轉的琉瑯〉與〈高崗上〉，形成第一輯《紅毛丹與琉瑯婆》。這些詩從未敢收入我的詩集，那是我還在馬來西亞讀中學時期的作品，自己重讀，洩露了我的文化生命之根，南洋本土書寫與寫實主義詩學的文化資源。一般人以為我到台灣受了現代主義的影響才開始寫詩，其實我從小就閱讀朱自清、徐志摩、聞一多、艾青，從五四白話抒情詩到現代詩主義我都讀。現在重讀自己的習作，固然語言與技巧太過直接，可取的是，我的熱帶本土與殖民地書寫，從〈紅毛丹成熟時〉、〈旋

轉的琉瑯〉就開始了，〈高崗上〉是《地球村神話》的源頭。[67]

　　我在2014獲頒南洋理工大學孔子學院的「南洋華文文學獎」，他們特別要我自己編選一本《王潤華南洋文學選集》[68]，包括南洋書寫的詩與散文。這本選集是我目前最完整的收錄了我寫南洋的詩歌與散文的創作。上篇以「橡膠樹」、「熱帶雨林」、「新村」、「重返詩鈔」與「重返新加坡植物園」六輯，讓我的多元南洋詩學較完整一次呈現。另外下篇的「南洋鄉土集」、「重返集」、「熱帶雨林魔幻野菜記」與「重返新加坡植物園」四輯，是我的各個時期寫的散文，這上下篇很理想的呈現我的南洋詩學，詮釋了我是如何使用兩種形式來表現我的南洋書寫各種題材與主題。我一再的肯定，這不是重複，而是更完整的表現我的感想與理想，也是更深入完整表現複雜的內心與外在的世界。

｜參考書目｜

1. 中文參考資料

〔宋〕嚴　羽《滄浪詩話・詩辨》，《詩話叢刊》，台北：弘道文化，1971
　　年。

王天右等編《鄭和遠航與世界文明：紀念鄭和下西洋500週年論文集》，北
　　京大學出版社，2005年。

王潤華〈鄭和登陸馬六甲之後：中華文化的傳承與創新〉，《貴州師範大學
　　學報》，第4期（總231期）（2021年7月），頁119-123。

王潤華、白豪士主編《東南亞華文文學》，新加坡：作家協會與歌德學院合
　　編，1989年。

王潤華、周策縱、吳南華編《胡說草：周策縱新詩全集》，台北：文史哲，

67　我目前好保留一本完好的中學時期發1950年代表在新馬報紙副刊與雜誌的簡報。
68　《王潤華南洋文學選集》（新加坡：南洋理工大學孔子學院，2016年）。

2008年。

王潤華、許通元〈李永平重返南洋的旅程：王潤華、許通元與利用平最後的
　　對話〉，《從婆羅洲到世界華文文學：李永平的文學行旅》，新山：南
　　方大學出版社，2019年，頁15-16。

王潤華〈五四南洋想像與東南洋南洋想像對話之後〉，《2019年文字現
　　象》，新加坡：聯合早報，2020年，頁71-86。

王潤華〈在樹下成長的南洋華僑的文藝青年〉（我們這一代的文藝青年特
　　輯），《文訊》2013年1月 號，頁132-133。

王潤華〈重新幻想：從幻想南洋到南洋幻想 〉，《越界跨國文學解讀》台
　　北：萬卷樓，2004年，頁427-442。

王潤華〈當商晚筠重返熱帶雨林：跨越族群的文學書寫〉，《東亞現代中文
　　文學國際學報》第三期（2007年4月），頁329-342。

王潤華《異鄉人》，台北：巨人出版社，1965。

王潤華《患病的太陽》，台北：藍星詩社，1966年。

王潤華《夜夜在墓影下》，台南：中華出版社，1966。

王潤華《內外集》，台北：國家書店，1978年。

王潤華《橡膠樹》，新加坡：泛亞文化出版社，1980年。

王潤華《南洋鄉土集》，台北：時報文化，1981年。（詩散文集）

王潤華《秋葉行》，台北：當代叢書，1988年。

王潤華《司空圖新論》，台北：東大圖書，1989年

王潤華《王潤華自選集》，台北：黎明文化出版社，1986年。

王潤華《王潤華文集》，廈門：鷺江出版社，1995年。

王潤華《把黑夜帶回家》，台北：爾雅出版社，1995。

王潤華《地球村神話》，新加坡：新加坡作家協會，1999年。

王潤華《熱帶雨林與殖民地》，新加坡：新加坡作家協會，1999年。

王潤華《榴蓮滋味》，台北：二魚文化，2003年。

王潤華《人文山水》，台北： 萬卷樓，2005年。

王潤華《王維詩學》，香港：香港大學出版社，2010年。

王潤華《王潤華詩精選集》，台北：新地文化，2010年。

王潤華《重返集》，台北：新地文化，2010。

王潤華《華裔漢學家周策縱的漢學研究》，北京：學苑出版社，2011年。

王潤華《重返詩鈔》，新山：南方大學馬華文學館，2014年。

王潤華《王潤華南洋文學選集》，新加坡：南洋理工大學孔子學院，2016年。

王潤華《重返馬來亞》，新山：南方大學馬華文學館，2017年。

王潤華《越界跨國族》，廣州：廣東人民出版社、南方出版傳媒，2017年。

杜運燮《詩四十首》，上海：文化生活出版社，1946年。

杜運燮《南音集》，新加坡：文學書屋，1984年。

杜運燮《你是我愛的第一個》，怡保：霹靂文藝研究會，1993年。

杜維明〈漢學‧中國學與儒學〉，《十年機緣待儒學》，香港，牛津大學出版社，1999年。

李永平《吉陵春秋》，台北：洪範，1986年。

李永平《海東青》，台北：聯合文學，2006年。

吳　進《熱帶風光》，香港：學文書店，1951年。

林萬菁《中國作家在新加坡及其影響》，新加坡：萬里書局，1978年。

金枝芒《飢餓：抗英民族解放戰爭長篇小說》，吉隆坡：21世紀出版社，2008年。

金枝芒《烽火牙拉頂：抗英戰爭長篇小說》，吉隆坡：21世紀出版社，2011年。

商晚筠《癡女阿蓮》，台北：聯經，1977年。

商晚筠《跳蚤》，士古萊：南方學院，2003年。

張曼儀、黃繼持等編《現代中國詩選：1917-1949》第二冊，香港：香港大學出版社與香港中文大學，1974年。

黃宏墨《倚窗聽詩：南洋新詩樂創作集》（DCD），新加坡：十方音樂創作室，2017年。

黃錦樹〈內／外：錯位的歸返者王潤華和他的（鄉土）山水〉，《中外文

學》第23卷第8期，1995年1月。

黃錦樹《馬華文學：內在中國、語言與文學史》，馬來西亞吉隆坡：吉隆坡
　　華社資料研究中心出版，1996年。

黃懷雲《流雲的夢》，台北：縱橫詩社，1961年。

葉清潤編《金枝芒散文彙編》，吉隆坡：葉清潤，2017年。

焦　桐主編《飯碗中的雷聲》，台北：二魚文化，2010年。

曾　玲主編《東南亞的「鄭和記憶與文化詮釋」》，合肥：黃山書社，2008
　　年。

盧飛白《盧飛白文集》（台北：文史哲，2009）。

2. 英文參考資料

Bakhtin, M. M. Ba. (1984) *Problems of Dostoevsky's Poetics*. Caryl Emerson (ed. and trans), Minneapolis: University of Minnesota Press.

Cleanth Brooks, Robert B. Heilman. (1945) *Understanding Drama*. New York: H. Holt and company.

Cleanth Brooks, Robert Penn Warren. (1976) *Understanding poetry*. New York: Holt, Rinehart and Winston. 4 edition.

Cleanth Brooks. (1959) *Understanding fiction*. New York: Appleton-Century-Crofts.

Hualing Nieh, edited and co-translated. (1981) *Literature of the Hundred Flowers, vol.1: Criticism and Polemic; Vol.2: Poetry and Fiction*. New York: Columbia University press.

John Crowe Ransom. (1979) *The New Criticism*. Westport, Conn: Greenwood Press. c1941.

Lu Fei-Bai. (1966) *T. S. Eliot: The Dialectical Structure of His Theory of Poetry*. Chicago: University of Chicago Press.

Raymond Williams. (1960) *Culture and Society*. New York: Columbia University Press.

T. S. Eliot. (1960) *The Sacred Wood*. London: Methuen & Co,1920. reprint 1960. pp.142-143.

Tony Bennett, Lawrence Grossberg and Meaghan Morris (editors). (2005) *New Keywords: A Revised Vocabulary of Culture and Society*. New York: Blackwell.

William Empson. (1956) S*even Types of Ambiguity*. London: Chatto and Windus.

近年來臺灣現代詩人作品之日譯

池上貞子　　日本跡見學園女子大學名譽教授

一、近二十年來

　　2002年1月，是永駿和林水福合作出版了包含二十六詩人[1]的日譯《台灣現代詩集》（翻譯者：是永駿、上田哲二），其後兩年連續出版了《系列台灣現代詩——李魁賢‧李敏勇‧路寒袖》（翻譯者：上田哲二、島田順子、島由子、是永駿）、《系列台灣現代詩Ⅱ——陳義芝‧焦桐‧許悔之》（翻譯者：松浦恒雄、上田哲二、島田順子）、《系列台灣現代詩Ⅲ——楊牧‧余光中‧鄭愁予‧白萩》（翻譯者：上田哲二、三木直大、是永駿、島田順子）皆由國書刊行會出版。

　　其中，上田哲二翻譯了他在華盛頓大學時代的老師楊牧的作品，2006年由思潮社出版。[2]同年思潮社開始三木直大和林水福（以系列Ⅰ為止）企畫的日譯台灣詩人詩集《台灣現代詩人系列》引起廣泛關注，結果到2012年為止出版了陳千武、瘂弦、林亨泰、張錯、焦桐、許悔之、席慕蓉、向陽、鴻鴻、陳育虹、洛夫、杜國清、陳克華等人的詩集，作為系列Ⅰ、Ⅱ。而後

1　26名詩人如下：陳秀喜、陳千武、杜潘芳格、余光中、洛夫、羅門、商禽、瘂弦、鄭愁予、白萩、李魁賢、張香華、楊牧、席慕蓉、張錯、李敏勇、蘇紹連、白靈、陳義芝、陳黎、羅智成、向陽、焦桐、莫那能、許悔之、顏艾琳。

2　上田哲二《カッコウアザミの歌　楊牧詩集》（日本東京：思潮社，2006年）。

再添了系列Ⅲ，如夏宇、唐捐、鯨向海。雖然不被包括在系列中，去年又出了江文瑜的詩集。[3]

　　另外，還有從思潮社以外的出版社出版的台灣現代詩集，如未知谷（出版社）2018年出版了《客家文學的珠玉》系列4本，其中兩本是曾貴海和李玉芳的詩選。去年福岡的集廣舍出版了鄭烱明詩集。

　　提起思潮社的台灣現代詩系列，我們又不能不提三木直大進行出版同時，獲得所謂科研費（由日本文部科學部和日本學術振興會的補助金）和思潮社的後援舉辦了台灣現代詩工作坊，盡量邀請台灣詩人和日本詩人實行交流和對話，還公開招募聽眾推廣台灣現代詩，這方面的貢獻非常大。[4]會上

3　個人詩集：
　　A.思潮社刊行：
　　　1.陳千武詩集：三木直大訳『暗幕の形象』2006
　　　2.瘂弦詩集：松浦恆雄『深淵』2006
　　　3.林亨泰詩集：三木直大訳『越えられない歴史』2006
　　　4.張錯詩集：上田哲二訳『遥望の歌』2006
　　　5.焦桐詩集：池上貞子訳『完全強壮レシピ』2007
　　　6.許悔之詩集：三木直大訳『鹿の哀しみ』2008
　　　7.席慕蓉詩集：池上貞子訳『契丹のバラ』2009
　　　8.向陽詩集：三木直大訳『乱』2009
　　　9.鴻鴻詩集：三木直大訳『新しい世界』2011
　　　10.陳育虹詩集：佐藤普美子訳『あなたに告げた』2011
　　　11.洛夫詩集：松浦恆雄訳『禅の味』2011
　　　12.杜國清詩集：池上貞子訳『ギリシャ神弦曲』2011
　　　13.陳克華詩集：三木直大訳『無明の涙』2011
　　　14.夏宇詩集：池上貞子訳『時間は水銀のごとく地に落ちる』2014
　　　15.唐捐詩集：及川茜訳『誰かが家から吐き捨てられた』2014
　　　16.鯨向海詩集：及川茜訳『Aな夢』2018
　　　・江文瑜詩集：池上貞子・佐藤普美子訳『仏陀は猫の瞳にバラを植える』2021
　　B.未知谷刊行「客家文学的珠玉」全4冊中：
　　　第3冊横路啓子訳『曾貴海詩選』2018
　　　第4冊池上貞子訳『利玉芳詩選』2018
　　C.鄭烱明詩集：澤井律之訳『抵抗の美学』集広舎、2021
4　台灣現代詩工作坊：

有幾個研究生，如當時留學東京大學的文藻外語大學副教授謝惠貞，當時任教在神田外語大學而後大力翻譯台灣文學的及川茜等，皆當過翻譯，兩位精湛的口譯，至今仍令人津津樂道。

二、出版兩個系列以前

如果追溯二十年前的更早以前，可以發現比剛才介紹的兩個項目更早時候的一些成果。最早有台灣現代詩研究會編譯的《華麗島詩集》（若樹書房，1971），副標題作為《中華民國現代詩選》，內容不止收入以本省人中心的《笠》同人的作品，還收入《創世紀》，《藍星》等的，作為總體台灣詩人的詩集。雖然如此，他們沒用過台灣這個字，看得見他們的用意。說是實際翻譯工作主要由陳千武，葉笛等日語世代負責。之後，1986年，土曜美術社販賣出版了北影編、翻譯，小海永二、伊藤桂一監修的《台灣詩集》，他們把它作為世界現代詩文庫12，能看到編譯者有意把台灣現代詩定位在世界現代詩的繪圖上。

另一方，熊本縣的鼴鼠（もぐら／Mogura）書房1979年出版北原政吉主編的《台灣現代詩集》，1989年又出版了陳千武，北原政吉共同編的《續·台灣現代詩集》，這兩本都收入《笠》同人的作品，他們在出版前兩本詩集的時候，負責了編輯、翻譯等實際上的工作。關於詳細的情況可以參考三木直大寫的書評〈《華麗島》到《台灣現代詩集》〉（中國文藝研究會《野

- 第1回2010年6月3日《關於台灣現代詩和詩的傳統》向陽、陳義芝、杉本真維子
- 第2回2010年10月24日《關於台灣現代詩和認同的表象》席慕蓉、焦桐、辻原登
- 第3回2011年10月1日《追求新詩的世界》鴻鴻、許悔之、陳育虹、杉本真維子、野村喜和夫、蜂飼耳
- 第4回2012年4月28日《人，這個queer的存在》陳克華、高橋睦郎
- 第5回2012年9月2日《台灣·日本·戰後詩》洛夫、辻井喬
- 第6回2015年3月23日《台灣女現代詩的後現代：夏宇和唐娟，還有鴻鴻》唐捐、鴻鴻、楊佳嫻、林巾力、四方田犬彥、野村喜和夫
- 第7回2019年1月12日《台灣詩新時代　現在詩和性表象》楊佳嫻、騷夏、山田亮太

草》第70號，2002年8月）。

除了這些以外，還有個人的翻譯出版，如大野芳翻譯《陳秀喜詩集》（陳秀喜來日紀念詩集刊行會，1975），秋吉久紀夫編譯《陳千武詩集》（土曜美術出版販賣，1993），張香華原作，今辻和典翻譯《愛する人は火燒島に》書肆青樹社，1993），《柏楊詩集》（台灣：遠流出版，2003）。內山加代翻譯何瑞雄的詩而連載詩刊《潮流詩派》，她1993年開始連續8年，一共翻譯了80首，很可惜沒有做成一本書出版。內山還翻譯了ワリス・カノン／WarisNokan的幾首詩收入在草風舘出版的《台灣女原住民文學選》（第3卷《永遠の山地》，2003）。附帶說，內山加代也有成果，如雷石榆的《もう一度春に生活できることを》（合編譯，1995）和《八年詩選集》（2003，兩本都由潮流出版社出版）。

另外，還有（山口縣）秋吉台國際藝術村推動台灣現代詩共同翻譯研究班進行共同翻譯，翻譯出版了焦桐的《黎明の緣》和陳義芝的《服のなかに住んでいる女》（都由思潮社出版，2003）。也可能還有許多成果，這裏僅介紹我個人所知部分。

三、參加亞洲詩人會議

除了剛才介紹的台灣現代詩系列工作坊，當然有幾種詩人們的互相交流，比如主持詩刊《地球》的秋谷豐也在台灣舉辦過亞洲詩人會議。在這些活動中，最活躍的是《笠》的同仁們，尤其是陳千武的貢獻拔群，參與很多交流場面，很多翻譯工作也自己來負責。

我個人有體驗1995年8月末到9月初參加在日月潭召開的第5屆亞洲詩人會議。那時的我一點也沒有念頭把詩作為研究或者翻譯的對象，然而已經出版過三本詩集。

過程如今已不復記憶，我突然收到陳千武先生的邀請函要參加預定在日月潭召開的亞洲詩人會議。1967年有原因沒能參加集體旅遊團訪問中國大陸，反而跟老友一起第一次訪問台灣。我母親認識一位醫生在台灣有很多朋

友。有了他的幫助和介紹信，我們進行三個禮拜的台灣旅遊。去路先坐火車到鹿兒島，而後坐船經過還在美軍統治下的沖繩，石垣島等，在基隆登陸。迎接我們的是一位年輕女性，聽說她不久要到日本在那位醫生那裏進行醫療進修。我們在台灣的大部分時間她陪我們談了很多話，其中有她小時還在大陸的時候親眼目睹自己的父親在批評會上挨鬥被殺的一段，令我這個不太瞭解中國歷史而學中文的無知大學生受到很大的衝擊。

住的地方，本來說好的小學女老師家裏因為當時有喪事，換到另外一家現代式的高級公寓裏住，主人是一位官員，副業經營文具商店。這兩個家庭雖然有共同點都是那位日本醫生的朋友，但是看得出來他們之間沒有交流。這時感覺到的不協調感一直牽繞著我整趟台灣旅遊，後來才知道這是當時台灣的最大的社會氣氛：本省人和外省人的省籍問題。非常慚愧我是中文專業的大學二年級生竟然這樣無知！

我們訪問了很多地方，如淡水、台中、台南、高雄等。在淡水見到了那位女老師的侄女而熟稔，一直到現在還有交流。八月份的台灣熱得要命，只有日月潭非常涼快，那一帶的豐富綠色和鄉間風格讓我們喘口氣，感覺很親切。後來1989年暑假我第二次訪問台灣，那時有個日本朋友住在他父親在台北買下來的公寓享受台灣生活，我寄住她那裏，一邊收集有關張愛玲的資料，一邊採訪有關學者和編輯。住了十天，沒有離開台北，感到遺憾。因此，一聽到日月潭這個地名，就決定參加會議看看28年後那個地方的變化。

關於會議的情況，我寫報告《在日月潭看到的台灣現代詩和詩人──參加第5屆亞洲詩人會議》登載詩刊《潮流詩派》（165號，1996），同時介紹自己翻譯的幾位詩人的作品，如陳千武、李魁賢、岩上、張香華、李元貞、利玉芳、楊平，另外還有杜潘芳格的日語詩。

現在回想來可以說，這就是我翻譯台灣現代詩的開始。會上認識了河原功和三木直大這兩位台灣文學研究的權威。此外，陳千武介紹日本詩人高橋喜久晴說，他是第一個遇到台灣現代詩的日本詩人而請他發言。高橋當時住在靜岡縣，出版過《東アジアの空に虹を（架虹橋於東亞天空上）：日本・台灣・韓國三人詩集》（東亞洲詩集，日本刊行會，1989）。陳千武代表台

灣，金光林代表韓國。

　　開會期間，我和淡江大學的李元貞教授住一個房間，那時我們經過學友介紹早就認識的，兩個人的名字裏都有貞字，請周圍的人叫她阿貞A，叫我阿貞B，像女中學生集體去旅遊那樣自得其樂。這樣情況下，著名客家女詩人杜潘芳格女士給我介紹利玉芳，她很沉默寡言，而散會後我們繼續通信，沒想到20多年後有機會翻譯出版她的詩集，真是奇巧因緣！

聽雨——再次訪問日月潭參加亞洲詩人會議

陣雨落到白晝的碼頭
灰色的銀幕上放映二十年前的影像
記憶的筆尖追溯湖濱的山脊
聽到耳語說這裏就是你的起步點

湖水　　人們　　歷史
我的理解都曾在雨幕的後面
還不能說歲月把這些都拉到在太陽或月光下
可以說足夠讓我越過海峽
聚集來的詩人們都在頌揚現在
有信心發展到未來
其中　　我把自己當作時間的旅客
哦　　雨快要停了

1995年9月1日

四、關於我的翻譯

　　我已經說過自己雖然一邊研究華文文學一邊自己寫詩，但是沒做過有關華文詩的研究和翻譯。台灣文學也只翻譯過朱天文、平路等的小說而已。

《詩》對我來說說是個人私事，一直沒有打算把它作為研究或翻譯的對象。但是有一次參加在台北召開的會議，在咖啡店裏聊天的時候，日本著名作家辻原登說，有人應該翻譯當時在台灣非常流行的焦桐的《完全壯陽食譜》，後來經過一段磋商協調，決定我來翻譯。這本書結果收錄在思潮社的台灣現代詩系列，而後我慢慢開始翻譯台灣現代詩。

以思潮社的系列為中心，我一共翻譯出版了6本台灣現代詩人的翻譯書，之間有機會跟原作者交流，都有個性強烈，刺激我、啟發了我。去年日本出版了焦桐的『味の台湾』（川浩二訳，みすず書房）被關注，讓我想起我翻譯他的《完全壯陽食譜》的時候，他請我和幾個台灣朋友嘗嘗他自己做的《食譜》裏的菜。他性情豪放，關心社會問題，但一方面有非常纖細的詩，如寫他祖母的《茉莉花遺事》。他招呼很周到，聚會上邀請了幾位台灣學者讓我認識他們。

另外有機會，他請我和上田哲二一起去三重吃火鍋，讓我們相識。上田是在美國華盛頓大學跟著楊牧學習，而後開始研究和翻譯台灣現代詩的。後來我去台灣的時候有時找他聊天，非常遺憾的是他2012年4月逝去了。當時他正在翻譯鍾文音的小說《短歌行　台灣百年物語》，我幫著山口守和三木直大繼續他的遺志翻譯，最後由作品社出版，是一個難忘的回憶。

席慕蓉當初是風靡一代的詩人，擅長把內在的蒙古認同和曲折的外省人意識都溶化在普遍少女的情感。解嚴以後，常常回到始祖之地蒙古草原，為了那裏的維持和發展貢獻，寫作也著重表現民族精神。其實，因為我研究中國文學開始於中國少數民族的民間文學，尤其是北方少數民族的，所以翻譯席慕蓉的詩時格外有感慨。翻譯過程中常常通電話解決問題，那時候她先生過世了，她在電話那邊哭得話也說不出來，讓我動容難忘。〈契丹的玫瑰〉這一首不一定是她的代表作品，為什麼它做成書名了呢？詳細的經緯已經忘了，或者是只因為印象很美的緣故吧。我也寫一點詩，抒情詩多，或者跟她有一些共同點，有一個朋友開玩笑說，你翻譯的《契丹的玫瑰》與其說是翻譯，不如說是你的詩集，只是他的語氣不一定是認同的。

首次見到杜國清是在日月潭開的亞洲詩人會議，而後幾次參加他在自

已任教的加州大學Santa Barbara校區召開的台灣文學工作坊。他在那裏主持台灣研究中心，長期出版了『台灣文學英譯叢刊（Taiwan Literature: English Translation Series）推廣台灣文學。年輕時到日本留學，精通日語，傾倒於日本主知派詩人西脇順三郎，對法國文學造詣很深，把Baudelaire的《惡之華》全部翻成中文。他的詩風主知，還有熱情，他的作品兼具這些，我這個人足夠把他的全部世界觀徹頭徹尾地翻成日語了嗎，這我不敢說的。

夏宇或者是因為她平常在國外移動，取得聯絡非常困難，只見過一次面談話。因此，對我很例外的是沒能採用老辦法：翻譯者和原作者攜手進行工作。日語版收入全部《Salsa》，她同意翻譯時讓我參考剛剛出版的Steve Bradbury的英譯。另外，實驗性特別濃厚的幾篇來自《摩擦‧無以名狀》在我沒把握，幸好已經有著名文學評論家四方田犬彥的翻譯，請他轉載。這樣，那次的翻譯出版對我來說是非常破例的。

已經說過我很早認識利玉芳的，但是因為她的翻譯出版屬於客家委員會的項目之一，我不得不順著他們的規律進行翻譯。3個月一次交他們譯稿檢查。最後一個擔任編審的人印象特別可靠，有時我們激烈地爭論，結果他（她）在很多方面啟發我，收穫很大。

因為我自知對客家的背景理解不夠，請她幫忙帶我參觀有關地點。我們訪問了她的故鄉屏東，現住的台南和客家村，還訪問了作品的舞臺《倒風內海》，鹽田等地方。雖然時間很短只有3、4天，多虧她，我能看到詩人的生活環境，同時有感覺接觸到了客家女人靈魂的小小的一面，她們沉默寡言而骨子裏很堅強，不辭辛苦地勞動。

後來，命運安排我幫忙翻譯江文瑜的詩集《佛陀在貓瞳裡種下玫瑰》，江文瑜是個學者又寫小說，詩風也跟利玉芳不一樣。本來有人請佐藤普美子翻譯這本詩集，不知道有什麼緣故佐藤非常猶豫負責這個任務。當時正巧我剛剛退休工作有時間，隨口勸她接受工作，還說我可以幫她忙。結果讓她負責整個繁雜的工作，如跟原作者聯絡談問題，兩個人翻譯後的調正等等，然而出版的時候，也許是因為我比她年齡大的緣故吧，書上第一寫我的名字，這讓我感覺不應該（不好意思）的。一般來說，共同翻譯詩在印象上是執行

困難的，但是我這個人自己寫詩而不能討論詩，佐藤寫很優秀的詩論而不寫詩，這樣兩個人共同翻譯一本詩集，如果不考慮客觀的成績，對我們來是既愉快又是難得的經驗，

　　這樣，想起一個個的翻譯體驗來沒完沒了，每個體驗都有那時的快樂，意義很大。現在想，如果不談翻譯的品質和成果的話，我肯定并非不喜歡翻譯的。最近一兩年，偶然有機會翻譯台灣中篇小說。剛動手翻譯時，我感到一些困難而不知所措。後來想到我這幾年翻譯台灣現代詩的機會多，很可能沒有思想準備翻譯小說，沒能調正到合適的立場和節奏。正巧，這本台灣中篇小說集《バナナの木殺し（殺死香蕉樹）》在我寫這篇小文之間由東京的作品社出版了，收入邱常婷的《殺死香蕉樹》，王定國的《戴美樂小姐的婚禮（戴美楽嬢の婚礼）》和周芬伶的《浪子駿雲（ろくでなしの駿雲）》這3篇。

附錄一｜本書作者簡介｜

王潤華

曾任新加坡國立大學中文系教授、主任，臺灣元智大學人文社會學院院長，馬來西亞南方大學學院資深副校長，現為南方大學學院資深講座教授。曾獲得東南亞文學獎、新加坡文化獎。已出版文學創作包括《內外集》、《熱帶雨林與殖民地》、《王潤華詩精選集》、《重返詩鈔》、《秋葉行》、《榴槤滋味》等創作。學術著作有《王維詩學》、《越界跨國文學解讀》、《魯迅越界跨國新解讀》、《華文後殖民文學》等。

白靈

本名莊祖煌，現任臺北科技大學及東吳大學兼任副教授。年度詩選編委，曾任台灣詩學季刊主編五年，曾獲中山文藝獎、國家文藝獎、2011台灣文學獎新詩金典獎等十餘項。創辦「詩的聲光」，推廣詩的另類展演型式。著有詩集《昨日之肉》、《五行詩及其手稿》、《愛與死的間隙》、《女人與玻璃的幾種關係》等十一種，童詩集兩種，散文集《給夢一把梯子》等三種，詩論集《一首詩的玩法》等六種。近年介入網路，建置個人網頁「白靈文學船」、「乒乓詩」、「無臉男女之布演臺灣」等十二種。

向陽

本名林淇瀁，南投縣鹿谷鄉廣興村人，政治大學新聞系博士，曾任臺北教育大學臺灣文化研究所教授兼圖書館館長，現為該所名譽教授。他是跨領域的作家，除了以詩聞名之外，兼及散文、兒童文學及文學評論、文化評論、政治評論。在身分上，他是詩人、作家，也是作詞

人、政治評論家，身分多重，領域寬廣，為當代臺灣文壇具代表性作家。曾任詩雜誌《陽光小集》發行人，主編《自立晚報・副刊》。創作不輟，出版詩文集甚多，融合傳統體悟與鄉土，現代感知和寫實精神，自闢蹊逕、自成風格。

朱天

臺師大國文學系、臺大臺文所碩士班、政大中文系博士班畢業。曾獲「大學院校詩學研究獎學金」第二屆碩士論文獎與第五屆博士論文獎。著有論著《真全與新幻——葉維廉和杜國清之美感詩學》、詩集《野獸花》等，以研究為願、教學為業、創作為樂。

池上貞子

日本跡見學園女子大學名譽教授。關注華語圈現代文學、中國現代文學方向，主要研究張愛玲，著有《張愛玲：愛・生・文學》；也研究臺灣現代文學，譯作包括張愛玲《傾城之戀》（1995年，平凡社）、平路《行道天涯》（2003年，風濤社）、《何日君再來》（2004年，風濤社）、朱天文《荒人手記》（2006年，國書刊行會）、焦桐《欲望廚房》（2007年，思潮社）、席慕蓉《契丹的玫瑰》（2009年，思潮社）、李永平《吉陵春秋》（合譯，2010年，人文書院）等。

李翠瑛

政治大學中文系博士，現為元智大學中國語文學系副教授。筆名藟朵、蕭瑤，寫詩、散文，精通書法，散文曾獲2005年第四屆全國宗

教文學獎二獎,書法曾獲全國書法比賽聖壽杯第一名、全國書法比賽慕陶杯第一名、國父紀念館全國青年書法比賽第二名等。出版詩集《玫瑰的國度》、《蕓朵截句》,論著有《雪的聲音——臺灣新詩理論》、《細讀新詩的掌紋》、《孫過庭書譜中書論藝術精神探析》、《六朝賦論之創作理論與審美理論》等。

林秀蓉

高雄師範大學國文學系博士,現任屏東大學中文系教授兼人文社會學院副院長。研究專長為臺灣現代文學,著有《日治時期臺灣醫事作家及其作品研究:以蔣渭水、賴和、吳新榮、王昶雄、詹冰為主》、《從蔣渭水到侯文詠:臺灣醫事作家的現實關懷》、《眾身顯影:臺灣小說疾病敘事意涵之探究(1929-2000)》等專書,以及專論王潤華、曾貴海、張曉風、利玉芳、余光中等論文。編有《在地全球化的新視域: 2020第七屆屏東文學國際學術研討會論文集》。

奚密

臺灣大學外文系畢業,美國南加州大學比較文學博士。現為加州大學戴維斯分校東亞語言文化系傑出教授。研究主題與專長以比較詩學為主。早期大量撰寫現代詩詩評,同時針對中國漢詩與臺灣現代詩探討詩歌創作的規律,以解讀英美詩歌的角度評析中文新詩,為臺灣詩學理論建構開拓多重的面向。著有《現當代詩文錄》和《心也會流淚》等,並編有《園丁無蹤:楊牧詩選》、《二十世紀臺灣詩選》(合編)。

陳政彥

中央大學中國文學系博士,現任嘉義大學中國文學系副教授兼主任,

專長為現代詩賞析及創作、現代詩理論批評史、現代文學史、當代佛教文學。著有《現代詩的現象學批評：理論與實踐》、《跨越時代的青春之歌：五、六〇年代台灣現代詩運動》；與李瑞騰、林淑貞等人合著《南投縣文學發展史》（上、下兩冊）。

陳智德

東海大學中國文學系畢業，香港嶺南大學哲學碩士及博士，曾任香港教育大學文學及文化學系副教授，2012年參加美國愛荷華大學「國際寫作計劃」，2015年獲香港藝術發展局頒發「香港藝術發展獎：年度藝術家獎（藝術評論）」，著有《根著我城：戰後至2000年代的香港文學》、《地文誌：追憶香港地方與文學》等；另編有《香港文學大系1919-1949・文學史料卷》、《香港文學大系1950-1969・新詩卷一》等。

陳巍仁

臺灣師範大學國文學系博士，元智大學通識教學部、人社院文產博士學程合聘助理教授。並任天河創思出版社總編輯、天河書屋創辦人、牛角藝文協會理事長。著有專論《台灣現代散文詩新論》、《臺灣當代文學跨文類寫作現象研究》，詩集《催眠師的Fantacy》。

黃建銘

中央大學法文系學士，成功大學歷史學系碩士，碩士論文為《日治時期楊熾昌及其文學研究》。成功大學歷史學系博士，博士論文為《二十一世紀台語詩：場域發展與書寫主題之研究》。現任職於文化部文化資產局。

附錄二｜臺灣新詩百年國際學術研討會相關資料｜

主辦單位：國立中央大學中國文學系
合辦單位：國家圖書館、國立臺灣文學館、臺灣詩學季刊社
協辦單位：國立中央大學文學院、人文藝術中心
補助單位：科技部、中大學術基金會
舉辦日期：2022年5月27-28日
舉辦地點：國家圖書館國際會議廳（臺北市中正區中山南路20號）

一、籌備委員會

籌備委員

李瑞騰（中央大學中文系教授、臺灣詩學季刊社社長）
蕭　蕭（明道大學講座教授、臺灣詩學季刊社社長同仁）
白　靈（臺北科技大學化工系副教授、臺灣詩學季刊社同仁）
莊宜文（中央大學中文系副教授）

研討會論文審稿委員

張雙英（政治大學中國文學系退休教授）
洪淑苓（臺灣大學中國文學系教授）
陳俊榮（臺北教育大學語文與創作系教授）

執行小組成員

林于弘（臺北教育大學語文與創作學系教授、臺灣詩學季刊社同仁）

楊宗翰（臺北教育大學語文與創作學系副教授、臺灣詩學季刊社同仁）

解昆樺（中興大學中國文學系副教授、臺灣詩學季刊社同仁）

陳政彥（嘉義大學中國文學系副教授兼系主任、臺灣詩學季刊社同仁）

李欣倫（中央大學中文系副教授）

執行秘書

鄧曉婷（中央大學人文藝術中心行政專員）

鄭至芯（中央大學中文系行政專員）

二、研討會議程表

111／05／27（五）

時　間	主　持	主　講	題　目	特約討論人
0900-0930 開幕式	貴賓致詞			
0930-1040 第一場 座談會	李瑞騰（中央大學）	鄭慧如（逢甲大學）	臺灣新詩百年史怎麼寫（一）	
		孟樊（臺北教育大學）	臺灣新詩百年史怎麼寫（二）	
1040-1100	休　息			
1100-1210 第二場	廖咸浩（臺灣大學）	解昆樺（中興大學）	一首詩的再完成：「他們在島嶼寫作：楊牧篇」中現代詩人紀錄片之詩影音演譯	黃勁輝（導演）
		池上貞子（日本東京跡見學園女子大學）	近年來臺灣現代詩人作品之日譯	林水福（高雄科技大學）
1210-1320	午　餐			
1320-1500 第三場	蕭蕭（明道大學）	奚密（美國加州大學戴維斯分校）	台灣現代詩和俄羅斯想像	陳義芝（臺灣師範大學）
		李翠瑛（元智大學）	詮釋與再現——論台灣女詩人互文文本中的愛情與女性意識	洪淑苓（臺灣大學）
		余欣娟（臺北市立大學）	菁英／魯蛇的辯證——詩體界線的美感與快感	方群（臺北教育大學）
1500-1520	休　息			
1520-1700 第四場	焦桐（中央大學）	侯建州（金門大學）	詩潮在巴士海峽流動：菲華現代詩與臺灣詩壇	楊宗翰（臺北教育大學）
		陳政彥（嘉義大學）	大陸遷台詩人的主流匯成與長遠潤澤	曾進豐（高雄師範大學）
		陳巍仁（元智大學）	詩的流式創讀，或散文詩的生成與泯滅	李長青（靜宜大學)

※論文發表每篇15分鐘。

※特約討論每篇10分鐘。

※其餘時間由主持人運用（介紹、回應與討論等）。

111／05／28（六）

時　間	主　持	主　講	題　目	特約討論人
0930-1040 第五場	林明德 （彰化師範大學）	王潤華 （馬來西亞南方大學學院）	我的南洋詩學：變形記	李瑞騰 （中央大學）
		白　靈 （臺北科技大學）	牆的兩邊：從混沌邊緣看臺灣大陸新詩百年交流史	楊　渡 （詩人）
		陳智德 （香港教育大學）	論《六十年代詩選》、《七十年代詩選》所建構的臺港現代詩共同體	須文蔚 （臺灣師範大學）
1040-1100	休　息			
1100-1210 第六場	封德屏 （文訊雜誌社）	李癸雲 （清華大學）	走吧，一個人的旅程：論當代女詩人洪淑苓和彤雅立的個體化書寫	鄭慧如 （逢甲大學）
		須文蔚 （臺灣師範大學）	臺灣數位詩創作與社群平臺化之變遷研究：以2000至2020年為例	陳徵蔚 （健行科技大學）
1210-1320	午　餐			
1320-1500 第七場	李敏勇 （詩人）	丁威仁 （清華大學）	戰後本土詩學的歷史建構——圍繞二十世紀《笠》詩論展開的觀察	孟　樊 （臺北教育大學）
		朱　天 （臺東高中）	臺灣原住民族詩人的生態書寫初探：以莫那能、瓦歷斯‧諾幹、董恕明為例	李時雍 （靜宜大學）
		陳鴻逸 （經國管理暨健康學院）	臺灣現代詩碩博士論文研究之回顧分析——以「臺灣博碩士論文知識加值系統」為範疇	李欣倫 （中央大學）
1500-1520	休　息			
1520-1700 第八場 （含閉幕）	陳鴻森 （中央研究院）	向　陽 （臺北教育大學）	從鄉土到本土、從本土到台灣：鄉土文學論戰對台灣新詩風潮的影響	渡　也 （彰化師範大學）
		林秀蓉 （屏東大學）	穿越世紀的抵抗美學：臺灣解嚴後笠社詩人政治詩的歷史語境	阮美慧 （東海大學）
		黃建銘 （文化部文化資產局）	作伙行長路——初探《島鄉台語文學》的文學運動及詩實踐	呂美親 （臺灣師範大學）

國家圖書館出版品預行編目(CIP)資料

在時潮的浪頭上：臺灣新詩百年國際學術研討會論文
　集/李瑞騰主編. -- 桃園市：國立中央大學, 2022.11
　面；　公分
　ISBN 978-626-96492-2-8 (平裝)

　1.CST: 新詩 2.CST: 臺灣詩 3.CST: 臺灣文學史
　4.CST: 文集

863.091　　　　　　　　　　　　　　111018394

在時潮的浪頭上
臺灣新詩百年國際學術研討會論文集

發行人　　周景揚
出版者　　國立中央大學
編印　　　人文藝術中心
地址　　　桃園市中壢區中大路300號
電話　　　03-4227151＃33080

主編　　　李瑞騰
執行編輯　鄧曉婷・梁俊輝
文稿編輯　林佳樺・紀冠全・曾淑梅・潘殷琪

設計　　　不倒翁視覺創意
　　　　　onoonstudio@gmail.com
印刷　　　松霖彩色印刷事業有限公司

出版日期　2022年11月
定價　　　新台幣380元整
ISBN：　　978-626-96492-2-8
GPN：　　1011101902